제6판

현대통계학

김현중 · 박래수 · 박정식 · 윤영선(가나다순)

다 산 출 판 사

제6판을 내면서

현대통계학 5판이 나온 지 12년이 지나고서야 6번째 개정판이 나왔다. 1985년 여름에 초판이 나오고 4번째 개정판까지는 5년마다 정기적으로 개정판이 나온 데 비해, 새로이 저자들이 추가된 5판과 6판은 이전에 비해 개정판 소개가 더디다. 통계학이라는 학문이 시대의 조류에 민감하거나 역사적인 발견이 두드러지는 학문 분야가 아니어서도 그렇겠지만, 원저자에 이어 새로이 합류한 공저자들이 게으른 탓도 있겠다.

이번에 나오게 된 6판은 이 책이 초판 이후 지금껏 유지해 온 '통계학에 관해서는 가장 쉽고 친절한 책'이라는 기조를 충실히 담고자 하였다. 이미 5판에서 책의 구성과 내용의 대폭적인 변화를 도입했던 터라, 이번 6판에서는 이 책을 이용하는 새로운 세대들의 사고와 취향에 적합하도록 서술내용을 수정하는 데 최대한 고민하였다. 또한 통계학 전공학생 외에도 다양한 전공과 교양 과정에서도 소화시킬 수 있는 통계학이 되도록 책의 구성과 내용을 업데이트하였다.

이번 6판에서 새롭게 바뀐 부분들은 다음과 같다. 내용에 관한 것으로는 10장, 11장, 12장에 걸쳐 나오는 가설검정에 관한 설명을 대폭 보강하였다. 귀무가설과 대립가설의 역할을 재정립함으로써, 대립가설에 대한 충분한 증거가 있는지 검정하는 접근방법으로 본문을 기술하였다. 또한 15장 다중회귀분석에서는 두 개의 회귀기울기에 대한 가설검정 방법을 추가하였다. 더 나아가, 보다 현실성이 있고 시대 감각에 맞도록 여러 예제들을 수정하였다. 통계 용어와 관련해서는 현대통계학에서 많이 채택되고 있는 용어로 변경하였다. 또한, 책의 모든 부분에서 통계용어의 일관성을 유지하도록 하였다. 마지막으로, 모든 장에 새로운 연습문제를 상당수 추가하였다. 또한 기존 연습문제의 풀이에 있었던 오류들을 바로 잡았고, 풀이가 없었던 연습문제에 풀이 및 해답을 추가하였다. 서술형 문제에는 모범답안을 제시하여 주된 논점이 맞는지 확인할 수 있도록 하였다.

이 책이 6판까지 나오게 된 데에는 공저자들의 노고 외에도 이 책을 교재로 사용하시면서 책의 구성과 내용에 대해 아낌없는 조언을 해 주신 많은 교수님들의 관심과 질책이 큰 도움이 되었다. 또한 다양한 통계학 교재들에도 불구하고 굳이 이 책으로 공부하면서 일일이 예제 및 연습문제 풀이과정을 질문하고 오답 여부도 알려주신 많은 독자들의 공도 무시할 수 없다. 또한 원고에 대한 교정과 연습문제 풀이에 많은 도움을 준 연세대학교 통계데이터사이언스학과 강은서, 백채빈, 변현수, 손지우, 정권상, 조인식, 차수만 대학원생들에게 감사의 마음을 전한다. 무릇 책을 쓰는 일이 사소한 개인적인 일이 아님을 본 저자들은 마음속 깊이 새기며 더욱 정진하고자 한다. 그리고 긴 시간 개정판을 기다려 주시고 많은 지원을 아끼지 않으신 다산출판사의 강희일 사장님과 편집담당자님께도 거듭 감사드린다.

이 책의 기존 저자들이 경영학 및 교육학 등 다른 전공을 다루면서 필요한 통계학을 접근하였다면, 이번에 새로이 필진에 합류한 김현중(연세대 응용통계학과) 교수는 통계학을 전공한 학자로서 이 책의 쉽고 편안한 통계학에 엄밀함과 권위를 부가시켰다. 아울러 이 책의 독자층을 교육학과 경영학 등에 국한하지 않고 여타 사회과학 및 자연과학 분야로의 확대를 꾀하였다. 모쪼록 이번 개정판에서 고인이 되신 두 원저자의 유지가 요즈음의 트렌드에 맞춰 확대 발전되길 희망한다.

2022년 7월
저자 일동

서 문

현대학문에서 과학적 연구방법이 강조됨에 따라, 모든 학문분야에서 통계학이 이용되고 있으며, 대학의 거의 모든 학과에서 통계학 과목이 개설되고 있다.

그러나 많은 학생들은 통계학을 배우기도 전에 "통계학은 어려운 학문"이란 선입견을 가지고 있으며, 이미 통계학을 배운 학생들도 통계학에 전혀 흥미를 느끼지 못하고 있는 경우가 많다.

저자들은 대학에서 통계학과 조사방법론 등을 가르쳐 오면서, "통계학은 어렵지 않으며 흥미로운 것"이라는 것을 보여줄 통계학 교과서의 필요성을 느껴왔다. 이러한 필요성에 따라 이 교과서를 집필하게 된 것이다.

이 교과서는 통계학을 처음 배우는 사람은 물론, 이미 통계학을 공부한 경험이 있으나 어렵다고 생각하고 있는 사람들을 위하여 친절하게 쓰여진 것이다. 이 교과서는 저자들이 과거에 집필하였던 「統計學槪論」(다산출판사, 1980)을 기초로 하여, 내용을 전면적으로 개편 · 확장하고, 설명방식을 새롭게 하여 쓰여진 것으로서, 책의 제목도 「現代統計學」으로 출간하게 되었다.

이 교과서는 기초통계학을 위하여 필요한 모든 내용을 포함하고 있다. 그러므로 한 학기 동안에 여기에 수록된 내용을 모두 배운다는 것은 불가능하다. 가르치는 사람의 취향이나 배우는 학생들의 수준에 따라, 중요하고 기본적인 장들을 선택하여 가르칠 것을 권한다. 저자의 의견으로는 1장~9장, 10장, 12장, 16장을 먼저 가르치고, 시간적인 여유가 있을 때에는 나머지 내용 중에서 취사선택하여 가르치는 것도 한 방법이다.

이 교과서의 모든 장은 저자 둘이 충분히 토의하여 집필한 것이므로, 이 교과서에 서술된 모든 내용은 공동으로 책임을 진다.

이 책을 집필하는 데 많은 사람의 도움을 받았다. 서울대학교 대학원에 재학중인 李英植 군과 徐龍源 군, 그리고 한남대학 경영학과 姜信成 교수가 크게 도와주었다. 서울대학교 경영대학 조교로 있는 張英壹 석사가 교정과 내용수정을 맡아주어 큰 도움이 되었다. 이 책을 집필하는 데 교정뿐만 아니라 내용의 수정 · 검토, 체제결정 등 전반적으로 관여하여 준 미국 오하이오 주립대학 박사과정에 재학중인 鄭一宰 군에게 깊은 감사의 뜻을 표한다.

끝으로 무더운 여름에 이 책을 출간하는 데 많은 고생을 한 다산출판사의 姜熙一 사장과 편집을 담당한 朴銀子 과장께 감사한다.

1985년 8월 20일

저 자

차 례

제3장 분포의 특성

제4장 확률이론

제7장 연속확률분포

제8장 표본 및 표집분포

제10장 가설검정의 기초

제11장 단일모집단에 관한 가설검정

제12장 두 모집단의 비교에 관한 가설검정

제13장 분산분석

Chapter 01

통계학의 기초개념

우리는 불확실한 세계에서 살고 있다. 2034년 월드컵에서 어느 팀이 우승할지, 대학입시에 어느 학생이 합격할지와 같은 예측은 불확실한 상황에서 이루어지며, 우리나라의 향후 경제발전에 대한 예측이나 주식시장에 대한 전망 등은 보다 더 불확실한 상황에서 이루어지게 된다.

불확실한 상황에서 생활한다고 하여 불확실성을 그대로 방치할 수는 없다. 아침 날씨가 매우 흐릴 때, 오후에 비가 올지 안 올지 정확히 예측할 수 없다고 하여 아무런 준비 없이 외출한다면 곤란할 일이 생길 수 있다. 북한문제가 어떻게 될지 알 수 없는 불확실한 상황이라고 해서 정부가 북한문제에 대해 아무런 대책을 세우지 않는다면 우리의 장래는 어떻게 될 것인가?

개인이건 기업이건 정부건 미래를 위해 현명한 의사결정을 하기 위해서는, 불확실한 상황을 분석하고 불확실성을 최소로 감소시키려는 노력이 필요하다. 이러한 노력이 체계적으로 정리된 것이 바로 통계학(statistics)이다.

통계학은 하나의 독립된 학문분야일 뿐만 아니라 거의 모든 분야에 적용되는 도구학문이기도 하다. 통계학에서 다루는 여러 가지 이론이나 기법들이 학문영역의 성격에 따라 특정한 면에 치중할 수는 있으나, 어느 학문영역에 적용되든지 통계학의 기본원리는 동일하다.

제1절 통계학이란 어떤 학문인가?

통계학의 개념은 일상생활에서 늘 인식되고 또 매일매일 활용되고 있다. 야구 시합에는 세이버매트릭스라 부르는 야구통계학이 적용돼 개인의 성적과 팀의 승패를 예측하며, 대학에 진학할 때 대학수학능력시험 성적의 분포와 특정 학과의 합격선 등을 고려하는 것은 미래의 불확실성을 줄이기 위해 통계학 개념을 이용한 경우다.

그러나 이러한 의사결정에서 불확실성을 감소시키려는 행위 자체가 통계학의 전부라고 할 수는 없다. 통계학이 학문으로 성립되기 위해서는 자료를 수집하고 수량화해야 하며, 그 자료를 분석하고 해석하기 위한 학문적 체계가 확립되어야 한다.

> **통계학의 정의**
>
> 통계학이란 불확실한 상황에서 현명한 의사결정을 하기 위한 이론과 방법의 체계이며, 통계학은 자료의 수집 · 분류 · 분석과 해석의 체계를 갖는다.[01]

통계학은 그 자체로서 독립된 학문영역을 이루고 있기 때문에, 각 대학에서는 통계학과를 두어 통계학을 전문영역으로 다루고 있다. 또한 통계학은 불확실한 상황에서 발생하는 모든 자연현상이나 사회현상을 과학적으로 분석하고 예측하는 분석도구로서 광범위하게 이용되고 있으므로, 자연현상과 사회현상을 다루는 모든 학문에서 중요하게 다루어지고 있다. 화학 · 물리학 · 기상학 · 생물학 등의 자연과학분야에는 물론, 정치학 · 경제학 · 사회학 · 심리학 등의 사회과학분야에도 이용되며, 심지어는 문학 · 미술 등의 예술분야에 이르기까지 통계학은 널리 이용되고 있다. 더구나 최근 4차 산업혁명시대의 도래를 계기로 빅데

01 W. Allen Walls and Harry V. Roberts, *Statistics : A New Approach*(Glence, Ill., Free Press, 1956), p. 3.

이터의 축적 및 활용이 중요해짐과 동시에, 모든 학문분야에서 과학적 연구방법과 실증적 연구가 강조됨에 따라 통계학의 이용은 급속도로 증가되고 있다.

각 대학은 심리학에서는 심리통계, 교육학에서는 교육통계, 경영학에서는 경영통계, 경제학에서는 경제통계 등으로 과목을 개설하여 통계학을 가르치고 있다. 그러나 서로 다른 분야에서 다른 이름으로 가르친다고 해서 통계학의 내용이 서로 다른 것은 아니다. 심리자료분석을 위한 통계학, 교육자료분석에 적용되는 통계학, 기업의 경영분석을 위한 통계학, 그리고 국가경제현상 연구에 적용되는 통계학 등은 그것이 적용되는 대상만 다를 뿐 모두 같은 내용의 통계학이라 할 수 있다.

제2절 통계학의 기본 용어

모집단과 표본

통계학을 배우는 데 있어서 자주 사용되는 용어로 모집단(population)과 표본(sample)이 있다. 언뜻 보면 어려운 단어일 수 있지만, 모(母)라는 단어에서 놀 수 있듯 모집단은 분석의 대상이 되는 집단 전체를 의미하며, 샘플은 그 모집단에서 추출한 부분집합을 의미한다. 이를 설명하기 위해 다음과 같은 예를 들어보자.

학생들의 지능지수(I.Q.)가 대학수학능력시험 결과에 결정적이라는 가정하에 서울과 부산에 있는 고등학교 학생들의 지능지수를 조사하여 두 지역에서 예상되는 대학수학능력시험 점수의 차이를 추정해 본다고 하자.

완벽한 조사를 위해서는 서울시내에 있는 고등학교 학생들의 지능지수와 부산시내에 있는 고등학교 학생들의 지능지수를 모두 조사해야 할 것이다. 그러나 이를 모두 조사하는 데에는 막대한 경비와 시간이 소요된다. 따라서 서울시내와 부산시내의 고등학생들 중에서 각각 일부의 학생만을 조사하여, 서로 비교하는 방법을 택하는 것이 일반적이다.

이와 같은 예는 주위에서 얼마든지 찾아볼 수 있다. 품질관리를 위하여 생산한 모든 제품의 중량을 조사하는 경우라든지, 대전시민들의 월평균 소득을 조사해 볼 경우에도 연구대상을 모두 조사할 수는 없고, 전체 연구대상 가운데 일부를 뽑아 조사하는 방법이 사용된다.

모집단과 표본

연구자의 관심의 대상이 되는 모든 개체의 집합을 모집단이라고 하며, 모집단에서 조사대상으로 채택된 일부를 표본이라고 한다.

서울과 부산의 고등학교 학생들의 지능지수를 조사하는 예에서 모집단은 서울과 부산의 모든 고등학교 학생이 되며, 그들의 일부가 표본이 된다. 모집단이라고 하는 이유는 표본이 추출되는 모체가 되는 집단이기 때문이다.

모집단을 구성하는 개체의 수는 조사대상과 상황에 따라 각기 다르다. 예를 들어서 세계인구의 평균 몸무게를 알고자 한다면 모집단 구성원의 수는 세계인구의 수만큼 될 것이며, 우리 반 학생들의 시험점수가 관심의 대상이라면 우리 반 학생 전체가 모집단이 된다. 더 작게 우리 가족의 영양상태를 관심의 대상으로 할 때에는 모집단 구성원의 수는 우리 가족 수가 되므로 매우 적다.

모집단이 작을 때에는 모집단을 구성하고 있는 모든 개체를 조사하는 데 큰 비용이 소모되지 않으므로, 가능하다면 모든 개체를 조사·분석하여 모집단의 성격을 정확하게 파악하여야 한다. 그러나 우리가 연구대상으로 하는 모집단들은 그 구성원의 수가 매우 많거나, 모집단의 구성원을 다 조사할 수 없는 경우가 대부분이다. 예를 들어 우리나라 직장인들의 평균 월급을 알아보려고 할 때, 조사대상이 되는 사람은 전국 각지에 수없이 많으며, 전체 인원을 한 번에 조사하기에는 현실적인 문제가 뒤따른다. 이러한 상황에서는 시간적으로나 물리적으로도 모집단 전체를 살펴볼 수가 없다. 이 경우, 모집단의 일부분인 표본을 뽑아, 표본의 평균을 가지고 모집단의 평균 월급에 대해 추론할 수 있을 것이다. 이와 같이 표본을 선택·분석하여 모집단의 특성을 파악하려는 것이 현대통계학의 주류다.

모수와 통계량

통계적으로 조사를 할 때, 모집단 전부를 대상으로 하여 모집단의 어떤 특성을 수치로 알아보는 경우도 있으며, 모집단을 전부 조사하기 어려울 때에는 표본을 뽑아서 그 특성을 수치로 나타내기도 한다.

예를 들어 서울시내 초등학생의 평균 체중을 알기 원할 때 전체 학생들을 조사하여 평균 체중을 산출하는 경우도 있겠고, 보다 효율적으로 알아보기 위하여 전체 학생 중에서 표본을 뽑아, 그 표본으로부터 평균을 계산할 수도 있다. 전체 학생들로부터 산출한 평균과, 표본으로부터 계산된 평균은 언뜻 보기엔 동일해 보이지만, 엄밀히 말하면 두 값이 완전히 동일하다고 할 수 없다. 표본의 평균은 모집단의 일부인 표본으로부터 계산된 값이므로, 모집단의 평균을 추론하기 위한 목적으로 사용될 수는 있으나 그 자체가 모집단의 평균과 동일한 것은 아니다. 따라서 '평균'이라는 같은 용어로 표현되어도, 계산의 대상이 되는 집단이 다른 경우 모집단과 표본의 평균은 구분하여 표현해야 한다.

편의상 모집단과 표본의 평균만을 설명하였지만, 한 집단에서 나타나는 평균 이외의 다른 특성, 예를 들어 중위수나 분산도 그 대상을 모집단으로 하느냐 또는 표본으로 하느냐에 따라 구분하여 나타내어야 한다.

> **모수와 통계량**
>
> 모집단의 특성을 수치로 나타낸 것을 모수라고 하며, 표본의 특성을 수치로 나타낸 것을 통계량이라고 한다.

통계학에서는 모집단 전체를 이용해서 계산하는 모집단의 특성 값을 모수(parameter)라고 정의하고, 표본에서 계산하는 특성 값을 통계량(statistic)이라고 정의한다. 모집단의 모수를 정확히 계산할 수 있다면 문제가 없으나, 현실에서는 모집단을 전부 조사해 모수를 계산하는 것은 불가능에 가깝기 때문에, 표본에서 계산된 통계량으로 모수를 대신하게 된다. 앞의 평균을 예시로 들자면, 모집단의 평균은 우리가 찾고자 하는 모집단의 특성인 모수이고, 표본의 평균은 표본에서 계산된 통계량이다.

제3장에서 자세히 설명되겠지만 모집단 또는 표본의 특성을 나타내는 것으로서는 평균 · 분산 · 표준편차 등이 있는데, 모집단을 대상으로 할 때와 표본을 대상으로 할 때의 차이를 두기 위하여 기호를 달리하여 사용한다. 예를 들어 표본으로부터 계산된 산술평균, 분산, 표준편차는 각각 $\overline{X}$, S^2, S로 나타내고, 모집단의 산술평균, 분산, 표준편차는 각각 μ, σ^2, σ로 나타낸다. 또한 모집단의 관찰수는 N으로, 표본의 관찰수는 n으로 표시한다. 여기서 모집단에서 계산된 μ, σ^2, σ 등을 모수, 표본에서 계산된 $\overline{X}$, S^2, S 등을 통계량이라 한다.

모집단, 표본, 모수 및 통계량의 관계를 그림으로 그려보면 [그림 1-1]과 같다.

| 그림 1-1 | 모집단, 표본, 모수, 통계량의 관계

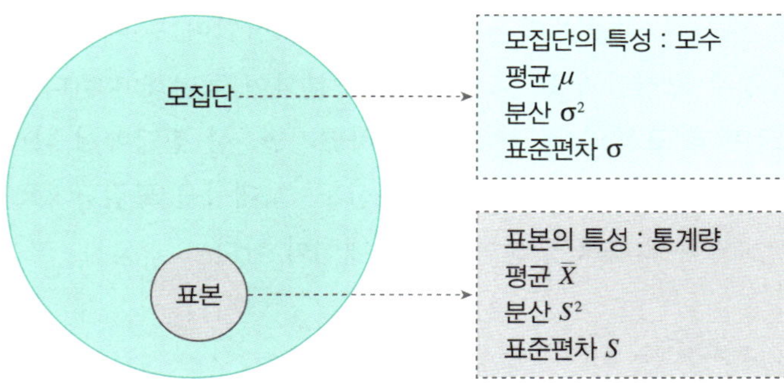

기술통계학과 추론통계학

통계학은 크게 기술통계학(記述統計學)과 추론통계학(推論統計學)으로 구분된다. 이 두 종류의 통계학의 관계를 [그림 1-2]에 표시하였다. 통계학의 궁극적인 목표는 기술통계학에서나 추론통계학에서나 모두 관심의 대상이 되는 집단

| 그림 1-2 | 기술통계학과 추론통계학

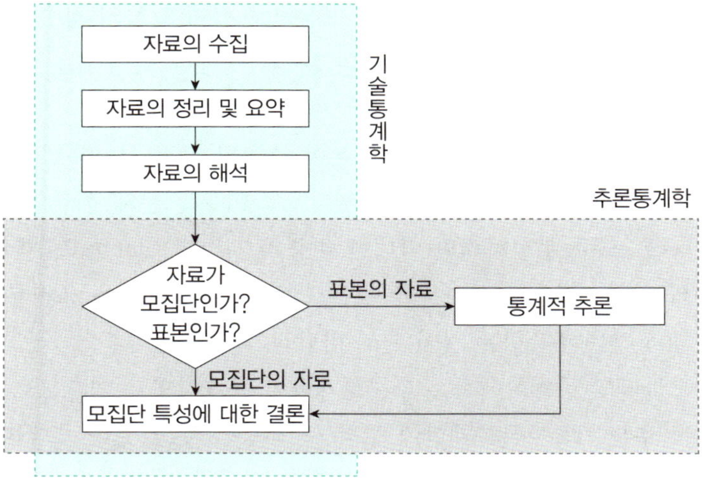

의 특성을 알기 위한 것이라는 점에서 마찬가지며, [그림 1-2]에서 이를 보여주고 있다.

기술통계학은 기술(記述)이라는 한자에서 보듯 온전히 자료에서 얻은 정보만을 기술하는 방식으로, 자료수집 · 자료정리 · 자료해석의 과정을 통하여 모집단 혹은 표본집단의 특성을 파악하는 방법이다.

이에 반해, 추론통계학(inferential statistics)은 추론(推論)이라는 단어에서 알 수 있듯이 표본에서 얻은 통계량을 기초로 해서 모집단의 특성을 추론하는 방법이다. 추론통계학은 통계적 추론(statistical inference)이라고도 부른다.

기술통계학과 추론통계학

기술통계학은 통계적 자료를 정리하고 요약하는 등 자료특성의 계산 방법과 관련된 통계학이며, 추론통계학은 모집단에서 뽑은 표본을 분석하여 이를 기초로 모집단의 특성을 규명하는 통계학이다.

예를 들어, 우리 학급의 평균 시험점수를 알기 위해 자료를 구하여 평균을 구하는 것은 기술통계학에 속하며, 우리나라 고등학교 3학년 학생들의 수능모의고사 평균을 알아보기 위하여 몇백 명만 표본으로 뽑아 그들의 점수를 바탕으로 전국 고등학교 3학년 학생들의 수능모의고사의 평균을 알아내는 방법에 관한 통계학은 추론통계학이다.

오늘날에는 표본의 자료로부터 그 표본이 추출된 모집단의 특성을 추론하는 추론통계학이 통계학의 주류를 이루고 있다. 그 이유는 문제 해결의 대상이 되는 전체 집단을 모두 분석하려면 막대한 비용과 시간이 필요하고, 때로는 전체 집단의 분석이 현실적으로 불가능한 경우도 있으므로, 표본을 조사분석함으로써 모집단의 성격을 추측하는 것이 훨씬 바람직하기 때문이다.

이렇듯 오늘날의 통계학에서는 추론통계학이 중요시되고 있으므로, 이 책에서도 통계적 추론, 즉 추론통계학에 보다 큰 비중을 두고 있다. 그러나 추론통계학을 이해하기 위하여는 기술통계학에 대한 정확한 이해가 우선되어야 하므로, 이 책에서는 기술통계학에 대하여 먼저 다룰 것이다.

모수통계학과 비모수통계학

추론통계학은 다시 모수통계학(parametric statistics)과 비모수통계학(nonparametric statistics)으로 나뉠 수 있다.

모수통계학과 비모수통계학이 무엇인지를 이해하고, 이 두 종류의 통계학을 비교하는 것은 이 책을 거의 다 배운 다음에나 가능하다. 따라서 여기서는 우선 통계학의 종류를 소개하기 위해 간단히 모수통계학과 비모수통계학을 설명하고자 한다.

모수통계학에서는 모집단의 분포 모양에 대한 가정을 필요로 하며, 사용되는 자료로는 수량적 자료 중에서도 연속형 자료를 요구하는 경우가 많다.(자료의 종류에 대해서는 다음 장에서 자세히 설명한다). 그러나 비모수통계학은 모집단의 분포 모양에 대한 가정을 할 수 없거나 표본의 크기가 작은 경우에 많이 사용된다.

> **모수통계학과 비모수통계학**
>
> 모수통계학은 모집단의 분포에 대한 가정이 필요하며 대체로 수량적 자료 중에서도 연속형 자료가 사용된다. 그러나 비모수통계학은 모집단에 대한 가정이 필요하지 않으며 질적 자료나 수량적 자료 중에서 빈도수와 같은 비연속형 자료를 많이 사용한다.

비모수통계학은 이렇게 모집단의 분포에 대한 가정도 필요없고 표본의 수가 작아도 되기 때문에 사용하기 편리하며 분석 방법도 대체로 간편하여 이해하기 쉽다. 그러나 이런 편리함에도 불구하고, 추론통계학에서 모수통계학을 자주 사용하는 이유는, 분포에 대한 가정이 틀리지 않다면 모수통계학이 비모수통계학보다 모수를 추정하는 데 더 신뢰할 만한 결과를 내기 때문이다.

여기서 설명한 내용만으로는 비모수통계학이 무엇인가를 이해하기 힘들 것이다. 비모수통계학에 대한 정의를 이해하기 위해서는 먼저 모수통계학이 무엇인가를 알아야만 한다. 따라서 이 책에서는 모수통계학과 관련된 추론통계학을 먼저 기술한 후, 맨 마지막 장에서 비모수통계학에 대해 설명한다.

연습문제

1.1 통계학이란 어떤 학문인가?

1.2 모집단과 표본의 차이를 설명하라.

1.3 모수와 통계량의 차이를 설명하라.

1.4 기술통계학과 추론통계학을 비교설명하라.

1.5 모수통계학과 비모수통계학을 비교설명하라.

1.6 내년에 부산에서 개최되는 부산국제영화제 일정을 잡으려고 한다. 날씨를 고려하여 적절한 일정을 결정하기 위해서는 어떻게 하여야 할까? 서로 토론해 보자.

1.7 모집단을 조사하여 계산한 평균과 표본을 선택하여 계산한 평균은 서로 다를 수 있다. 그 이유에 대해서 논의해 보자.

Chapter 02

자료의 정리

자동차에 관하여 조사를 한다고 할 때, 자동차에 관한 특성은 자동차의 색깔, 경제성, 수명, 배기량 등 이루 헤아릴 수 없을 정도로 많다. 이 중에서 연구자의 관심 대상이 되는 성격 또는 속성(attribute)을 변수(variable)라고 한다. '변수'란 변하는 수를 말한다. 예를 들면 키, 지능지수, 나이 등과 같이 연구대상들이 서로 다르게 나타나는 속성을 말한다. 만일 연구대상들의 키, 지능, 나이 등이 모두 같다면 그 속성들은 연구대상이 될 수 없다. 관찰이나 연구의 목적에 따라 변수는 하나 또는 여러 개 있을 수 있다. 이러한 변수를 관찰하여 기록한 결과를 자료(data)라고 한다.

그러나 자료 그 자체만으로는 의미 있는 정보를 제공해 주지 못한다. 예를 들어, 어느 학급 학생들의 학업 성적을 알아본다고 하자. 이때 연구자가 영어점수를 대상으로 조사하였다면 영어점수가 곧 변수가 되며, 학생들의 영어점수를 기록한 것이 자료가 된다. 그런데 이 자료를 그대로 사용하면 별 의미가 없다. 한 집단의 특성을 쉽게 알아보고 분석하기 위해서는 수집된 자료를 의미 있는 방식으로 분류 · 정리하는 것이 중요하다. 자료를 정리하는 방법이나 정리된 자료를 분석하는 방법은 자료의 종류에 따라 다르다.

이 장에서는 먼저 자료의 종류와 변수의 수준을 간단히 설명하고, 그 다음 자료를 정리하는 방법으로 가장 많이 사용되는 도수분포표의 작성 방법과 이를 도표로 나타내는 방법에 관하여 설명한다.

제1절 변수와 자료

변수와 자료의 종류

우리의 관심대상이 되는 속성 중에는 수치로 나타낼 수 있는 것과 없는 것이 있다. 시험점수, 통조림의 용량, 기업의 매출액 등은 수치로 나타낼 수 있는 것들이며, 이를 양적 변수(quantitative variable)라고 한다. 그리고 종교라든지 성별 · 직업 등 그 속성을 수치로 나타낼 수 없는 변수를 질적 변수(qualitative variable)라고 한다.

양적 변수를 기록한 자료가 양적 자료, 질적 변수를 기록한 자료가 질적 자료다. 그러나 질적 자료를 숫자로 나타낼 수도 있다. 예를 들어 성별을 구분할 때 남자를 '0'으로 하고 여자를 '1'로 나타낼 수 있다. 그러나 엄밀히 말하면 이때의 0이나 1은 숫자라기보다는 기호에 불과할 뿐이며, 일반적인 숫자의 개념과는 다르다. 또 양적인 성격을 갖는 자료도 질적 자료의 형태로 나타낼 수 있다. 부산시민들의 월수입액을 상 · 중 · 하로 나눈다든지, 수치로 나타낸 입학시험의 결과를 합격과 불합격 등으로 분류하는 것이 그 예다.

양적 변수는 다시 이산형 변수(discrete variable)와 연속형 변수(continuous variable)로 구분된다. 이산형 변수는 각 세대의 자녀 수나 자동차의 판매 대수처럼 정숫값을 취할 수 있는 변수를 의미한다. 이에 비해 연속형 변수는 길이, 무게, 온도변화와 같이 연속적인 모든 실숫값을 취할 수 있는 변수를 말한다. 예를 들어, 길이는 3m, 2.24m, 3.7956m 등 연속적인 실숫값을 가질 수 있다. 이산형 변수의 관찰결과를 이산형 자료라 하고, 연속형 변수의 관찰결과를 연속형 자료라고 부른다.

변수의 수준

변수가 갖고 있는 정보의 수준에 따라 변수를 분석하는 방법도 달라진다. 가장 낮은 수준의 정보를 가지고 있는 변수는 명목변수(nominal variable)라 하는데 성별, 종교, 출생지, 자녀유무, 운동선수들의 등번호 등이 이러한 변수의 예다. 명목변수는 측정대상의 특성을 분류하기 위하여 숫자를 부여하는데, 이 경우 숫자는 크기를 가지는 것이 아니라 단순히 구분기호로 사용된다. 이에 대한 예시로 축구 선수 손흥민의 등번호 7번은 단순히 그 선수를 다른 선수와 구분하기 위하여 사용되는 숫자에 불과하다.

다음 단계의 수준은 서열변수(ordinal variable)인데, 이는 측정대상 간의 순서를 매기기 위하여 사용되는 변수로 석차, 선호도 등이 이에 속한다. 서열변수는 측정대상 간의 크고 작음, 높고 낮음 등의 순서를 부여하는 변수다. 예를 들어 한 학급에서 학생의 성적을 제일 잘한 학생부터 1등, 2등, 3등으로 등위를 매기거나 A, B, C 등과 같이 등급을 매기는 경우를 말한다. 이 경우 서열변수의 자료는 사칙연산(덧셈, 뺄셈, 곱셈, 나눗셈)이 포함되는 분석은 불가능하다.

이어서 등간변수(interval variable)는 측정대상의 순서뿐만 아니라 순서 사이의 간격을 알 수 있는 변수로 온도, 지능지수, 대학 학년 등과 같은 변수를 말한다. 등간변수의 자료는 그 차이를 계산할 수는 있지만 차이의 비율은 큰 의미가 없다. 예를 들어 온도가 섭씨 0°, 10°, 20°라고 할 때 0°를 기준으로 20°가 10°보다 2배 덥다고 할 수 없다. 왜냐하면 섭씨를 화씨로 전환하면 10°는 화씨 50°며 20°는 화씨 68°이므로, 섭씨 온도는 절대적인 수치라고 볼 수 없기 때문이다.

마지막으로 가장 높은 수준의 정보를 가지고 있는 비율변수(ratio variable)는 등간변수의 특성에 더하여 측정자료 간의 비율 계산이 가능한 변수로서 연령, 무게, 시간, 거리 등이 비율변수의 예다. 등간변수의 경우 0은 단순히 상대적인 위치를 나타내는 것이지만, 비율변수의 경우 0은 절대적인 위치를 나타내고 있다. 예를 들어 비율변수인 무게의 경우 0은 무게가 전혀 없는 상태를 나타내는 것이다. 비율변수의 자료는 모든 통계적 분석이 가능하다.

그러나 똑같은 변수라 하여도 연구의 목적에 따라 변수의 수준을 달리하여 사용할 수 있다. 예를 들어 학생들의 신체발달에 관한 연구를 하기 위해 학생들의 체중을 측정한다고 하자. 체중은 비율변수가 될 수 있어서 90kg인 학생은 45kg인 학생보다 2배 무겁다고 말할 수 있다. 그런데 학생들 체중의 분포를 알아보기 위해 체중에 대한 표준점수 Z를 구했다고 하자. 그러면 Z는 등간변수가 된다. 또한 각 학생의 Z점수를 기초로 체중의 순서를 매긴다면 그 결과는 서열

변수가 되며, 만일 체중을 기준으로 1등부터 10등까지를 과체중집단, 11등부터 20등까지를 정상체중집단, 21등부터 30등까지를 정상이하집단이라고 하면 명목변수가 된다.

이와 같은 예에서 볼 수 있듯이 변수의 수준이 높은 것은 낮은 것으로 변환될 수 있지만 그 반대는 가능하지 않다. 즉 비율변수는 등간 또는 서열 변수로 변환되어 사용될 수 있지만, (극히 예외적인 경우를 제외하고) 서열변수는 등간 또는 비율 변수로 사용될 수 없다. 결국 변수가 어떤 수준으로 사용되는지는 변수가 갖고 있는 특성뿐만 아니라 연구의 목적에 따라 달라진다. 또한 변수의 수준에 따라 변수에 대한 통계적 처리방법이 결정된다. 등간 및 비율 변수의 경우에는 대부분의 통계적 처리를 해도 변수의 성격이 달라지지 않지만, 명목 및 서열 변수는 여러 가지 통계적 처리에서 제한을 받는다.

명목 · 서열 · 등간 · 비율변수

변수는 그것이 갖고 있는 정보의 수준에 따라 명목변수, 서열변수, 등간변수, 비율변수로 나누어진다. 똑같은 변수라 하여도 연구의 목적에 따라 변수의 수준을 달리할 수 있는데, 변수의 수준이 높은 것은 낮게 변환하여 사용될 수 있지만 그 반대는 가능하지 않다. 변수의 수준에 따라 변수를 분석하는 방법 또한 달라져야 한다.

제2절 도수분포표

통계적 연구에서는 대체로 많은 양의 자료를 다루게 된다. 예를 들어 어느 한 도시 주민들의 평균 월소득액을 알려고 할 때, 수천 또는 수만의 월소득액을 자료로 사용하게 된다. 이렇게 많은 자료들을 알기 쉽게 정리 · 분석하는 통계적 방법의 하나로 도수분포표(frequency distribution table)가 많이 이용된다. 도수분포표는 자료의 특성을 요약하고 정리하는 기술통계학에서 가장 기본적인 역할을 한다.

> **도수분포표**
>
> 도수분포표는 수집된 자료를 적절한 등급(또는 범주)으로 분류하고 각 등급에 해당되는 빈도수 등을 정리한 표다.

도수분포표의 예를 들어보자. 〈표 2-1〉은 어느 대학에 파견된 교환학생들의 TOEFL 성적의 도수분포표다.

표 2-1 교환학생의 TOEFL 성적

TOEFL 성적	인원수
60~79	80
80~99	100
100~119	20

숫자형 자료로 도수분포표를 만들기 위해서는 우선 자료의 전체 범위를 몇 개의 구간으로 나누어야 한다. 〈표 2-1〉에서 교환학생의 TOEFL 성적을 60~79, 80~99, 100~119 등의 범주로 나누었는데, 이를 '등급'(class)이라 하고 보통 X로 나타낸다. 명목형 자료나 순서형 자료와 같이 관찰값 X의 특성상 구간을 나누기 힘든 경우에는 '범주'(category)를 사용한다. 예를 들면 직업이나 종교를 분류할 때는 등급보다는 범주라고 하는 것이 적절하다. 등급의 간격을 등급구간(class interval)이라 하며, 〈표 2-1〉에서는 등급구간을 20으로 하였다. 각 구간에 해당되는 관찰된 수(인원수)를 빈도수 또는 도수(frequency)라 하며, 보통 f로 나타낸다.

도수분포표는 그것 자체가 연구의 목적이 될 수도 있으나, 통계적 분석을 하기 위한 기초자료로 사용되는 것이 보통이다. 도수분포표를 작성하는 방법은 변수의 성격에 따라 달라지는데, 여기서는 먼저 질적 자료를 도수분포표로 정리하는 방법을 설명하고 그 다음 양적 자료를 정리하는 방법에 대해 살펴볼 것이다.

질적 자료의 정리

아파트 A에 특정 직업을 가진 사람들이 얼마나 살고 있는가를 알기 위해서 세대주들의 직업을 조사해 보니 다음과 같았다. 이때 직업은 질적 변수가 된다.

표 2-2 세대주들의 직업

101호	사무직	201호	전문직	301호	상업	401호	사무직
102호	전문직	202호	전문직	302호	상업	402호	상업
103호	전문직	203호	상업	303호	상업	403호	사무직
104호	전문직	204호	기타	304호	전문직	404호	상업
105호	사무직	205호	상업	305호	상업	405호	기타

〈표 2-2〉만으로는 아파트 A에 어떤 종류의 직업을 가진 사람들이 얼마나 살고 있는지 직관적으로 파악하기에는 어려움이 있다. 직업의 분포상태를 보다 쉽게 알아보기 위해, 4개의 직업을 구분하여 〈표 2-3〉의 도수분포표를 만들었다.

표 2-3 세대주들 직업의 도수분포표

직업(X)	빈도수(f)
전문직	6
상업	8
사무직	4
기타	2
합계	20

〈표 2-3〉에서 첫 번째 칸에 있는 X는 직업이라는 질적 변수를 필요에 따라 몇 개의 범주로 구분지어 놓은 것이다. X는 자료가 질적 자료일 때에는 범주로 구분되는 반면 양적 자료일 때에는 숫자의 크기 또는 등급으로 나뉜다.

〈표 2-3〉에서 각 직업이 전체 아파트 세대 중에서 어느 정도만큼을 차지하고 있는가를 알려면 전체 세대 중에서 각 범주의 빈도가 차지하는 비율을 계산하면 되는데, 이를 상대적 빈도(relative frequency)라고 한다. 상대적 빈도란 한 범주에 속하는 빈도가 전체 관찰 수에 비하여 어느 정도의 비중을 차지하고 있는가를 알아보는 것으로, n을 전체 관찰 수라 하고 f_c를 각 범주에 속하는 빈도 수라 하면, 상대적 빈도는 다음과 같다.

상대적 빈도

$$\text{상대적 빈도} = \frac{f_c}{n} \qquad (2\cdot1)$$

또는

$$\text{백분율} = \frac{f_c}{n} \times 100 \qquad (2\cdot2)$$

식 2·1은 각 범주의 상대적 빈도를 0~1의 범위로 나타내고, 식 2·2는 백분율로 표시한 것이므로 0~100%의 범위로 나타낸다.

〈표 2-4〉는 〈표 2-3〉의 자료를 상대적 빈도와 백분율로 표시한 것이다.

표 2-4 직업의 상대적 빈도와 백분율

직업	상대적 빈도	백분율(%)
전문직	0.3(6/20)	30
상업	0.4(8/20)	40
사무직	0.2(4/20)	20
기타	0.1(2/20)	10
합계	1.0	100

상대적 빈도는 한 집단에서 각 범주의 빈도를 비교하는 데도 사용될 수 있지만, 그보다는 크기가 서로 다른 집단을 비교하는 데 더욱 유용하다. 예를 들어 아파트 B에 살고 있는 세대주들 30명의 직업을 추가로 조사해서 A, B 두 아파트 주민들의 직업을 비교한다고 하자. 〈표 2-5〉는 아파트 A와 B의 주민들의

직업을 조사한 도수분포표다.

표 2-5 세대주들의 직업

직업	아파트 A	아파트 B
전문직	6	3
상업	8	9
사무직	4	12
기타	2	6
합계	20세대	30세대

아파트 A에서 상업에 종사하는 세대는 8세대지만 아파트 B에서는 9세대다. 아파트 A와 B의 전체 세대수가 서로 다르므로 상업에 종사하는 세대가 상대적으로 아파트 B에 많은지 또는 아파트 A에 많은지 아직 결론을 내릴 수가 없다. 만일 〈표 2-5〉를 각 아파트 세대주들의 직업에 대한 상대적 빈도나 백분율로 표시한다면, 각 집단에 대한 특성을 더 잘 알 수도 있을 뿐만 아니라 두 집단에 대한 비교도 쉽게 할 수 있을 것이다.

각 아파트의 직업을 전체 세대수를 고려하지 않고 도수분포표로 알아봤을 때에는 상업에 종사하는 세대수가 아파트 B에 더 많았지만, 〈표 2-6〉처럼 상대적 빈도를 가지고 비교해 보면 상업에 종사하는 비율이 아파트 B보다 아파트 A가 더 높다는 것을 알게 될 것이다.

표 2-6 세대주들의 직업별 상대적 빈도

직업	아파트 A		아파트 B	
	상대적 빈도	백분율(%)	상대적 빈도	백분율(%)
전문직	0.3	30	0.1	10
상업	0.4	40	0.3	30
사무직	0.2	20	0.4	40
기타	0.1	10	0.2	20
합계	1.0	100	1.0	100

양적 자료의 정리

지금까지는 질적 자료를 어떻게 도수분포표로 정리하는가를 살펴보았다. 이번에는 양적 자료(quantitative data)를 이산형 자료와 연속형 자료로 구분해서 도수분포표로 정리하는 방법에 대해 알아보자. 양적 자료는 질적 자료보다 정리하는 방법이 다양하며, 양적 자료 중에서도 자료가 이산형일 때보다는 연속형일 때의 정리방법이 더 다양하다.

이산형 자료

이커머스 업체 C에서는 새벽에 식자재 등을 신속히 배송해 주는 새벽 배송 서비스를 제공하고 있다. 이 업체에서는 아파트 A에 살고 있는 각 세대들의 지난 일주일간의 새벽 배송 건수를 조사했다고 한다. 조사 결과는 〈표 2-7〉과 같았다고 하자. 배송 건수는 2.3, 4.25 등과 같은 소수로 표시할 수 없고 정수로만 표시 가능하므로 이산형 자료에 해당된다.

표 2-7 각 세대별 배송 건수

호수	배송 건수	호수	배송 건수	호수	배송 건수	호수	배송 건수
101호	2	201호	1	301호	3	401호	2
102호	0	202호	1	302호	2	402호	0
103호	1	203호	4	303호	2	403호	3
104호	0	204호	1	304호	1	404호	1
105호	0	205호	1	305호	1	405호	4

이 자료를 배송 건수에 대한 도수분포표로 작성한 것이 〈표 2-8〉이다. 〈표 2-8〉은 각 등급에 해당되는 빈도수와 상대적 빈도를 나타낸다. 그런데 때에 따라서는 어떤 등급 이하 또는 어느 등급 이상에 해당되는 빈도수가 얼마나 되는가를 알아볼 필요가 있다. 예를 들어 배송 건수가 2번 이상인 세대수는 얼마인가 등을 파악하려고 할 때가 그런 경우인데, 이때에는 누적빈도(cumulative frequency)를 계산하여 보면 쉽게 알 수 있다.

표 2-8 세대별 배송 건수의 상대적 빈도

배송 건수(X)	빈도수(f)	상대적 빈도
0	4	0.2
1	8	0.4
2	4	0.2
3	2	0.1
4	2	0.1
합계	20	1.0

누적빈도

누적빈도란 어떤 등급에 해당되는 빈도를 포함해서 그 이하 또는 그 이상에 있는 모든 빈도를 합한 것이다.

〈표 2-9〉는 아파트 A의 세대별 새벽 배송 건수에 대한 누적빈도와 상대적 누적빈도(relative cumulative frequency)를 보여준다. 상대적 누적빈도는 한 집단에서 어떤 등급 이상 또는 이하에 해당되는 누적빈도가 전체 관찰대상 중 얼마만큼의 비율을 차지하고 있는가를 말해 준다. 상대적 누적빈도는 총 관찰 수가 다른 두 개 이상의 집단 간 누적빈도를 비교할 때에 특히 유용하다.

표 2-9 세대별 배송 건수의 누적빈도와 상대적 누적빈도

배송 건수(X)	빈도(f)	상대적 빈도	누적빈도	상대적 누적빈도
0	4	0.2	4	0.2
1	8	0.4	12	0.6
2	4	0.2	16	0.8
3	2	0.1	18	0.9
4	2	0.1	20	1.0
합계	20	1.0		

〈표 2-9〉에서 알 수 있듯이 배송 건수가 2건 이하인 세대는 20세대 중 16세대가 되며, 상대적 누적빈도는 0.8이 된다. 이때 상대적 누적빈도가 0.8이라는

의미는 아파트 A의 경우 배송 건수가 2번 이하인 가정이 80%가 된다는 것이다.

양적 자료에서는 누적빈도, 또는 상대적 누적빈도를 사용하지만, 질적 자료에서는 그러한 개념을 사용할 수 없다는 점을 유의해야 한다. 왜냐하면 양적 자료에서는 숫자가 어떤 크기를 나타내는 역할을 하므로 경우에 따라서는 각 숫자를 더하거나 뺄 수 있는 반면에, 질적 자료에서의 각 범주는 단지 명칭만을 표시할 뿐이므로 더하거나 빼는 계산은 아무런 의미가 없기 때문이다. 예를 들면 2번 이하의 배송 건수를 가진 세대수를 더할 때에는 배송 건수가 0번인 세대, 배송 건수가 1번인 세대, 2번의 배송 건수를 기록한 세대를 다 합할 수 있다. 그러나 상업이라는 직업 이상을 가진 세대수를 구한다든가 하는 경우는 타당하지 않다.

연속형 자료

인터넷을 통해 영화, 드라마, TV방송 등의 각종 영상을 제공하고 있는 OTT 업체, 넷플릭스(Netflix)에서는 어느 대학의 학생 50명을 대상으로 연간 넷플릭스 시청 시간을 조사했다. 조사 결과는 〈표 2-10〉과 같았다.

표 2-10 대학생 50명의 연간 넷플릭스 시청 시간(h)

71	53	65	45	60	40	55	36	50	26
70	51	66	47	61	41	55	37	51	27
37	62	41	67	52	73	52	73	56	63
57	74	52	69	49	64	42	57	38	53
43	58	39	58	43	59	57	59	64	44

이 예시에서는 연간 시청 시간을 50시간, 53시간처럼 정수로 표시했지만 그것은 편의상 그렇게 사용했을 뿐이고, 시간이라는 엄격한 의미에서는 소수점 이하로 한없이 표시할 수 있는 연속형인 성격을 가지고 있다.

이 자료만으로는 이 대학 학생들의 연간 시청 시간이 어느 정도인지, 또는 어떤 학생의 시청 시간, 예를 들어 50시간인 학생이 어느 위치에 있는지 등에 대해서 쉽게 알 수가 없다. 이 관찰값들의 분포를 의미 있는 자료로 만들기 위해서는 여러 방법을 사용할 수 있는데, 1차적으로 시청 시간을 오래 시청한 순서대로 나열한 것이 〈표 2-11〉이다.

표 2-11 시청 시간의 순서와 빈도($n=50$)

시청 시간(X)	빈도(f)	시청 시간(X)	빈도(f)	시청 시간(X)	빈도(f)
26	1	47	1	61	1
27	1	49	1	62	1
36	1	50	1	63	1
37	2	51	2	64	2
38	1	52	3	65	1
39	1	53	2	66	1
40	1	55	2	67	1
41	2	56	1	69	1
42	1	57	3	70	1
43	2	58	2	71	1
44	1	59	2	73	2
45	1	60	1	74	1

〈표 2-11〉은 〈표 2-10〉보다 필요한 정보를 더 많이 그리고 쉽게 보여준다. 제일 많이 시청한 사람은 74시간을 시청했고, 제일 적게 시청한 사람은 26시간을 시청했다. 각 시청 시간에 해당되는 사람의 수는 몇 명인지 등도 알 수 있다. 그러나 전체 학생들의 연간 시청 시간이 어떤 모양의 분포를 이루고 있는지, 60시간 이상의 시청 시간을 갖는 사람은 몇 명인지 등은 쉽게 알려주지 못하고 있다. 이러한 문제들을 해결하여 주는 방법이 적당한 크기의 등급으로 자료를 묶어서 정리하는 방법이다. 등급(class)이란 몇 개의 관찰값을 하나의 범주로 묶은 것이다. 관찰값들을 각 등급별로 묶고 각 등급에 해당되는 빈도를 f라 하면, 50명의 시청 시간의 도수분포표는 〈표 2-12〉와 같다.

〈표 2-12〉는 등급의 간격(class interval), 즉 구간을 5.0으로 해서 만든 도수분포표다. 두 번째 열에 있는 정확한계(exact limit)는 관찰값이 포함되어 있는 정확한 범위를 말한다. 예를 들면 시청 시간을 정수로 표시하기를 원할 때는 50시간, 51시간 등으로 표시하지만 50시간이란 실제로는 49.5시간 이상~50.5시간 미만 사이에 있는 모든 관찰값을 다 포함하고 있다. 만일 체중을 좀 더 정확하게 표현하기 위해 관찰값을 50.5시간 등으로 소수점 이하까지 표시했다면, 이

표 2-12 등급별 시청 시간의 도수분포표($n=50$)

시청 시간(X)	정확한계	중간점	빈도(f)
25~29	24.5~29.5	27	2
30~34	29.5~34.5	32	0
35~39	34.5~39.5	37	5
40~44	39.5~44.5	42	7
45~49	44.5~49.5	47	3
50~54	49.5~54.5	52	8
55~59	54.5~59.5	57	10
60~64	59.5~64.5	62	6
65~69	64.5~69.5	67	4
70~74	69.5~74.5	72	5

때의 정확한계는 50.45시간 이상~50.55시간 미만이 된다. 다시 말해서 연속형 변수는 그 정확한 값을 나타내기가 어렵기 때문에 어떤 편리한 단위로 반올림해서 표시하게 되고, 따라서 정확한계라는 개념이 추가로 필요하게 된다. 〈표 2-12〉에서 25~29등급의 정확한계는 24.5~29.5가 되는데, 이때 24.5를 등급 구간의 하한계(lower limit)라 하고, 29.5를 상한계(upper limit)라 한다. 중간점(mid-point)은 하한계와 상한계의 중간에 해당하는 수치를 말한다.

그러나 현실적으로 사용하는 도수분포표에서는 25~29는 25 이상 30 미만으로 보는 경우도 흔히 있으므로, 정확한 한계에 대하여는 표를 작성한 사람에게 물어보아야 알 수 있는 경우가 대부분이다.

등급의 수와 구간의 결정

질적 자료의 경우에는 도수분포표를 만들 때에는 등급의 수를 몇 개로 할 것인가, 또는 등급의 구간을 어떻게 정할 것인가는 문제가 되지 않는다. 그러나 양적 자료에서는 분석자의 목적에 따라 등급의 수와 구간의 수를 무한히 다양한 방법으로 정할 수 있기 때문에, 등급의 수와 구간을 얼마로 설정할 것이냐의 문제가 언제나 제기된다.

등급의 수

자료를 정리할 때 등급을 몇 개로 하여 도수분포표를 만들 것인가는 자료의 성격이나 연구목적에 따라 달라진다. 자료의 성격을 정확하게 파악하기 위해서는 등급의 수를 많게 해야 하며, 정확한 것보다는 개략적으로 전체적인 양상을 파악하고자 한다면 도수분포표의 등급 수가 적은 것이 더 유용할 것이다. 따라서 등급의 수가 몇 개여야 가장 좋은가라는 질문 자체가 성립될 수 없다. 그러나 등급 수가 너무 적다면 자료의 분포를 파악하기 어렵고, 등급 수가 너무 많다면 자료를 보고 해석할 때 한눈에 파악이 되지 않아 분석에 어려움이 있을 수 있다.

등급의 구간

등급의 간격, 즉 구간을 얼마로 할 것인가는 등급의 수에서와 마찬가지로 자료의 성격이나 연구목적에 따라 달라지기 때문에 일정한 기준은 없다. 그러나 등급의 구간이 작으면 등급의 수가 많아져서 기초자료(raw data)에 가깝게 도수분포표가 작성이 된다. 반대로 등급의 구간이 크면 등급 수가 너무 적어져서 그 도수분포표는 전체 자료의 양상은 쉽게 보여주지만, 보다 자세하고도 필요한 정보는 주지 못할 수도 있다.

등급의 구간을 결정하는 데 지켜야 할 기본 원칙은 모든 등급의 구간이 동일해야 한다는 것이다. 이러한 원칙하에서 등급의 수가 결정되었다면 등급의 구간은 다음과 같은 공식으로 결정할 수 있다.

등급의 구간

$$\text{등급의 구간} = \frac{\text{자료의 최댓값} - \text{자료의 최솟값}}{\text{등급의 수}} \tag{2·3}$$

그러나 등급의 구간을 모두 동일하게 할 수 없는 경우도 있다. 예를 들어 특정 분야 유튜버들의 월수입을 자료로 하여 도수분포표를 작성한다고 하자. 이때 월 1,000만 원 이상의 수입을 가진 유튜버는 수도 적고, 또 그 유튜버들 간의 월수입액도 2,000만 원, 3,000만 원, …, 1억 원 등으로 차이가 많이 날 때에는 일정한 구간을 간격으로 나타내는 것이 의미가 없기 때문에 '1,000만 원 이상' 등으로 나타낸다. 그러나 이러한 경우는 등급의 맨 처음 구간과 맨 마지막 구간에서만 적용되며, 그 나머지 등급의 구간은 간격이 동일하도록 도수분포표를 작성해야 한다.

도수분포표 작성을 위한 유의사항

위에서 설명한 바와 같이 등급의 수나 구간은 연구의 목적에 따라서 임의로 정할 수 있으므로 등급의 수나 구간을 어떻게 해야 하는지에 대한 원칙은 없으나, 도수분포표를 작성할 때에는 다음과 같은 사항에 유의해야 한다.

도수분포표 작성요령

① 모든 자료는 빠짐없이 도수분포표에 포함되어야 한다. 극단적 수치가 있다고 해도 제외하지 말고 구간의 간격을 ~이상, 또는 ~이하로 표시하여 다 포함시켜야 한다.
② 극단적 수치를 포함하는 양끝의 등급을 제외한 나머지 등급의 구간은 모두 같아야 한다.
③ 등급은 서로 중복되지 않아야 한다.
④ 등급은 연속적으로 표시되어야 한다. 해당 사례 수가 없다고 해서 그 구간을 제외해서는 안 된다.
⑤ 등급의 구간은 3, 5, 7, 9 등과 같이 홀수로 정하는 것이 좋다. 구간을 홀수로 하면 등급구간의 중간점을 쉽게 정할 수 있기 때문이다.
⑥ 맨 첫 번째 등급구간의 첫 번째 숫자는 가능한 한 눈에 잘 띄는 숫자로 시작하는 것이 좋다. 예를 들면 93부터 시작하는 것보다는 85 또는 90 등과 같은 숫자가 좋다.

이와 같은 원칙을 고려하여 도수분포표를 만들어 보자.

【예제 1】 다음의 기초자료는 40명 학생들의 중간고사 평균 성적이다. 이를 기초로 하여 도수분포표를 작성하려고 한다. 위에서 열거한 유의사항을 염두에 두고 도수분포표를 작성해 보자.

표 2-13 도수분포표를 위한 기초자료

20.8	64.8	72.6	77.9	82.0
52.1	65.7	73.1	78.3	82.6
53.6	66.4	73.5	78.9	83.4
54.1	67.3	74.3	79.0	84.5
61.6	69.7	75.1	79.2	85.9
62.3	70.6	76.2	80.0	86.1
63.5	71.4	76.8	80.7	87.3
64.0	71.9	77.2	81.2	88.5

첫째, 등급의 구간은 동일해야 한다. 이때 예외적인 자료의 처리에 주의하여야 한다. 최저수치인 20.8과 그 다음 수치인 52.1과는 상당한 차이가 나므로, 20.8을 예외적이라 생각하여 이를 제외하면, 최저수치인 52.1과 최대수치인 88.5를 기준으로 하여 구간을 결정하게 된다. 예외적인 자료가 포함될 첫 번째 등급을 제외하고 나머지를 8개의 등급으로 나눈다고 하면 구간은 다음과 같다.

$$\text{구간} = \frac{88.5 - 52.1}{8} = \frac{36.4}{8} = 4.6$$

구간을 4.6으로 하는 것보다는 정수인 5로 하여 알아보기 쉽게 하자.

둘째, 예외적인 수치를 포함한 첫 번째 등급 다음에 두 번째 등급의 첫 숫자가 52.1이므로 구간을 5로 하여 52.1~57.0 등으로 하는 것보다는 52.1을 포함하면서도 눈에 잘 띄는 숫자인 50을 첫 숫자로 하여 등급을 50~54로 하는 것이 바람직하다.

셋째, 예외적인 수치도 포함시켜야 하므로, 50 이하의 등급을 만들어 포함시킨다.

이와 같은 작업을 통하여 작성된 도수분포표가 〈표 2-14〉이다. 도수분포표의 기본항목은 몇 개의 등급으로 나눈 X와 빈도수인 f이지만, 〈표 2-14〉에서는 보다 상세하게 구간의 정확한계, 중간점, 상대적 빈도 등의 여러 가지 항목을 추가하였다. 〈표 2-14〉에서 한 가지 언급할 것은 55~59의 등급에는 빈도수가 없더라도 그 등급을 제외시키지 않았다는 것이다.

표 2-14 〈표 2-13〉 자료를 이용한 도수분포표($n=40$)

점수(X)	빈도(f)	정확한계	중간점	상대적 빈도	누적빈도	상대적 누적빈도
50 이하	1	49.5 미만	–	0.025	1	0.025
50~54	3	49.5~54.5	52	0.075	4	0.100
55~59	0	54.5~59.5	57	0.000	4	0.100
60~64	4	59.5~64.5	62	0.100	8	0.200
65~69	5	64.5~69.5	67	0.125	13	0.325
70~74	7	69.5~74.5	72	0.175	20	0.500
75~79	9	74.5~79.5	77	0.225	29	0.725
80~84	7	79.5~84.5	82	0.175	36	0.900
85~89	4	84.5~89.5	87	0.100	40	1.000

제3절 도표에 의한 도수분포표

어떤 목적으로 수집한 통계적 자료를 도수분포표로 정리하는 이유는 그 자료의 특성을 명확히 파악하고 그 의미를 정확히 해석하기 위해서다. 예를 들면 빈도수가 가장 많은 등급구간은 어느 것인지, 자료들은 어떤 모양으로 분포되어 있는지, 또 특정한 수치는 그 분포에서 어디에 위치해 있는지 등에 관심을 갖고 자료를 정리한다. 도수분포표는 이러한 질문에 해답을 줄 수가 있지만, 각 구간에 해당되는 빈도수가 크거나 또는 여러 집단들의 분포를 비교할 때는 자료의 특성을 쉽게 파악하기 어려운 경우가 자주 있다. 또한 자료의 특성이 도수분포표에 드러나 있다고 해도 통계에 대해 잘 알지 못하는 사람은 도수분포표만으로 자료의 특성을 이해하기가 곤란할 수 있다. 이때에는 도표에 의한 도수분포표를 사용한다. 도표는 도수분포표의 특성을 일목요연하게 보여줄 수도 있고, 통계적 방법에 익숙지 않은 사람들에게 자료를 설명할 때도 유용할 뿐만 아니라, 자료의 분포가 어떤 형태를 이루는지 알기를 원하는 통계전문가에게도 유용하다.

앞에서 도수분포표를 작성할 때에도 변수의 성격에 따른 여러 가지 형태의 도수분포표를 설명하였다. 도표에 의한 도수분포표의 분석에서도 변수의 성격이 질적인지, 양적인지 또는 양적이라 하더라도 이산형 성격인지, 연속형 성격인지에 따라서 도표를 그리는 방법이 상이하기 때문에 이를 구분하여 설명하겠다.

질적 자료의 도표

질적 자료에 가장 많이 쓰이는 도표는 막대그래프(bar graph)다. 앞에서 설명한 아파트 A에 사는 세대주들의 직업에 대한 빈도수와 상대적 빈도를 각각 막대그래프로 그린 것이 [그림 2-1]과 [그림 2-2]다.

도표를 그릴 때에는 수평축에 범주를 표시하고 수직축에 빈도수나 상대적 빈도를 표시한다. 이때 각 범주 간의 간격은 동일해야 하며, 범주와 범주 사이에는 [그림 2-1]과 [그림 2-2]에서와 같이 여유를 두는 것이 좋다.

| 그림 2-1 | 세대주 직업의 빈도수

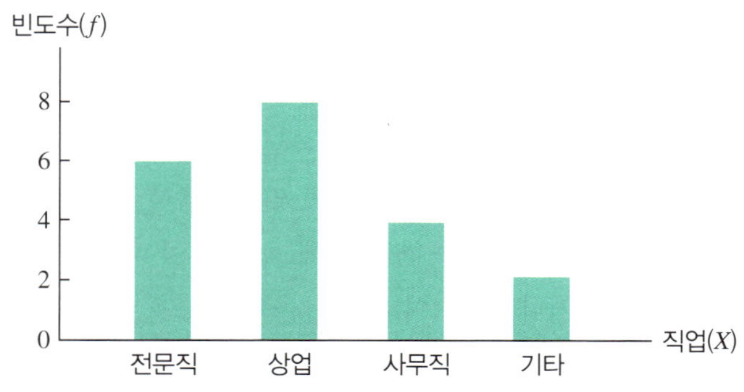

| 그림 2-2 | 세대주 직업의 상대적 빈도

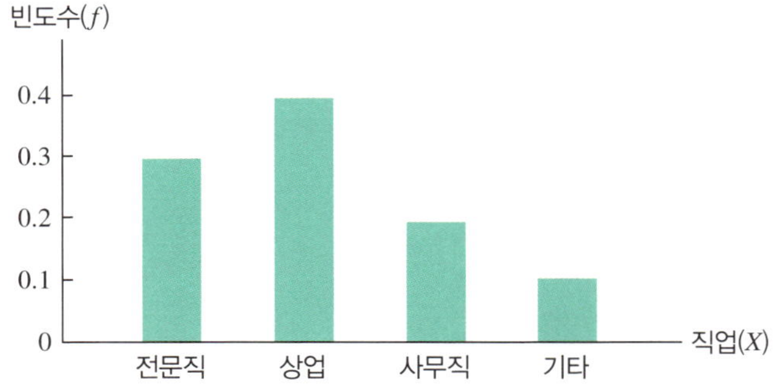

표 2-15 세대주 직업의 빈도수와 상대적 빈도

직업(X)	빈도수(f)	상대적 빈도
전문직	6	0.3
상업	8	0.4
사무직	4	0.2
기타	2	0.1
합계	20	1.0

양적 자료의 도표

이산형 자료의 도표

이산형 자료에도 막대그래프를 자주 사용한다. 이때의 막대그래프는 '히스토그램'(histogram)이라고 하는데, 히스토그램을 통해 자료에 대한 전체적인 모양을 파악해 볼 수 있다. 자료가 대칭적인 모양을 가지고 있는지, 혹은 한쪽으로 값이 쏠려 있는지를 나타내는 '비대칭도'(이에 대해서는 3장에서 자세히 다루도록 한다), 값이 가장 많이 분포하는 봉우리가 한 개인지 두 개인지 등을 히스토그램을 통해 파악할 수 있다. 다음은 앞에서 예로 든 〈표 2-9〉의 아파트 A에 거주하는 세대별 새벽 배송 건수에 대한 도수분포표를 막대그래프로 그린 것이다. [그림 2-3]에는 배송 건수의 상대적 빈도만을 표시했으며, [그림 2-4]에서는

상대적 누적빈도를 그렸다.

| 그림 2-3 | 배송 건수의 상대적 빈도

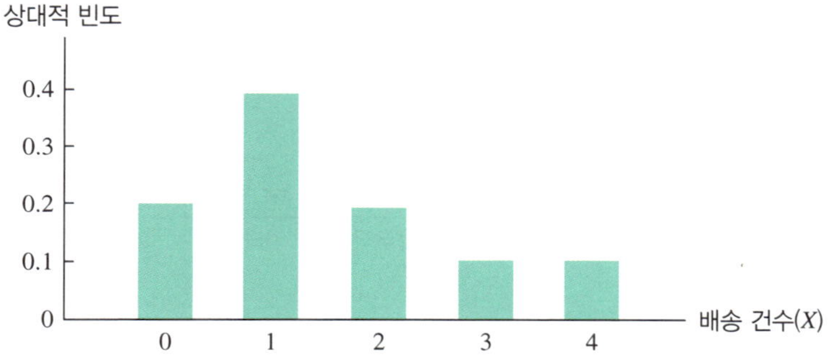

| 그림 2-4 | 배송 건수의 상대적 누적빈도

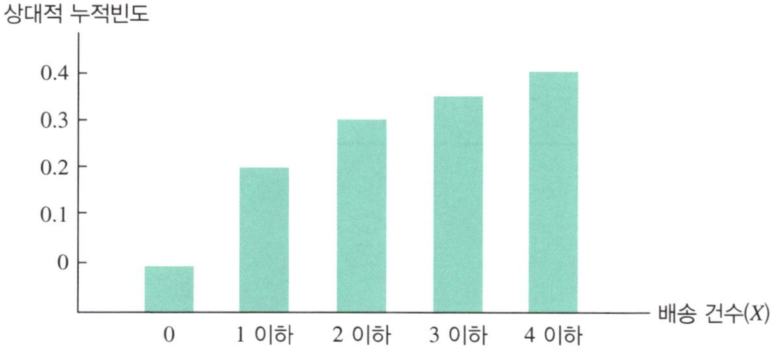

연속형 자료의 도표

연속형 자료를 도표로 그릴 때에도 막대그래프(histogram)가 사용되지만 꺾은선그래프(polygon)가 더 자주 사용된다. 특히 꺾은선그래프는 각 등급의 빈도수의 변화를 잘 보여주는 특징을 갖고 있다.

막대그래프

막대그래프는 질적 또는 이산형 숫자로 된 자료를 도표로 그릴 때 이미 사용하였다. 이 방법은 숫자에 익숙지 않은 사람도 쉽게 알아볼 수 있는 장점이 있다. 또한 각 등급의 빈도수는 막대의 길이와 같아서 쉽게 등급마다의 빈도수를 비교할 수 있다. 연속형 자료에서 막대그래프를 사용할 수 있는 예를 하나 들어보자. 〈표 2-16〉은 어느 초등학교 학급 C의 학생들 키의 분포를 적어놓은 것이다. 〈표 2-16〉을 막대그래프로 그리면 [그림 2-5]와 같이 된다.

표 2-16 C학급의 학생들 키의 분포($n=50$)

키(X)	중간점	빈도수(f)
90~94	92	3
95~99	97	5
100~104	102	9
105~109	107	13
110~114	112	7
115~119	117	6
120~124	122	5
125~129	127	2

| 그림 2-5 | 키의 분포를 그린 막대그래프(histogram)

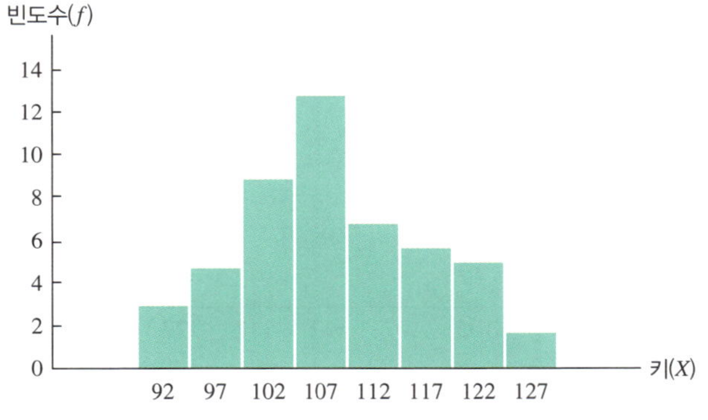

[그림 2-5]의 수평축은 키(X)를, 수직축은 빈도수(f)를 나타낸다. 히스토그램에서 관찰값 X를 수평축에 표시할 때에는 [그림 2-5]와 같이 각 구간의 중간점을 표시하는 것이 일반적이다. 히스토그램이 이산형 자료의 막대그래프와 다른 점은, 연속형 자료에서는 각 구간의 측정치들이 연속형이라는 것을 보여주기 위해서 각 등급의 막대를 붙여서 그린다는 점이다.

꺾은선그래프

꺾은선그래프는 막대그래프의 각 중간점을 이어서 그린 것으로 자료가 연속형인 성격을 가졌을 때에만 사용한다. 질적 자료나, 양적 자료에서의 이산형 자료에서는 꺾은선그래프를 사용할 수 없다.

각 등급구간의 중간점에 해당되는 점 위에서 그 등급의 빈도수에 점을 찍어 그 점들을 연결하면 꺾은선그래프가 된다. 꺾은선그래프는 막대그래프에 비하여 다음과 같은 장점을 갖고 있다.

첫째, 분포의 윤곽을 훨씬 명백히 드러내 보인다. 따라서 각 등급 사이의 빈도수의 증감이 선명하게 나타난다. 또한 어떤 등급을 중심으로 관찰값이 많이 집중하고 있는지를 쉽게 관찰할 수 있다.

둘째, 꺾은선그래프의 가장 큰 장점은 두 집단 이상의 서로 다른 도수분포를 같은 그림 위에 놓고 비교할 수 있다는 점이다.

| 그림 2-6 | 키의 분포를 그린 꺾은선그래프

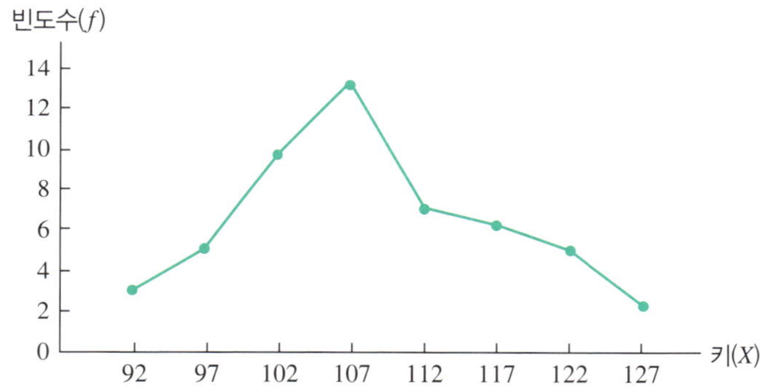

[그림 2-7]의 (a)와 (b)는 같은 자료를 각각 꺾은선그래프와 막대그래프를 사용하여 도표로 그린 것이다. 두 그림을 비교할 때 (a)의 꺾은선그래프가 (b)의 막대그래프보다 두 집단의 특성을 더 잘 보여준다. 꺾은선그래프는 선의 모양이나 색깔만 달리하면 세 집단 이상을 비교하는 것도 가능하다.

| 그림 2-7 | 두 집단의 분포를 비교한 경우

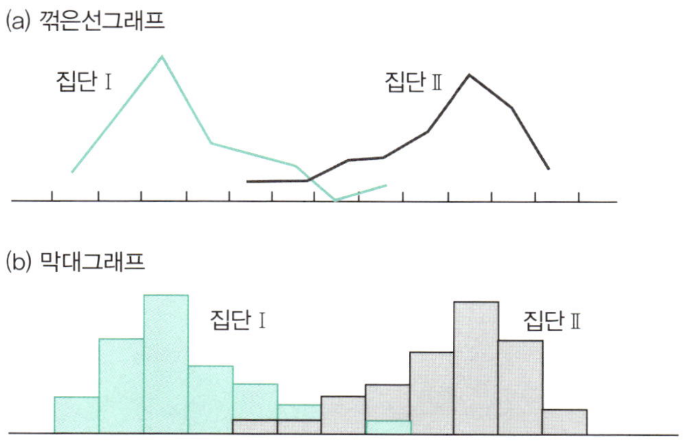

누적백분율곡선

누적백분율곡선은 연속형 자료를 도표로 그릴 때 자주 사용되며 여러 가지 장점이 있다. 〈표 2-16〉의 학생들의 키에 관한 자료에서 누적백분율을 나타내면 다음과 같다.

표 2-17 학생들의 키에 대한 누적백분율($n=50$)

키(X)	중간점	빈도수(f)	누적빈도	누적백분율(%)
90~94	92	3	3	6
95~99	97	5	8	16
100~104	102	9	17	34
105~109	107	13	30	60
110~114	112	7	37	74
115~119	117	6	43	86
120~124	122	5	48	96
125~129	127	2	50	100

[그림 2-8]을 누적백분율곡선(cumulative percentage curve, 또는 ogive)이라고 하는데, 각 등급구간의 중간점에서 누적백분율만큼 올라가서 점을 찍고 각 점을 연결한 것이다. 누적백분율곡선은 한 관찰값이 그 집단에서 어떤 위치에 있는가를 알아본다든가, 또는 특정한 위치(예를 들면 50%)에 해당되는 사람의 관찰

값이 얼마인가 등을 손쉽게 알아볼 수 있다는 장점을 갖고 있다. [그림 2-8]을 예로 들면 학급 C에서 키가 중간정도인 학생의 키는 약 105cm이고, 또한 키가 112cm보다 작은 학생들이 74%가 된다는 것 등을 알 수 있다.

| 그림 2-8 | 학생들의 키에 대한 누적백분율곡선

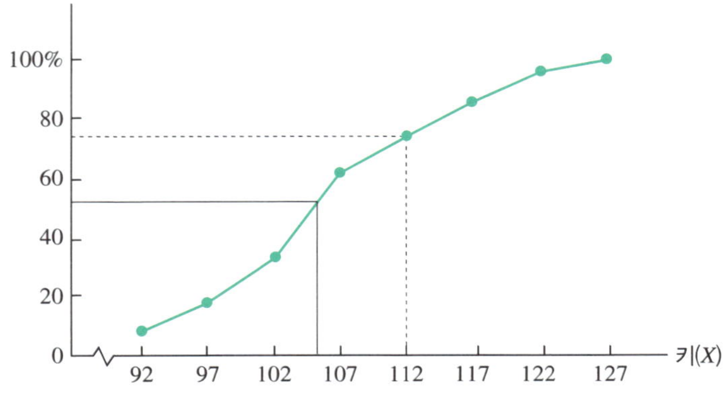

누적백분율곡선은 꺾은선그래프와 마찬가지로 두 개 이상의 집단을 한 도표에서 비교할 수 있다는 장점이 있다. 학급 D의 키의 분포가 〈표 2-18〉과 같은 도수분포를 이루고 있다고 하자. 학급 C의 학생들과 학급 D의 학생들의 키의 분포를 누적백분율곡선으로 분석해 보면 쉽게 각 집단의 특성을 비교해 볼 수 있다.

표 2-18 학급 D의 학생들 키의 분포($n=50$)

키(X)	중간점	빈도수(f)	누적빈도	누적백분율(%)
90~94	92	1	1	2
95~99	97	3	4	8
100~104	102	4	8	16
105~109	107	7	15	30
110~114	112	9	24	48
115~119	117	20	44	88
120~124	122	4	48	96
125~129	127	2	50	100

[그림 2–9]에서 학급 C의 누적백분율곡선은 학급 D의 것보다 경사진 정도가 완만하다. 이때 경사가 완만하다는 것은 각 등급의 빈도수가 학급 D보다 골고루 펴져 있음을 뜻한다. 학급 D는 등급에 따라 빈도수의 차이가 크며, 특히 112cm부터 117cm 사이에 빈도가 몰려 있다는 것을 알 수 있다.

누적백분율곡선을 이용하면 복잡한 계산을 거치지 않고도 각 백분율에 해당되는 관찰값의 값이나 각 관찰값의 백분율값을 쉽게 알 수 있는 장점이 있다는 것을 앞서 설명하였다. [그림 2–9]를 살펴보면 학급 C의 경우 중간(50%)에 위치해 있는 사람의 키가 105cm이고, 학급 D의 경우는 약 112cm이므로 일반적으로 말해서 학급 D의 학생들의 키가 크다는 것을 알 수 있다. 그리고 키가 107cm인 학생은 C반에서는 60%의 위치에 해당되는데, D반에서는 30%의 위치에 해당된다는 것도 알 수 있다.

이렇게 누적백분율곡선은 각 집단의 구성원 수가 다를 때에도 서로 비교할 수 있으므로 다양한 용도로 활용된다.

| 그림 2-9 | 학급 C와 D의 학생들 키에 대한 누적백분율곡선

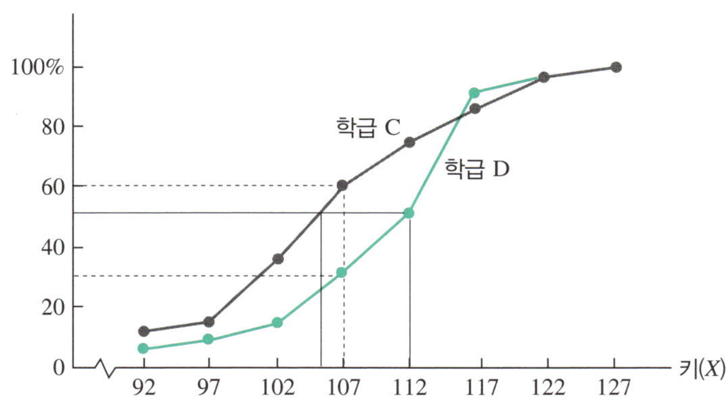

연습문제

2.1 양적 변수와 질적 변수의 차이에 대해서 서술하시오.

2.2 다음 자료를 이산형 자료와 연속형 자료로 구별하라.

① 증권시장에서 하루 동안에 거래되는 주식 수

② 기상청에서 한 시간 간격으로 보도되는 각 지역별 기온

③ 어떤 공장에서 생산되는 TV의 수명

④ A대학 앞 모 커피전문점의 하루 평균 방문자 수

⑤ 2022년 국내 흥행 상위 5개 영화에 대한 상영관들의 평균 주말 총수입

2.3 가장 낮은 수준의 정보를 가지고 있는 변수를 선택해라.

① MBTI(Myers Briggs Type Indicator) 성격 유형

② IQ 지수(Intelligence Quotient, 지능지수)

③ 대한민국 표준시(GMT+9)

④ 전국 연합 모의고사 석차

2.4 도수분포표의 장점에 대해서 서술하시오.

2.5 어느 대학의 경영학과 학생 72명의 학기말 성적이 다음과 같다.

68	84	75	68	90	62	88	76	93
73	79	88	60	93	71	59	85	75
61	65	75	74	62	95	78	68	72
66	78	82	94	77	69	74	63	60
97	78	89	75	95	60	79	83	71
79	62	67	78	85	76	65	71	75
65	80	73	88	78	62	76	53	74
86	67	73	72	63	76	75	85	77

위의 자료를 보고 다음 물음에 답하라.

① 75점 이상을 받은 사람의 수

② 전체 자료 중 75~89점 사이의 점수를 받은 사람의 비율

2.6 다음은 어느 회사가 채용하고 있는 종업원 65명의 임금의 도수분포표다.

임금(X)(단위 : 만 원)	종업원 수(f)
150~159.999	8
160~169.999	10
170~179.999	16
180~189.999	14
190~199.999	10
200~209.999	5
210~219.999	2

① 첫 번째 등급의 정확한계는 얼마인가?

② 세 번째 등급의 중간점은 얼마인가?

③ 각 등급의 구간은 얼마인가?

④ 세 번째 등급의 상대빈도수는 얼마인가?

⑤ 180만 원 미만을 받는 종업원의 수는 전체의 몇 %인가?

⑥ 160만 원 이상~200만 원 미만을 받는 사람은 전체의 몇 %인가?

2.7 다음은 어느 학교 학생들의 혈액형을 조사한 도수분포표다.

혈액형	1반	2반	3반
A	8	16	15
B	8	12	6
O	2	8	6
AB	2	4	3
합계	20명	40명	30명

위 도수분포표를 통해 각 학급별 상대적 빈도를 구하라.

2.8 문제 2.7에서 혈액형이 B형인 학생의 비율이 가장 높은 반은 어디인지 서술하시오.

2.9 중학생 40명의 키를 측정한 결과가 아래와 같다. 등급의 수를 6으로 하여 도수분포표를 작성하라.

138	164	150	132	144	125	149	157
146	158	140	147	136	148	152	144
168	126	138	177	163	120	154	165
146	173	142	147	135	153	140	135
161	145	135	142	150	156	145	128

2.10 문제 2.9의 도수분포표를 가지고 막대그래프와 꺾은선그래프를 그려라.

2.11 문제 2.9의 도수분포표를 가지고 누적백분율을 구하고, 누적백분율곡선(ogive)을 그려라.

2.12 어느 금은방에서 새로 반입된 30개의 금반지의 순도를 조사해 보니 다음과 같았다. 단위는 %다.

99.55	99.43	99.60	99.38	99.57	99.80	99.61	99.94
99.79	99.51	99.29	99.57	99.83	99.80	99.53	99.89
99.84	99.64	99.68	99.40	99.49	99.54	99.99	
99.70	99.68	99.59	99.73	99.65	99.71	99.64	

등급의 수를 5개로 하고 중간점, 누적빈도, 상대적 빈도, 상대적 누적빈도를 모두 나타내는 도수분포표를 작성하라.

2.13 문제 2.12의 도수분포표를 가지고 막대그래프와 꺾은선그래프를 그려라.

2.14 문제 2.12의 도수분포표를 가지고 누적백분율곡선(ogive)을 그려라.

2.15 어느 도시의 5월 1일부터 5월 31일까지의 낮 최고기온을 재보았더니 다음과 같았다. 단위는 ℃다.

15.2	11.0	16.8	23.2	14.3	21.9	22.4
20.5	15.0	17.0	12.8	21.0	27.7	28.0
18.8	16.4	14.9	20.0	23.5	23.9	24.0
13.2	13.6	24.1	25.9	30.8	26.3	32.1
29.2	31.5	28.5				

① 등급의 수를 5개로 하여 도수분포표를 작성하라.

② 도수분포표를 기초로 하여 막대그래프와 꺾은선그래프를 작성하라.

Chapter 03

분포의 특성

제2장에서는 기술통계학 중에서 가장 기본이라고 할 수 있는 자료의 정리에 대하여 설명하였다. 그러나 자료의 정리 그 자체만으로는 충분하지 않다. 수집된 자료를 정리하는 이유는 자료를 통계적으로 분석하기 위한 것이기 때문이다.

기술통계학에 있어서 통계적 분석은 자료의 분포가 가지고 있는 특성을 찾아내서, 그 특성을 숫자로 표시하기 위한 작업이다. 관찰된 자료의 분포를 나타내는 특성은 여러 가지가 있겠으나 가장 대표적인 것은 중심경향(central tendency), 분산도(degree of dispersion), 비대칭도(skewness) 등이다. 이러한 특성들은 그 자체로서 자료의 성격을 가리키는 중요한 지표일 뿐만 아니라, 다음 단계의 통계적 분석을 위한 중요한 자료로도 사용된다. 중심경향은 관찰된 자료가 어느 위치에 중심을 잡고 있는가를 나타내며, 분산도는 자료들이 어느 정도 흩어져 있는가를 나타낸다. 또한 비대칭도는 자료의 분포가 대칭에서 벗어난 정도를 말한다.

이 장에서는 분포의 세 가지 특성을 측정하는 여러 방법에 대하여 설명할 것이다. 분포의 특성을 나타내는 여러 특성들 중에서 가장 많이 이용되고 있는 것은 중심경향을 대표하는 산술평균과, 분산도를 나타내는 표준편차(또는 분산)라는 것을 먼저 밝혀 둔다.

제1절 중심경향

많은 자료를 도수분포표로 정리해 보면, 관찰된 자료들이 어느 곳에 가장 많이 모여 있는가를 쉽게 발견할 수 있다. 즉, 어느 등급에는 많은 빈도수가 있으며, 다른 곳에는 빈도수가 적다든지 하는 것이다. 이러한 것을 나타내는 것이 중심경향(central tendency)이며, 중심경향을 나타내는 수치를 분포의 대푯값이라고 한다.

중심경향

중심경향은 관찰된 자료들의 중심이 어디에 있는가를 나타내 주는 것으로서, 이 중 대표적인 것으로는 산술평균, 중앙값, 최빈값 등이 있다.

중심경향을 나타내는 분포의 대푯값으로는 산술평균, 중앙값, 최빈값 외에도 기하평균, 조화평균 등이 있지만, 기하평균과 조화평균 등은 자주 사용되지 않으므로 여기에서는 생략한다.

최빈값

최빈값(mode)은 자료의 분포에서 빈도수가 어느 곳에 가장 많이 모여 있는가를 보여준다. 최빈값은 양적 자료, 질적 자료에서 모두 쓰인다.

최빈값

최빈값은 빈도수가 가장 많이 발생한 관찰값을 말한다.

질적 자료에서의 최빈값

어느 온라인 쇼핑몰에서 새롭게 디자인한 후드티의 판매량을 사이즈에 따라 조사하여 본 결과 〈표 3-1〉과 같았다. 이에 따르면 사이즈가 'M'인 코트가 30벌로 가장 많으므로 최빈값은 'M'이 된다.

표 3-1 후드티의 크기와 수량

크기	수량
S	10
M	30
L	10
XL	5

어떤 경우에는 산술평균보다 최빈값이 더욱 중요한 대푯값 역할을 한다. 예를 들어 제품을 만들 때는 가장 많은 고객들이 원하는 물건, 즉 최빈값에 해당되는 물건을 많이 만들어야 할 것이다.

양적 자료에서의 최빈값

이산형 자료의 경우

도시와 농촌에서 반려동물을 키우고 있는 세대를 대상으로 각각 100세대를 표본으로 뽑아서, 키우고 있는 반려동물의 수가 몇 마리인가를 알아보았더니

표 3-2 도시와 농촌의 반려동물 수

도시의 반려동물 수		농촌의 반려동물 수	
반려동물 수	세대수	반려동물 수	세대수
1	26	1	8
2	40	2	10
3	17	3	37
4	12	4	25
5	5	5	20
합계	100	합계	100

〈표 3-2〉와 같았다. 도시에서는 반려동물의 수가 2마리인 세대가 가장 많으며, 농촌에서는 반려동물의 수가 3마리인 세대가 가장 많다. 그러므로 도시의 반려동물 수의 최빈값은 2마리이고, 농촌의 반려동물 수의 최빈값은 3마리이다.

연속형 자료의 경우

연속형 자료의 경우에는 관찰값이 모두 다를 수가 있다. 이때는 최빈값이란 있을 수 없다. 그러나 자료를 등급으로 묶어서 각 등급에 해당되는 빈도수를 적는다면 가장 빈도수가 많은 등급이 최빈등급(modal class)이 되고, 같은 등급 안에서는 등급의 중간에 빈도수가 집중되어 있을 것이라는 가정하에 그 등급의 중간점이 최빈값이 된다. 여기서 유의할 점은 등급의 중간점은 등급을 어떻게 나누느냐에 따라 달라지므로 최빈값도 달라진다는 것이다. 등급의 중간점은 보기에 편리한 숫자로 정하는 것이 좋다.

어느 디지털 엔터테인먼트 기업에서는 소속 유튜버 A의 영상 시청 시간 실적이 어느 정도인가를 알아보기 위해 해당 유튜버의 영상 100개에 대한 시청 시간을 조사했더니 〈표 3-3〉과 같았다. 이 표에서는 시청 시간의 등급구간을 2,000~2,199시간 등으로 구분하고, 그 구간의 중간점을 2,100시간 등으로 표시하였다.

표 3-3 유튜브 조회 수

시청 시간	중간점	영상 수
1,800~1,999	1,900	8
2,000~2,199	2,100	25
2,200~2,399	2,300	32
2,400~2,599	2,500	18
2,600~2,799	2,700	12
2,800~2,999	2,900	5
합계		100

〈표 3-3〉에서 영상 시청 시간의 최빈등급은 2,200~2,399시간이며, 따라서 최빈값은 2,200과 2,399의 중간점인 2,300시간이다.

중앙값

중앙값(median)은 숫자로 표시되는 양적 자료에만 사용되는 것으로서 그 의미는 다음과 같다.

> **중앙값**
>
> 중앙값은 수치로 된 자료를 크기 순서대로 나열할 때, 가장 가운데에 위치하는 관찰값을 말한다. 중앙값을 Md로 표기하며, Md는 다음과 같이 구한다.
>
> $$Md=\begin{cases}\dfrac{(n+1)}{2}\text{번째 관찰값(}n\text{이 홀수인 경우)}\\ \left(\dfrac{n}{2}\right)\text{번째와 }\left(\dfrac{n}{2}+1\right)\text{번째 관찰값의 평균(}n\text{이 짝수인 경우)}\end{cases}$$

만약 홀수인 n개의 관찰값이 있을 때, $(n+1)/2$번째로 큰 값이 바로 중앙값이 된다. 그런데 $(n+1)/2$번째로 큰 수치는 $(n+1)/2$번째로 작은 수치와 동일하다. 즉, 중앙값은 자료를 크기 순서로 정리하였을 때 한가운데 있는 수치이기 때문에, 큰 쪽부터 계산하나 작은 쪽부터 계산하나 동일하다. 만약 관찰값의 개수(n)가 짝수라면, 가운데 있는 두 개 값$\left(\left(\dfrac{n}{2}\right)\text{번째와 }\left(\dfrac{n}{2}+1\right)\text{번째 관찰값}\right)$의 평균을 중앙값으로 한다.

이산형 자료

9명의 학생이 시험을 본 결과 점수가 다음과 같았다.

7, 3, 6, 8, 2, 7, 9, 5, 4

중앙값을 구하기 위하여 제일 먼저 해야 할 일은 관찰값을 크기의 순서대로 나열하는 것이다.

2, 3, 4, 5, 6, 7, 7, 8, 9

관찰값의 수(n)가 9이므로 $(n+1)/2=(9+1)/2=5$, 즉 다섯 번째로 큰 수치가 중앙값이 된다. 위의 점수배열에서 6이 다섯 번째로 큰 수치이므로 중앙값은 6이 된다.

만일, 한 사람이 더 포함되어 관찰값의 수가 다음과 같이 $n=10$이라면 어떻게 될까?

2, 3, 4, 5, 6, 7, 7, 8, 9, 9

가운데 있는 숫자는 $(n+1)/2=(10+1)/2=5.5$, 즉 다섯 번째로 큰 수와 여섯 번째로 큰 수의 중간이란 것을 의미한다. 위의 예에서 다섯 번째로 큰 수는 6, 여섯 번째로 큰 수는 7이므로 중앙값은 6과 7의 평균인 6.5가 된다.

연속형 자료

연속형 자료에서 중앙값을 구하는 방법은 이산형 자료와 다를 바가 없다. 그러나 이산형 자료와 연속형 자료가 도수분포표로 나타나 있을 때에는 그 계산이 다소 복잡해진다. 〈표 3-4〉는 연속형 자료로 된 도수분포표다.

표 3-4 중앙값 계산을 위한 도수분포표($n=61$)

측정치(X)	빈도(f)	누적빈도
1~15	2	2
6~10	4	6
11~15	9	15
16~20	7	22
21~25	15	37
26~30	6	43
31~35	8	51
36~40	5	56
41~45	5	61

총 관찰대상 수가 $n=61$이므로, 중앙값은 $(n+1)/2=(61+1)/2=31$, 즉 31번째로 큰 수치가 중앙값이다.

〈표 3–4〉에서 31번째로 큰 수는 21~25인 등급에 포함되어 있다. 이 등급의 정확한계는 20.5~25.5고, 등급의 구간은 5다. 이 등급 이하에는 22명의 누적빈도가 있고, 이 등급구간에는 15명이 있으므로 15명 중에서 9번째에 있는 수치를 구하면 중앙값이 된다. 계산과정을 그림으로 그리면 다음과 같다.

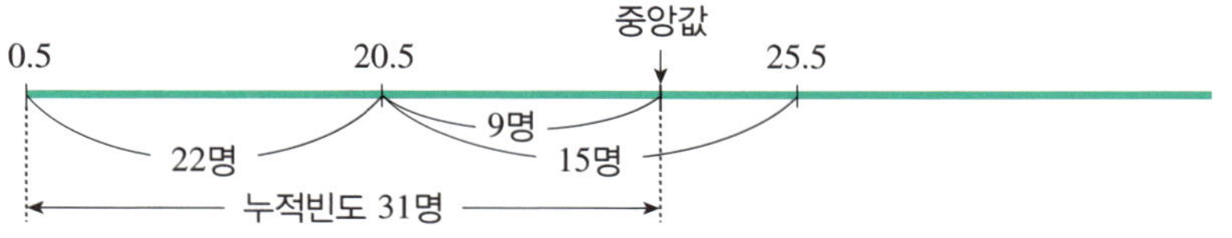

$$15명 : 9명 = 5 : x$$

$$x=\frac{9}{15}\times 5=3$$

$$20.5+3=23.5$$

즉, 중앙값은 23.5다. 위의 과정을 일반식으로 표현하면 다음과 같다.

연속형 자료의 도수분포표에서 중앙값의 계산

$$Md=L+i\cdot\frac{(n+1)/2-F}{f} \qquad (3\cdot1)$$

L : 중앙값이 있는 구간의 정확하한계
F : L까지의 누적빈도
f : 중앙값이 있는 구간의 빈도
n : 총 관찰 수
i : 구간의 크기

〈표 3–4〉의 자료를 식 3·1에 적용하여 중앙값을 구하면 다음과 같다.

$$Md = L + i \cdot \frac{(n+1)/2 - F}{f}$$

$$= 20.5 + 5 \times \frac{(61+1)/2 - 22}{15} = 23.5$$

산술평균

산술평균(arithmetic mean)은 양적 자료에만 사용되는 것으로, 중심경향을 나타내는 척도 중에서 가장 많이 사용되는 값이다. 산술평균은 간단히 평균이라고도 하며, 우리가 일상생활에서 흔히 평균이라고 할 때에는 이 산술평균을 말하는 것이다. 산술평균은 기술통계뿐만 아니라 뒤에서 설명할 추론통계에서도 매우 중요한 역할을 한다.

산술평균의 계산

N개로 구성된 모집단의 관찰값을 X_1, X_2, ⋯, X_N이라 할 때, 모집단의 평균 μ(뮤)는 다음과 같이 구한다.

모집단의 평균

$$\mu = \frac{X_1 + X_2 + \cdots + X_N}{N} = \frac{\sum X_i}{N} \quad (3\text{-}2)$$

$\sum X_i$는 변수 X에 해당되는 모든 값을 다 합한다는 것을 의미한다. 변수 X에 해당되는 값은 X_1, X_2, ⋯, X_N까지 있다. 그러므로 엄격하게 표시한다면 $\sum_{i=1}^{N} X_i$와 같이 표시해야 한다. 그러나 간단하게 $\sum X_i$ 또는 $\sum X$로 표시하기도 하는데, 이 책에서는 $\sum X_i$를 사용한다.

【예제 1】 우리나라 S 연예기획사의 역대 소속 아이돌 그룹이 데뷔일로부터 첫 음악방송 1위를 달성하기까지 소요된 기간이 다음과 같다고 하면, 이들이 1위를 달성하기까지 걸린 평균 기간은 얼마인가?

데뷔 후 기간(개월) : 12, 25, 3, 8, 6, 16, 5, 3

$$\mu = \frac{\sum X_i}{N} = \frac{12+25+3+8+6+16+5+3}{8} = 9.8(\text{개월})$$

위의 예는 관심의 대상이 되는 집단에 포함된 모든 구성원들을 고려했기 때문에 위에서 구한 9.8개월은 모집단의 산술평균이 된다. 모집단을 대상으로 했을 때의 평균은 μ로 나타내며, 표본을 대상으로 했을 때에는 평균을 $\overline{X}$(엑스바)로 나타낸다.

N개로 구성된 모집단으로부터 n개 크기의 표본을 뽑았을 때, 표본의 관찰값을 X_1, X_2, ⋯, X_n이라 하면 이 표본의 평균 $\overline{X}$는 다음 식으로 구해진다.

표본의 평균

$$\overline{X} = \frac{X_1+X_2+\cdots+X_n}{n} = \frac{\sum X_i}{n} \quad (3\cdot3)$$

모집단의 평균과 표본의 평균은 계산방식은 동일하고, 다만 대상이 되는 데이터만 다르기 때문에 이제부터 산술평균은 모두 $\overline{X}$라고 표시하기로 한다.

【예제 2】 TEPS 점수가 600점 이상이어야 입학할 수 있는 A대학은 신입생들이 입학한 후에 영어성적을 어느 정도 유지하고 있는지 궁금하여 입학한 지 6개월이 지난 신입생들 중 무작위로 10명을 뽑아 TEPS 시험을 보게 하였다. 이들의 평균 점수는 얼마인가?

시험점수 : 560, 625, 582, 505, 480, 650, 532, 510, 615, 632

$$\bar{X} = \frac{\sum X_i}{n} = \frac{X_1 + X_2 + X_3 + \cdots + X_{10}}{n}$$
$$= \frac{560+625+582+505+480+650+532+510+615+632}{10}$$
$$= 569.1(\text{점})$$

도수분포표에서의 산술평균

도수분포표 자체만으로는 정확한 산술평균을 계산할 수 없다. 각 등급의 구간에 속해 있는 관찰값들이 정확히 어떤 값을 가졌는지를 알 수가 없고 다만 일정구간에 속해 있다는 것만을 알 수 있기 때문이다. 예를 들어 〈표 3-5〉에서 25~29 사이의 빈도수는 3인데, 이 세 개의 수치가 정확히 어떤 값을 가졌는지는 알 수 없다. 이때에는 등급의 중간점(midpoint)이 그 등급을 대표한다고 생각하여 그 분포의 평균을 계산한다면, 등급으로 묶기 전의 평균과 가까운 근삿값을 얻을 수가 있다.

중간점을 사용하여 평균을 구하는 방법은 시간과 노력을 절약할 수 있을 뿐만 아니라, 등급으로 묶인 도수분포표만 있을 때에는 평균을 구할 수 있는 유일

표 3-5 산술평균 계산을 위한 도수분포표

구간	중간점(X_c)	빈도(f_c)	f_cX_c
25~29	27	3	81
30~34	32	1	32
35~39	37	5	185
40~44	42	6	252
45~49	47	7	329
50~54	52	12	624
55~59	57	6	342
60~64	62	3	186
65~69	67	5	335
70~74	72	2	144
합계		50	2,510

한 방법이 된다.

〈표 3-5〉와 같이 등급으로 묶인 도수분포표로부터 평균을 구하는 식은 다음과 같다.

도수분포표에서의 산술평균

$$\bar{X} = \frac{f_1X_1 + f_2X_2 + \cdots + f_mX_m}{n} = \frac{\sum f_cX_c}{n} \qquad (3\cdot4)$$

$f_1, f_2, \cdots, f_m$은 각 등급의 빈도를 표시하고, $X_1, X_2, \cdots, X_m$은 해당 등급의 중간점을 말한다. m은 전체 등급 수, 그리고 n은 전체 관찰 수다. 위의 식을 사용하여 〈표 3-5〉의 평균을 계산하면 50.2가 된다.

$$\bar{X} = \frac{\sum fX_c}{n} = \frac{2,510}{50} = 50.2$$

가중산술평균의 계산

한 집단의 구성원들이 각각 3, 4, 5, 8의 수치를 가졌고, 다른 집단은 각각 5, 6, 7, 8, 10, 12의 수치를 가졌을 때, 두 집단의 평균 $\bar{X}_1$과 $\bar{X}_2$는 각각 5와 8이 된다. 이때 두 집단을 합친 전체 집단의 평균은 $(5+8)/2=6.5$로 계산해서는 안 된다. 두 집단의 크기가 다르기 때문에 이런 경우는 각 집단의 크기를 가중치로 하여 평균을 계산해야 합리적이다. 위의 예에서 평균이 $\bar{X}_1$인 집단의 가중치는 4/10고, $\bar{X}_2$인 집단의 가중치는 6/10이므로 가중산술평균은 6.8이 된다.

$$\bar{X} = \frac{4 \times 5 + 6 \times 8}{10} = 6.8$$

위의 식을 일반식으로 표시하면, 평균이 $\bar{X}_1$이고 n_1개의 관찰 수를 가진 집단과, 평균이 $\bar{X}_2$고 n_2개의 관찰 수를 가진 집단을 합한 전체 집단의 평균 $\bar{X}$는 다음과 같다.

$$\overline{X}=\frac{n_1\overline{X}_1+n_2\overline{X}_2}{n_1+n_2}$$

같은 방법에 의해 평균이 서로 다른 여러 개의 집단으로부터 전체 집단의 산술평균을 구해 보자. 각 집단의 관찰 수가 n_1, n_2, $\cdots$, n_k개고, 이에 대응하는 집단의 평균이 각각 $\overline{X}_1$, $\overline{X}_2$, $\cdots$, $\overline{X}_k$라고 하면, k개 집단의 전체 평균 $\overline{X}$는 다음의 식과 같다. 이때의 $\overline{X}$를 가중산술평균(weighted arithmetic mean)이라고 한다.

가중산술평균

$$\overline{X}=\frac{n_1\overline{X}_1+n_2\overline{X}_2+\cdots+n_k\overline{X}_k}{n_1+n_2+\cdots+n_k}=\frac{\sum n_i\overline{X}_i}{\sum n_i} \tag{3·5}$$

다음의 예에서 가중산술평균을 계산하여 보자.

【예제 3】 서울시티투어 버스는 청계 · 고궁코스, 도심순환코스, 야간코스 세 가지가 있다. 서울시가 시티투어버스를 이용한 외국인을 상대로 시티투어버스의 평가점수를 알아보았더니 청계 · 고궁코스의 평균 점수는 90점이고, 도심순환코스의 평균 점수는 85점이며, 야간코스의 평균 점수는 80점이었다. 세 가지 코스 전체에 대한 평균 점수를 계산하면 얼마인가? 청계 · 고궁코스 이용객 수는 60명, 도심순환코스 이용객 수는 40명, 야간코스 이용객 수는 50명이라고 가정한다.

$$n_1=60,\qquad n_2=40,\qquad n_3=50$$
$$\overline{X}_1=90,\qquad \overline{X}_2=85,\qquad \overline{X}_3=80$$

$$\overline{X}=\frac{n_1\overline{X}_1+n_2\overline{X}_2+n_3\overline{X}_3}{n_1+n_2+n_3}=\frac{60\times90+40\times85+50\times80}{60+40+50}=\frac{12,800}{150}=85.33(\text{점})$$

중심경향 대푯값들의 위치와 특징

중심경향 대푯값들의 위치

분포의 양상에 따라서 평균, 중앙값, 최빈값이 차지하는 위치는 서로 다르다. 분포의 모양이 [그림 3-1] (a)와 같이 좌우대칭일 때에는 세 개의 중심경향값은 일치하게 되나, 완전하게 대칭이 이루어지지 않은 분포에서는 평균, 중앙값, 최빈값이 각각 서로 다른 경우가 대부분이다. 대칭이 아닐 때에 중앙값은 항상 평균과 최빈값 사이에 있게 된다.

[그림 3-1] (b)의 분포는 왼쪽으로 기다란 꼬리를 갖고 있는데, 이러한 분포에서는 왼쪽부터 평균, 중앙값, 최빈값의 순서로 있게 된다. 즉, 평균은 중앙값보다 작다. 이러한 분포를 왼쪽꼬리분포(skewed to the left)라 한다. [그림 3-1] (c)의 분포는 반대로 오른쪽으로 긴 꼬리를 가지기 때문에, 평균이 중앙값보다 크게 된다. 이러한 분포를 오른쪽꼬리분포(skewed to the right)라고 한다. 이에 대해서는 3절의 비대칭도에서 다시 설명한다.

| 그림 3-1 | 중심경향 대푯값들의 위치비교

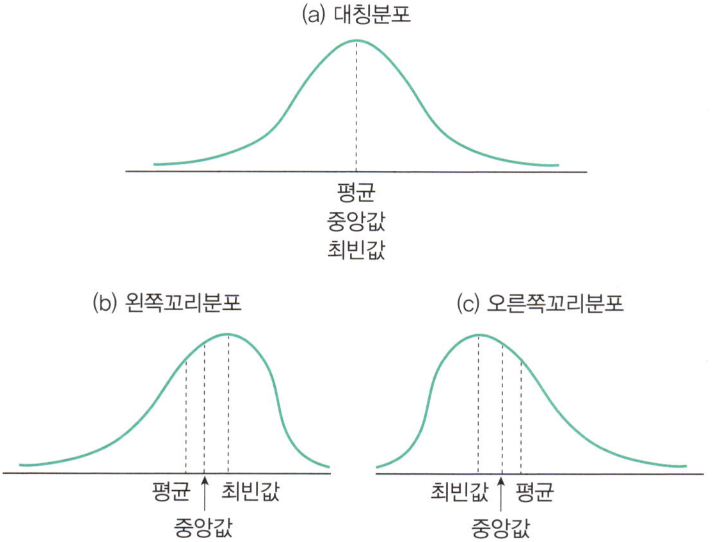

중심경향 대푯값들의 특징

여러 가지 중심경향을 나타내는 대푯값 가운데 한 집단의 성격을 가장 잘 나타낼 수 있는 것은 어느 것일까? 분포의 대푯값으로서 산술평균을 가장 많이 사용하고 있는 것이 사실이나, 산술평균이 언제나 중앙값, 최빈값보다 나은 것은 아니다. 예를 들어보자. 어느 대학의 8개 동아리가 올해 충원한 신입회원의 수는 다음과 같다.

15, 15, 17, 18, 21, 22, 23, 60

세 개의 대푯값 중 어느 것을 사용하여야 이 대학 동아리들의 신입회원 수를 대표한다고 말할 수 있을까? 산술평균을 사용한다면, 60명의 신입회원을 충원 받은 동아리 때문에 평균 신입회원 수가 너무 많이 영향을 받게 되므로, 산술평균이 이 대학 동아리들의 특성을 대표한다고 할 수 없다. 또한 제일 적은 15명의 신입회원을 받은 동아리가 둘이기 때문에 15명이 최빈값이지만, 이 자료에서는 최빈값도 별로 좋은 대푯값이라 할 수 없다. 최빈값은 빈도수가 제일 많은 관찰값이지만 그 위치가 비교적 중간부근에 있을 때 비로소 대푯값의 의미를 갖게 되는 것이다. 이 자료에서는 중앙값이 가장 합리적인 대푯값이라 할 수 있다. 이와 같이 상황에 따라 그 집단을 대표할 수 있는 중심경향값은 달라진다.

산술평균

산술평균은 신입 동아리회원의 예에서 알 수 있듯이 모든 관찰값으로부터 영향을 받으므로 극단적인 관찰값이 있을 때에는 평균계산에 너무 큰 영향을 끼쳐 대푯값으로 부적절하다. 극단적인 관찰값이 있는 쪽으로 산술평균이 치우치게 되기 때문이다.

그러나 중앙값과 최빈값은 수학적 연산(algebraic operation)이 제한되어 있는 반면, 산술평균은 수학적 연산이 가능하다는 큰 장점이 있다. 또한 산술평균의 경우에는 집단이 여러 개일 때에도 가중산술평균에 의해 전체 집단의 산술평균을 구할 수 있으나, 중앙값과 최빈값의 경우 이러한 계산이 불가능하다. 산술평균은 중앙값이나 최빈값이 가지지 못하는 이러한 수학적 특성 때문에 여러 가지 복잡한 통계처리를 하는 데 폭넓게 사용된다.

산술평균은 추론통계에서도 가장 중요한 중심경향값으로 사용된다. 하나의 모집단에서 여러 개의 표본을 선정하여 각 표본마다 최빈값, 중앙값, 산술평균을 구해 보면, 각 표본의 산술평균이 가장 비슷한 값들을 갖는다. 그것은 표본으로부터 모집단의 중심 위치를 추정할 때 산술평균이 모집단의 중심경향값을 나타내는 가장 신뢰할 만한 추정값이라는 것을 의미한다.

중앙값

중앙값은 위에서 설명한 바와 같이 자료의 크기를 순서대로 정리해서 얻은 대푯값이므로 다른 통계적 처리를 위한 기초자료로는 사용하기 어려운 단점이 있다. 예를 들면 어느 학급 국어시험의 중앙값이 50점, 수학시험의 중앙값이 70점일 때, 이 두 과목의 점수를 합한 점수의 중앙값은 구할 수가 없다. 그러나 산술평균에서는 국어와 수학 점수를 합한 점수의 평균을 구할 수 있다.

중앙값은 극단적인 관찰값의 영향을 받지 않으므로 극단적인 비대칭분포에서는 다른 중심경향을 나타내는 척도들보다 그 집단의 대푯값으로 적절하게 사용될 수 있다. 예를 들어 2, 3, 7, 8, 9, 11, 350과 같이 7개의 숫자가 주어져 있다고 할 때, 다른 자료에 비해 유난히 큰 값인 350이 자료에 들어 있다고 하더라도 중앙값은 7.5이므로 이에 큰 영향을 받지 않는다. 그리고 양극단의 구간이 ~이상 또는 ~이하로 표현된 개방구간(open-ended interval)인 경우에 산술평균은 구할 수 없지만, 중앙값이나 최빈값은 구할 수 있다.

최빈값

최빈값은 양적 자료나 질적 자료에 모두 사용된다. 최빈값은 한 집단의 대푯값을 가장 빠르게 알아보고자 할 때에는 편리하지만, 분포가 정규분포(정규분포에 대하여는 제7장에서 다루어짐)에 가깝지 않을 때에는 신뢰할 만한 대푯값이 되지 못한다.

관찰값들의 분포에서 극단적인 수치가 최빈값이 될 때, 그 최빈값은 대푯값으로서 구실을 못한다는 것은 신입 동아리회원의 예에서 설명하였다. 또한 중앙값과 마찬가지로 최빈값은 수학적 연산이 불가능하다. 그러나 특정 형태의 자료에서는 최빈값을 사용하는 것이 효과적일 수 있다. 명목형 자료에서는 산술평균과 중앙값은 의미가 없다. 그러므로 이들 자료에서는 최빈값이 해당 자료를 대표하는 값이 된다.

달리 말하면, 어떤 상황에서는 최빈값이 산술평균이나 중앙값보다 더욱 의미 있는 대푯값이 될 수 있다. 예를 들면 기성복이나 구두 또는 책상 등을 만들 때 다른 대푯값보다는 최빈값에 해당되는 키, 발의 크기, 다리 길이 등을 알아보는 것이 더 효과적이다.

제2절 분산도

한 분포의 특성을 알아볼 때 중심경향을 대푯값이라고 하지만, 중심경향만으로는 자료의 분포에 대한 충분한 정보를 얻을 수 없는 경우가 많다. 예를 들어 어느 초등학교 두 학급의 시험점수를 살펴본 결과 평균 점수가 각각 70점, 65점이었다고 하자. 어느 학급의 성적이 더 좋은가? 평균만으로 평가하게 되면 70점을 얻은 학급의 성적이 당연히 더 좋다고 할 것이다. 그러나 점수의 분포를 보면 아주 다른 평가를 내릴 수도 있다.

[그림 3-2]는 평균 점수가 70점인 학급과 65점인 학급의 분포를 가상적으로 그린 것이다. 평균 점수가 70점인 경우는 학생들의 점수가 서로 크게 차이가 나

| 그림 3-2 | 두 학급의 점수분포

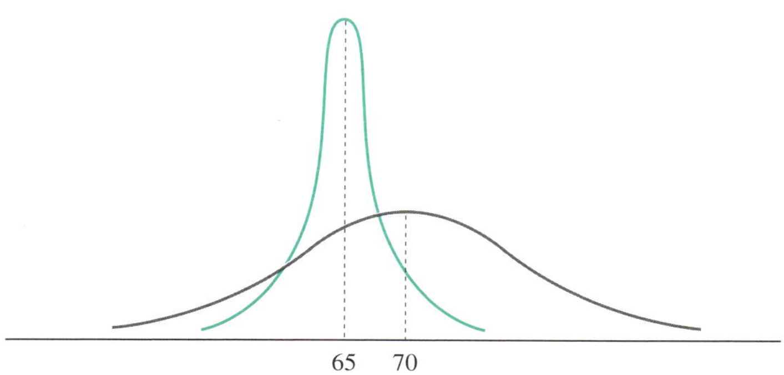

서 성적이 좋지 않은 학생과 아주 좋은 학생이 섞여 있으나, 평균 점수가 65점인 경우는 학생들의 점수가 상당히 동질적임을 알 수 있다.

어느 학급이 바람직한가에 대하여는 사람마다 다른 의견을 가질 수 있으나, 단지 평균이 높다는 것만으로 그 학급의 점수분포가 더 좋다고 평가할 수는 없다. 이와 같이 어떤 자료의 분포를 분석할 때에는, 중심경향뿐만 아니라 관찰값들이 흩어져 있는 정도를 살펴보는 것도 중요하다. 관찰값이 흩어져 있는 정도를 분산도(degree of dispersion)라고 한다.

분산도

분산도란 관찰된 자료가 흩어져 있는 정도를 말하며, 분산도를 나타내는 방법으로는 범위, 평균편차, 표준편차 그리고 분산 등이 있다.

범위

분산도를 측정하는 간단한 방법으로 양극단의 두 수치가 얼마나 떨어져 있는가를 살펴보는 방법이 있는데, 이를 범위(range)라 한다.

범위

범위란 관찰값들 중에서 가장 큰 수치와 가장 작은 수치의 차이다.

한 학급의 최고점수가 36점이고 최하점수가 12점이라고 하면 점수의 범위는 $36-12=24$가 된다.

범위는 이해가 쉽고 계산하기도 편하지만 커다란 단점도 가지고 있다. 다음의 [그림 3-3]에서와 같이 범위는 두 극단적인 수치의 차이만을 나타낼 뿐, 그 극단적인 수치들 사이에서의 분포양상은 전혀 설명을 못하고 있다. [그림 3-3]에서 분포 (a)와 분포 (b)의 범위는 같으나 분포의 양상은 전혀 다르다. 이러한

| 그림 3-3 | 범위는 같지만 분포의 성격이 다른 경우

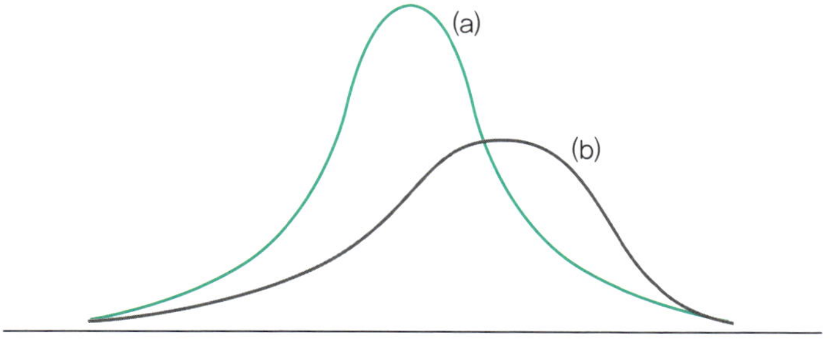

범위의 문제점을 보완하여 주는 것이 평균편차와 표준편차다.

평균편차

범위보다 좀 더 과학적으로 분산도를 측정하는 방법으로 평균편차(average deviation)가 있다. 평균편차를 구하는 방법은 식 3·6과 같다.

평균편차

평균편차는 관찰값과 산술평균과의 차이들의 평균이다. 평균편차를 *AD*라고 하며, 이를 구하는 식은 다음과 같다.

$$AD = \frac{\sum |X_i - \bar{X}|}{n} \quad (3 \cdot 6)$$

위의 계산식에서 주의할 것은 관찰값과 산술평균의 차이를 절대치를 사용해서 계산한다는 점이다. 절댓값 부호가 없는 $\sum(X_i - \bar{X})$는 평균의 특성 때문에 언제나 0이 되기 때문이다.

【예제 4】 5명으로 구성된 한 그룹 내 학생들의 학점은 다음과 같다. 평균편차를 구해 보자.

표 3-6 평균편차 계산을 위한 예

학생	학점(X_i)	$\lvert X_i-\overline{X}\rvert$
A	2.8	0.1
B	3.6	0.7
C	1.7	1.2
D	3.5	0.6
E	2.9	0.0
합계	14.5	2.6

$$\overline{X}=\frac{\Sigma X_i}{n}=\frac{14.5}{5}=2.9$$

평균편차를 AD라고 하면, AD의 계산은 다음과 같다.

$$AD=\frac{\Sigma\lvert X_i-\overline{X}\rvert}{n}=\frac{2.6}{5}=0.52$$

평균편차가 0.52라는 것은 각 학생들의 학점이 그 집단의 평균($\overline{X}$) 2.9를 중심으로 평균적으로 말해서 0.52씩 떨어져 있다는 것을 의미한다. 평균편차는 각 관찰값이 평균에서부터 얼마만큼 떨어져 있는지를 구체적으로 알려주지만 절대적 의미에서 떨어져 있는 정도가 큰지 작은지를 알 수는 없다. 만일 다른 집단의 AD를 계산했을 때 0.95가 나왔다면 이 집단은 AD=0.52인 집단보다 학생 간의 학점 차이가 많이 난다는 것을 의미한다. 따라서 두 집단 이상의 평균편차를 구하여 상대적으로 비교하지 않는다면 평균편차는 별로 큰 의미를 주지 못한다.

분산과 표준편차

분산과 표준편차의 개념

분산과 표준편차는 분포의 분산도를 나타내는 개념 중에서 가장 많이 쓰인다. 산술평균에서 모집단을 대상으로 한 평균은 μ로 표시하고, 표본을 대상으로 한 산술평균은 $\overline{X}$로 표시하였다. 분산이나 표준편차에서도 모집단을 대상으로 했을 때와 표본에서 구했을 때 서로 다른 기호로 나타낸다. 모집단을 대상으로 했을 때 분산과 표준편차는 각각 σ^2, σ로 표시하고 표본을 대상으로 했을 때 분산과 표준편차는 S^2, S로 나타낸다.

분산과 표준편차의 계산

한 집단의 분산도를 구하기 위해서는 특정한 기준치를 설정하여 이 기준치와 관찰값들과의 차이를 계산하는 것이 필요하다. 앞서 설명한 평균편차나 여기서 설명할 분산 및 표준편차는 모두가 그 집단의 산술평균($\overline{X}$)을 기준치로 설정하고 있다. 그런데 각 차이의 합인 $\sum(X_i-\overline{X})$는 0이 되므로, 단순히 관찰값과 평균과의 차이(이를 편차라고 한다)를 더한 것만으로는 분산도를 구할 수 없다. 이러한 문제를 해결하기 위해 앞서 설명한 평균편차는 절댓값을 사용하는 반면에, 분산(variance)과 표준편차(standard deviation)는 각각의 편차를 제곱하는 방법을 사용한다.

먼저, 모집단을 구성하는 관찰값의 수가 N개라고 하면, 모집단의 분산 σ^2은 다음과 같이 계산한다.

모집단의 분산

$$\sigma^2=\frac{\sum(X_i-\mu)^2}{N} \quad (3\cdot7)$$

분산이란 각각의 관찰값에 대한 평균과의 편차를 제곱하여 그 평균을 구한 것이다. 식 3 · 7에서 모든 관찰값들이 다 같다면, 즉 $X_1=X_2= \cdots =X_N=\mu$가 성립된다면, 분산 σ^2은 0이 된다. 따라서 관찰값들 간의 차이가 클수록 σ^2의 값은 커진다.

분산은 편차를 제곱하여 계산하기 때문에 평균으로부터 멀리 떨어진 관찰값일수록 그 의미가 증폭되어 나타난다. 또한 분산은 편차를 제곱하였기 때문에 분산의 단위로 관찰값의 단위를 그대로 사용할 수 없다는 문제가 발생한다. 예를 들어 한 학급 학생의 키를 cm단위로 쟀다고 하자. 이때 평균이나 표준편차는 cm단위를 사용할 수 있지만, 분산은 제곱단위이므로 분산의 단위는 cm^2가 되어버린다. cm^2는 면적의 단위이지 키를 재는 단위가 아니다.

이와 같은 분산의 한계를 극복하기 위하여, 분산을 계산한 뒤 그것의 제곱근을 구한 표준편차를 자주 사용한다. 한 모집단의 표준편차 σ는 다음과 같이 정의된다.

모집단의 표준편차

$$\sigma = \sqrt{\sigma^2} = \sqrt{\frac{\sum (X_i - \mu)^2}{N}} \quad (3 \cdot 8)$$

표준편차는 분산의 제곱근이므로 분산의 특성을 모두 가지고 있을 뿐만 아니라, 관찰값이나 대푯값과 동일한 단위로 사용할 수 있어서 일반적인 분산도 척도로 널리 쓰이고 있다.

식 3 · 7과 식 3 · 8은 모집단을 대상으로 분산과 표준편차를 계산한 식이다. 그러나 표본을 대상으로 하여 분산이나 표준편차를 계산할 때에는 모집단의 평균 μ를 사용하지 않고 표본의 평균 $\overline{X}$를 사용한다. 모집단을 구성하고 있는 많은 자료 중에서 관찰값의 수가 n개인 표본을 구하여, 그 표본의 분산 S^2을 구하는 식은 다음과 같다.

표본의 분산

$$S^2 = \frac{\Sigma(X_i - \overline{X})^2}{n-1} \tag{3·9}$$

또한 표본의 표준편차 S는 다음과 같이 계산된다.

표본의 표준편차

$$S = \sqrt{\frac{\Sigma(X_i - \overline{X})^2}{n-1}} \tag{3·10}$$

식 3·9와 식 3·10에서 n 대신 $(n-1)$로 나누는 이유는, $(n-1)$로 나누었을 때의 표준편차값이 모집단의 σ를 더 적절하게 추정할 수 있다고 알려졌기 때문이다. 이에 대한 수학적 증명은 생략하도록 하겠다.

【예제 5】 다음은 어느 헬스장에서 3개월 동안 운동을 한 회원 6명의 체중 감소량이다. 이들의 분산과 표준편차를 구하라.

5, 8, 9, 13, 14, 17(단위 : kg)

표 3-7 표준편차 계산을 위한 예

	X_i	$X_i - \overline{X}$	$(X_i - \overline{X})^2$
	5	−6	36
	8	−3	9
	9	−2	4
	13	2	4
	14	3	9
	17	6	36
합계	66		98

$$\bar{X} = \frac{\sum X_i}{6} = 11(\text{kg})$$

$$S^2 = \frac{\sum (X_i - \bar{X})^2}{n-1} = \frac{98}{5} = 19.6$$

$$S = \sqrt{19.6} = 4.427(\text{kg})$$

식 3·10을 이용하여 표준편차를 계산할 때, 평균이 10.972 등과 같이 소수점 아래 숫자가 많으면 분산이나 표준편차의 계산 또한 복잡해진다. 이런 때에는 아래의 식 3·11을 이용해서 간단히 분산이나 표준편차를 계산할 수 있다.[01]

표준편차를 간단히 계산하는 방법

$$S = \sqrt{\frac{1}{n-1}\left[\sum X_i^2 - \frac{1}{n}(\sum X_i)^2\right]} \quad (3\cdot 11)$$

【예제 6】 〈표 3–7〉의 자료를 가지고, 식 3·11을 이용해서 표준편차를 계산하여 보자.

$$n=6, \quad \sum X_i = 66$$

$$\sum X_i^2 = (5)^2 + (8)^2 + (9)^2 + (13)^2 + (14)^2 + (17)^2 = 824$$

$$\therefore S = \sqrt{\frac{1}{5}\left[824 - \left(\frac{66}{6}\right)^2\right]} = \sqrt{19.6} = 4.427(\text{kg})$$

---

01 $S^2 = \frac{1}{n-1}\sum (X_i - \bar{X})^2 = \frac{1}{n-1}[\sum X_i^2 - 2\sum X_i \bar{X} + \sum \bar{X}^2]$

$= \frac{1}{n-1}[\sum X_i^2 - 2n\bar{X}^2 + n\bar{X}^2] (\because \sum X_i = n\bar{X}, \sum \bar{X}^2 = n\bar{X}^2)$

$= \frac{1}{n-1}[\sum X_i^2 - n\bar{X}^2] = \frac{1}{n-1}\left[\sum X_i^2 - \frac{1}{n}(\sum X_i)^2\right]$

도수분포표에서의 표준편차 계산

다음은 도수분포표로 정리된 자료를 이용하여 분산 또는 표준편차를 구하는 경우를 설명한다. 먼저 간단한 도수분포표를 가지고 설명하여 보자.

다음 표는 어느 회사 직원들의 근무기간(단위 : 년)을 조사한 것이다. X_i는 근무기간을 나타내며, f는 이에 속하는 직원들의 수를 나타낸다.

근무기간의 도수분포표

X_i	f
2	1
5	5
7	26
10	6
12	2

도수분포표에서는 다음 식을 이용하면 표준편차를 구할 수 있다.

$$S=\sqrt{\frac{\Sigma f(X_i-\overline{X})^2}{n-1}}=\sqrt{\frac{1}{n-1}\left[\Sigma fX_i^2-\frac{1}{n}(\Sigma fX_i)^2\right]} \tag{3·12}$$

식 3·12를 이용하여 위의 예에서 나타난 회사의 근무기간의 표준편차를 구하면 다음과 같다.

표 3-8 근무기간의 표준편차 계산

X_i	f	fX_i	X_i^2	fX_i^2
2	1	2	4	4
5	5	25	25	125
7	26	182	49	1,274
10	6	60	100	600
12	2	24	144	288
합계		293		2,291

$$S=\sqrt{\frac{1}{39}\left[2,291-\frac{1}{40}(293)^2\right]}=1.927(\text{년})$$

앞의 예는 매우 간단한 도수분포표의 경우였으나, 등급으로 분류되어 있는 도수분포표는 어떻게 계산하는가? 기초자료들을 이용하여야 정확한 표준편차를 계산할 수 있겠으나, 등급구간의 중간점을 그 등급의 대푯값으로 사용하여 표준편차를 계산하여도 큰 차이는 없다.

〈표 3-9〉는 구간이 있는 등급으로 표시된 도수분포표다. 이때에는 등급의 중간점을 X_i로 생각하여 식 3·12를 이용하게 된다.

표 3-9 등급으로 분류된 자료에서의 표준편차

계급	f	중간점(X_i)	fX_i	X_i^2	fX_i^2
1~5	2	3	6	9	18
6~10	5	8	40	64	320
11~15	6	13	78	169	1,014
16~20	4	18	72	324	1,296
21~25	3	23	69	529	1,587
합계	20		265		4,235

$$S=\sqrt{\frac{1}{n-1}\left[\Sigma fX_i^2-\frac{1}{n}(\Sigma fX_i)^2\right]}=\sqrt{\frac{1}{19}\left[4,235-\frac{1}{20}(265)^2\right]}=6.172$$

제3절 비대칭도

분포의 성격을 더 잘 알기 위해서 중심경향이나 분산도 이외에도 분포의 모양이 대칭분포(symmetric distribution)에서 얼마나 벗어났는가를 알아보는 방법이 있다. 즉, 관찰값들이 어느 쪽으로 치우쳐 있는가를 말하는데 이것을 비대칭도

(skewness) 혹은 왜도(歪度)라고 한다. 도수분포표에서 비대칭도를 조사하려면 앞에서 [그림 3-1]로 설명한 바와 같이 중심경향값인 산술평균과 중앙값을 비교해 보면 된다. 즉, 완전히 대칭상태인 분포에서는 산술평균과 중앙값이 일치한다. 그러나 왼쪽꼬리분포에서는 평균이 중앙값보다 작게 된다. 그러므로 (평균-중앙값)은 음(-)의 값을 갖는다. 반면에 오른쪽꼬리분포에서는 (평균-중앙값)이 양(+)의 값을 갖게 된다.

피어슨의 비대칭도

비대칭도를 측정하는 방법으로 많이 쓰이는 것에 피어슨의 비대칭도계수(Pearson's coefficient of skewness)가 있다. 이는 산술평균과 중앙값의 차이가 표준편차에 비하여 얼마나 떨어져 있는가를 나타내는 것이다.

피어슨의 비대칭도

$$Sk = \frac{3(\overline{X} - Md)}{S} \tag{3·13}$$

Sk : 피어슨의 비대칭도
S : 표준편차
Md : 중앙값
$\overline{X}$: 산술평균

식 3·13은 왼쪽꼬리분포에서는 음(-)의 값이, 그리고 오른쪽꼬리분포에서는 양(+)의 값이 나오게 되어 있다. 그러므로 피어슨의 비대칭도를 계산한 결과가 양(+)의 값을 갖는가 또는 음(-)의 값을 갖는가에 따라 비대칭도의 방향과 정도를 동시에 알 수 있다.

【예제 7】 우리나라의 국민소득을 조사한 도수분포표에서 가구당 소득의 평균이 527만 원, 중앙값이 512만 원이었다. 가구당 소득의 표준편차가 12만 원이라면, 피어슨의 비대칭도는 얼마인가?

$$Sk = \frac{3 \times (527 - 512)}{12} = 3.75$$

피어슨의 비대칭도가 양(+)의 값을 갖고 있으므로, 우리나라 가구당 소득의 분포는 오른쪽으로 긴 꼬리를 갖고 있다는 것을 알 수 있다.

분포의 모양과 평균, 분산, 비대칭도

다음의 [그림 3-4]는 분포의 모양이 다를 때 분포의 특성, 즉 산술평균, 분산, 비대칭도가 어떻게 서로 다른가를 보여준다.

이 그림들을 보면 평균, 분산, 비대칭도가 왜 분포의 특성을 설명해 주는 유용한 수치들인가를 알 수 있다. 그림 (a)와 (b)는 관찰값(X_i)의 범위가 같고 좌우대칭의 분포이므로 평균이 서로 같다. 또한 좌우대칭의 분포이므로 비대칭도는 두 그림 모두 0으로 같다. 그러나 그림 (a)는 관찰값이 골고루 퍼져 있는 데 반해 그림 (b)는 한군데로 몰려 있어 분포도가 좁고 따라서 분산값이 작다.

그림 (c)와 (d)를 비교해 보면 (c)의 경우는 작은 수치에 빈도수가 몰려 있어서 평균이 (d)보다 작다. 그러나 방향은 다르지만 한쪽으로 빈도수가 몰려 있는 정도가 같으므로 분산은 같다. 그리고 그림 (c)와 (d)는 비대칭의 정도는 같지만 그림 (c)는 오른쪽꼬리분포이므로 Sk가 양수(+), 그림 (d)는 왼쪽꼬리분포이므로 Sk가 음수(−)다.

| 그림 3-4 | 분포가 다를 때 평균, 분산 및 비대칭도의 값

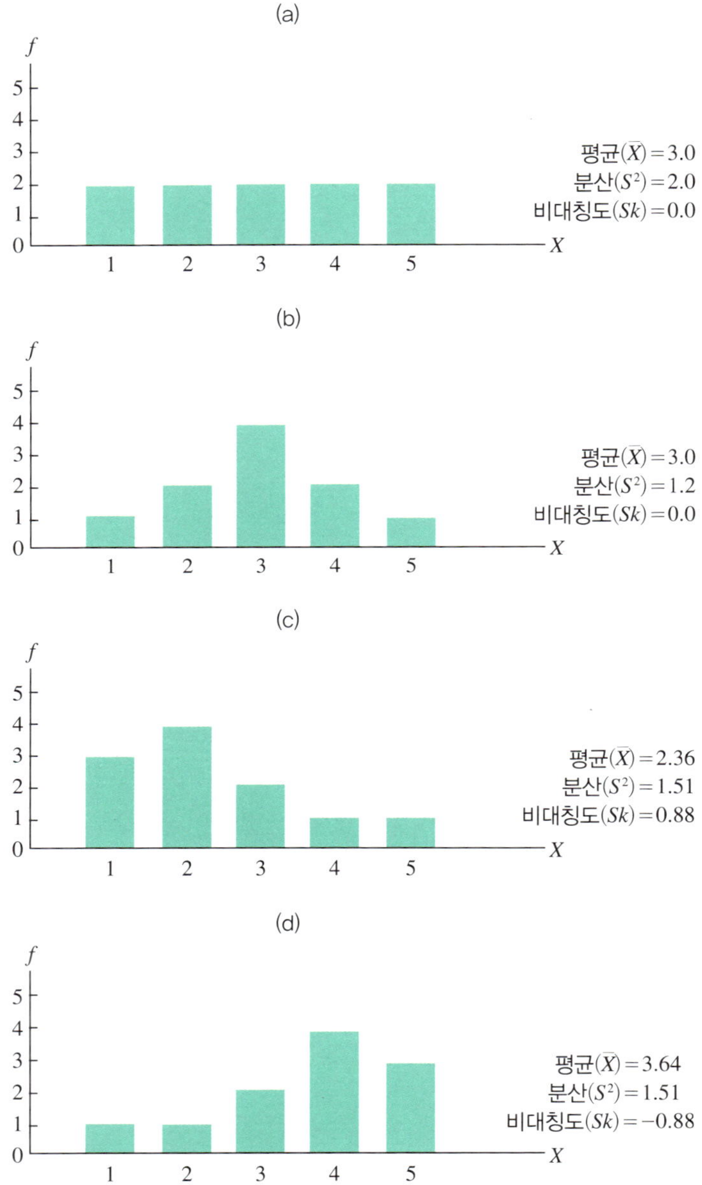

연습문제

3.1 다음 자료에서 산술평균, 중앙값, 최빈값을 구하라.

① 3, 5, 2, 6, 5, 9, 5, 2, 8, 6

② 51.6, 48.7, 50.3, 49.5, 48.9

3.2 각각 15, 20, 10, 18명으로 구성된 4개의 학급이 있다. 각 학급의 체중 평균이 63kg, 62kg, 66kg, 64kg이라면 전체 학생들의 평균 체중은 얼마인가?

3.3 다음은 어느 공장근로자들의 추석상여금 분포표다(단위 : 만원). 추석상여금의 산술평균, 중앙값, 최빈값을 구하라.

상여금(X_i)	인원(f)
118~126	3
127~135	5
136~144	9
145~153	12
154~162	5
163~171	4
172~180	2

3.4 한 집단의 점수분포의 평균이 120이고 중앙값이 130일 때, 이 분포의 모양은 어느 쪽으로 치우쳐 있는가?

3.5 다음 자료에서 범위, 산술평균, 평균편차, 표준편차, 분산을 구하라.

① 12, 6, 7, 3, 15, 10, 18, 5

② 9, 3, 8, 8, 9, 8, 9, 18

3.6 다음은 10명의 학생들에게 실시한 검사의 정답 수를 세어 본 결과다. 이 자료에서 분산과 표준편차, 비대칭도를 구하라.

X_i	f
3	2
5	3
7	2
8	2
9	1

3.7 다음 용어를 간단히 설명하라.

① 중심경향

② 표준편차와 분산

③ 비대칭도

3.8 강남에 있는 병원에서 갓 태어난 신생아의 체중을 재어 보았더니 다음과 같았다. 체중분포의 비대칭도를 피어슨의 방법에 의해 구하라.

체중	빈도(f)	중간점(X_i)	fX_i	X_i^2	fX_i^2
1.5~1.9	1	1.7	1.7	2.89	2.89
2.0~2.4	1	2.2	2.2	4.84	4.84
2.5~2.9	4	2.7	10.8	7.29	29.16
3.0~3.4	8	3.2	25.6	10.24	81.92
3.5~3.9	4	3.7	14.8	13.69	54.76
4.0~4.4	2	4.2	8.4	17.64	35.28
합계	20		63.5		208.85

3.9 다음은 한 학급의 통계학 시험점수를 도수분포표로 정리한 것이다.

① 시험점수의 산술평균, 중앙값, 최빈값을 각각 구하라.

② 분산과 표준편차를 구하라.

③ 비대칭도(Sk)를 구하고 분포의 모양을 설명하라.

시험점수(X_i)	빈도(f)
50~59	2
60~69	12
70~79	26
80~89	15
90~99	5

3.10 다음의 학생들 100명의 학기말 성적자료에서 평균과 표준편차를 구하라. 또 이 자료를 등급의 수가 6개인 도수분포표로 정리한 후 평균과 표준편차를 구하여 각각 비교하라.

75	67	65	81	84	48	68	90	71	79
53	58	62	79	76	59	85	93	88	71
78	42	54	60	71	75	82	88	75	75
74	79	88	61	62	73	56	97	80	78
51	60	62	65	68	78	72	86	89	93
66	58	62	65	76	78	76	95	85	71
69	54	78	67	77	63	69	83	75	94
97	85	77	74	61	73	70	95	95	85
81	71	72	74	87	74	76	87	75	74
79	98	73	63	76	60	64	71	61	65

3.11 한 공장에서 생산된 제품의 무게가 5kg 미만이면, 이 제품은 불량품으로 취급된다. 제품을 검사하기 위해 9개의 제품을 무작위로 뽑아 무게를 측정한 값이 다음과 같다. 불량품의 제거로 인해 발생하는 평균과 중앙값의 변화에 대해서 설명하라.

1.3, 5.5, 7, 6.2, 6.6, 2.5, 5.9, 7.4, 6.5 (단위 : kg)

3.12 다음 자료는 어느 공장에서 생산된 아령 중 7개를 무작위로 뽑아 무게를 측정한 값이다. 이 자료를 바탕으로 계산한 평균값과 중앙값이 동일하다고 할 때, A에 해당하는 값을 구하시오. 단, A는 중앙값보다 작다.

A, 2, 10, 18, 4, 17, 15 (단위 : kg)

3.13 문제 3.12에서 주어진 자료의 피어슨의 비대칭도계수를 구하시오. 자료의 대칭성은 어떤 양상을 띠는지 서술하시오.

3.14 다음은 전구 A와 전구 B의 수명을 측정한 자료이다.

(단위 : 년)

전구 A	전구 B
2	3.5
4.5	3
5	4.2
4	3.8
3.5	4.5

전구 A와 전구 B의 수명에 대한 분산의 차를 구하시오.

3.15 문제 3.14에서 주어진 두 자료의 좌우로 퍼져 있는 정도를 비교하시오.

Chapter 04

확률이론

이 장에서는 추론통계학의 기초가 되는 확률이론을 설명하기로 한다. 확률의 개념은 오래전부터 사용되어 왔으며, '가능성'이라는 말로 일상생활에 적용되고 있다. 동전을 던졌을 때 앞면이 나올 가능성이 1/2이라든지, 카드놀이를 할 때 특정 카드가 나올 가능성이 얼마라든지 하는 것이 확률의 개념이다. 또한 기상청에서 발표하는 비가 올 확률예보에 따라 우산을 가지고 외출한다든지 하는 것도 확률을 이용한 의사결정이라 할 수 있다.

확률에 대해 체계적인 이론이 필요한 것은 우리가 불확실한 세계에서 살고 있기 때문이다. 개인의 일상생활에서나 기업, 교육기관 또는 국가기관에서도 불확실한 상황 속에서 의사결정을 해야 하는 경우가 많은데, 확률이론을 이해함으로써 미래의 불확실성을 과학적으로 분석하여 의사결정의 오류를 줄일 수 있다.

이 장에서는 먼저 확률이론의 기본 개념을 중심으로 설명하며, 제5장에서는 확률분포의 성격에 관해서, 그리고 제6장과 제7장에서는 여러 가지 종류의 확률분포에 대하여 설명하기로 한다.

제1절 확률의 정의

상대빈도정의

일반적으로 확률(probability)이란 어떤 상황이 발생할 가능성이라고 정의한다. 확률이론에서는 앞으로 일어날 상황을 사건(event) 또는 사상(事象)이라고 하므로, 확률은 어떤 사건이 일어날 가능성이라 할 수 있다.

그러나 이러한 정의는 완전한 것은 아니다. 확률을 단순히 가능성으로 정의하는 것은 확률이 어떻게 측정되는지를 반영하지 못하기 때문에 학문적인 정의로는 미흡하다. 따라서 과학적으로 확률을 정의하기 위해서 상대빈도정의와 동등발생정의의 두 방법을 사용하고 있다.

동전을 던졌을 때 앞면이 나올 확률이 1/2이라는 것은 누구나 다 알고 있다. 그런데 어떻게 동전의 앞면이 나타날 확률을 1/2이라고 단정할 수 있는가? 이는 동전을 수없이 많이 던졌을 때 앞면이 나타나는 빈도수가 전체 시행횟수의 1/2에 접근한다는 의미다. 이러한 개념에 입각하여 확률을 정의하는 방법을 상대빈도정의(relative frequency definition)라고 한다.

상대빈도정의

$$P(A) = \lim_{N \to \infty} \frac{n}{N} \qquad (4 \cdot 1)$$

$P(A)$: A사건이 발생할 확률
N : 총 시행횟수
n : A사건이 발생한 횟수

상대빈도정의에 의하면 "어떤 사건이 나타날 확률은 실험을 무한에 가깝게 계속적으로 시행했을 때, 전체 시행횟수에서 그 사건이 나타나는 빈도수를 상대적으로 나타낸 것"이라고 할 수 있다. 상대빈도정의에 입각한 확률의 정의를 식으로 나타낸 것이 식 4·1이다. 식 4·1에서 $N \to \infty$는 시행횟수가 무한에 접근함을 뜻한다.

동등발생정의

상대빈도정의에 의해 확률을 정의하면 어떤 사건의 확률을 알기 위해 실험을 무한에 가깝게 반복적으로 시행해야 한다는 문제가 발생한다. 이러한 문제점 때문에 다른 방법으로 확률을 정의할 필요가 있는데, 동등발생정의에 입각한 확률의 정의가 바로 그것이다.

동전을 던질 때 앞면이 나올 확률이 1/2, 뒷면이 나올 확률이 1/2이라는 것은 실험을 무한대로 반복하지 않더라도 알 수 있다. 주사위를 던져서 1이 나올 확률이 1/6이라는 것도 마찬가지다. 물론 실제로 무한에 가깝게 시행횟수를 늘리면 상대빈도정의에 따른 확률을 얻을 수 있다. 그러나 동전의 앞면이 나올 확률이 1/2이라는 것은 실험에 근거를 둔 것이라기보다 앞면과 뒷면이 나올 확률은 동일할 것이라는 논리적 추론에 근거를 둔 것이다. 주사위를 던질 때 1이 나올 확률이 1/6이라는 것도 가능한 사건 6개가 발생할 확률이 동일하다는 가정에 근거를 둔 것이다. 이와 같은 확률의 정의를 동등발생정의(equally likely definition)라고 한다. 이를 식으로 표현하면 다음과 같다.

동등발생정의

$$P(A) = \frac{\text{사건 } A\text{에 속하는 경우의 수}}{\text{발생할 가능성이 동일한 전체 경우의 수}} \tag{4·2}$$

위의 동등발생정의는 어떤 실험이나 관찰의 결과로 나타날 수 있는 모든 경우들이 각각 동일한 가능성을 가지고 발생할 것이라는 가정하에서 특정 사건 A가 일어날 확률을 정의한 것이다. 예를 들어서 주사위를 한 번 던졌을 때 3이나 4가 나올 확률은 2/6가 되는데, 그 이유는 가능한 모든 경우가 1, 2, 3, 4, 5, 6

이며, 각각의 경우가 발생할 가능성은 동일하고, 3과 4는 전체 가능한 결과 중에서 2/6를 차지하기 때문이다.

다른 예를 들어보자. 어느 초등학교의 3학년 1반은 30명으로 구성되어 있는데, 여자는 10명이고, 남자는 20명이다. 한 사람을 무작위(random)로 뽑을 때, 그 사람이 여자일 확률을 알고 싶다. 이때 무작위로 뽑기 때문에 어떤 사람이 뽑힐 가능성은 1/30로 동일하다. 그런데 여자가 10명이므로 여자가 뽑힐 확률은 1/3이다.

$$P(\text{여자}) = \frac{\text{여자의 수}}{\text{전체 인원}} = \frac{10}{30} = \frac{1}{3}$$

동등발생정의에 입각한 확률은 나타날 수 있는 모든 경우 중에서 어떤 특정 경우가 차지하는 비율(proportion)과 같은 의미를 갖는다. 그러므로 '확률=비율'이라는 생각을 염두에 두면 된다. 예를 들어 어떤 반에서 여자의 비율이 40%라는 것은 한 사람을 무작위로 뽑을 때 여자가 뽑힐 확률이 40%라는 것을 의미한다. 일반적으로 확률이론을 설명할 때 어떤 대상을 뽑는 방법은 항상 무작위임을 가정하므로 때에 따라서는 '무작위'라는 단어를 생략하기도 한다.

이상과 같은 두 가지 확률의 정의는 서로 보완적으로 사용될 수 있다. 즉 상대빈도정의의 사용이 어려울 경우에는 동등발생정의에 입각하여 확률을 정의할 수 있으며, 반대로 동전이 불균형상태일 경우와 같이 동등발생정의의 이용이 어려울 때에는 상대빈도정의에 의해서 확률을 정의할 수도 있다. 어떠한 방법으로 확률을 정의하든 간에 그 결과는 동일하다.

제2절 집합이론과 확률의 개념

집합이론

확률이론을 쉽게 설명하기 위해서는 집합이론의 용어와 부호를 사용하는 것이 편리하다. 그러므로 먼저 집합이론에 대하여 간단히 설명하기로 한다.

집합(set)이란 개체 또는 원소(element)의 모임이라고 정의된다. 원소라는 것은 집합을 형성하는 개별 사물을 가리키는 것으로서, 그 개별 사물은 명확히 정의되어야 한다. 어떤 집합을 구성하는 개체, 즉 원소는 { } 속에 넣는 것이 관례다. 예를 들어 어떤 집합 A가 남자와 여자의 성별을 나타낸다면,

$$A = \{\text{남자, 여자}\}$$

와 같이 나타내게 되며, 우리 집안식구를 집합 B로 나타낸다면,

$$B = \{\text{아버지, 어머니, 나, 동생}\}$$

으로 나타내는데, 이때 남자, 여자, 어머니 등을 원소라고 한다. 주사위를 던졌을 때 나타날 수 있는 모든 숫자는 1, 2, 3, 4, 5, 6이므로 이 집합을 D로 나타내면,

$$D = \{1, 2, 3, 4, 5, 6\}$$

이 되며, 여기서 1, 2, 3, 4, 5, 6은 원소가 된다.

특정한 문제에서 가능한 모든 원소의 집합을 전체집합(universal set)이라고 하며, 이 모든 원소 중 일부를 나타내는 집합을 부분집합이라고 한다. 주사위를 던질 때 전체집합은 {1, 2, 3, 4, 5, 6}이며, {1, 4} 등은 부분집합이다.

앞으로 확률을 공부하는 데는 집합이론 중에서도 집합연산(set operation)이 중

요하므로 이에 대하여 중점적으로 설명한다. 집합연산에는 여러 가지가 있으나, 여기서는 확률이론 설명에 필요한 여집합(complementary sets), 합집합(union of sets), 그리고 교집합(intersection of sets)만을 설명한다.

여집합

전체집합과 관심이 되는 부분집합 A가 정의되면 전체집합 중에서 집합 A에 포함되지 않는 부분이 생기는데, 이를 집합 A의 여집합이라 하며 $\bar{A}$로 나타낸다.

여집합 $\bar{A}$={전체집합 중에서 집합 A에 포함되지 않는 원소들}

예를 들어 숫자 1부터 10이 전체집합을 구성한다고 하자. 이 전체집합을 U라 하고, 집합 A를 {1, 2, 3, 4, 5}라고 하면, A의 여집합 $\bar{A}$는 {6, 7, 8, 9, 10}이 된다. 이를 벤 다이어그램(Venn diagram)으로 그려보면 [그림 4-1]과 같다.

| 그림 4-1 | A와 $\bar{A}$의 벤 다이어그램

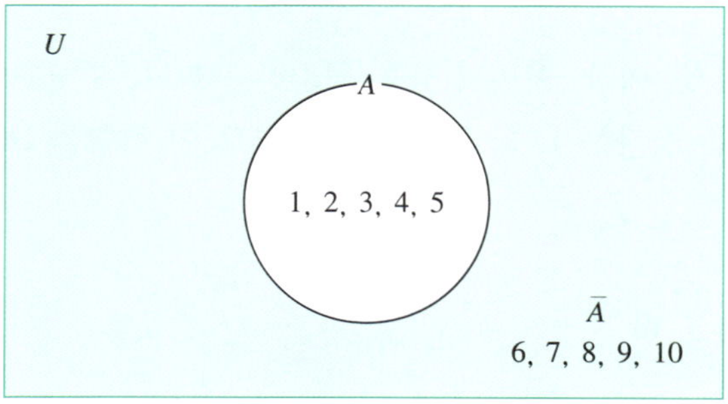

U={1, 2, ⋯, 10}
A={1, 2, 3, 4, 5}
$\bar{A}$={6, 7, 8, 9, 10}

합집합

두 개의 집합 A와 B의 합집합은 집합 A 또는 집합 B에 속하는 원소들로 구성된 집합을 말한다. 즉, 집합 A나 B 중에서 하나의 집합에 속하거나, 두 집합 모두에 속하는 원소들로 구성된 집합을 말한다.

집합 A와 B의 합집합은 $A \cup B$로 나타낸다.

합집합 $A \cup B = \{$집합 A 또는 집합 B에 속하는 원소$\}$

예를 들어 전체집합을 1부터 10까지의 자연수라고 하고 $A = \{1, 2, 3\}$, $B = \{3, 4, 5\}$라고 한다면, $A \cup B = \{1, 2, 3, 4, 5\}$가 된다. 이를 [그림 4-2]와 같이 벤 다이어그램으로 그려보면 쉽게 이해될 것이다.

| 그림 4-2 | $A \cup B$의 벤 다이어그램

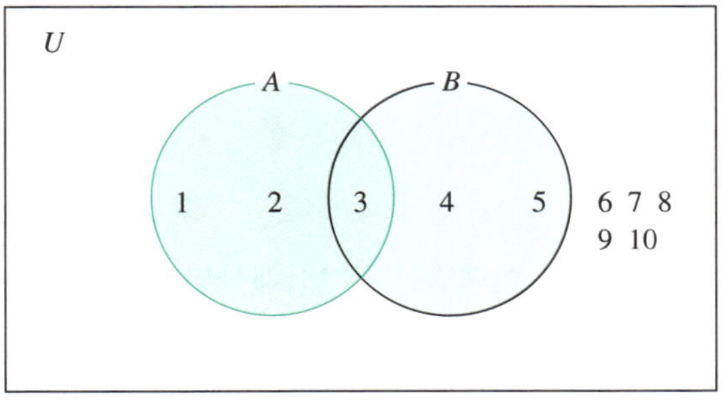

$U = \{1, 2, \cdots, 10\}$
$A = \{1, 2, 3\}$
$B = \{3, 4, 5\}$
$A \cup B = \{1, 2, 3, 4, 5\}$

교집합

두 개의 집합 A와 B의 교집합은 $A \cap B$로 표시되는데, 집합 A와 B에 공통적으로 속해 있는 원소만을 포함하는 집합이다.

교집합 $A \cap B = \{$집합 A와 B의 공통원소$\}$

예를 들어 $A = \{1, 2, 3\}$, $B = \{3, 4, 5\}$라고 한다면, 3만이 공통원소이므로 $A \cap B = \{3\}$이 된다. $A \cap B$를 벤 다이어그램으로 나타내면 [그림 4-3]과 같다.

| 그림 4-3 | $A \cap B$의 벤 다이어그램

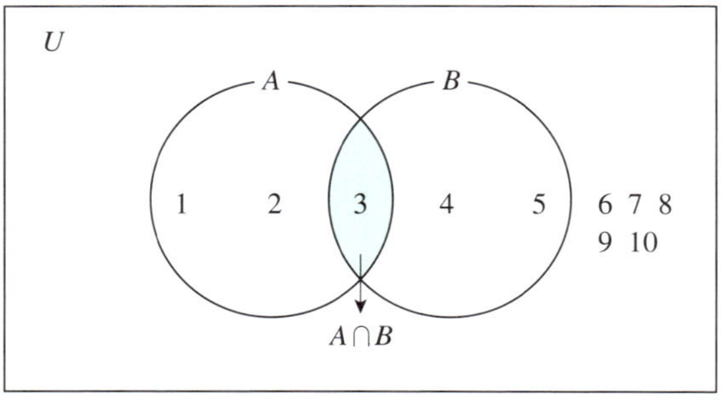

$U=\{1, 2, \cdots, 10\}$
$A=\{1, 2, 3\}$
$B=\{3, 4, 5\}$
$A \cap B=\{3\}$

합집합의 계산

합집합 $A \cup B$의 계산을 [그림 4-2]에서 살펴보면, 다음과 같은 식을 얻을 수 있다.

$$A \cup B = A + B - A \cap B \tag{4·3}$$

$A \cup B$는 $\{1, 2, 3\}+\{3, 4, 5\}$이므로, 이때 3이 두 번 계산된다. 그런데 이 3은 집합 A와 B의 교집합이므로 $A \cup B=\{1, 2, 3\}+\{3, 4, 5\}-\{3\}=\{1, 2, 3, 4, 5\}$가 된다.

그러나 집합 A와 B에서 두 집합의 공통원소가 하나도 없는 특수한 경우가 있을 수 있다. 예를 들어 집합 $A=\{1, 2, 3\}$이고, 집합 $B=\{4, 5, 6, 7\}$일 때는 $A \cap B$에 해당되는 원소가 없다. 이와 같이 원소가 하나도 없는 텅빈 집합을 공집합(empty set)이라 하며, ϕ로 나타낸다. 위의 예에서 $A \cap B=\phi$가 된다. 이렇듯 두 집합이 공통으로 소유하는 원소가 없는 경우는 두 집합이 서로 배타적(mutually exclusive)이라고 한다.

배타적 집합 $A \cap B=\phi$일때 A와 B는 서로 배타적인 집합

서로 배타적인 집합의 합집합은 다음과 같은 식으로 표현된다.

배타적 집합일 경우의 합집합 $$A \cup B = A + B \tag{4·4}$$

| 그림 4-4 | 배타적 집합의 벤 다이어그램

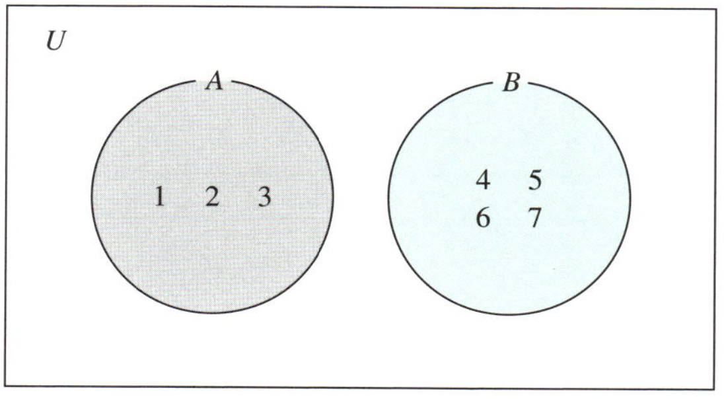

【예제 1】 100명의 학생이 시험을 본 결과, 영어시험에서 60점 이상 받은 학생은 40명이었으며, 국어시험에서는 60점 이상 받은 학생이 50명이었다. 영어시험과 국어시험 모두 60점 이상 받은 학생이 15명이라면, 최소한 한 과목에서 60점 이상을 받은 학생은 몇 명인가?

A를 영어시험 60점 이상, B를 국어시험 60점 이상 받은 학생의 집합이라 하면, A의 원소의 수는 $N(A)=40$, B의 원소의 수는 $N(B)=50$ 그리고 $A \cap B$의 원소의 수는 $N(A \cap B)=15$가 된다. 그런데 $A \cup B = A + B - A \cap B$이므로, $N(A \cup B) = N(A) + N(B) - N(A \cap B)$가 된다. 따라서 $N(A \cup B) = 40 + 50 - 15 = 75$가 된다.

이와 같은 상황을 벤 다이어그램으로 그려보면 [그림 4-5]와 같다.

| 그림 4-5 | 국어시험과 영어시험에 대한 벤 다이어그램

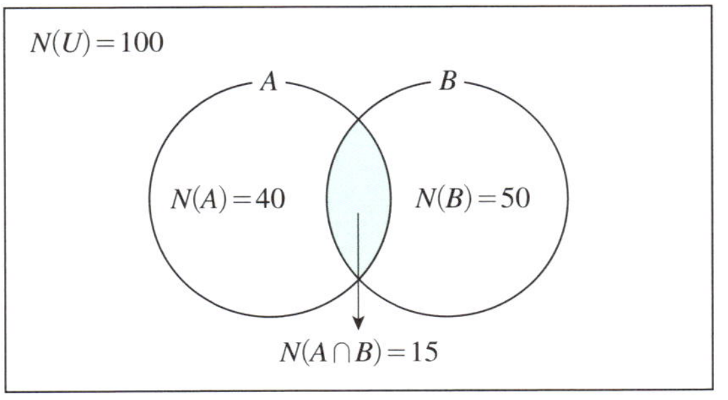

집합이론과 확률이론

집합이론은 앞으로 다루어질 확률이론과 깊은 관련이 있으므로 먼저 집합이론에 대하여 간단히 설명하였다. 집합이론과 확률이론에서 이용되는 용어들 중에는 동일한 개념이 다르게 표현되고 있는 경우가 있다. 예를 들어서 확률이론에서는 실험이나 관찰에서 얻은 결과를 가리켜 사건 또는 사상이라고 하는데, 이는 집합이론에서 집합(set)의 개념과 같다. 그리고 확률이론에서는 여러 개의 사건 가운데 한 개의 사건을 가리킬 때 단일사건(simple event) 또는 경우라 하는데, 이는 집합이론에서의 원소(element)에 해당되는 개념이다. 또한 확률이론에서는 실험이나 관찰에서 생길 수 있는 모든 사건의 모임을 가리켜 표본공간(sample space)이라고 하는데, 이는 집합이론에서의 전체집합(universal set)과 대응되는 개념이다.

이외에도 집합이론에서 설명한 교집합, 합집합, 서로 배타적인 집합 등의 개념도 확률이론에서 많이 이용되는데, 이는 뒤에 설명하도록 한다.

제3절 기본적인 확률법칙

확률과 관련된 법칙은 매우 많다. 그러나 이 책에서는 이들 중에서 가장 기본이 되는 확률법칙만을 설명하기로 한다. 기본법칙으로는 확률의 덧셈법칙과 곱셈법칙이 있다. 그러나 이를 이해하기 위해서는 조건부확률, 동시확률 그리고 독립사건 등에 관한 기본개념이 필요하므로 함께 설명한다.

확률의 덧셈법칙

확률의 덧셈법칙(addition law)은 집합이론에서 합집합의 계산에 대응되는 개념으로서, 다음과 같다.

확률의 덧셈법칙

$$P(A \cup B) = P(A) + P(B) - P(A \cap B) \tag{4·5}$$

식 4·5는 확률의 덧셈법칙의 일반식이다. 그러나 A사건과 B사건이 서로 배타적 사건(mutually exclusive events)일 때는 $P(A \cap B) = 0$이 되므로 식 4·6과 같이 표현된다.

확률의 덧셈법칙 : 배타적 사건일 때

$$P(A \cup B) = P(A) + P(B) \tag{4·6}$$

배타적 사건의 예

어느 고등학교 3학년 1반의 국어점수를 알아보았더니 60명 중에서 10명이 90점 이상, 20명이 80점 이상 90점 미만, 30명이 80점 미만이었다. 한 학생을 무작위로 뽑을 때 90점 이상이거나 80점 미만의 학생일 확률은 얼마인가?

한 학생의 성적이 90점 이상이면서 동시에 80점 미만일 수는 없기 때문에 이 사건은 배타적 사건이다. 따라서 구하고자 하는 확률은 다음과 같다.

$$P(90\text{점 이상})=\frac{10}{60}$$

$$P(80\text{점 미만})=\frac{30}{60}\text{이므로,}$$

$$P(90\text{점 이상}\cup 80\text{점 미만})=P(90\text{점 이상})+P(80\text{점 미만})$$

$$\frac{10}{60}+\frac{30}{60}=\frac{40}{60}=0.667$$

| 그림 4-6 | 국어점수의 분포

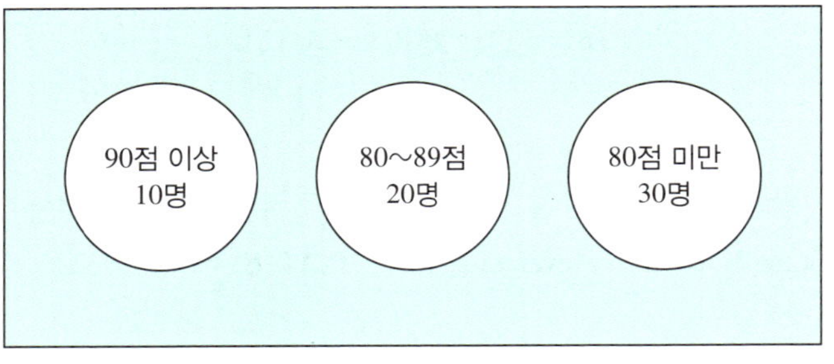

또 다른 배타적 사건의 예를 들어보자. 주사위의 점이 1 또는 2가 나올 확률은 $P(1\cup 2)$로 나타낼 수 있다. 1이 나오는 사건은 2가 나오는 사건과 서로 배타적이다. 즉, 주사위의 점이 1이 나온다는 것은 2가 나오지 않는다는 것이며, 2가 나온다는 것은 1이 나오지 않는다는 것을 의미한다.

$$P(1)=\frac{1}{6}, \qquad P(2)=\frac{1}{6}$$

$$P(1\cup 2)=P(1)+P(2)=\frac{1}{6}+\frac{1}{6}=\frac{1}{3}$$

그러므로 주사위의 점이 1 또는 2가 나올 확률 $P(1\cup 2)$는 $\frac{1}{3}$이다.

서로 배타적이 아닌 예

통계학 강좌 수강생 60명의 필기도구를 조사하여 본 결과 연필을 가지고 있는 학생은 30명이었고, 볼펜을 가지고 있는 학생은 40명이었다. 임의로 한 학생을 뽑아서 조사했을 때, 볼펜 또는 연필을 가지고 있을 확률은 얼마나 될까? 여기에서는 볼펜을 가진 학생이 뽑히는 사건과 연필을 가진 학생이 뽑히는 사건이 서로 배타적이 아니다. 어떤 학생이 볼펜을 가지고 있다는 사실이 연필을 가지고 있지 않다는 것을 뜻하지는 않기 때문이다. 이러한 상황을 벤 다이어그램으로 그리면 [그림 4–7]과 같다.

| 그림 4-7 | 연필과 볼펜을 가진 학생

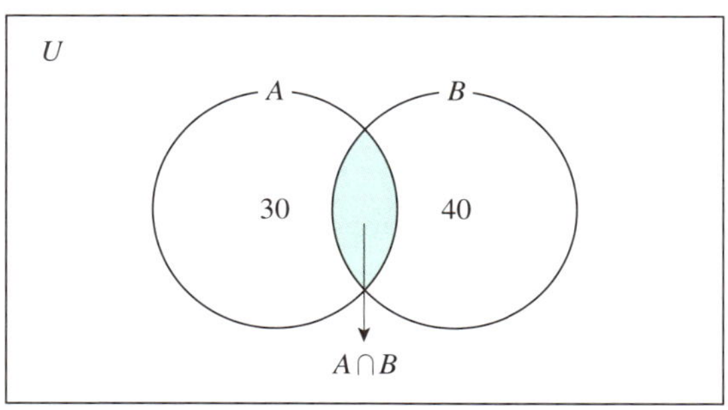

[그림 4–7]에서 보는 바와 같이 연필을 가진 학생이 뽑힐 확률을 $P(A)$, 볼펜을 가진 학생이 뽑힐 확률을 $P(B)$라 할 때, $P(A\cup B)$를 알기 위해서는 볼펜과 연필을 모두 가진 학생이 뽑힐 확률, 즉 $P(A\cap B)$를 알아야 한다. 만약 연필과 볼펜을 둘 다 가진 학생의 수를 25명이라 한다면, 60명의 학생 중 임의로 한 명을 뽑을 때 볼펜 또는 연필을 가진 학생이 뽑힐 확률은 다음과 같이 계산된다.

$$P(A \cup B) = P(A) + P(B) - P(A \cap B)$$
$$= \frac{30}{60} + \frac{40}{60} - \frac{25}{60} = \frac{45}{60}$$

즉, 반 전체 학생 중에서 임의로 한 사람을 선택할 때 연필 또는 볼펜을 가진 학생이 선택될 확률 $P(A \cup B)$는 45/60다.

조건부확률

앞에서는 한 번의 실험에서 어떤 사건이 발생할 확률에 대하여 살펴보았다. 그러나 실제로는 두 단계 또는 그 이상의 실험단계를 고려하여 확률을 구해야 하는 경우가 많다.

예를 들어 어느 상자에 흰 공 2개와 빨간 공 3개가 들어 있을 때, 뽑은 공을 다시 넣지 않고 한 개씩 두 번을 연속해서 뽑는 경우를 생각하여 보자. 먼저 흰 공을 뽑았을 때, 다음 번에 다시 흰 공을 뽑을 확률은 얼마인가? 처음에 뽑았을 때, 흰 공이 나올 확률은 2/5다. 그러나 흰 공 하나를 뽑은 후에 다시 하나를 뽑을 때는 상자 안에 흰 공 하나와 빨간 공 세 개가 남게 되어 흰 공이 다시 뽑힐 확률은 1/4이다. 이러한 경우에는 첫 번째 발생한 사건으로 인하여 두 번째 실험의 표본공간이 변화하게 되는데, 이처럼 바로 전의 실험결과에 의해 변화된 표본공간에서 어떤 사건이 일어날 확률을 조건부확률(conditional probability)이라고 한다.

조건부확률

조건부확률이란 어떤 사건이 일어난 또는 일어날 조건하에서, 즉 변화된 표본공간에서 어떤 사건이 일어날 확률을 말한다.

【예제 2】 잠실초등학교의 전체 학생 1,000명 중에서 여학생은 350명이다. 200명이 4학년이며, 이 중 여학생은 80명이다. 전체 학생을 S, 여학생을 B, 그리고 4학년 학생을 A라 하자. 그러면 이때 $A \cap B$는 여학생이며 4학년인 학생을 나타낸다. 이를 [그림 4-8]을 이용해서 설명해 보자.

| 그림 4-8 | 조건부확률의 예

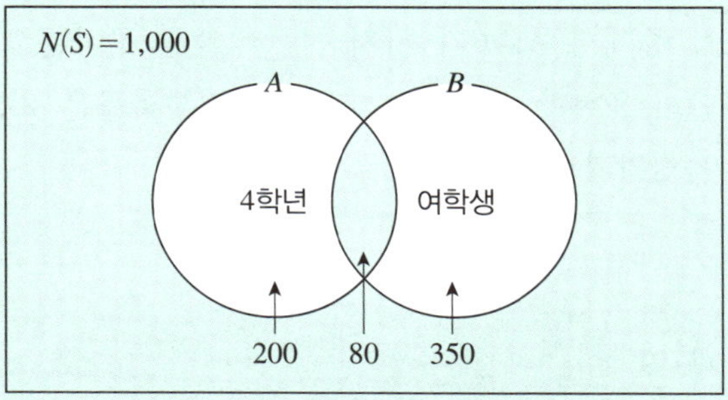

조건부확률은 여학생 중에서 4학년인 학생의 구성은 어떻게 되는가, 또는 4학년 중에서 여학생의 구성은 어떻게 되는가와 같이 표본공간이 전체 학생 수가 되는 것이 아니라, 새로운 조건이 부여되어 여학생만 또는 4학년만이 관심의 대상, 즉 새로운 표본공간이 되는 경우에 쓰이는 개념이다.

사건 B가 발생했다는 조건하에서 사건 A가 발생할 확률은 기호를 이용하여 나타내면 $P(A|B)$로 쓰며, “사건 B가 발생할 조건하에서 사건 A가 발생할 확률”이라고 읽는다.

뽑힌 학생이 여학생이란 조건하에서 그 학생이 4학년일 확률은 P(4학년|여학생)으로 쓸 수 있으며, 뽑힌 학생이 4학년이란 조건하에서 그 학생이 여학생일 가능성은 P(여학생|4학년)으로 표시한다. 따라서 4학년인 학생 중에서 여학생일 확률 P(여학생|4학년)은 다음과 같이 계산한다.

$$P(\text{여학생}\,|\,\text{4학년}) = \frac{\text{여학생} \cap \text{4학년}}{\text{4학년}} = \frac{80}{200} = 0.40$$

또는 표본공간 S로 나누어서

$$P(\text{여학생} \mid 4\text{학년}) = \frac{\text{여학생} \cap 4\text{학년}}{4\text{학년}} = \frac{(\text{여학생} \cap 4\text{학년})/S}{(4\text{학년})/S}$$

$$= \frac{P(\text{여학생} \cap 4\text{학년})}{P(4\text{학년})} = \frac{80/1,000}{200/1,000} = 0.40$$

이처럼 조건부확률이란 [그림 4-8]의 벤 다이어그램에서 보듯이 S를 표본공간으로 보는 것이 아니라, 뽑힌 학생이 4학년일 사건 A를 표본공간으로 간주하고, 이 중에서 $A \cap B$가 차지하는 비율을 구하는 개념으로서 식 4·7과 같이 간단히 표현할 수 있다. 따라서 조건부확률은 표본공간이 줄어들었기 때문에 독립확률보다 크다.

조건부확률의 계산

$$P(B \mid A) = \frac{P(A \cap B)}{P(A)} \quad (4\cdot7)$$

앞의 예에서 $P(A)$는 전체에서 4학년이 차지하는 비율로서 $P(A) = 200/1,000 = 0.2$이며, $P(B)$는 전체에서 여학생이 차지하는 비율이므로 $P(B) = 3,500/10,000 = 0.35$이고, $P(A \cap B)$는 전체에서 여학생이며 동시에 4학년인 학생 수의 비율이므로 $P(A \cap B) = 80/1,000 = 0.08$이다. 그러므로

$$P(B \mid A) = \frac{0.08}{0.2} = 0.4$$

즉, 4학년을 한 사람 선택했을 때 그 학생이 여학생일 가능성은 0.4이다.

마찬가지로 여학생을 선택했을 때 그 학생이 4학년일 확률을 $P(A \mid B)$로 나타낼 수 있는데, 이때의 조건부확률은 다음과 같다.

$$P(A \mid B) = \frac{P(A \cap B)}{P(B)} = \frac{0.08}{0.35} = 0.229$$

확률의 곱셈법칙

확률의 덧셈법칙은 집합이론에서 합집합의 개념에 대응되는 확률을 말하고, 확률의 곱셈법칙(multiplication law)은 집합이론에서 교집합의 개념에 대응되는 확률을 말한다. 교집합의 확률은 앞에서 설명한 조건부확률의 개념을 이용하면 쉽게 이해할 수 있다. 즉,

$$P(A|B)=\frac{P(A\cap B)}{P(B)} \text{에서 } P(A\cap B)=P(B)\cdot P(A|B)$$

$$P(B|A)=\frac{P(A\cap B)}{P(A)} \text{에서 } P(A\cap B)=P(A)\cdot P(B|A)$$

로 나타낸다. 이를 확률의 곱셈법칙이라고 한다.

확률의 곱셈법칙

$$P(A\cap B)=P(B)\cdot P(A|B)=P(A)\cdot P(B|A) \quad (4\cdot 8)$$

식 4·8은 사건 A와 B가 동시에 일어날 확률은 사건 A가 일어날 확률과 사건 A가 일어난 다음 사건 B가 일어날 확률을 곱한 것과 같다는 의미다.

예를 들어 한 상자에 파란 공이 2개, 노란 공이 3개 있다고 하자. 뽑은 공을 다시 넣지 않고 공 두 개를 차례로 뽑았을 때, 처음에 파란 공 다음에 노란 공이 나올 확률은

$$\begin{aligned} P(\text{파란 공}\cap\text{노란 공})&=P(\text{파란 공})\times P(\text{노란 공}|\text{파란 공})\\ &=\frac{2}{5}\times\frac{3}{4}=\frac{6}{20}\end{aligned}$$

이다. 파란 공이 처음 뽑힐 확률은 2/5며, 그 다음에 노란 공이 뽑힐 확률은, 파란 공이 이미 뽑혔기 때문에 상자에는 파란 공 하나와 노란 공 세 개가 남게 되

어 3/4이다.

【예제 3】 잠원초등학교의 총 학생 수는 1,000명이다. 그중 4학년은 200명이며, 여학생은 350명이다. 여학생 중에서 4학년인 학생은 8/35이다. 그러면 어느 학생을 무작위로 선택했을 때, 그 학생이 4학년 여학생일 확률은 얼마인가?

$$P(4\text{학년} \cap \text{여학생}) = P(\text{여학생}) \cdot P(4\text{학년} \mid \text{여학생})$$
$$= \frac{350}{1,000} \times \frac{8}{35} = \frac{80}{1,000} = 0.08$$

곱셈법칙과 의사결정나무

의사결정나무(decision tree)는 [그림 4-9]에서 보는 바와 같이 여러 단계를 거치는 확률실험에서 나타날 수 있는 모든 가능한 결과를 그린 것이다. 이를 이용하면 복잡한 확률계산문제를 쉽게 풀 수 있다는 장점이 있다.

예를 들어보자. 남자 15명과 여자 5명으로 구성되어 있는 반에서 두 사람을 차례로 뽑으려고 한다. 처음에 남자가 뽑히고 다음에 여자가 뽑힐 확률은 얼마인가? M을 남자, F를 여자로 할 때 처음에 남자가 뽑히고 다음에 여자가 뽑힐 확률은 $P(M \cap F)$라고 표시한다. [그림 4-9]에서 보면 처음에 남자, 그 다음에 여자가 뽑힐 확률은

$$P(M \cap F) = P(M) \cdot P(F \mid M)$$

이므로

$$P(M \cap F) = \frac{15}{20} \times \frac{5}{19} = \frac{15}{76}$$

가 된다.

| 그림 4-9 | 의사결정나무 이용의 예

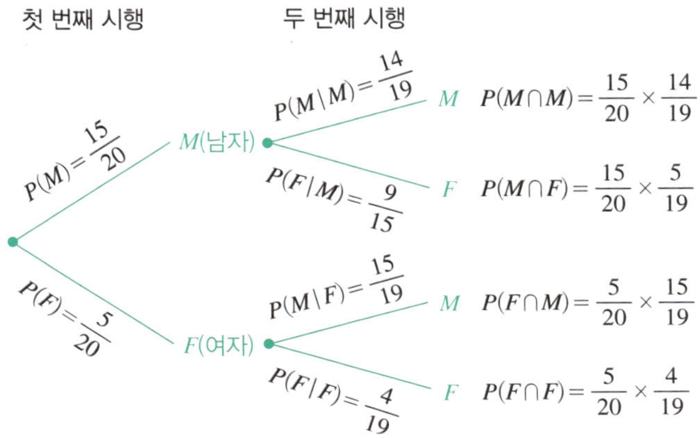

독립사건과 종속사건

독립사건과 종속사건

남녀 각각 10명씩 총 20명으로 구성된 어떤 모임에서 한 사람씩 차례로 성별을 조사하는 실험을 한다고 하자. 이때 처음에 조사한 결과가 남자였다면 다음 번에 또 다시 남자가 뽑힐 확률은 첫 번째 경우와는 달라지게 된다. 즉, 첫 번째 시행에서는 20명이 표본공간을 구성하였으나, 두 번째에는 첫 번째 시행의 결과에 의해 표본공간이 달라지기 때문이다. 이러한 확률이 조건부확률임을 앞에서 설명하였다. 그러나 이와는 달리 동전을 두 번 던지는 실험의 예를 들어보자. 처음 던졌을 때 앞면이나 뒷면이 나올 가능성은 각각 1/2이다. 그런데 처음에 앞면이 나왔다고 해서 다음 번에 앞면이나 뒷면이 나올 확률이 달라지는 것은 아니다. 다시 말해서 처음에 어떤 결과가 나왔느냐 하는 것이 다음에 어떤 사건이 발생할 확률에 아무 영향을 주지 않는다. 이때 이 두 사건을 독립사건(independent event)이라고 하며, 그와 반대로 조건부확률처럼 한 사건의 발생이 다음에 발생할 사건에 영향을 주는 경우를 종속사건(dependent event)이라고 한다. 독립사건의 정의는 다음과 같다.

독립사건의 정의

$$P(A|B)=P(A)$$
$$P(B|A)=P(B) \quad (4\cdot9)$$

이 식 4·9의 의미는 사건 A가 나올 확률은 사건 B의 결과에 관계없이 언제나 같다는 것이다. 동전을 두 번 던질 때 첫 번째 시행에서 동전 앞면(H)이 나왔더라도 다음에 동전 뒷면(T)이 나올 확률은 첫 번째 시행의 결과에 관계없이 1/2이다.

$$P(T|H)=P(T)=\frac{1}{2}$$

주사위를 두 번 던지는 경우도 서로 독립적인 시행이다. 첫 번째에 무엇이 나오건 간에 두 번째에 특정한 수가 나올 확률은 언제나 1/6이기 때문이다.

종속사건과 독립사건의 곱셈법칙을 적어보면 다음과 같다.

종속사건의 곱셈법칙

$$P(A\cap B)=P(A)\cdot P(B|A)=P(B)\cdot P(A|B)$$

독립사건의 곱셈법칙

$$P(A\cap B)=P(A)\cdot P(B) \quad (4\cdot10)$$

단순히 두 번의 시행에서뿐만 아니라, 그 이상의 시행에서도 각 사건이 독립적이라면 다음의 곱셈법칙이 성립된다.

$$P(A\cap B\cap C\cap\cdots)=P(A)\cdot P(B)\cdot P(C)\cdots$$

복원추출과 비복원추출

같은 실험이라고 해도 표본선택 후 복원하느냐 그렇지 않느냐에 따라 매번의 시행에서 나타나는 결과는 독립적인 사건이 될 수도 있으며, 종속적인 사건이 될 수도 있다. 표본을 뽑은 후 다시 복원시키면 표본공간은 언제나 변화가 없으므로 이런 경우에 나타나는 결과는 서로 독립적이다.

① 처음 꺼낸 공을 다시 집어넣지 않는 경우(비복원추출)
② 처음 꺼낸 공을 다시 집어넣는 경우(복원추출)

예를 들어보자. 흰 공이 4개, 붉은 공이 6개가 들어 있는 주머니에서 공을 한 개씩 두 번 꺼낼 때, 다음 각 경우에 대하여 두 번 모두 흰 공이 나오는 확률을 구하려고 한다.

처음 흰 공을 꺼내는 사건을 A, 두 번째 흰 공을 꺼내는 사건을 B라 하자. 처음 꺼낸 공을 다시 집어넣지 않는 비복원추출의 경우에는 첫 번째 꺼낸 공이 흰 공인가 붉은 공인가에 따라서 두 번째에 꺼낸 공이 흰 공일 확률에 영향을 준다. 이때 사건 B는 사건 A에 종속적이라고 할 수 있고, 이 두 사건을 종속사건이라 한다. 그러나 꺼낸 공을 다시 집어넣는 복원추출의 경우에는 첫 번째에 꺼낸 공이 흰 공이든 붉은 공이든 두 번째에 흰 공을 꺼낼 확률에 영향을 주지 않는다. 이때 사건 B는 사건 A와 독립적이다.

종속사건일 때의 곱셈법칙의 예

위의 예에서 처음에 흰 공을 꺼낼 확률 $P(A)=\frac{4}{10}$다. 처음 꺼낸 공을 다시 집어넣지 않으므로 두 번째 공을 꺼낼 때에 주머니 속의 공의 수는 9개이고 그중 흰 공은 3개 있으므로, 두 번 모두 흰공을 꺼낼 확률은 다음과 같다.

$$P(B|A)=\frac{3}{9}$$

$$\therefore\ P(A\cap B)=P(A)\cdot P(B|A)=\frac{4}{10}\times\frac{3}{9}=\frac{2}{15}$$

독립사건일 때의 곱셈법칙의 예

처음에 꺼낸 공을 다시 집어넣으므로 두 번째 공을 꺼낼 때에도 주머니 속의 공의 수는 10개고 그중 흰 공은 4개이므로, 두 공 모두 흰공일 확률은 다음과 같다.

$$P(B) = P(B \mid A) = \frac{4}{10}$$

$$\therefore\ P(A \cap B) = P(A) \cdot P(B) = \frac{4}{10} \times \frac{4}{10} = \frac{4}{25}$$

제4절 베이즈정리

지금까지 설명한 확률법칙을 응용하는 대표적인 방법으로서 베이즈정리(Bayes' theorem)라는 것이 있다. 이 정리는 사전에 알고 있는 정보에 기준을 두고 어떤 사건이 일어나게 될 확률을 계산하는 이론이다.

예를 들어 상자가 5개 있다. 두 개는 흰 상자, 세 개는 검은 상자이다. 흰 상자에는 빨간 볼펜 5개, 검은 상자에는 검정 볼펜 3개가 각각 들어 있다고 하자. 어떤 사람이 무작위로 상자를 선택하여 1개의 볼펜을 골랐을 때 그 볼펜이 빨간 볼펜이었다면, 이 사람이 검은 상자를 선택했을 가능성은 얼마인가? 상식적으로 생각해 보면, 검은 상자에는 빨간 볼펜이 하나도 없으므로 검은 상자에서 빨간 볼펜이 나왔을 리가 없다. 그러므로 결과적으로 빨간 볼펜이 나왔다면 이 상자는 흰 상자였을 것이다. 따라서 이 사람이 검은 상자를 택했을 가능성은 0이다.

조금 더 복잡한 예를 들어보자. 상자가 5개 있다. 두 개는 흰 상자, 세 개는 검은 상자다. 흰 상자에는 빨간 볼펜 1개, 검정 볼펜 4개, 검은 상자에는 빨간 볼펜 2개, 검정 볼펜 1개씩 들어 있다. 어떤 사람이 무작위로 1개의 볼펜을 뽑았을 때 이 볼펜이 검정 볼펜이었다면, 이 사람이 흰 상자를 택했을 확률은 얼마인가?

위의 예처럼 실험의 결과로써 얻은 정보를 토대로 하여 어떤 사건의 알려져 있지 않은 확률을 구하려고 하는 가장 간단한 방법이 바로 베이즈정리다. 베이즈정리를 설명하기 위하여 위의 예를 의사결정나무(decision tree)로 그려서 풀어보자.

의사결정나무를 그리기 위해서 흰 상자를 선택하는 사건을 A, 검은 상자를 선택하는 사건을 $\bar{A}$, 검정 볼펜을 선택하는 사건을 B, 빨간 볼펜을 선택하는 사건을 $\bar{B}$라고 하자.

| 그림 4-10 | 빨간 볼펜과 검정 볼펜을 선택할 확률

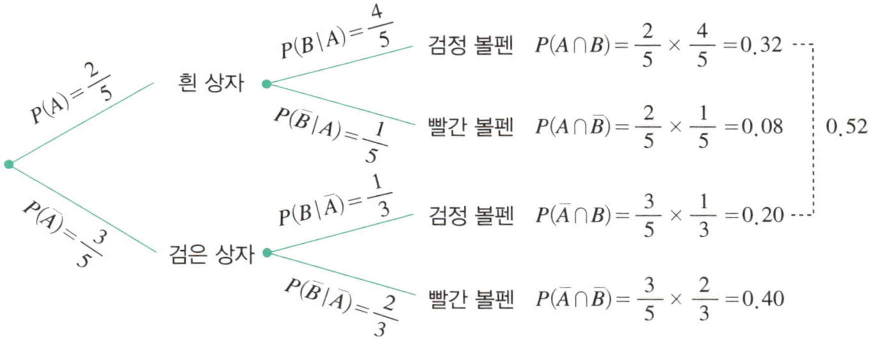

그러면 검정 볼펜이 나올 경우는 $A\cap B$거나 $\bar{A}\cap B$가 되므로, 검정 볼펜이 나올 확률은 $P(A\cap B)$와 $P(\bar{A}\cap B)$를 더한 것이 된다. 위의 그림에서 점선으로 연결된 두 개의 확률이 바로 검정 볼펜이 나올 확률이다.

그렇다면 검정 볼펜이 흰 상자에서 나올 확률은 얼마인가? 검정 볼펜이 흰 상자에서 나왔을 확률은 $P(A|B)$로 표시할 수 있다. 즉 $P(A|B)$는 검정 볼펜이 나올 전체의 확률에서 흰 상자로부터 검정 볼펜이 뽑혔을 확률의 비율을 의미한다. 이를 식으로 표시하면,

$$P(A|B)=\frac{P(A\cap B)}{P(A\cap B)+P(\bar{A}\cap B)}$$

와 같이 나타낼 수 있다.

이상의 논리를 일반화시켜 보자. 사건 B가 일어났을 때, 사건 B를 일으킬 수 있는 사건들이 n가지가 있고, 이를 $A_i(i=1, \cdots, n)$으로 나타내면, 사건 B가 발생할 수 있는 모든 확률 $P(B)$는 다음과 같다.

$$P(B)=P(A_1 \cap B)+P(A_2 \cap B)+\cdots+P(A_n \cap B)$$

따라서 B가 발생하였을 때, 이것이 A_k에서 나왔을 가능성은 다음과 같다.

$$P(A_k | B)=\frac{P(A_k \cap B)}{P(B)}=\frac{P(A_k \cap B)}{\sum P(A_i \cap B)}$$

이 식이 바로 베이즈정리다.

베이즈정리(Bayes' theorem)

$$P(A_k | B)=\frac{P(A_k \cap B)}{\sum P(A_i \cap B)} \qquad (4\cdot11)$$

그런데 곱셈법칙으로부터 $P(A_i \cap B)=P(A_i) \cdot P(B | A_i)$이므로, 식 4·11은 아래와 같이 쓸 수 있다.

$$P(A_k | B)=\frac{P(A_k) \cdot P(B | A_k)}{\sum P(A_i) \cdot P(B | A_i)} \qquad (4\cdot12)$$

베이즈정리를 이용하여 [그림 4-10]의 예를 계산하여 보자.

$$P(A | B)=\frac{P(A \cap B)}{P(A \cap B)+P(\bar{A} \cap B)}=\frac{0.32}{0.32+0.20}=0.615$$

또는

$$P(A|B)=\frac{P(A)\cdot P(B|A)}{P(A)\cdot P(B|A)+P(\bar{A})\cdot P(B|\bar{A})}$$

$$=\frac{0.4\times 0.8}{0.4\times 0.8+0.6\times 0.33}=0.615$$

가 된다.

【예제 4】 비가 많이 올 확률 $P(A)=0.4$, 비가 중간 정도 올 확률 $P(B)=0.3$, 비가 아주 적게 올 확률 $P(C)=0.3$이고, 비가 많이 올 때 풍년이 될 확률 $P(K|A)=0.6$, 흉년이 될 확률 $P(\bar{K}|A)=0.4$, 비가 중간 정도 올 때 풍년이 될 확률 $P(K|B)=0.5$, 흉년이 될 확률 $P(\bar{K}|B)=0.5$, 비가 아주 적게 왔을 때 풍년이 될 확률 $P(K|C)=0.2$, 흉년이 될 확률 $P(\bar{K}|C)=0.8$이라 하자. 풍년이 됐는데 비가 아주 적게 왔을 가능성은 얼마인가?

풍년이 됐는데, 비가 아주 적게 왔을 확률은 $P(C|K)$로 나타낼 수 있다. $P(C|K)$를 구하기 위하여 베이즈정리를 이용하면,

$$P(C|K)=\frac{P(C\cap K)}{P(A\cap K)+P(B\cap K)+P(C\cap K)}$$

$$=\frac{P(C)\cdot P(K|C)}{P(A)\cdot P(K|A)+P(B)\cdot P(K|B)+P(C)\cdot P(K|C)}$$

$$=\frac{0.3\times 0.2}{0.4\times 0.6+0.3\times 0.5+0.3\times 0.2}=\frac{0.06}{0.45}=0.133$$

이 된다.

연습문제

4.1 확률이란 무엇인가? 상대빈도정의와 동등발생정의에 의해 설명하라.

4.2 다음 확률에 관한 용어들을 간단히 설명하라.

① 조건부확률 ② 독립사건 ③ 배타적 사건

④ 베이즈정리 ⑤ 곱셈법칙 ⑥ 덧셈법칙

4.3 남녀학생들로 이루어진 학급의 전체 학생의 집합을 U, $A=\{$남학생$\}$, $B=\{$충치를 가진 학생$\}$, $C=\{$근시인 학생$\}$이라 할 때, 다음 집합은 각각 어떤 집합인가? $\overline{A}$, $\overline{B}$, $\overline{C}$는 각각 A, B, C의 여사건을 나타낸다.

① $U-(A \cup C)$ ② $A \cap B \cap C$

③ $\overline{A} \cap \overline{B} \cap C$ ④ $\overline{A} \cap (\overline{B} \cup \overline{C})$

4.4 다음의 확률을 계산하라.

① 1개의 주사위를 2회 던졌을 때 1이 계속해서 나올 확률

② 2개의 주사위를 동시에 던졌을 때 나온 수가 같을 확률

③ 1개의 주사위를 3회 던졌을 때 1이 한 번만 나올 확률

④ 2개의 주사위를 동시에 던졌을 때 나온 수의 합이 6 이하가 될 확률

⑤ 3개의 주사위를 동시에 던졌을 때 1, 2, 3의 수가 나올 확률

4.5 어느 지역에 살고 있는 남녀성인의 집합을 표본공간 S라 하자. 이들 중에 한 사람이 회장으로 선발될 때 아래 표를 이용하여 $P(M|E)$를 구하라.

M : 남자가 선택되는 사건
E : 상업에 종사하는 사건

구분	상업 종사자(E)	상업 외 종사자($\overline{E}$)
남(M)	260	40
여(F)	100	120

4.6 어느 대학 1학년에 입학한 한 학생이 경영학개론에서 A학점을 받을 확률은 2/3고, 경영학개론과 통계학입문 두 과목에서 모두 A학점을 받을 확률은 1/2이다. 만일 그가 경영학개론에서 A학점을 받았다면, 통계학입문 과목에서 A학점을 받았을 확률은 얼마인가? (단, 두 과목에서 A학점을 받는 사건은 서로 독립적이라고 하자.)

4.7 항아리 안에 15개의 바둑돌이 들어 있는데, 이 중 10개가 하얀 돌이고 5개가 검은 돌이다. 다시 넣지 않고 바둑돌을 하나씩 꺼낼 때 세 번째에 처음으로 검은 돌이 나올 확률은 얼마인가?

4.8 우리나라에 비가 많이 올 때 풍년이 될 가능성은 0.8, 흉년이 될 가능성은 0.2고, 비가 적게 올 때 풍년이 될 가능성은 0.4, 흉년이 될 가능성은 0.6이라고 한다. 그렇다면 비가 많이 왔을 때 풍년과 흉년이 될 확률, 비가 적게 왔을 때 풍년과 흉년이 될 확률을 조건부확률로 나타내라.

4.9 시험을 치른 전체 학생 중에서 국어합격자는 50%, 영어합격자는 60%며, 두 과목 모두 합격한 학생은 15%라고 한다. 이때 임의로 한 학생을 뽑았을 경우, 이 학생이 국어시험에 합격한 학생이라면 영어시험에도 합격했을 확률은 몇 %나 될까?

4.10 2022년 전국동시지방선거 출구조사를 위해 어느 도시의 A, B, C 세 개의 투표소에서 출구조사를 진행하였다. 이들 투표소의 출구조사에서 전체 응답자 중 거짓응답자의 비율이 각각 5%, 3%, 2%고 A, B, C 세 투표소의 투표자 수는 이 도시 전체 인구의 20%, 30%, 50%를 차지한다. 한 명의 투표자를 임의로 선택하였을 때, 그 응답자가 거짓응답자였다면 그 사람이 B투표소에서 투표한 사람이었을 확률은 얼마인가? (단, 이 도시 유권자의 전체 투표율은 100%이고, 모든 투표자가 출구조사에 응했다고 가정한다.)

4.11 어느 사람이 밤중에 머리가 아파서 불을 켜지 않은 채 서랍에서 상비약을 꺼내 먹었다. 얼마 후 심한 두통 때문에 병원에 갔더니 의사가 약물중독이라고

한다. 그 서랍에는 아스피린이 든 병이 2개, 페니실린이 든 병이 1개 있었는데, 사람이 일반적으로 아스피린을 먹어서 그와 같은 증세가 일어날 확률이 5%고, 페니실린을 먹어서 그러한 증세가 생길 가능성은 80%라 한다. 그러면 그가 페니실린을 먹었을 확률은 얼마인가? (베이즈정리를 사용하라.)

4.12 일주일에 한 번꼴로 아이스크림을 먹는 사람이 있다. 이 사람이 아이스크림을 먹은 다음 날 배가 아플 확률은 1/5이고, 아이스크림을 먹지 않은 다음 날 배가 아플 확률은 1/20이다. 어느 날 이 사람이 배가 아팠다면, 그 전날 아이스크림을 먹었을 가능성은 얼마인가?

4.13 어느 도시의 날씨가 맑을 확률이 60%, 흐릴 확률이 30%, 비가 올 확률이 10%라고 하자. 이 도시에 살고 있는 학생 김 군은 맑은 날 지각할 확률이 10%, 흐린 날 지각할 확률이 25%, 비오는 날 지각할 확률이 40%라고 한다. 어느 날 김 군이 지각을 했는데 그날 날씨가 흐렸을 확률은 얼마인가?

4.14 A는 출근을 하기 위해 오전 8시 전에 집에서 출발하는 사건이라 하고, B는 지하철역에 도착한 후 1분 이내에 지하철이 도착하는 사건이라 하자. $P(A)=0.5$, $P(A \cap B)=0.15$이고 두 사건 A와 B가 독립일 때, $P(B)$의 값을 구하라.

4.15 A는 주사위를 두 번 던져 나온 두 수의 곱이 홀수인 사건이라 하고, B는 동전 던지기를 두 번 해서 두 번 모두 뒷면이 나오는 사건이라 하자. 그리고 C는 빨간 공이 x개, 파란 공이 32개 들어 있는 상자에서 공을 한 개 꺼냈을 때 빨간 공이 나오는 사건이라고 정의하자. 사건 A, B, C가 서로 독립이고, $P(A \cap B \cap C)=1/80$일 때, x의 값을 구하라.

Chapter 05

확률분포의 개념

자동차보험회사는 운전자들의 연령층에 따라 사고율이 어떻게 다른지, 하루 24시간 중 어느 시간대에 사고가 가장 많은지, 직업에 따라 사고율은 서로 어떻게 다른지 등에 대한 자료를 갖고 있어야 한다. 이렇게 한 변수에 대해(여기서는 사고율) 어떤 실험이나 관찰의 결과로 나타날 수 있는 모든 상황과 각 상황이 나타날 확률을 표시한 것을 확률분포라 한다.

일상생활에서도 확률분포의 개념은 자주 사용되고 있다. 내년에 물가가 20% 이상 오를 가능성이 50%이고, 그 이하로 오를 확률이 50%라든가, 내일 비가 올 확률이 5%이고, 비가 오지 않을 확률이 95%라는 등, 이러한 예측은 모두 확률분포를 이용한 개념이다. 통계학의 많은 이론들은 이 확률분포를 기초로 하여 이루어진다. 그러므로 통계학적 연구에 있어서 확률분포에 관한 이해는 필수적이다.

자료의 종류와 연구의 목적에 따라 다양한 확률분포를 적용하게 되는데, 확률분포는 기술통계에서도 중요하지만 앞으로 공부하게 될 추론통계 역시 확률분포에 기초하므로 아주 중요하다. 이 장에서는 확률분포를 이해하기 위해 먼저 확률변수에 대하여 설명한 후, 확률분포의 분석에 필요한 기댓값과 분산에 관하여 설명한다. 그리고 마지막 절에서는 두 확률변수가 결합되었을 때의 분포인 결합확률분포에 대하여 살펴보겠다.

제1절 확률변수화 확률분포

확률변수의 개념

동전 한 개를 던질 때 우리는 두 가지의 결과를 기대할 수 있다. 하나는 앞면이 나오는 경우이며, 다른 하나는 뒷면이 나오는 경우이다. 발생할 수 있는 경우, 즉 앞면 또는 뒷면이 나오는 경우를 사건(event)이라고 하며, 나타날 수 있는 모든 가능한 사건의 집합을 표본공간(sample space)이라고 함은 이미 설명하였다. 동전 한 개를 던질 때의 표본공간 S는 앞면(H)과 뒷면(T)의 두 가지 사건으로 구성되며, 다음과 같이 표시할 수 있다.

$$S=\{H,\ T\}$$

현실 문제를 분석할 때나 통계학적 방법을 이용할 때는 사건을 H나 T와 같이 문자로 표시하지 않고, 어떤 수치를 부여할 수도 있다. 예를 들어 앞면에는 1, 뒷면에는 0을 부여한다면, 표본공간 S는 다음과 같다.

$$S=\{0,\ 1\}$$

표본공간의 사건에 대하여 0 또는 1만 부여할 수 있는 것은 아니며, 그 외의 수치도 가능하다. 예를 들어 어떤 사람이 동전 던지기를 하여 앞면이 나오면 1,000원을 받고 뒷면이 나오면 500원을 잃는 게임을 한다면, 그 사람의 입장에서 동전 던지기에서의 가능한 사건의 집합 S는 1,000원과 −500원으로 나타낼 수 있다.

$$S=\{1{,}000,\ -500\}$$

확률변수(random variable)란 일정한 확률을 가지고 발생하는 사건에 수치를

확률변수

확률변수란 일정한 확률을 가지고 발생하는 사건에 수치를 부여한 것을 말하며, 보통 X로 표시한다.

부여하는 것을 의미한다. 동전을 던지는 실험에서는 앞면이 나타나는 횟수가 확률변수가 되며, 동전 던지기 게임에서는 게임 결과로 받는 보상금이 확률변수가 된다. 만일 동전을 던지는 실험에서 앞면이 나오는 경우를 1이라 하고, 뒷면이 나오는 경우를 0이라 한다면, 앞면과 뒷면이 나타날 확률 P는 각각 다음과 같다.

$$P(X=1)=\frac{1}{2}, \qquad P(X=0)=\frac{1}{2}$$

또 앞면이 나오면 1,000원의 상금을 받고, 뒷면이 나오면 500원을 잃는 게임에서 게임 결과로 받는 보상금을 확률변수 X라고 정의한다면 이에 관련되는 확률은 다음과 같이 표시할 수 있다.

$$P(X=1,000)=\frac{1}{2}, \qquad P(X=-500)=\frac{1}{2}$$

【예제 1】 주사위를 한 번 던질 때 나오는 숫자를 확률변수로 하여, 가능한 모든 결과, 즉 표본공간과 확률변수의 확률을 계산하여 보자.

주사위를 던졌을 때 가능한 결과는 6가지며, 이때의 표본공간 S는 다음과 같다.

$$S=\{1, 2, 3, 4, 5, 6\}$$

주사위에 나오는 숫자를 그대로 확률변수로 사용하면 다음과 같은 확률을 갖는다.

$$P(X=1)=\frac{1}{6}, \qquad P(X=2)=\frac{1}{6}$$

$$P(X=3)=\frac{1}{6}, \qquad P(X=4)=\frac{1}{6}$$

$$P(X=5)=\frac{1}{6}, \qquad P(X=6)=\frac{1}{6}$$

확률분포

확률변수와 관련하여 다음과 같은 예를 하나 더 들어보자. 우리는 동전을 두 번 던질 때 나타날 수 있는 가능한 사건들과 각 사건이 나타나는 확률을 쉽게 알 수 있다. 표본공간에서 H를 앞면이라고 하고 T를 뒷면이라고 한다면, 다음과 같이 될 것이다.

표본공간		앞면의 수	각 사건의 확률
첫 번째	두 번째		
H	H	2	1/4
H	T	1	1/4
T	H	1	1/4
T	T	0	1/4

위의 결과는 $S=\{HH, HT, TH, TT\}$로 표시될 수 있다. 이때 앞면의 수를 확률변수로 사용하고자 한다면, 표본공간은 $S=\{2, 1, 0\}$이 된다. 그러나 동전을 던질 때 꼭 앞면의 수를 확률변수로 사용해야만 하는 것은 아니며, 뒷면의 수를 확률변수로 사용할 수도 있고, 또 동전 던지기 게임에서 상금이 걸렸다면 그 상금을 확률변수로 사용할 수도 있다.

동전을 두 번 던질 때, 앞면이 나오는 횟수를 확률변수로 사용하여 확률변수와 이에 대응하는 확률을 정리한 것이 〈표 5-1〉이다. 앞면이 하나도 안 나올 확률 $P(X=0)$은 1/4이며, 앞면이 한 번 나올 확률 $P(X=1)$은 첫 번째에 앞면,

두 번째에 뒷면이 나올 사건과 첫 번째에 뒷면, 두 번째에 앞면이 나올 사건의 확률을 합한 것으로서 1/2이다. 두 번 모두 앞면이 나올 확률 $P(X=2)$는 1/4이다. 이와 같이 어떤 확률변수가 취할 수 있는 모든 값들과, 이에 대응하는 각각의 확률을 정의해 놓은 것을 확률분포(probability distribution)라 한다.

표 5-1 동전을 두 번 던질 때의 확률분포

확률변수(X_i)	$P(X_i)$
0	1/4
1	1/2
2	1/4

> **확률분포**
>
> 확률분포란 어떤 확률변수가 취할 수 있는 모든 값들과 이 값들이 나타날 확률을 표시한 것이다.

확률분포는 단순히 동전을 던진다든지, 주사위를 던지는 것과 같은 기계적인 결과만을 가지고 구하는 것은 아니다. 그 외에도 우리가 처해 있는 불확실한 상황에서 일어날 가능성이 있는 어떠한 사건이라도 적당한 확률을 부여함으로써 확률분포로 나타낼 수 있다. 예를 들어서 〈표 5-2〉는 국내 유명 IT 기업의 주가 상승률을 확률변수로 하여 2035년의 주가 전망을 확률분포로 나타낸 것이다.

표 5-2 2035년 주가 상승률의 확률분포

예상 주가 상승률(X_i)	$P(X_i)$
10%	0.2
5%	0.4
0%	0.3
−5%	0.1

제2절 이산확률변수와 연속확률변수

확률변수는 이산확률변수와 연속확률변수의 두 가지로 분류될 수 있다. 먼저 이산확률변수(discrete random variable)란 확률변수가 취할 수 있는 값의 수가 유한하거나 무한하더라도 셀 수 있는(countable) 확률변수를 말하며, 연속확률변수(continuous random variable)는 확률변수가 취할 수 있는 값이 일정한 구간 내의 실수로서 그 수가 무한한 확률변수를 의미한다. 동전을 1,000개 던질 때 앞면의 수를 확률변수로 사용한다면, 이 확률변수가 취할 수 있는 값은 0~1,000 사이의 정수로 제한된다. 그러므로 이때의 확률변수는 이산확률변수라고 볼 수 있다. 그러나 체중, 온도, 키 등을 확률변수로 사용한다면, 이러한 확률변수들이 취할 수 있는 값들은 어떤 유한한 구간에 있더라도 그 수가 무한히 많아진다. 예를 들어 사람의 키는 160~170cm 사이에서도 수없이 많은 측정치를 가질 수 있기 때문이다. 이러한 확률변수를 연속확률변수라 한다.

이산확률변수의 확률분포를 이산확률분포(discrete probability distribution)라고 하며, 연속확률변수의 확률분포를 연속확률분포(continuous probability distribution)라고 한다. 이산확률분포에서 가장 많이 사용되는 분포는 이항분포이며, 연속확률분포에서는 정규분포가 대표적이라고 할 수 있다. 이 분포들은 통계학에서 가장 기초적이고 중요하며, 앞으로 이 분포들을 이용하여 통계적 추론에 관해 공부할 것이다. 이들에 대한 구체적인 확률분포에 대하여는 제6장과 제7장에서 자세히 설명하겠다.

제3절 확률함수와 확률밀도함수

확률함수

확률변수는 확률시행으로 인해 나타날 수 있는 여러 사건들에 대해 일정한 수치를 부여한 것이다. 그리고 확률변수가 취하는 값에 대해 합이 1인 확률이 어떻게 분포되어 있는지를 나타낸 것이 확률분포다. 이때 확률변수가 취할 수 있는 수치에 대해 그 수치에 해당하는 확률값이 얼마인지를 알려주는 함수를 확률함수(probability function) 혹은 확률밀도함수(probability density function)라 한다.

이산확률변수의 확률분포는 확률함수로 나타낸다. 여기서 확률함수는 확률변수가 취할 수 있는 모든 값에 대해 그 값을 가질 확률이 얼마인지를 알려주는 함수를 의미한다.

이산확률함수는 $P(X_i)$와 같이 표시된다. 이산확률함수 $P(\cdot)$에서 X_i의 확률값이란, 확률변수 X가 X_i의 값을 가질 확률을 나타낸다. 예를 들어 동전을 던지는 실험의 경우 앞면(H)이 나올 확률 $P(H)$가 1/2, 뒷면(T)이 나올 확률 $P(T)$ 역시 1/2이다. 이를 동전던지기에 대한 확률함수로 정의하면,

$$P(X_i)=\frac{1}{2}, \qquad X_i=\{H,\ T\}$$

다. 동전던지기의 확률함수 $P(X_i)$는 확률변수 X가 가질 수 있는 모든 값에 대해 1/2이라는 확률을 대응시킨다.

이산확률변수의 확률분포를 나타내는 확률함수는 아래의 두 조건을 만족해야 한다.

① 이산확률분포에서 특정한 값 X_i가 발생할 확률은 $0 \le P(X_i) \le 1$이다.

② $\sum P(X_i)=1$

확률밀도함수

연속확률변수가 일정한 범위 내에서 취할 수 있는 값은 무한히 많다. 그러므로 이산확률변수에서와 같이 어떤 한 값에만 국한된 확률은 말할 수 없다. 즉, $P(X_i)=0$이다. 그 대신 어떤 구간에 대한 확률은 계산할 수 있다. 예를 들어 자동차의 시속이 60~61.5km 사이일 확률이라든지, 오늘 저녁의 기온이 15.4~16℃ 사이일 확률 등으로 표시할 수 있다. 만일 오늘 저녁의 기온이 15.4~16℃ 사이일 확률이 30%라고 한다면, $P(15.4 \le X \le 16)=0.3$으로 표현한다.

예를 들어 오늘 저녁에 예상할 수 있는 기온의 분포를 [그림 5-1]과 같이 나타낼 수 있다고 하자.

| 그림 5-1 | 기온의 분포

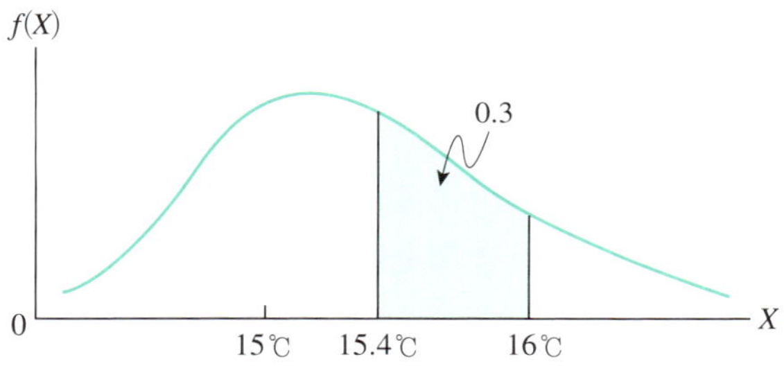

이때 그림에서의 높이는 확률과 직접적인 관계가 없다. 왜냐하면 15.4~16℃ 사이에는 무수한 변수의 값들이 존재하므로 기온이 정확히 16℃가 될 확률 $P(X=16)=0$이 되기 때문이다. 그러나 15.4℃에서 16℃ 사이가 될 확률은 구할 수 있다. 이처럼 연속확률변수일 경우에는 어떤 구간(interval)에 대한 확률을 계산하게 되는데, 이 확률은 곡선 아래의 넓이로 나타내어진다. 그러므로 [그림 5-1]에서 기온이 15.4℃에서 16℃ 사이가 될 확률이 0.3이란 것은 곡선 아래의 전체 넓이를 1이라고 했을 때 녹색 부분의 넓이가 0.3이란 것을 의미한다.

[그림 5-1]에서와 같이 연속확률분포의 양상을 나타내는 곡선을 식으로 표현한 것을 확률밀도함수(probability density function)라고 한다. 확률밀도함수는

$f(X)$로 나타내는데, $f(X)$는 단순히 그래프의 모양을 나타내는 식에 불과하며, 이것이 확률을 나타내는 식은 아니다. 연속확률분포에서의 확률은 밀도함수 $f(X)$와 X축 사이의 어느 구간의 넓이로 계산되기 때문이다.

[그림 5-2]는 이산확률분포와 연속확률분포를 비교함으로써 확률밀도함수를 설명한 것이다. 이산확률분포를 그림으로 그렸을 때 Y축, 즉 $P(X)$는 확률을 나타내고 있으나, 연속확률분포에서의 $f(X)$는 분포의 모양만을 나타내는 것이지 이것 자체가 확률은 아니다. 확률은 [그림 5-2]에서와 같이 a, b구간 사이의 $f(X)$와 X축 사이의 넓이로 나타내게 된다.

| 그림 5-2 | 이산확률분포와 연속확률분포의 비교

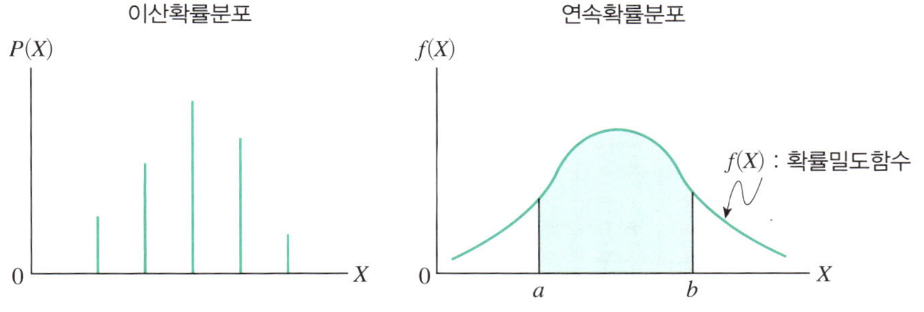

연속확률분포와 관련해서 다음과 같은 네 가지 특징을 기억해 둘 필요가 있다.

연속확률분포의 특징

① 연속확률분포에서 어느 한 특정값 X_i가 발생할 확률 $P(X_i)=0$이다.

② 연속확률분포에서의 확률은 어떤 특정한 두 값, 즉 일정구간 사이의 값을 취할 확률로 계산된다. 즉, $P(a \le X \le b)$는 구간 $[a, b]$ 사이의 확률밀도함수 $f(X)$와 X축 사이의 면적이다.

③ 확률밀도함수는 언제나 음이 아닌 값을 갖는다. 즉, $f(X) \ge 0$이다.

④ 확률밀도함수 아래에 있는 전체의 면적은 언제나 1이다. 즉, $P(-\infty \le X \le \infty)=1$이다.

제4절 확률분포의 기댓값과 분산

기댓값

기댓값의 계산

확률분포의 성격은 도수분포의 경우와 마찬가지로 중심경향과 분산도의 두 가지로 분석하는 것이 일반적인데, 중심경향에는 기댓값, 분산도에는 분산과 표준편차를 가장 많이 사용한다. 먼저 확률분포의 중심경향을 나타내는 기댓값(expected value)이란 간단히 말해서 평균값(mean, weighted mean)과 같은 개념이라고 할 수 있다. 기댓값은 미래에 발생할 확률이 가장 높은 사건을 의미하는 것이 아니며, 또한 기댓값과 꼭 같은 값의 사건이 반드시 존재하는 것도 아니다. 기댓값은 다만 확률변수가 취할 수 있는 모든 값들의 평균이라는 의미를 가진다. 예를 들어 어느 회사의 하루 매출액이 1,000만 원이 될 확률은 50%고, 500만 원일 확률도 50%라면, 기댓값은 750만 원이 된다. 기댓값이 750만 원이라는 것은, 실제 매출액이 750만 원이 되는 날은 없다 하더라도 이런 상황이 계속되면 결국에는 하루 평균 매출액이 750만 원이 될 것이라는 의미이다. 기댓값은 보통 $E(X)$ 또는 μ_X 등으로 표시하며, 식 5·1과 같이 계산한다.[01]

기댓값의 계산

$$E(X) = \sum X_i \cdot P(X_i) \tag{5·1}$$

【예제 2】 A기업이 B라는 신규 사업안에 투자할 때 예상되는 수익과 확률은 다음과 같다. 이때의 기대수익은 얼마인가?

01 식 5·1은 이산확률분포의 기댓값이다. 이 책에서는 연속확률분포의 성격(기댓값과 분산)은 편의상 다루지 않는다.

표 5-3 A기업의 사업안 B에 대한 기대수익

X_i(단위 : 만 원)	$P(X_i)$	$X_i \cdot P(X_i)$(단위 : 만 원)
−600	0.5	−300
600	0.2	120
1,000	0.3	300
합계		120

A기업이 B라는 사업안에 투자할 때 기대되는 수익은 〈표 5-3〉에서 보는 바와 같이 120만 원이다.

기댓값의 특성

확률변수 X의 기댓값 $E(X)$의 특성을 알고 있으면, 확률변수 X를 1차식으로 변환한 다른 확률변수의 기댓값도 이를 이용하여 쉽게 구할 수 있다. $E(X)$의 특성을 나열하면 다음과 같다.

기댓값의 연산

① 확률변수 X에 일정한 상수 a를 곱한 확률변수의 기댓값은 확률변수 X의 기댓값에 a를 곱한 것과 같다.

$$E(aX) = a \cdot E(X) \quad [5\text{-}2]$$

② 확률변수 X에 일정한 상수 b만큼을 가감한 확률변수의 기댓값은 확률변수 X의 기댓값에 b를 가감한 것과 같다.

$$E(X+b) = E(X) + b \quad \text{또는} \quad E(X-b) = E(X) - b \quad [5\text{-}3]$$

③ 위의 두 가지 결과를 결합하면 다음 식이 성립된다.

$$E(aX \pm b) = a \cdot E(X) \pm b \quad [5\text{-}4]$$

【예제 3】 동전을 던져 앞면이 나오면 400원을 받고, 뒷면이 나오면 800원을 받는 게임이 있다고 하자. 이 게임의 기댓값은 600원이 된다. 상금을 2배로 올린 후에 일률적으로 200원씩 더 올린다면 그때의 기댓값은 얼마인가?

표 5-4 상금의 기댓값

현재의 경우			상금 2배와 200원을 더 올릴 때		
X_i	$P(X_i)$	$X_i \cdot P(X_i)$	$2X_i+200$	$P(X_i)$	$(2X_i+200) \cdot P(X_i)$
400 800	0.5 0.5	200 400	1,000 1,800	0.5 0.5	500 900
합계		600			1,400

$$E(X)=600(\text{원})$$
$$E(2X+200)=E(2X)+200=2 \cdot E(X)+200$$
$$=2\times 600+200=1,400(\text{원})$$

분산과 표준편차

분산과 표준편차의 계산

확률분포의 분산도를 나타내는 분산(variance)의 계산식을 적어보면 다음과 같다.

분산의 계산

$$\begin{aligned}\text{Var}(X)&=\sum[X_i-E(X)]^2 \cdot P(X_i)\\&=E[(X-E(X))^2]\\&=E(X^2)-[E(X)]^2\end{aligned} \tag{5·5}$$

식 5·5에서 보는 바와 같이 분산은 확률변수들이 기댓값 $E(X)$를 중심으로 얼마나 흩어져 있는가를 나타내는 것이다. 분산은 σ_X^2 또는 $\mathrm{Var}(X)$로 표시된다. 표준편차는 분산의 제곱근을 말하는 것으로서, σ_X로 표시하는 것이 보통이다.

표준편차의 계산

$$\sigma_X = \sqrt{\sum [X_i - E(X)]^2 \cdot P(X_i)} \quad (5 \cdot 6)$$

동전을 두 번 던질 때 앞면이 나오는 횟수를 확률변수 X라 하고, 이 확률변수 X의 분산과 표준편차를 〈표 5–5〉에서 구해 보자.

표 5-5 확률분포의 분산과 표준편차 : 첫 번째 예

X_i	$P(X_i)$	$X_i \cdot P(X_i)$	$X_i - E(X)$	$[X_i - E(X)]^2$	$[X_i - E(X)]^2 \cdot P(X_i)$
0	1/4	0	−1	1	1/4
1	1/2	1/2	0	0	0
2	1/4	2/4	+1	1	1/4
합계		1			1/2

$$E(X) = \sum X_i \cdot P(X_i) = 1$$
$$\mathrm{Var}(X) = \sum [X_i - E(X)]^2 \cdot P(X_i) = \frac{1}{2}$$
$$\sigma_X = \sqrt{\frac{1}{2}} = 0.71$$

동전을 두 번 던질 때 앞면이 나오는 횟수의 2배를 보상하는 확률변수를 Y로 새로이 정의하고, 이 확률변수 Y의 분산과 표준편차를 〈표 5–6〉에서 구해 보자.

표 5-6 확률분포의 분산과 표준편차 : 두 번째 예

Y_i	$P(Y_i)$	$Y_i \cdot P(Y_i)$	$Y_i - E(Y)$	$[Y_i - E(Y)]^2$	$[Y_i - E(Y)]^2 \cdot P(Y_i)$
0	1/4	0	−2	4	1
2	1/2	2/2	0	0	0
4	1/4	4/4	+2	4	1
합계		2			2

$$E(Y) = \sum Y_i \cdot P(Y_i) = 2$$
$$\text{Var}(Y) = \sum [Y_i - E(Y)]^2 \cdot P(Y_i) = 2$$
$$\sigma_Y = \sqrt{2} = 1.41$$

〈표 5-5〉와 〈표 5-6〉의 두 확률분포를 비교하여 보면, 서로의 분산도가 다른 것을 알 수 있다. 즉, 두 번째가 첫 번째의 분포보다 더 퍼져 있다. 첫 번째의 분산이 1/2이며, 두 번째의 분산이 2라는 것은 두 번째의 확률변수의 값들이 기댓값으로부터 더 많이 흩어져 있음을 말하는 것이다. 이와 같이 분산과 표준편차를 보면, 그 분포의 모양을 대략적으로 알 수 있다. [그림 5-3]은 분산이 큰 분포와 분산이 작은 분포를 그려본 것이다.

| 그림 5-3 | 분산에 따른 확률분포의 모양

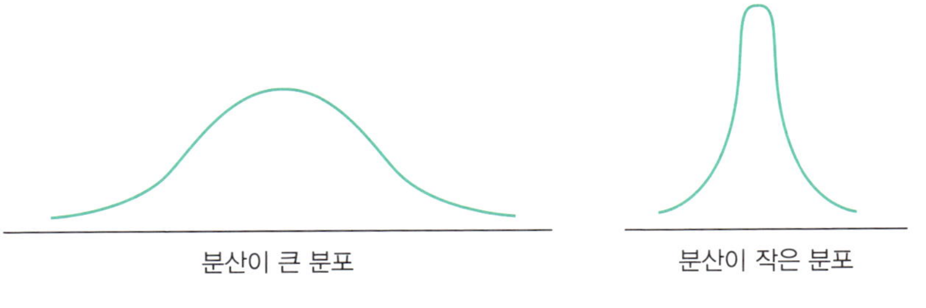

분산과 표준편차의 특성

제3장에서 언급했듯이 분산의 단위는 확률변수 X의 단위에 제곱을 한 값이다. 예를 들어 확률변수 X가 학생의 키이며 단위가 cm라고 한다면, X의 분산값의 단위는 cm^2인 것이다. 반면 표준편차는 분산의 제곱근이므로, 그 단위는 확

률변수 X의 단위와 같은 cm이다.

어떤 확률변수의 분산 또는 표준편차가 결정되면, 이 확률변수와 1차식의 관계를 갖는 다른 확률변수들의 분산과 표준편차는 다음의 특성을 이용하면 쉽게 구할 수 있다.

분산과 표준편차의 연산

① 어떤 확률변수에 일정한 상수를 더한 확률변수의 분산은 본래의 확률변수의 분산과 같다. 확률변수에 상수를 더하는 것은 분포의 분산도에는 아무런 영향을 미치지 못하기 때문이다.

$$\mathrm{Var}(X+b)=\mathrm{Var}(X) \qquad [5\text{-}7]$$
$$\sigma(X+b)=\sigma(X)$$

② 어떤 확률변수에 일정한 상수 a를 곱한 확률변수의 분산은 본래의 확률변수의 분산에 a^2을 곱한 것과 같다.

$$\mathrm{Var}(aX)=a^2\,\mathrm{Var}(X) \qquad [5\text{-}8]$$
$$\sigma(aX)=a\sigma(X)$$

③ 위의 두 식을 종합하면 다음과 같은 식이 성립된다.

$$\mathrm{Var}(aX+b)=a^2\,\mathrm{Var}(X) \qquad [5\text{-}9]$$
$$\sigma(aX+b)=a\sigma(X)$$

【예제 4】 어느 투자 대상의 미래수익성(X)에 대하여 조사하였더니 $E(X)=$ 500만 원이었으며, $\mathrm{Var}(X)=400$만 원^{2}이었다. 이 투자 대상에 비해 수익이 두 배가 되는 투자 대상이 있다면, 기대수익과 표준편차는 얼마인가?

$$E(2X)=2E(X)=2\times500=1{,}000(\text{만 원})$$
$$\mathrm{Var}(2X)=2^2\,\mathrm{Var}(X)=4\times400=1{,}600(\text{만 원})^2$$
$$\sigma(2X)=2\cdot\sqrt{400}=40(\text{만 원})$$

【예제 5】 다음은 국내 유명 IT 기업의 2035년의 주가 전망이다. 이 확률분포의 분산은 30%²이다.[02]

X_i	$P(X_i)$
5% 성장	0.2
15% 성장	0.4
20% 성장	0.4

① 주가 상승이 모두 3배로 나타나게 된다면 주가 전망을 나타내는 확률분포의 분산은 얼마가 되는가?

② 주가 상승이 모든 경우에 2%씩 하락된다면(즉, 3%, 13%, 18% 상승 등으로), 이때 주가 전망을 나타내는 확률분포의 분산은 얼마인가?

① $\text{Var}(3X) = 3^2 \cdot \text{Var}(X) = 9 \times 30 = 270\%^2$

② 식 5·7에서 보여준 바와 같이 $\text{Var}(X+b) = \text{Var}(X)$이므로 분산은 변하지 않은 채로 30%²이다.

참고로 지금까지 다룬 기댓값과 분산은 모두 이산확률분포를 전제로 한 것이다. 연속확률분포의 기댓값과 분산(표준편차)은 적분 개념을 이용해서 정의할 수밖에 없으므로 이 책에서는 다루지 않는다.

제5절 두 확률변수의 결합분포

결합확률분포와 주변확률분포

지금까지는 확률변수가 하나일 때를 가정하여 설명하였으나, 실제로는 한 실

02 예제에서 5%는 0.05, 30%²은 제곱에 의하여 0.003을 나타낸다.

험에서 두 개 이상의 확률변수가 상호작용하면서 동시에 발생하는 경우가 많다.

결합확률분포

두 개 이상의 확률변수가 관련된 확률분포를 결합확률분포라고 한다.

다음은 한 개의 확률변수를 X, 또 다른 확률변수를 Y라 하여 두 개의 확률변수가 관련된 경우를 설명한다.

예를 들어서, 국내 유명 IT 기업의 재정상황을 임금인상률과 주가상승률로 나타낸다고 하자. 임금인상률을 X, 주가상승률을 Y라 하고, X의 값은 X_1, X_2, …, X_k 등 k개의 값이 있으며, Y의 값은 Y_1, Y_2, …, Y_l 등 l개의 값이 있다고 하면, X와 Y의 조합은 $(k \times l)$개의 서로 다른 (X_i, Y_j)값을 가질 수 있다. 이 값의 확률을 $P(X=X_i, Y=Y_j)$로 나타낸다. 임금인상률은 3%, 5%, 10%인 세 가지 경우가 있고, 주가상승률은 5%, 10%, 20%인 세 경우가 있다고 가정하여 〈표 5-7〉과 같은 결합확률분포(joint probability distribution)를 작성하였다. 〈표 5-7〉에서 이 기업의 임금인상률이 3%고, 주가상승률이 10%인 경우의 확률은 $P(X=3\%, Y=10\%)=0.2$가 됨을 보여준다.

표 5-7 X와 Y의 결합확률분포

X_i \ Y_j	5%	10%	20%	X_i의 주변확률
3%	0.0	0.2	0.3	0.5
5%	0.1	0.1	0.2	0.4
10%	0.1	0.0	0.0	0.1
Y_j의 주변확률	0.2	0.3	0.5	1.0

〈표 5-7〉의 결합확률분포표와 관련하여, 주변확률분포(marginal probability distribution)에 대해 알아보자.

예를 들어 $P(X=5\%)$를 알고 싶다면 $P(X=5\%, Y=5\%)$, $P(X=5\%, Y=10\%)$,

주변확률분포

주변확률분포는 X와 Y의 결합분포에서 X 또는 Y의 어느 하나만의 확률분포를 말하며, 결합확률분포의 주변(margin)에 표시되기 때문에 이를 주변확률분포라고 한다.

$P(X=5\%,\ Y=20\%)$를 모두 더해야 한다. 그 결과 0.4를 얻었다. 마찬가지로 $P(Y=20\%)$를 알고 싶다면 $P(X=3\%,\ Y=20\%)$, $P(X=5\%,\ Y=20\%)$, $P(X=10\%,\ Y=20\%)$를 모두 더해야 한다. 이 결과가 〈표 5-7〉에 나타나 있다. 즉, X의 주변확률분포는 오른쪽 마지막 열에, Y의 주변확률분포는 마지막 행에 적혀 있다. 이 주변확률분포는 X와 Y 각각의 기댓값을 구하는 데 이용된다.

$$E(X)=3\times 0.5+5\times 0.4+10\times 0.1=4.5(\%)$$
$$E(Y)=5\times 0.2+10\times 0.3+20\times 0.5=14.0(\%)$$

〈표 5-7〉에서 임금인상률과 주가상승률의 기댓값을 구하면 각각 4.5%, 14%다.

공분산

결합확률분포와 관련된 것으로 통계분석에서 많이 사용되는 개념으로 공분산(covariance)이 있다. 공분산이란 두 확률변수의 분포가 결합될 때 그 결합확률분포의 분산을 측정하는 것으로 Cov(X, Y)로 표시하며, 다음과 같이 계산한다.

확률변수 X와 Y의 공분산

$$\begin{aligned}\mathrm{Cov}(X,\ Y)&=E[\{X-E(X)\}\{Y-E(Y)\}]\\&=E(XY)-E(X)\cdot E(Y)\end{aligned} \tag{5·10}$$

공분산을 구하는 식 5·10에서 두 번째 줄의 식은 앞에서 배운 기댓값의 특성을 이해하고 있으면 쉽게 도출할 수 있을 것이다.[03]

X의 큰 값에 대하여 Y의 큰 값이 대응되고, X의 작은 값에 대하여 Y의 작은 값이 대응되면 공분산은 +방향으로 커진다. 반면 X의 큰 값과 Y의 작은 값, X의 작은 값과 Y의 큰 값처럼 서로 다른 방향의 변수가 대응되면 공분산은 −방향으로 커진다. 공분산이 0인 경우도 있을 수 있는데, 이때는 두 확률변수 사이에 비례적인 선형관계를 발견할 수 없을 때다. 확률변수 X와 Y가 같은 모양으로 변화하면 공분산은 커지지만, 두 변수가 서로 다른 모양으로 변화하면 공분산은 작아진다.

〈표 5-8〉에서 임금인상률(X)과 주가상승률(Y)의 공분산을 구해 보자.

표 5-8 임금인상률과 주가상승률의 공분산

X_i ①	Y_i ②	$P(X_i, Y_i)$ ③	X_iY_i ④	③×④	①×③	②×③
3	10	0.2	30	6	0.6	2.0
3	20	0.3	60	18	0.9	6.0
5	5	0.1	25	2.5	0.5	0.5
5	10	0.1	50	5	0.5	1.0
5	20	0.2	100	20	1.0	4.0
10	5	0.1	50	5	1.0	0.5
합계				56.5	4.5	14

$$E(XY) = \sum X_iY_i \cdot P(X_i, Y_i)$$

$$\begin{aligned}\mathrm{Cov}(X, Y) &= E(XY) - E(X) \cdot E(Y) \\ &= 56.5 - (4.5) \times (14) = -6.5\%^2\end{aligned}$$

임금인상률 X와 주가상승률 Y 간의 공분산이 $-6.5\%^2$이라는 것은 두 확률변수가 서로 다른 방향으로 변화한다는 것을 의미한다. 즉 임금인상률이 높다는 것은 주가상승률이 낮다는 것이다.

03 $$\begin{aligned}E[[X-E(X)][Y-E(Y)]] &= E[XY - E(X)Y - E(Y)X + E(X)E(Y)] \\ &= E(XY) - E(X)E(Y) - E(Y)\ E(X) + E(X)E(Y) \\ &= E(XY) - E(X)E(Y)\end{aligned}$$

연습문제

5.1 다음 용어들을 간단히 정의하라.

① 확률변수　　② 확률분포　　③ 기댓값

④ 표본공간　　⑤ 주변확률분포　　⑥ 공분산

5.2 동전을 세 번 던질 때 앞면과 뒷면이 나오는 가능한 모든 결과를 적어 보고, 앞면이 나오는 수를 확률변수로 사용하여 확률분포표를 작성하라.

5.3 동전을 세 번 던질 때 앞면이 나올 확률변수의 확률분포는 다음의 표와 같다. 이 확률변수의 기댓값과 분산, 표준편차를 구하라.

X_i	$P(X_i)$
0	1/8
1	3/8
2	3/8
3	1/8

5.4 어느 기업에서 포장용 원두커피를 생산하고 있는데, 그 원두커피의 용량을 조사하여 본 결과 그 비율이 표와 같았다.

용량(X_i)(단위 : ml)	$P(X_i)$
340	0.2
360	0.6
380	0.2

포장용 원두커피(X)의 기댓값, 분산, 표준편차를 각각 구하라.

5.5 어느 변수의 확률분포에서 기댓값 $E(X)=50$, 표준편차 $\sigma_X=30$을 구하였다. 이 확률변수를 2배하여 새로운 확률변수를 만들 때, 기댓값과 표준편차는 어떻게 될까?

5.6 문제 5.3의 답을 이용하여 다음 확률분포의 기댓값과 분산을 구하라.

X_i	$P(X_i)$
5	1/8
6	3/8
7	3/8
8	1/8

5.7 다음 표는 논술시험점수(X)와 수능시험점수(Y)에 따라 모 대학에 합격할 확률이 어느 정도인가를 결합확률분포로 작성한 것이다.

X_i \ Y_i	280	300	320	340
70	.00	.00	.02	.08
80	.00	.03	.03	.10
90	.02	.05	.06	.15
100	.05	.06	.10	.25

1) X와 Y의 주변확률을 구하라.

2) X와 Y의 기댓값과 분산을 구하라.

5.8 다음은 X와 Y의 결합확률분포표이다. 이를 토대로 아래의 질문에 답하시오.

X_i \ Y_j	10%	20%	30%
3%	0.0	0.1	0.1
5%	0.1	0.1	0.2
7%	0.2	0.0	0.2

1) X의 기댓값을 구하라.

2) Y의 기댓값을 구하라.

5.9 장난감 A와 장난감 B만을 생산하는 회사가 있다. 장난감 A는 3,000원이고, 장난감 B는 6,000원이다. 해당 회사의 제품 판매량 중 장난감 A가 차지하는 비율이 평균적으로 70%라고 한다. 해당 회사의 이번 달 총판매량이 5,000개일 때, 매출의 기댓값을 구하라.

5.10 어느 마스크 회사가 똑같은 제품을 총 다섯 가지 종류의 패키지로 판매한다고 한다. 각 패키지는 각각 40, 60, 80, 100, 120개의 마스크를 담고 있다. 다섯 종류의 패키지를 하나씩만 갖고 있다고 할 때, '패키지' 중 하나를 무작위로 선택하여 그 패키지에 들어 있는 마스크의 수를 Y라 하자. Y의 기댓값을 구하라.

5.11 어느 기업에서는 A와 B의 두 가지 기술개발 방안을 검토하고 있다. A 방안에 대해 투자한 경우의 예상 수익을 X, B 방안에 대해 투자한 경우의 예상 수익을 Y라고 할 때, 각 경우의 확률이 아래와 같이 추정된다면, 두 방안 중 어느 쪽이 더 수익이 높을 것으로 기대되는가?

X의 확률분포

X	$P(X)$
−100	0.4
100	0.4
200	0.2

Y의 확률분포

Y	$P(Y)$
−100	0.5
200	0.3
400	0.2

Chapter 06

이산확률분포

앞 장에서 확률분포란 한 변수가 어떤 실험이나 관찰의 결과로 나타날 수 있는 모든 상황과 각 상황이 나타날 확률을 표시한 것이라고 하였다. 그런데 확률분포의 모양은 확률변수의 종류에 따라 달라진다.

확률분포는 크게 이산확률분포와 연속확률분포로 나눌 수 있다. 이산확률분포란 확률변수가 수량변수 중에서 이산변수인 경우에 나타나는 분포를 말하며, 연속확률분포는 연속변수인 경우에 나타나는 분포를 말한다.

이산확률분포에서도 어떤 종류의 실험 또는 관찰이냐에 따라 여러 가지 분포모양이 있다. 그중에서 가장 대표적인 분포가 이항분포이며 그 밖에도 다항분포, 초기하분포 등이 있다. 연속확률분포에서도 여러 종류의 분포가 있는데 가장 대표적인 것이 정규분포이다. 이항분포와 정규분포는 학문적인 연구에서나 일상생활에서 가장 많이 사용된다.

이 장에서는 이항분포, 다항분포, 초기하분포 등 이산확률분포에 대해 설명하고, 다음 장에서는 정규분포를 중심으로 연속확률분포에 대해 설명하기로 한다.

제1절 이항분포

베르누이시행

어떤 실험을 하거나 표본을 뽑을 때, 그 실험의 결과 또는 표본을 뽑은 결과가 상호배타적인 두 가지 사건으로만 나타나는 경우가 있다. 예를 들어 동전을 한 번 던지는 실험에서의 실험 결과는 앞면 아니면 뒷면의 두 가지뿐이다. 또는 우리나라의 국민 중에서 한 사람을 무작위로 뽑아서 그 사람이 남자인지 여자인지를 관찰하는 실험에서 기대할 수 있는 결과는 여자 또는 남자의 두 가지 경우뿐이다.

실험이나 관찰에서 단순히 두 가지 결과만을 기대할 수 있는 것은 아니지만, 두 가지 결과로 구분하여 볼 수 있는 경우도 얼마든지 있다. 예를 들면 주사위를 한 번 던졌을 때 기대할 수 있는 결과는 6가지이다. 그러나 주사위를 던졌을 때의 결과를 1이 나왔을 경우와 그렇지 않았을 경우의 두 가지로 구분하여 보면, 그 실험 결과는 두 가지 중 어느 하나에 반드시 해당될 것이다. 즉 주사위를 던졌을 때 1이 나온 경우를 성공(S)이라고 하고 1이 아닌 숫자가 나온 경우를 실패(F)라고 간주한다면, 주사위를 던지는 실험 결과는 S 또는 F의 두 가지 사건으로 구분된다.

다른 예를 들어보자. 우리나라 여자들이 빨간 코트를 주로 입는지를 알아보기 위해 여자들의 코트 색깔을 조사한다고 하자. 이때 여자의 코트 색깔이 빨간색일 경우를 성공, 그렇지 않은 경우를 실패로 본다면, 한 여자를 선택했을 때 그 여자의 코트 색깔에 대하여는 두 가지 결과만을 기대할 수 있다. 이러한 시행을 베르누이시행(Bernoulli trial)이라고 하며, 이는 이항분포의 기초가 된다. 베르누이시행은 아래에 언급된 세 조건을 만족시키는 시행이다.

예를 들어 동전을 던지는 경우를 생각하여 보자. 각 시행마다 앞면(H) 또는 뒷면(T)이 나타나는 상호배타적인 결과를 기대할 수 있으며, 앞면 발생을 성공이라고 한다면 뒷면 발생은 실패로 볼 수 있다. 동전던지기의 경우 성공의 확률은 1/2이고 실패의 확률은 $1-\frac{1}{2}=\frac{1}{2}$이며, 두 확률의 합은 1이다. 또한 지금의

> **베르누이시행의 조건**
>
> ① 각 시행의 결과는 상호배타적인 두 사건으로 구분된다. 즉, 한 사건은 '성공'(S), 다른 사건은 '실패'(F)로 나타낸다.
>
> ② 각 시행에서 성공의 결과가 나타날 확률은 $p=P(S)$로 나타내며, 실패가 나타날 확률은 $q=P(F)=1-p$로 나타낸다. 그러므로 각 시행에서 성공이 나타날 확률과 실패가 나타날 확률의 합은 $p+q=1$이 된다.
>
> ③ 각 시행은 서로 독립적이다. 한 시행의 결과는 다음 시행의 결과에 아무런 영향을 주지 않는다.

시행에서 어떤 결과가 나오든지 간에 다음 시행에는 아무런 영향을 주지 못하기 때문에 다음 시행에서도 성공의 확률은 여전히 1/2이 된다.

주사위를 던지는 예에서도 마찬가지이다. 주사위의 점의 수가 1이 나타날 경우를 성공이라 하고 그 나머지를 실패라고 정의하면, 성공의 확률은 1/6이고 실패의 확률은 $1-\frac{1}{6}=\frac{5}{6}$이며, 앞의 시행에서 얻은 결과는 다음 시행에 아무런 영향을 미치지 않는다.

이항확률변수와 이항확률분포

한 번의 베르누이시행에서 성공확률 또는 실패확률을 알고 싶어 하기보다는 여러 번의 베르누이시행을 할 때 특정 횟수의 성공이 나타날 확률을 알고 싶어 하는 경우가 많다. 이와 같은 실험을 이항실험이라 한다. 예를 들어 동전을 열 번 던지는 경우, 두 번의 성공(앞면)이 나올 확률이라든지, 열 번 다 성공할 확률 등이 관심의 대상이 된다. 이때 성공의 횟수 또는 실패의 횟수를 이항확률변수(binomial random variable)라고 하며 보통 X로 표시한다. 이항확률변수의 분포는 특정한 확률분포를 갖게 되는데, 이러한 분포를 이항확률분포(binomial probability distribution)라고 하며 간단히 이항분포(binomial distribution)라고도 한다.

간단한 이항분포의 예로 베르누이시행인 동전던지기를 세 번 한다고 하자. 세 번의 시행 중에서 앞면(H)이 나타나게 될 경우의 수를 이항확률변수로 하여,

표 6-1 동전을 세 번 던질 때 가능한 결과

가능한 결과	첫째 시행	둘째 시행	셋째 시행	앞면의 수(X_i)
1	H	H	H	3
2	H	H	T	2
3	H	T	H	2
4	H	T	T	1
5	T	H	H	2
6	T	H	T	1
7	T	T	H	1
8	T	T	T	0

각각의 경우에 대응되는 확률을 계산하면 이항분포를 구할 수 있다. 우선 세 번의 시행에 있어서 발생가능한 모든 경우를 적어보면 〈표 6-1〉과 같다.

동전을 세 번 던졌을 때 나타날 수 있는 가능한 모든 경우의 수는 8가지이며, 이 중에서 어느 한 가지 경우가 나타날 가능성은 1/8이다. 〈표 6-2〉는 동전을 세 번 던지는 실험의 이항확률분포를 적어 놓은 것이다.

표 6-2 동전을 세 번 던질 때의 이항확률분포

앞면의 수(X_i)	$P(X_i)$
0	1/8
1	3/8
2	3/8
3	1/8

동전을 다섯 번 또는 여섯 번 던진다든가, 주사위를 가지고 시행할 경우 확률분포는 더욱 복잡해진다. 즉, 시행횟수 n 또는 성공확률 p에 따라서 확률분포의 모양이 달라진다.

이항분포의 확률계산

이항확률분포의 모양을 알기 위해 앞에서는 동전던지기의 예를 들어 설명하였다. 그러나 시행횟수 n이 커지면 가능한 모든 경우를 조사하여 확률을 계산하고 분포의 모양을 알아내는 일은 대단히 복잡해진다.

이항실험의 결과인 이항분포는 선험적인 분포다. 즉 수십 차례, 수백 차례에 걸친 베르누이시행을 실제로 해 보지 않더라도 시행횟수 n과 성공의 확률 p값만 알고 있으면 그 분포의 모양과 확률변수의 확률을 알 수 있다. 이항분포에 있어서 확률변수의 값에 대응되는 확률의 계산은 확률함수를 이용해서 할 수도 있고, 미리 만들어져 있는 이항분포표를 이용해서 구할 수도 있다. 이 두 가지 방법을 차례로 살펴보자.

이항확률함수의 이용

이항확률변수 X의 확률함수는 다음과 같다.

이항확률함수[01]

$$P(X=x)={}_nC_x\, p^x(1-p)^{n-x} \quad (6\cdot1)$$

x : 성공횟수
n : 시행횟수
p : 성공확률
$1-p=q$: 실패확률

이항확률함수의 각 항에 시행횟수 n과 성공할 확률 p의 값을 대입하면 이항확률변수 X의 특정한 값에 대응되는 확률을 구할 수 있다.

【예제 1】 동전을 세 번 던졌을 때 앞면이 나오는 횟수의 확률은 각각 얼마인가를 알려고 한다. 이때 $n=3$, $p=1/2$, $q=1-p=1/2$이다.

01 X는 확률변수를 의미하고, x는 확률변수 X가 취하는 특정한 값을 의미한다.

식 6·1에서 본 바와 같이 $P(X=x)={}_nC_x\, p^x\, q^{n-x}$이므로, 앞면이 나올 수 있는 횟수의 확률은 〈표 6-3〉과 같다.[02] 이항확률함수를 이용하여 확률분포를 계산한 〈표 6-3〉의 결과는 모든 가능한 결과를 고려한 〈표 6-2〉의 값과 일치함을 확인할 수 있다.

표 6-3 앞면이 나올 수 있는 각 횟수의 확률

$$P(X=0)={}_3C_0\times\left(\frac{1}{2}\right)^0\times\left(\frac{1}{2}\right)^3=\frac{1}{8}$$

$$P(X=1)={}_3C_1\times\left(\frac{1}{2}\right)^1\times\left(\frac{1}{2}\right)^2=\frac{3}{8}$$

$$P(X=2)={}_3C_2\times\left(\frac{1}{2}\right)^2\times\left(\frac{1}{2}\right)^1=\frac{3}{8}$$

$$P(X=3)={}_3C_3\times\left(\frac{1}{2}\right)^3\times\left(\frac{1}{2}\right)^0=\frac{1}{8}$$

【예제 2】 주사위를 10번 던졌을 때, 3이 두 번 나올 확률은 얼마인가를 알려고 한다. 주사위를 한 번 던질 때 3이 나올 확률은 1/6이며, 3이 아닌 수가 나올 확률은 5/6다. 그러므로 $p=1/6$, $q=5/6$, $n=10$이며, 3이 나오는 횟수를 X라 하면 3이 두 번 나올 확률, 즉 $P(X=2)$는 아래에서 보는 바와 같이 29%가 된다.

$$\begin{aligned} P(X=2) &= {}_{10}C_2\, p^2\, q^{10-2} \\ &= \frac{10!}{8!2!}\times\left(\frac{1}{6}\right)^2\times\left(\frac{5}{6}\right)^8=0.29 \end{aligned}$$

02 ${}_nC_x$는 n combination x로 읽으며, $\binom{n}{x}$로 표시하기도 한다. ${}_nC_x$는 원소의 수가 n개인 전체집합에서 순서에 관계없이 x개의 원소로 이루어지는 조합을 만드는 경우의 수를 말하며, $\frac{n!}{x!(n-x)!}$로 계산할 수 있다. $n!$(n factorial)은 $n\times(n-1)\times\cdots\times 1$이다. 예를 들어 $5!=5\times4\times3\times2\times1=120$이다.

이항분포표의 이용

이항확률함수를 이용하더라도 n이 커지고 p의 값에 소수점 이하의 숫자가 많아지면 계산이 복잡해진다. 이때에는 이미 계산되어 있는 표를 이용하면 편리하다. 이 표를 이항분포표라고 한다. 앞에서 설명한 바와 같이 이항분포는 n과 p에 따라 그 모양이 달라지므로, 표를 이용할 때는 반드시 n과 p값을 알고 그에 해당하는 확률값을 찾아야 한다.

표 6-4 이항분포표

		p									
n	x	0.05	0.10	0.15	0.20	0.25	0.30	0.35	0.40	0.45	0.50
1	0	0.9500	0.9000	0.8500	0.8000	0.7500	0.7000	0.6500	0.6000	0.5500	0.5000
	1	0.0500	0.1000	0.1500	0.2000	0.2500	0.3000	0.3500	0.4000	0.4500	0.5000
2	0	0.9025	0.8100	0.7225	0.6400	0.5625	0.4900	0.4225	0.3600	0.3025	0.2500
	1	0.0950	0.1800	0.2550	0.3200	0.3750	0.4200	0.4550	0.4800	0.4950	0.5000
	2	0.0025	0.0100	0.0225	0.0400	0.0625	0.0900	0.1225	0.1600	0.2025	0.2500
3	0	0.8574	0.7290	0.6141	0.5120	0.4219	0.3430	0.2746	0.2160	0.1664	0.1250
	1	0.1354	0.2430	0.3251	0.3840	0.4219	0.4410	0.4436	0.4320	0.4084	0.3750
	2	0.0071	0.0270	0.0574	0.0960	0.1406	0.1890	0.2389	0.2880	0.3341	0.3750
	3	0.0001	0.0010	0.0034	0.0080	0.0156	0.0270	0.0429	0.0640	0.0911	0.1250
4	0	0.8145	0.6561	0.5220	0.4096	0.3164	0.2401	0.1785	0.1296	0.0915	0.0625
	1	0.1715	0.2916	0.3685	0.4096	0.4219	0.4116	0.3845	0.3456	0.2995	0.2500
	2	0.0135	0.0486	0.0975	0.1536	0.2109	0.2646	0.3105	0.3456	0.3675	0.3750
	3	0.0005	0.0036	0.0115	0.0256	0.0469	0.0756	0.1115	0.1536	0.2005	0.2500
	4	0.0000	0.0001	0.0005	0.0016	0.0039	0.0081	0.0150	0.0256	0.0410	0.0625
5	0	0.7738	0.5905	0.4437	0.3277	0.2373	0.1681	0.1160	0.0778	0.0503	0.0312
	1	0.2036	0.3280	0.3915	0.4096	0.3955	0.3602	0.3124	0.2592	0.2059	0.1562
	2	0.0214	0.0729	0.1382	0.2048	0.2637	0.3087	0.3364	0.3456	0.3369	0.3125
	3	0.0011	0.0081	0.0244	0.0512	0.0879	0.1323	0.1811	0.2304	0.2757	0.3125
	4	0.0000	0.0004	0.0022	0.0064	0.0146	0.0284	0.0488	0.0768	0.1128	0.1562
	5	0.0000	0.0000	0.0001	0.0003	0.0010	0.0024	0.0053	0.0102	0.0180	0.0132

〈표 6-4〉는 이항분포표의 일부이다. 보다 완전한 표는 부록에 실려 있다. 〈표 6-4〉에서 p는 성공확률을 나타내며, n은 시행횟수, x는 성공횟수를 나타낸

다. 예를 들어 동전을 세 번 던져서 앞면이 두 번 나올 확률은 $n=3$, $p=0.5$, $x=2$이므로 〈표 6–4〉에서 0.3750이라는 것을 알 수 있다.

【예제 3】 다섯 개의 4지선다형 문항이 있다. 순전히 추측으로 세 개의 문제를 맞힐 확률은 얼마인가?

$$n=5, \quad p=0.25, \quad x=3$$
$$P(X=3)=0.0879$$

【예제 4】 해외여행을 갔을 때 배탈이 날 확률이 40%라고 하자. 만약 다섯 명의 친구들이 함께 해외여행을 갔다면 이 중에서 네 명이 배탈이 났을 확률은 얼마인가?

$$n=5, \quad p=0.40, \quad x=4$$
$$P(X=4)=0.0768$$

【예제 5】 동전을 네 번 던져서 앞면이 세 번 이하로 나올 확률은 얼마인가?

$$n=4, \quad p=0.5, \quad x\leq 3$$
$$\begin{aligned} P(X\leq 3)&=P(X=0)+P(X=1)+P(X=2)+P(X=3)\\ &=0.0625+0.2500+0.3750+0.2500=0.9375 \end{aligned}$$

또는

$$P(X\leq 3)=1-P(X=4)=1-0.0625=0.9375$$

〈표 6–4〉에서 보는 바와 같이 성공확률 p는 0.50 이하만 다루고 있다. 만일 성공확률 p가 0.9이면 이 표는 사용할 수 없는가? 그렇지 않다. 앞에서 이미 밝혀 두었듯이 p는 성공과 실패의 사건 중 어느 것이건 임의로 정할 수 있기 때문

이다.

예를 들어서 어느 상품이 불량품일 가능성이 0.9라고 하자. 5개 골라서 이 중에 불량품이 3개일 확률은 얼마인가라는 질문에서 $p=0.9$이므로 이 식은 다음과 같이 된다.

$$P(X=3)={}_5C_3(0.9)^3(0.1)^2$$

그러나 위의 계산식 그대로는 〈표 6-4〉를 이용할 수 없으므로, 다음과 같이 변형한다. 어느 상품이 불량품이 아닐 확률을 p라 하면 $p=0.1$이다. 이때 5개를 골라서 이 중에 불량품이 아닌 것이 2개일 확률을 구하면 결국은 원래의 문제와 같아지는데, 이를 식으로 표시하면, 성공확률 $p=0.1$이고 $q=0.9$, $x=2$이므로 다음과 같아진다.

$$P(X=2)={}_5C_2(0.1)^2(0.9)^3$$

그런데 ${}_5C_2={}_5C_3$이므로 두 식은 결과적으로 동일한 식이 되며, 그 결과도 0.0729로서 일치하게 된다.[03] 따라서 p가 0.50 이상인 경우에는 문제를 변환시킨 후에 이항분포표를 이용하면 된다.

【예제 6】 스마트폰 이용자의 75%가 인스타그램을 이용한다고 한다. 임의로 4명의 스마트폰 이용자를 뽑았을 때, ① 2명이 인스타그램 이용자일 확률과 ② 3명 이상이 인스타그램 이용자일 확률은 각각 얼마인가?

〈표 6-4〉를 이용하기 위하여 문제를 바꾸어 보면, 인스타그램 이용자가 아닐 확률은 $p=25\%$며, ① 이들 중에서 2명이 인스타그램 이용자가 아닐 확률, ② 1명 또는 0명이 인스타그램 이용자가 아닐(4명 중 3명 이상이 인스타그램 이용자일) 확률을 계산하면 된다.

03 ${}_nC_x={}_nC_{n-x}$, 즉 n개 가운데서 순서에 관계없이 x개를 뽑는 경우는 결국 $n-x$개만큼 남겨두는 경우의 수와 동일하다.

$n=4,\ p=0.25$

① $P(X=2)=0.2109$

② $P(X\leq 1)=P(X=0)+P(X=1)$

$=0.3164+0.4219=0.7383$

이항분포의 형태

앞에서 설명한 바와 같이 이항분포는 n과 p의 값에 따라 분포의 모양이 달라진다. n과 p가 서로 다른 두 이항분포의 모양을 그림으로 나타내면 [그림 6-1]과 같다.

[그림 6-1]을 보면, 먼저 n의 크기에 따라 분포의 범위가 결정되며, p의 크기에 따라 분포의 대칭정도가 결정된다. $p=1/2$인 그림 (a)는 대칭분포를 이루지만 $p=1/3$인 그림 (b)는 오른쪽꼬리분포를 가진 비대칭분포를 이룬다.

[그림 6-2]는 n이 일정하고 p가 서로 다를 때 이항분포의 모양이 어떻게 달라지는가를 비교한 것이고, [그림 6-3]은 p가 일정하고 n이 달라질 때의 이항분포의 모양을 비교한 것이다. [그림 6-2]와 [그림 6-3]을 보면, n과 p에 따라 달라지는 이항분포의 모양에 대해 다음과 같이 결론을 내릴 수 있다.

| 그림 6-1 | n과 p가 다른 이항분포의 모양

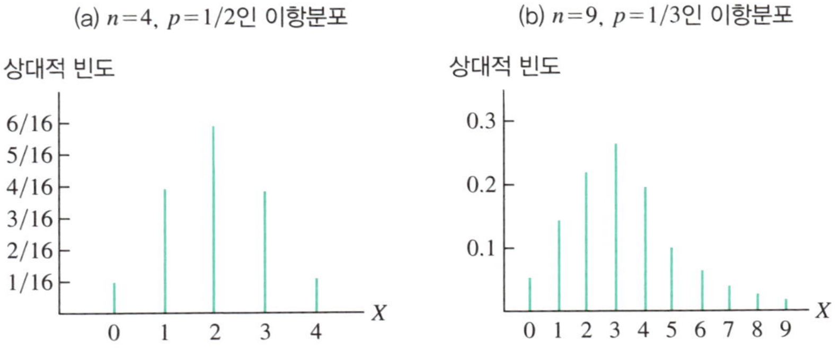

| 그림 6-2 | $n=6$일 때 서로 다른 p의 이항분포

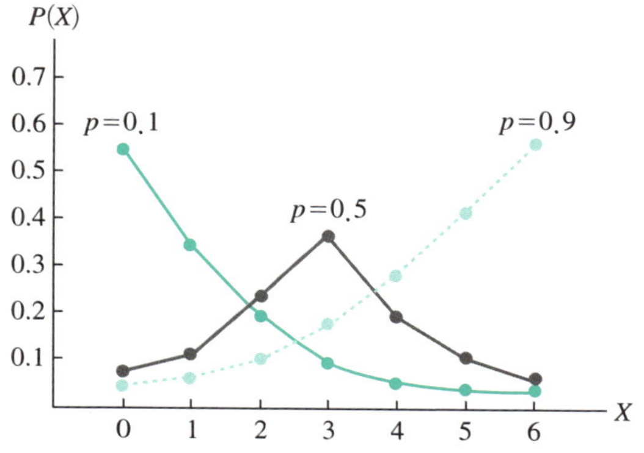

| 그림 6-3 | $p=0.1$일 때 서로 다른 n의 이항분포

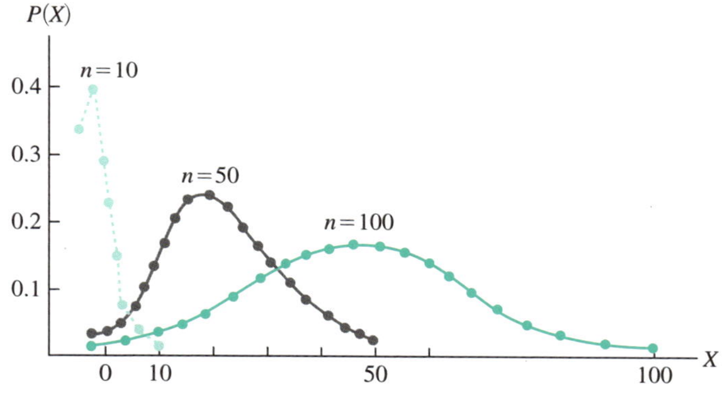

이항분포의 모양

① $p=0.5$일 때에는, 이항실험횟수 n이 작더라도 확률분포는 언제나 대칭을 이룬다.

② $p=0.5$가 아니더라도, 이항실험횟수 n이 커지면 확률분포는 대칭에 가까워진다.

이항분포의 기댓값과 분산

앞에서 설명한 이산확률분포의 기댓값과 분산의 식에 이항분포의 확률변수와 확률값을 대입해서 이항분포의 기댓값과 분산을 구할 수 있다. 예를 들어 동전을 두 번 던질 때의 확률분포는 〈표 6-5〉와 같으므로 이의 기댓값과 분산을 계산하면 각각 1과 1/2이 된다. 기댓값이 1이라는 것은 동전을 두 번 던질 때 평균적으로 앞면이 한 번 나온다는 것을 의미한다.

표 6-5 동전을 두 번 던질 때의 확률분포

X_i	$P(X_i)$	$X_i \cdot P(X_i)$	$X_i - \mu$	$(X_i-\mu)^2$	$P(X_i)\cdot(X_i-\mu)^2$
0	1/4	0	$0-1=-1$	1	1/4
1	2/4	2/4	$1-1=0$	0	0
2	1/4	2/4	$2-1=1$	1	1/4

$$\mu = E(X) = \sum X_i \cdot P(X_i) = 0 \times \frac{1}{4} + 1 \times \frac{2}{4} + 2 \times \frac{1}{4} = 1$$

$$\sigma^2 = E(X_i - \mu)^2 \cdot P(X_i) = \frac{1}{4} + 0 + \frac{1}{4} = \frac{1}{2}$$

그러나 시행횟수가 많은 이항분포에서는 위와 같이 확률분포를 이용하여 기댓값과 분산을 일일이 계산하는 것이 불편하므로 일반적으로는 공식을 이용하여 구한다. 이항분포의 확률분포는 시행횟수 n과 성공확률 p값에 의하여 결정되는데, 기댓값과 분산을 구하는 공식은 다음과 같다.

이항분포에서 확률변수의 기댓값, 분산, 표준편차

기댓값 $\mu = E(X) = np$ (6·2)

분산 $\sigma^2 = \mathrm{Var}(X) = np(1-p) = npq$ (6·3)

표준편차 $\sigma = \sqrt{np(1-p)} = \sqrt{npq}$ (6·4)

【예제 7】 한 번의 시행에서 사건 A가 일어날 확률은 1/5이다. 50번의 독립 시행에서 사건 A가 나타나는 횟수의 기댓값과 분산은 얼마인가?

$$\mu=E(X)=np=50\times\frac{1}{5}=10(\text{회})$$

$$\sigma^2=npq=50\times\frac{1}{5}\times\frac{4}{5}=8$$

【예제 8】 A공장의 제품은 70%만이 정상품이고, 30%는 불량품이라고 한다. 검사원이 임의로 100개를 선택했을 때 정상품의 개수의 기댓값과 분산을 구하라.

$$\mu=np=100\times0.7=70(\text{개})$$
$$\sigma^2=npq=100\times0.7\times0.3=21$$

제2절 다항분포

다항분포는 이항분포와 마찬가지로 이산변수의 확률분포로서 실제 우리 주위에는 이항분포보다 다항분포에 해당하는 경우가 더 많이 있다. 주사위를 던질 때 홀수 또는 짝수가 나오는 확률분포는 이항분포이지만 일반적으로 주사위는 6가지의 경우가 나올 수 있으므로 다항분포가 된다.

다항분포는 확률실험의 결과로 k개의 가능한 경우가 발생할 때 나타나는 분포이다. 이때 $k=2$이면 이항분포와 같게 된다. 어떤 실험에서 발생가능한 사건이 X_1, X_2, …, X_k 등 k개가 있고, 각 사건이 발생할 확률을 각각 p_1, p_2, …, p_k라 하자. 이때 이 실험을 N회 시행할 때 사건 X_1이 n_1회, 사건 X_2가 n_2회, …, 사건 X_k는 n_k회 발생하는 확률을 계산하면 다음과 같다.

다항확률함수

$$P(X=X_1,\ X_2,\ \cdots,\ X_k)=\frac{N!}{n_1!n_2!\cdots n_k!}p_1^{n_1}p_2^{n_2}\cdots p_k^{n_k} \qquad (6\cdot5)$$

위의 식에서 $k=2$인 경우에는 $p_2=1-p_1$이고 $n_2=N-n_1$이 되며 이항분포의 확률식과 같게 된다.

한 상자에 색깔이 서로 다른 구슬이 있는데, 구슬들이 다음과 같은 비율로 상자에 들어 있다.

표 6-6 구슬 색깔의 확률분포

구슬 색깔	확률
빨강	0.40
파랑	0.30
노랑	0.20
주황	0.10

이 상자에서 복원추출의 방법으로 10개의 구슬을 뽑는다고 하자. 10개의 구슬 중에서 빨강 구슬이 3개, 파랑 구슬이 4개, 노랑 구슬이 3개, 주황 구슬은 하나도 뽑히지 않을 확률은 얼마인가? 참고로 $0!=1$이고 $(0.10)^0=1$이다.

$$P(\text{빨강 3개, 파랑 4개, 노랑 3개, 주황 0개})$$
$$=\frac{10!}{3!4!3!0!}\times(0.40)^3\times(0.30)^4\times(0.20)^3\times(0.10)^0=0.017$$

위와 같은 색깔의 구슬들이 뽑힐 확률은 0.017이다.

【예제 9】 국내에 서비스되고 있는 주요 4개 OTT 플랫폼에서는 각각 자기 플랫폼의 구독률이 다음과 같다고 주장한다. 10명의 성인을 임의로 뽑아 그들이 구독하는 플랫폼을 알아보았을 때, A와 B 플랫폼을 각각 3명이 구독하고 C와 D 플랫폼을 각각 2명이 구독할 확률은 얼마인가?

플랫폼	구독률
A플랫폼	0.30
B플랫폼	0.25
C플랫폼	0.20
D플랫폼	0.15
기타	0.10

$$P(\text{A플랫폼 3명, B플랫폼 3명, C플랫폼 2명, D플랫폼 2명, 기타 0명})$$
$$=\frac{10!}{3!3!2!2!0!}\times(0.30)^3\times(0.25)^3\times(0.20)^2\times(0.15)^2\times(0.10)^0=0.0096$$

제3절 초기하분포

이항분포와 초기하분포

이항분포가 성립되기 위한 중요한 가정 중 하나는 매 시행마다 어떤 사건이 일어날 가능성, 즉 성공의 확률은 언제나 일정하다는 것이다. 예를 들어 주사위를 던진다든지 동전을 던진다든지 하는 시행이 이와 같은 조건을 충족시키는 경우이다. 그러나 이러한 조건을 충족시키지 못하는 시행도 많다. 예를 들어 카드 52장에서 어느 특정 카드를 뽑을 확률은 1/52이다. 그다음 또 다른 특정한 카드를 뽑을 확률은 얼마인가? 먼저 뽑은 카드를 다시 넣고 특정 카드를 뽑을 확률은 1/52이 되지만, 카드를 다시 넣지 않고 또 하나의 카드를 뽑는다면 특정한 카드가 뽑힐 확률은 1/51이 된다.

제4장에서 설명한 바와 같이 복원추출인 경우에는 앞선 시행결과가 다음 시행결과에 영향을 미치지 않으므로 두 시행은 서로 독립적이다. 그러나 비복원추출인 경우에는 앞선 시행결과에 따라 다음 시행결과가 달라지므로 두 시행은 서로 종속적이다.

이와 같이 매 시행마다 발생할 결과가 성공과 실패의 두 가지가 있으나, 표본이 비복원으로 추출되기 때문에 베르누이시행의 조건 중, 매 시행마다 성공확률이 일정하다는 조건이 만족되지 않을 때 적용될 수 있는 확률모형이 초기하분포(hypergeometric distribution)이다. 따라서 매 시행이 독립적일 때에는 이항분포, 그리고 매 시행이 종속적일 때에는 초기하분포를 이룬다고 볼 수 있다.

초기하분포의 확률함수

일반적인 초기하분포의 확률 계산 방법을 알아보기 위해 N명 중에서 X명을 뽑는 경우를 생각해 보자. 이 N명을 성별로 구분할 경우, N_1명의 남자와 N_2명의 여자로 구분된다. X 또한 N_1에 속하는 x_1과 N_2에 속하는 x_2로 구분된다.

| 그림 6-4 | 초기하분포의 확률모형

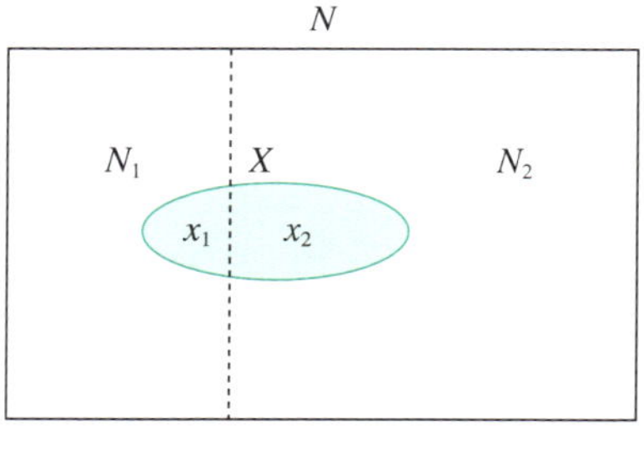

예를 들어 우리 학급 100명 중에서 다섯 명을 뽑는다고 하자. 이때 $N=100$, $X=5$이다. 문제는 우리 학급 100명 중에 남자 $N_1=60$, 여자 $N_2=40$인데, 다섯 명을 뽑았을 때 남자가 2명($x_1=2$), 여자가 3명($x_2=3$)일 확률은 얼마인가 하는

것이다. 이러한 분포를 초기하분포라 하며, 그 확률을 구하는 식은 다음과 같다.

초기하분포의 확률함수

$$P(N_1 \text{ 중 } x_1,\ N_2 \text{ 중 } x_2) = \frac{{}_{N_1}C_{x_1} \cdot {}_{N_2}C_{x_2}}{{}_{(N_1+N_2)}C_{(x_1+x_2)}} \quad (6\cdot6)$$

위의 초기하분포의 식은 다음과 같이 생각하면 쉽게 이해될 수 있다. 분자에 있는 ${}_{N_1}C_{x_1}$은 N_1 중에서 x_1을 뽑을 수 있는 모든 가능한 방법의 수이며, ${}_{N_2}C_{x_2}$는 전체에서 N_1을 제외한 나머지 N_2에서 x_2를 뽑을 수 있는 가능한 방법의 수이므로, 이 두 시행을 같이 생각할 때의 가능한 결과는 $({}_{N_1}C_{x_1}) \times ({}_{N_2}C_{x_2})$가지가 된다. 분모는 N_1과 N_2를 합한 전체 N명 가운데서 (x_1+x_2)명을 뽑는 방법의 수로서 이것은 전체(N)에서 $x_1+x_2=X$명을 뽑는 것과 같다. 예를 들어보자.

학생 수가 50명인 학급에 우등생이 5명 있다. 4명을 무작위로 뽑았을 때, 이 중 1명이 우등생일 가능성은 얼마인가?

① 우등생 1명이 우등생 5명 중에서 뽑히고, 우등생 아닌 3명이 45명 중에서 뽑힐 모든 가능한 방법의 수는 다음과 같다.

$$({}_5C_1) \times ({}_{45}C_3)$$

② 전체 학생 50명 중에서 4명을 뽑을 때의 모든 가능한 방법의 수는

$${}_{45+5}C_{1+3} = {}_{50}C_4$$

그러므로 $P(\text{우등생 1명, 우등생 아닌 학생 3명}) = \frac{{}_5C_1 \times {}_{45}C_3}{{}_{50}C_4} = 0.308$이다.

【예제 10】 어느 모임에 다섯 사람이 참석하였는데, 이 중 여자가 2명이었다. 임의로 두 사람을 뽑을 때, 여자가 한 명 뽑힐 확률은 얼마인가?

X를 여자의 수라고 하면, X는 $N=5$, $N_1=2$, $N_2=3$인 초기하분포를 따르게 된다. 그러므로 식 6·6의 공식을 이용하면 다음과 같다.

$$P(X=1)=\frac{{}_2C_1 \times {}_3C_1}{{}_5C_2}=0.6$$

【예제 11】 어느 회사에서 생산하는 제품 20개 중에 5개의 불량품이 있다고 가정하자. 이 중에서 4개를 선택했을 때 2개가 불량품일 확률은 얼마인가?

$$P(X=2)=\frac{{}_5C_2 \times {}_{15}C_2}{{}_{20}C_4} \fallingdotseq 0.217$$

연습문제

6.1 이항분포의 특성을 설명하라.

6.2 다음 용어들을 간단히 정의하라.

① 이항분포　　② 다항분포　　③ 초기하분포

6.3 주사위를 다섯 번 던졌을 때, 숫자 3이 다음과 같은 횟수만큼 나올 확률은 얼마인가?

① 한 번도 나오지 않을 확률

② 한 번 나올 확률

③ 세 번 나올 확률

6.4 태어나는 아기가 아들이나 딸일 확률은 1/2로 동일하다. 새로 결혼한 부부가 4명의 자녀를 두고 싶어 할 때,

① 아들이 최소한 하나가 있을 확률은 얼마인가?

② 최소한 아들 하나 딸 하나가 있을 확률은 얼마인가?

6.5 입학시험에 응시한 학생들의 합격 가능성이 40%로 일정하다고 하자. 임의로 5명의 학생을 골랐을 때, 이들 중 적어도 한 명이 합격할 확률은 얼마인가? 복원추출을 가정한다.

6.6 모 인터넷 사이트에서 진행하는 경품 응모 행사에서 경품에 당첨될 확률이 20%고, 중복응모가 가능하여 4번을 응모한다고 하면,

① 한 번도 당첨되지 않을 확률은 얼마인가?

② 2번 이내로 당첨될 확률은 얼마인가?

6.7 12명으로 구성된 동창회모임 중에서 결혼한 사람이 5명이라고 한다. 이들 중에서 1명씩 총 세 번 복원추출했다고 했을 때, 결혼한 사람의 수를 확률변수 X라고 하자.

① X의 확률분포표를 작성하라.

② $E(X)$와 $\mathrm{Var}(X)$를 구하라.

6.8 어떤 주머니에 10개의 공이 들어 있는데 그중에 빨간 공이 3개, 파란 공이 4개, 노란 공이 3개가 들어 있다고 하자. 이때 복원추출의 방법으로 1개씩 총 6번에 걸쳐 공을 선택했을 때, 순서와 상관없이 빨간 공, 파란 공, 노란 공을 각각 2번씩 선택했을 확률을 계산하라. 당연히 빨간 공이 나타날 확률은 3/10, 파란 공의 확률은 4/10, 노란 공의 확률은 3/10이다.

6.9 교양과목을 듣는 어느 강의실의 학생 수는 100명이다. 이들 중 1학년은 20명, 2학년은 20명, 3학년과 4학년은 각각 30명씩이라 한다. 복원추출의 방법으로 1명씩 총 12번에 걸쳐 학생을 선발할 때 순서와 상관없이 각 학년 학생이 3명씩 뽑힐 확률은 얼마인가?

6.10 어느 대학에서 경영학전공의 교수를 채용하려고 한다. 원서를 제출한 사람이 남자가 5명, 여자가 3명이었다. 이들 중에서 무작위로 3명을 뽑을 때, 2명이 여자일 확률은 얼마인가?

6.11 수율이 80%인 어느 반도체 기계에서 3개의 반도체를 생산했다. 불량품이 최소한 한 개 있을 확률은 얼마인가?

6.12 수율이 90%로 동일한 어느 기계 P, Q에서 차례대로 각각 10개, 20개의 제품을 생산하였다. 또한, 두 기계에서 생산된 제품 중 정상품의 개수를 각각 확률변수 X와 Y로 정의한다고 한다. 이때, 새로운 확률변수 Z를 $Z=X+Y$로 정의한다면, Z의 기댓값을 구하시오. 단, 확률변수 X와 Y는 서로 독립이다.

Chapter 07

연속확률분포

앞 장에서는 이산확률분포에 속하는 이항분포, 다항분포, 초기하분포 등을 설명하였다. 이 장에서 설명할 내용은 연속확률변수의 확률분포에 관한 것이다.

이산확률변수와는 대조적으로 일정범위 내에서 어떠한 실숫값이라도 취할 수 있는 확률변수들이 있다. 길이, 속도, 무게, 부피를 나타내는 단위들이 이에 속한다. 예를 들어 자동차의 시속을 확률변수로 사용한다면, 시속 60km와 시속 61km 사이에 발생가능한 변수의 값은 무수히 많다. 마찬가지로 시속 60.3km와 60.4km 사이에도 확률변수가 취할 수 있는 가능한 값들이 무한히 많다. 이와 같이 어떤 일정한 범위에 있는 모든 실숫값을 취할 수 있는 확률변수를 연속확률변수(continuous random variable)라 하고, 이러한 확률변수가 이루는 분포를 연속확률분포(continuous probability distribution)라 한다.

연속확률분포에 속하는 분포는 여러 가지가 있지만, 여기서는 균일분포와 정규분포만을 설명하였다. 그 이유는 균일분포는 연속확률분포를 이해하는 데 가장 쉽기 때문이며, 정규분포는 앞으로 통계학을 공부하는 데 가장 중요한 분포이기 때문이다.

이외에도 연속확률분포에 속하는 t-분포, F-분포 그리고 χ^2(카이제곱)-분포 등이 통계학에서 자주 사용되고 있다. 이들에 대한 설명은 그 내용이 필요한 장에서 별도로 다루기로 한다.

제1절 균일분포

연속확률분포 중에서 가장 간단한 분포가 균일분포(uniform distribution)이다. 이 분포의 확률밀도함수는 다음과 같다.

균일분포의 확률밀도함수

$$f(X)=\frac{1}{b-a},\quad a \leq X \leq b \tag{7·1}$$

식 7·1의 분포는 확률변수가 취하는 모든 구간에서 각 사건의 발생확률이 일정하기 때문에 균일분포라고 부른다. 사실 균일분포라는 말은 이산확률분포에도 적용이 된다. 예를 들어 주사위를 던질 때 각각의 수들이 나타날 확률이 전부 동일하기 때문에 균일분포를 이룬다고 할 수 있는데, 여기서는 연속확률분포의 균일분포만을 설명하기로 한다.

예를 들어보자. 우리나라 성인남자의 몸무게가 50kg과 75kg 사이에서 연속적인 균일분포를 이룬다고 가정하자. 이때 확률밀도함수는 다음과 같다.

$$f(X)=\frac{1}{75-50},\quad 50 \leq X \leq 75(\text{단위 : kg})$$

이 밀도함수가 포함하고 있는 면적의 합계는 1이다. 여기서 50 이상 60 이하의 몸무게를 갖는 사람의 비중을 알기 위해서는 [그림 7-1]에서 녹색 부분의 면적을 구하면 된다. 즉, 전체 영역은 1이므로 녹색 부분의 넓이가 얼마인가를 알면 그 비중을 알 수 있다. 녹색 부분의 넓이는 $(60-50)\times\frac{1}{25}=0.4$이므로, 몸무게가 50~60kg인 성인남자는 전체의 40%가 된다.

| 그림 7-1 | 균일분포의 예 : $50 \le X \le 75$

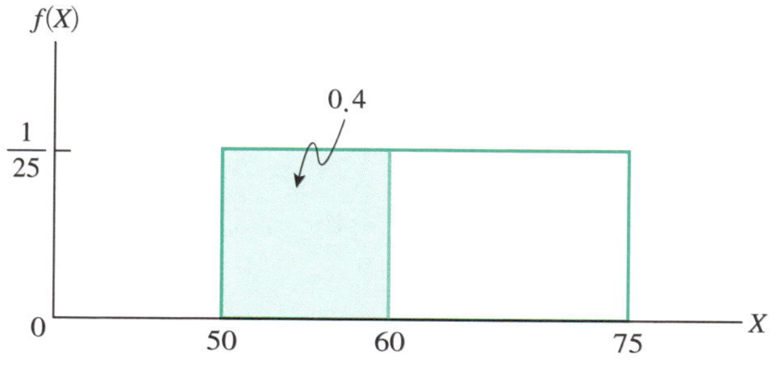

제2절 정규분포

정규분포의 의미

가우스분포(Gaussian distribution)라고도 불리는 정규분포는 연속확률분포 중에서 가장 널리 이용되는 중요한 분포이다. 정규분포는 표본을 통한 통계적 추정 및 가설검정이론의 기본이 되며, 실제로 우리가 사회적 · 자연적 현상에서 접하는 여러 자료들의 분포도 흔히 정규분포와 비슷한 형태를 띠고 있다.

정규분포는 정규곡선(normal curve)으로부터 유래한 분포로서 19세기 초 가우스(Carl F. Gauss)가 물리계측의 오차를 계산하는 과정에서 도입된 확률분포이다. 이들 자료의 분포가 이 곡선과 가까운 형태를 지니고 있어야 정상이고, 그렇지 않은 경우에는 자료수집과정에 이상이 있다고 생각했기 때문에, 이 분포에 '정규'라는 이름을 붙이게 되었다. 그 후 자연과학뿐만 아니라 인문 · 사회과학의 많은 현상이나 사건들의 자료도 정규분포를 갖는다는 것을 알린 사람은 벨기에의 수학자 및 통계학자인 끄뜨레(Lambert A. Quetelet, 1796~1874)이다.[01] 물론 현실적인 자료가 이론적인 정규분포와 완전히 일치하는 것은 아니지만 정규분포의 형태에 가깝게 나타나므로 이를 자료분석에 이용할 수 있다는 것이다.

01 이종성 외, 「통계방법」(박영사, 2007).

정규분포의 개념을 명확히 이해하기 위해 먼저 정규분포의 확률밀도함수에 대하여 알아보자.

정규분포의 확률밀도함수

$$f(X)=\frac{1}{\sqrt{2\pi\sigma^2}}e^{-(x-\mu)^2/2\sigma^2}, \quad -\infty < X < +\infty \tag{7·2}$$

π : 3.1416(원주율 : 상수)
e : 2.7183(자연대수 : 상수)
μ : 분포의 평균
σ : 분포의 표준편차

식 7·2에서 분포의 평균 μ와 표준편차 σ를 제외하고는 모두 상수이고 X는 확률변수이기 때문에, 정규분포의 모양과 위치를 결정하는 것은 분포의 표준편차와 평균 두 요인임을 알 수 있다. 정규분포공식에서 $\bar{X}$와 S 대신 μ와 σ를 사용한 것은 이 공식이 하나의 이론적 모형이기 때문에 모집단의 모수를 사용한 것이다. 식 7·2의 확률밀도함수를 그림으로 표시하면 [그림 7-2]와 같다.

| 그림 7-2 | 정규곡선

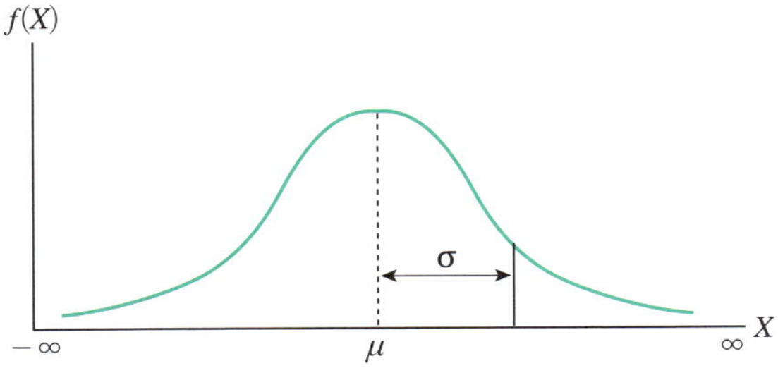

식 7·2와 [그림 7-2]를 관찰하면 다음과 같은 몇 가지 정규분포의 특성을 알 수 있다.

정규분포의 특성

① 정규분포의 모양과 위치는 분포의 평균과 표준편차로 결정된다.
② 정규분포의 확률밀도함수는 평균(μ)을 중심으로 대칭인 종모양(bell shape)이다.
③ 정규곡선은 X축에 맞닿지 않으므로 확률변수 X가 취할 수 있는 값의 범위는 $-\infty < X < +\infty$이다.
④ 분포의 평균(μ)과 표준편차(σ)가 어떤 값을 갖더라도, 정규곡선과 X축 사이의 전체 면적은 1이다.

정규분포는 평균과 표준편차에 의해 결정되므로 정규분포의 모양은 다양하다. 정규분포는 여러 종류의 분포모양을 모두 포함하기 때문에 분포족 혹은 분포모임(a family of distributions)으로도 불린다. 또한 정규분포에서 확률변수 X가 취할 수 있는 값의 범위가 $-\infty < X < +\infty$라고는 하지만 관찰값의 99.7%가 $\pm 3\sigma$ 안에 속해 있다.

μ와 σ에 따라 달라지는 정규분포의 모양을 [그림 7-3]에 그렸다.

| 그림 7-3 | μ와 σ에 따른 정규분포 모양

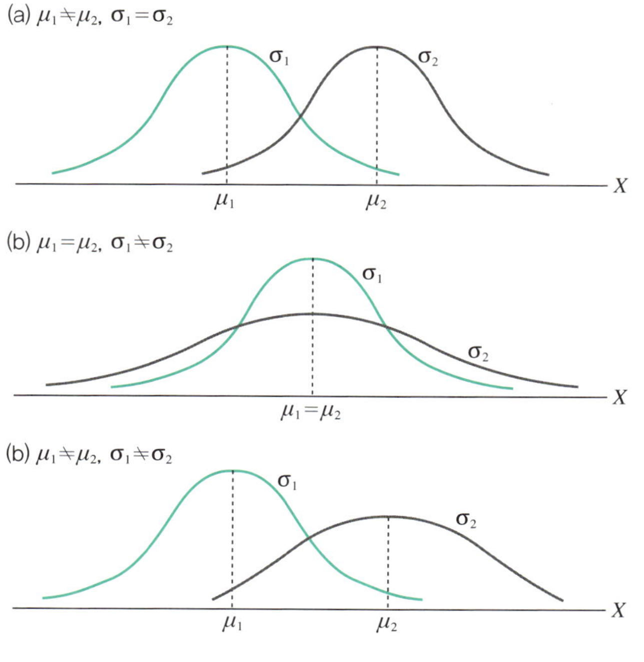

[그림 7-3]에서 (a)는 두 분포의 표준편차는 같고 평균이 다른 경우다. 이때는 분포의 모양은 동일하지만 분포의 중심위치가 다르다. (b)는 두 분포의 표준편차는 다르나 평균이 동일한 경우로서, 이때는 모양이 다르며 분포의 중심위치만 같다. (c)는 표준편차와 평균이 모두 다른 두 분포를 그린 것이다.

[그림 7-3]을 보면 μ는 정규분포의 중심위치를 나타내며, 표준편차는 분포의 모양을 나타내고 있음을 알 수 있다. 분포의 위치나 모양이 다르다고 하여도 앞에서 설명한 정규분포의 특징은 여전히 성립한다.

정규분포에서의 확률

앞에서 설명한 바와 같이 이산확률분포와 연속확률분포에서 확률의 측정방법은 서로 다르다. 예를 들어 대표적인 이산확률분포인 이항분포에서 두 개의 동전을 던졌을 때 동전의 앞면이 나오는 횟수를 확률변수로 사용한다면, 앞면이 하나도 안 나올 확률은 $P(X=0)=1/4$, 앞면이 한 번 나올 확률은 $P(X=1)=1/2$, 두 번 다 앞면이 나올 확률은 $P(X=2)=1/4$이다. 이를 [그림 7-4] (a)에서 막대그래프(bar graph)로 그리면 확률에 따라 그 높이를 달리한다.

이렇듯 이산확률분포에서는 확률변수 $X=1$, $X=2$ 등에 대응되는 확률이 존재하며, 그 확률은 그래프에서 높이로 나타낼 수 있다. 그러나 연속확률분포에서 확률을 측정하는 데는 커다란 차이가 있다. 연속확률변수의 하나인 몸무게를 예로 들어보자. 우리나라 모든 국민의 몸무게 분포를 살펴보려고 한다. 어느 한 사람을 뽑을 때 몸무게가 정확히 72kg인 사람은 거의 없을 것이다. 그러나 어느 한 사람을 뽑을 때, 몸무게가 72kg과 72.1kg 사이에 있을 확률을 구하는 것은 가능하다. 따라서 연속형 확률분포에서는 확률변수의 일정구간에 대하여 확률을 계산하여야 한다.

[그림 7-4]에서 이산형 확률분포는 높이로 확률을 나타내지만 연속형 확률분포는 높이가 아니라 면적으로 확률을 나타내게 된다. 우리나라 국민의 몸무게 분포가 평균 $\mu=50$kg이며, 표준편차 $\sigma=10$kg이라고 한다면, 우리나라 국민 중에서 몸무게가 60~70kg 사이일 확률은 [그림 7-4] (b)에서 전체 면적 중에 녹색 부분이 차지하는 비율로써 나타낼 수 있다. 그러나 녹색 부분의 면적을 필요

| 그림 7-4 | 이산형 확률분포와 연속형 확률분포

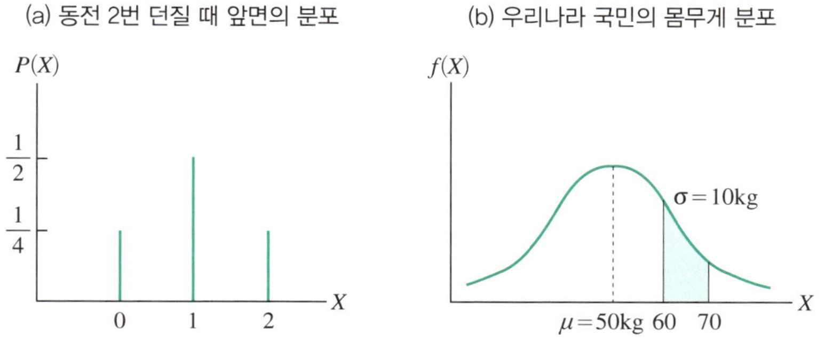

할 때마다 확률밀도함수를 이용하여 계산한다는 것은 쉬운 일이 아니다. 그리고 정규분포의 모양과 위치는 μ와 σ에 따라 달라지므로 특정한 정규분포마다 이러한 작업을 하는 것은 번거롭고 또 매우 어렵다.

그러므로 수많은 가능한 정규분포에 모두 적용할 수 있는 표준정규분포(standard normal distribution)를 이용하여 분포의 모양을 통일한 다음, 확률을 계산하는 방식을 사용하면 편리하다.

표준정규분포

정규분포는 평균과 표준편차에 따라 모양과 위치가 각기 다르다. 따라서 두 정규분포의 성격을 비교하거나 특정 정규분포에서 확률을 계산하기 위해서는, 먼저 모든 정규분포의 평균과 표준편차를 표준화하여 표준적인 정규분포를 만들어야 한다. 다음의 예를 통해 표준정규분포에 대해 알아보자.

【예제 1】 어느 학생이 영어와 수학 시험을 치렀다. 그 결과 영어점수는 80점이고 수학점수는 75점이었다. 이 학생은 어느 과목을 더 잘했다고 할 수 있는가?

아마 영어과목이라고 대답하기 쉽다. 그러나 두 과목의 시험을 치른 학생들의 평균과 표준편차를 고려하여 보면 수학실력이 더 낫다고 할 수도 있다. 예를 들어 영어과목에서는 전체 학급의 평균은 90점, 표준편차는 5점 그리고 수학과목에서는 전체 학급의 평균이 60점, 표준편차가 10점이라고 한다면, 이 학생의 과목별 위치는 [그림 7-5]와 같다.

| 그림 7-5 | 영어와 수학 점수의 비교

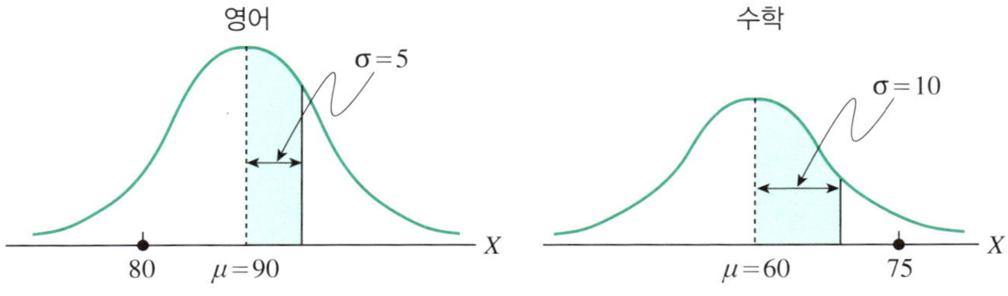

[그림 7-5]에서와 같이 개인의 각 과목점수(X)는 각 과목의 평균과 표준편차를 동시에 비교해야만 더욱 의미 있는 해석을 할 수 있다. 즉, X가 각 분포에서 어떤 위치에 있느냐를 살펴봐야 올바른 분석이 가능하다. 이 방법이 특정 정규분포를 표준정규분포화하는 방법이다.

표준정규분포

표준정규분포는 모든 정규분포를 평균 $\mu=0$, 표준편차 $\sigma=1$이 되도록 표준화한 것이다. 어떤 확률변수 X의 관찰값이 그 분포의 평균으로부터 표준편차의 몇 배 정도나 떨어져 있는가를 다음과 같이 표준화된 확률변수 Z로 나타내기 때문에 표준정규분포를 Z-분포라고도 한다.

$$Z=\frac{X-\mu}{\sigma} \quad (7\cdot3)$$

앞에서 든 예를 Z의 척도로 바꾸어 보자.

$$영어\ Z=\frac{X-\mu}{\sigma}=\frac{80-90}{5}=-2$$

$$수학\ Z=\frac{X-\mu}{\sigma}=\frac{75-60}{10}=1.5$$

Z가 양수(+)일 때는 과목평균을 중심으로 개인의 과목점수(X)가 오른쪽에 있고, Z가 음수(−)일 때는 X가 왼쪽에 있음을 말해 준다. 따라서 처음에는 영어가 수학보다 높은 점수인 것 같지만 분포상에서 보면 영어는 평균보다 못한 점수이고, 수학은 평균보다 높은 점수이므로 그 학생은 다른 학생들과 비교했을 때 수학을 영어보다 더 잘한다고 볼 수 있다.

표준정규분포는 평균이 μ, 표준편차가 σ인 정규분포를 변형시켜 얻은 분포로 항상 평균이 0, 표준편차가 1이다. 다시 말하면 평균과 표준편차가 다른 모든 정규분포를 똑같은 평균과 표준편차로 표준화시킨 것이다. 표준정규분포는 X 대신 Z를 확률변수로 바꾸었기 때문에 Z-분포라고도 불린다. Z-분포는 앞에서 설명한 정규분포의 모든 성질과 마찬가지로 좌우대칭의 종모양이며, 확률변수 Z가 취할 수 있는 값의 범위도 $-\infty<Z<+\infty$다. 표준정규곡선과 Z축 사이의 면적의 합이 1인 것도 동일하다.

이렇게 표준화된 정규분포를 이용하면 각 확률변수 간의 비교뿐만 아니라 정

| 그림 7-6 | 정규분포의 표준정규분포로의 전환

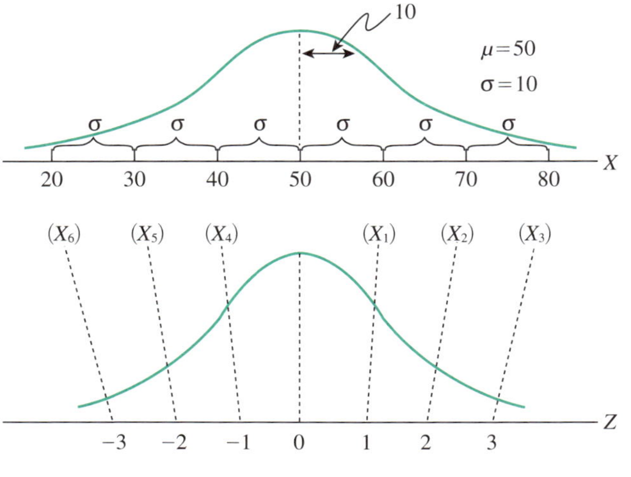

규분포에서의 특정한 면적의 확률을 계산할 때도 편리하다. 앞의 [그림 7-6]은 정규분포를 표준정규분포로 전환하여 표현한 것이다.

표준정규분포가 중요한 이유는 [그림 7-7]에서 보듯이 제각기 다른 정규분포라 하더라도 이를 표준정규분포로 표준화하였을 경우 *Z*값이 일치하면 그때의 확률, 즉 그림에서 녹색 부분의 넓이가 모두 같다는 데 있다. [그림 7-7]의 정규분포 (1)에서 평균으로부터 1표준편차만큼 떨어진 사이의 넓이, 즉 70~80 사이의 넓이는 표준정규분포에서 0과 1 사이의 넓이와 같다. 마찬가지로 정규분포 (2)에서 60~65 사이의 넓이는 표준정규분포의 *Z*값의 0과 1 사이의 넓이와 같다. 그러므로 모든 정규분포에서 넓이의 계산, 즉 확률의 계산은 표준정규분포의 *Z*값에 따른 넓이만 알면 된다. 이 넓이를 표로 만든 것이 표준정규분포표(Z-table)이며, 〈표 7-1〉에 나타나 있고 [부록 2]에도 있다. 앞에서 언급했듯이 *Z*값은 추론통계학에서 가장 많이 사용되기 때문에 표준정규분포표의 이용법을 꼭 익혀두어야 한다.

| 그림 7-7 | 정규분포와 표준정규분포의 관계

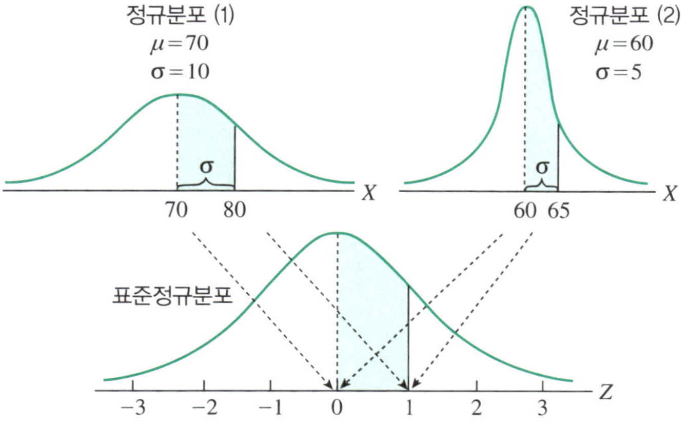

〈표 7-1〉은 $Z=0$에서 어떤 특정 *Z*값까지의 넓이를 나타내고 있다. $Z=1$이 0.3413이란 것은 $Z=0$에서 $Z=1$ 사이의 넓이가 0.3413이란 것을 뜻한다. $Z=1.04$에서 0.3508이란 것은 $Z=0$에서 $Z=1.04$ 사이의 넓이가 전체 면적의 35.08%를 차지한다는 뜻이다.

| 그림 7-8 | 표를 이용한 $P(1 \leq Z \leq 2)$의 계산

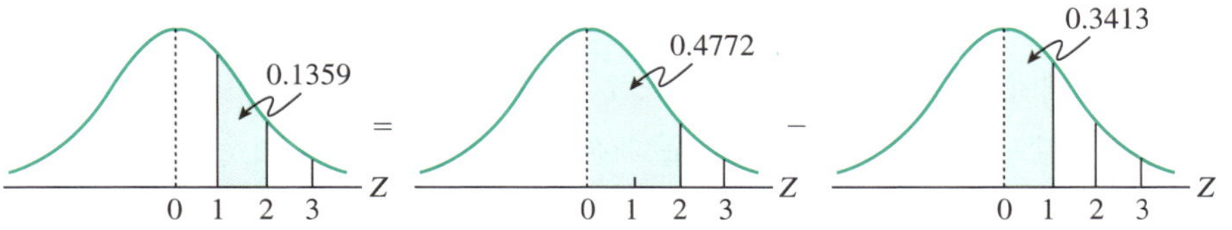

표 7-1 표준정규분포의 확률표

Z=0에서 특정 Z값 사이의 넓이를 나타내고 있음.

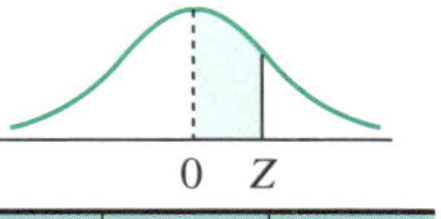

Z	.00	.01	.02	.03	.04	.05	.06	.07	.08	.09
0.0	.0000	.0040	.0080	.0120	.0160	.0199	.0239	.0279	.0319	.0359
0.1	.0398	.0438	.0478	.0517	.0557	.0596	.0636	.0675	.0714	.0753
0.2	.0793	.0832	.0871	.0910	.0948	.0987	.1026	.1064	.1103	.1141
0.3	.1179	.1217	.1255	.1293	.1331	.1368	.1406	.1443	.1480	.1517
0.4	.1554	.1591	.1628	.1664	.1700	.1736	.1772	.1808	.1844	.1879
0.5	.1915	.1950	.1985	.2019	.2054	.2088	.2123	.2157	.2190	.2224
0.6	.2257	.2291	.2324	.2357	.2389	.2422	.2454	.2486	.2518	.2054
0.7	.2580	.2612	.2642	.2673	.2704	.2734	.2764	.2794	.2823	.2852
0.8	.2881	.2910	.2939	.2967	.2995	.3023	.3051	.3078	.3106	.3133
0.9	.3159	.3186	.3212	.3238	.3264	.3289	.3315	.3340	.3365	.3389
1.0	.3413	.3438	.3461	.3485	.3508	.3531	.3554	.3577	.3599	.3621
1.1	.3643	.3665	.3686	.3708	.3729	.3749	.3770	.3790	.3810	.3830
1.2	.3849	.3869	.3888	.3907	.3925	.3944	.3962	.3980	.3997	.4015
1.3	.4032	.4049	.4066	.4082	.4099	.4115	.4131	.4147	.4162	.4177
1.4	.4192	.4207	.4222	.4236	.4251	.4265	.4279	.4292	.4306	.4319
1.5	.4332	.4345	.4357	.4370	.4382	.4394	.4406	.4418	.4429	.4441
1.6	.4452	.4463	.4474	.4484	.4495	.4505	.4515	.4525	.4535	.4545
1.7	.4554	.4564	.4573	.4582	.4591	.4599	.4608	.4616	.4625	.4633
1.8	.4641	.4649	.4656	.4664	.4671	.4678	.4686	.4693	.4699	.4706
1.9	.4713	.4719	.4726	.4732	.4738	.4744	.4750	.4756	.4761	.4767
2.0	.4772	.4778	.4783	.4788	.4793	.4798	.4803	.4808	.4812	.4817
2.1	.4821	.4826	.4830	.4834	.4838	.4842	.4846	.4850	.4854	.4857
2.2	.4861	.4864	.4868	.4871	.4875	.4878	.4881	.4884	.4887	.4890
2.3	.4893	.4896	.4898	.4901	.4904	.4906	.4909	.4911	.4913	.4916
2.4	.4918	.4920	.4922	.4925	.4927	.4929	.4931	.4932	.4934	.4936
2.5	.4938	.4940	.4941	.4943	.4945	.4946	.4948	.4949	.4951	.4952
2.6	.4953	.4955	.4956	.4957	.4959	.4960	.4961	.4962	.4963	.4964
2.7	.4965	.4966	.4967	.4968	.4969	.4970	.4971	.4972	.4973	.4974
2.8	.4974	.4975	.4976	.4977	.4977	.4978	.4979	.4979	.4980	.4981
2.9	.4981	.4982	.4982	.4983	.4984	.4984	.4985	.4985	.4986	.4986
3.0	.4986	.4987	.4987	.4988	.4988	.4989	.4989	.4989	.4990	.4990

만일 Z값이 1과 2 사이에 있을 확률을 알고 싶다면, 먼저 ① $Z=0$과 $Z=2$ 사이의 면적을 구하고, ② $Z=0$과 $Z=1$ 사이의 면적을 찾아서 ①의 면적에서 ②의 면적을 빼야 한다. 이 절차를 그림으로 그려보면 앞의 [그림 7-8]과 같다.

표준정규분포표를 이용하여 확률을 계산하는 예를 좀 더 살펴보자.

① $Z=0$부터 $Z=1.5$ 사이에 확률변수가 있을 확률

$P(0 \le Z \le 1.5)=0.4332$

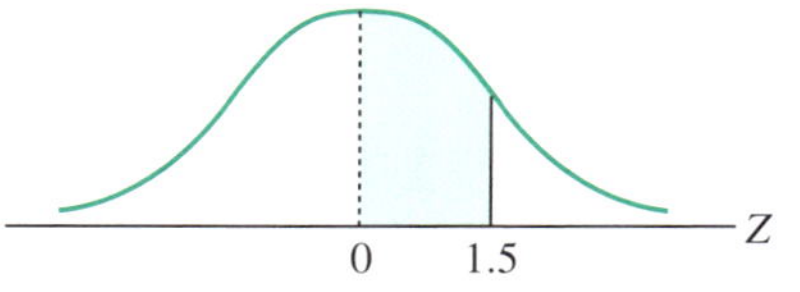

② $Z=-1$에서 $Z=1$ 사이에 확률변수가 있을 확률

$P(-1 \le Z \le 1)$

$=P(-1 \le Z \le 0)+P(0 \le Z \le 1)$

$=2 \times P(0 \le Z \le 1)$

$=2 \times 0.3413=0.6826$

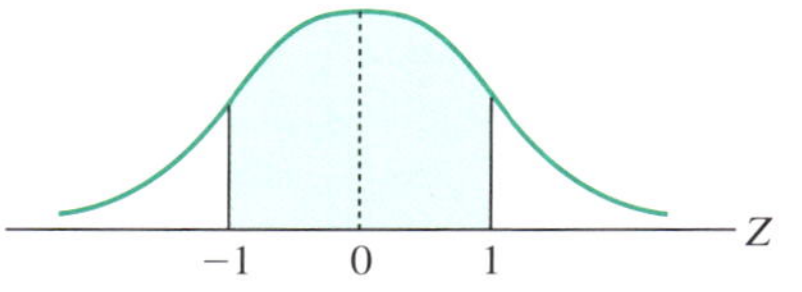

③ $Z=-1.5$에서 $Z=-0.5$ 사이에 확률변수가 있을 확률

$P(-1.5 \le Z \le -0.5)$

$=P(0.5 \le Z \le 1.5)$

$=P(0 \le Z \le 1.5)-P(0 \le Z \le 0.5)$

$=0.4332-0.1915=0.2417$

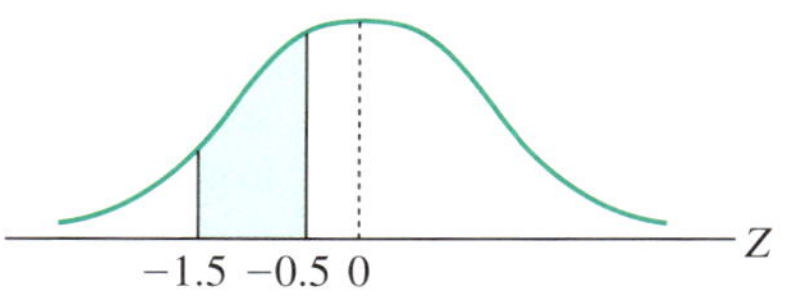

④ $Z=-2$보다 작거나 $Z=2$보다 큰 사이에 확률변수가 있을 확률

$P(Z \le -2)+P(Z \ge +2)$

$=1-P(-2 \le Z \le +2)$

$=1-2 \times P(0 \le Z \le 2)$

$=1-2 \times 0.4772=0.0456$

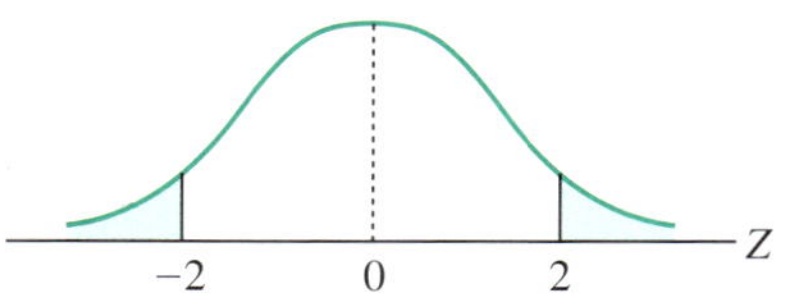

다음에는 반대로 면적을 알고 있을 때 〈표 7-1〉을 이용하여 이에 대응하는 Z값을 찾는 문제를 살펴보자.

① 평균($Z=0$)에서 오른쪽으로 45%에 해당하는 Z값은 얼마인가? 〈표 7-1〉에서 0.45에 가장 가까운 값을 찾으면 된다.

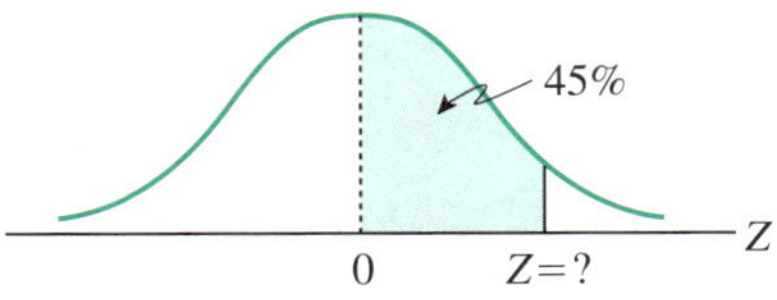

$Z=1.64$

② 평균에서 각각 30%에 해당하는 Z의 양쪽값은 얼마인가?

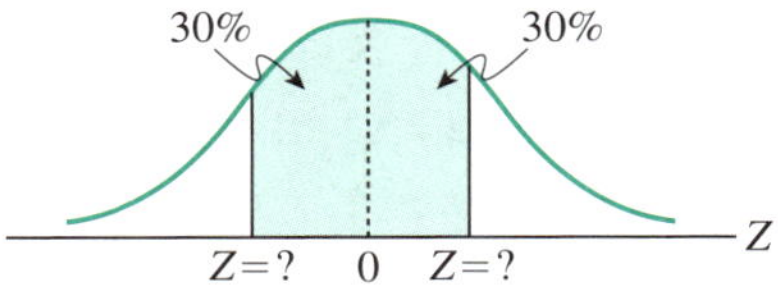

$Z=\pm 0.84$

③ 평균에서 각각 40%와 20%에 해당하는 Z의 음수값은 얼마인가?

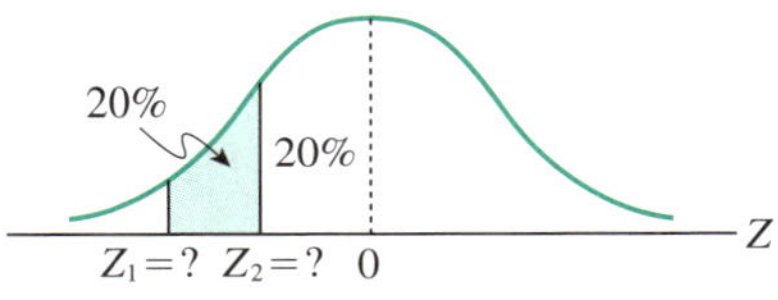

$Z_1=-1.28$

$Z_2=-0.52$

④ 왼쪽 10%를 차지하는 Z값은 얼마인가?

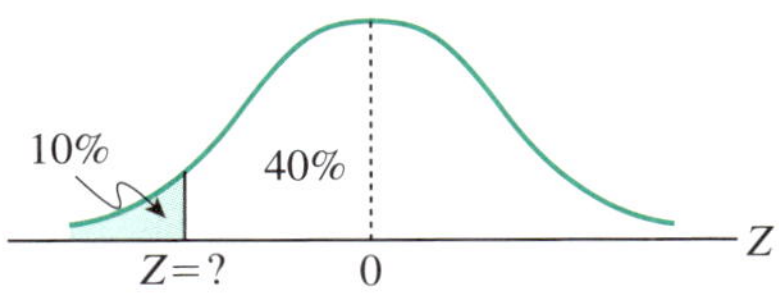

$Z=-1.28$

⑤ 평균을 중심으로 양쪽을 합하여 90%, 95%, 99%가 되는 Z값은 각각 얼마인가?

$Z=0$에서부터 45%, 47.5%, 49.5%에 해당하는 Z값을 구하면 된다.

90% : $Z=\pm 1.64$

95% : $Z=\pm 1.96$

99% : $Z=\pm 2.57$

정규분포의 확률계산 예

정규분포의 확률계산방법을 몇 가지 예를 들어서 설명해 보자.

【예제 2】 한 기업에서 신입사원을 대상으로 하는 인적성 검사를 실시한 결과 평균 $\mu=100$, 표준편차 $\sigma=10$이었다. 이 기업 신입사원들의 인적성 검사 점수분포가 정규분포를 이룬다고 가정할 때, 인적성 점수가 100에서 110 사이인 사원의 비율은 얼마나 될까?

이 분포를 그리면 [그림 7-9]와 같다. [그림 7-9]에서 보는 바와 같이 정규분포를 Z로 표준화하면 인적성 점수가 100~110 사이에 있을 확률은 Z가 0~1 사이에 있을 확률과 같다. 이를 〈표 7-1〉에서 찾으면 0.3413이 된다. 즉, 100~110 사이에 있을 확률은 다음과 같다.

$$P(100 \le X \le 110) = P(0 \le Z \le 1) = 0.3413$$

| 그림 7-9 | 인적성 점수 확률분포

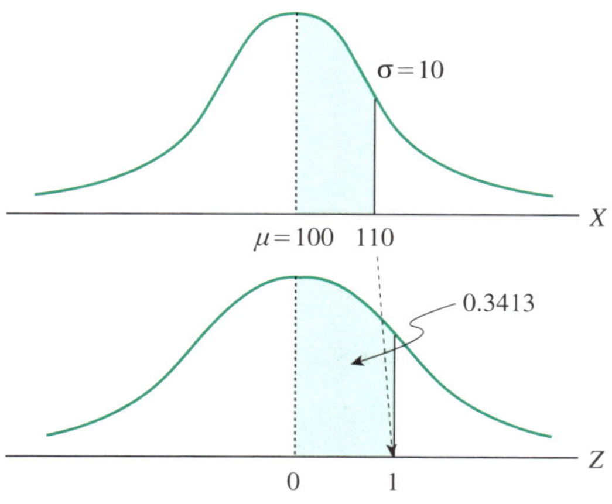

【예제 3】 [예제 2]에서 인적성 점수가 120 이상인 사원의 비율은 얼마나 될까?

마찬가지로 X를 Z로 바꾸어 보면 다음과 같이 된다.

$$P(X \geq 120) = P(Z \geq 2)$$

그러나 $P(Z \geq 2)$는 표에서 직접 찾지 못하므로 $Z=0$보다 큰 부분, 즉 0.5에서 $P(0 \leq Z \leq 2)$를 빼서 계산해야 한다.

$$\begin{aligned} P(Z \geq 2) &= 0.5 - P(0 \leq Z \leq 2) \\ &= 0.5 - 0.4772 = 0.0228 \end{aligned}$$

즉, 2.28%의 사원이 120점을 넘을 것이라는 계산이 나온다.

| 그림 7-10 | $P(Z \geq 2)$의 계산

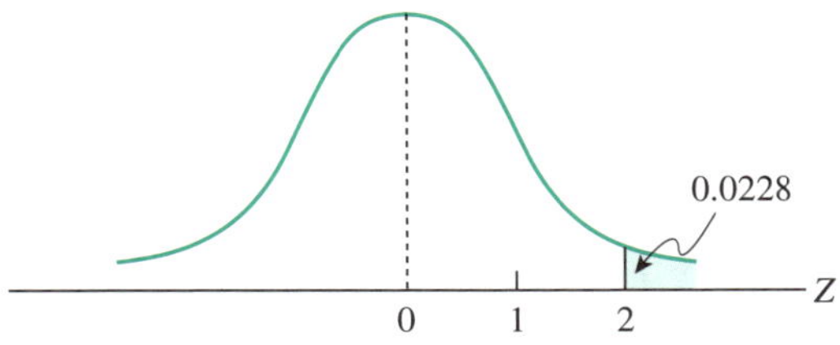

【예제 4】 풍덕초등학교 학생들의 평균 키가 145cm이고, 표준편차는 20cm라고 한다. 학생들의 키의 분포가 정규분포를 이룬다고 하면 전체 학생 중에서 키가 120~135cm인 학생의 비율은 얼마인가?

| 그림 7-11 | $P(120 \leq X \leq 135)$의 확률계산

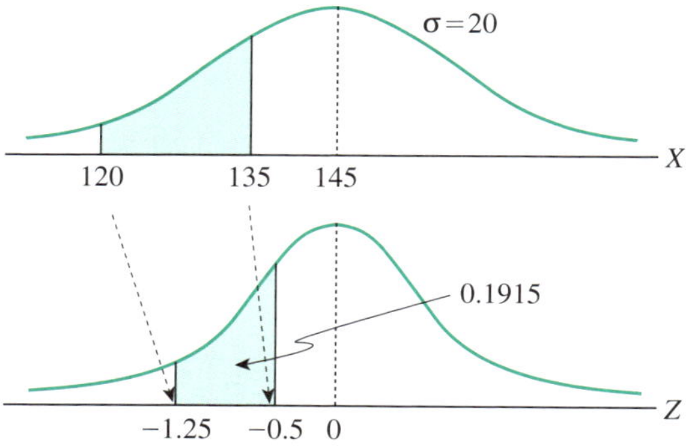

[예제 4]의 계산을 그림으로 보여주고 있는 것이 [그림 7−11]이다. $P(120 \leq X \leq 135)$를 구하기 위해서는 먼저 이를 Z값으로 변환시킨 다음, $P(-1.25 \leq Z \leq 0)$의 값을 구하고 여기에서 $P(-0.5 \leq Z \leq 0)$의 값을 빼면 된다.

$$\begin{aligned} P(120 \leq X \leq 135) &= P(-1.25 \leq Z \leq -0.5) \\ &= P(-1.25 \leq Z \leq 0) - P(-0.5 \leq Z \leq 0) \\ &= 0.3944 - 0.1915 = 0.2029 \end{aligned}$$

【예제 5】 달서중학교의 중간고사 시험점수가 정규분포를 이루고 있고, 평균이 60점이며 표준편차는 15점이라고 한다. 이 학교에서 상위 10%에 해당하는 사람에게 장학금을 주려고 하는데, 몇 점 이상의 학생에게 지급하여야 할까?

상위 10%에 해당하는 Z값을 알려면 〈표 7−1〉에서 면적이 40%에 해당하는 점을 찾아야 한다. $Z=1.28$일 때 면적이 0.3997로 0.4에 가장 가까우므로 $Z=1.28$을 택하는 것이 좋다.

| 그림 7-12 | 상위 10%에 해당하는 X값의 계산

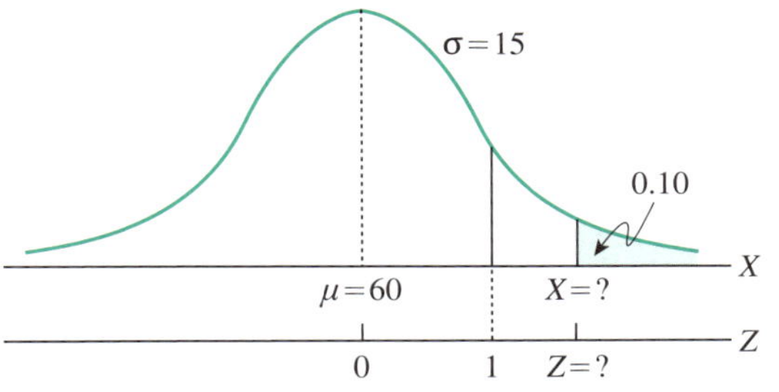

이때 점수를 알기 위하여 Z값을 다시 X로 환원시키면 다음과 같다.

$$Z=\frac{X-\mu}{\sigma}$$

$$1.28=\frac{X-60}{15}$$

$$1.28\times 15=X-60$$

$$X=79.2$$

따라서 79.2점 이상 받은 학생에게 장학금을 지급하면 된다.

연습문제

7.1 정규분포의 특성을 설명하라.

7.2 표준정규분포를 간단히 정의하라.

7.3 어느 학급의 평균 시험점수는 67점이고 표준편차는 12점이었다. 성적의 분포가 정규분포를 이룬다면,

① 60점 이하를 받은 학생은 전체의 몇 %인가?

② 하위점수 10%에 해당되는 사람은 보충수업을 받아야 한다. 몇 점 이하가 보충수업을 받는가?

③ 상위 10%에 해당하는 사람은 A학점을 주려고 한다. A를 받으려면 최소한 몇 점 이상이어야 될까?

7.4 학기말고사에서 학급의 평균 점수는 72점이었고 표준편차는 15점이었다. 60점, 93점, 72점을 받은 학생들 점수의 *Z*값을 구하라.

7.5 *Z*가 다음과 같은 값의 범위를 가질 때 그에 해당되는 표준정규곡선 아래의 면적은 얼마인가?

① $Z=0$부터 $Z=2$까지

② $Z=-0.46$부터 $Z=2.21$까지

③ $Z=-1.28$ 이상

7.6 다음의 조건에 해당하는 *Z*값을 찾아보라.

① 0부터 *Z*까지의 면적이 0.3770

② *Z*의 왼쪽 부분의 면적이 0.8621

7.7 천 명의 종업원을 고용하고 있는 회사가 있다. 이 회사의 종업원들의 근무연수는 평균 9년, 표준편차 5년으로 정규분포를 이룬다고 한다.

① 종업원들 중에서 20년 이상 근무한 사람은 약 몇 명인가?

② 약 10년을 근무한 사람은 몇 명쯤 되는가? (약 10년이란 9년 반과 10년 반 사이를 의미한다.)

③ 근무연수가 가장 오래된 10%의 종업원은 이 회사에서 몇 년 이상 근무했다고 볼 수 있는가?

7.8 어떤 시험의 평균 점수가 72점, 표준편차가 9점이며 정규분포를 이룬다. 학생들 중 상위 5%만이 A학점을 받는다. A를 받기 위한 최소점수는 얼마인가?

7.9 어떤 회사에서 생산되는 전구의 평균 수명은 900시간이고 표준편차는 42시간이다. 1,000개의 전구 중에서 840시간 이하의 수명을 가진 전구는 몇 개나 될까? 이 분포는 정규분포를 이룬다고 가정하라.

7.10 해운대초등학교에 다니는 학생들의 몸무게가 정규분포를 이룬다고 가정하자. 이 학생들의 몸무게는 평균이 36kg이고 표준편차가 4kg이다.

① 한 학생을 무작위로 선택했을 때, 그 학생의 몸무게가 42kg이 넘을 가능성은 얼마인가?

② 위의 학생의 몸무게가 39kg 이상이 될 확률은 얼마인가?

③ 몸무게가 상위권에서 4%에 속하기 위하여는 최소한 몇 kg이 되어야 하는가?

7.11 어느 대학에서는 전체 학생 중에 24%의 학생에게 장학금을 지급하고 있다. 장학생 선발기준은 학점이 높은 순서로 한다고 하자. 몇 점 이상을 받아야 장학금을 받을 수 있을까? 이 학교 학생들의 평균 학점은 3.2, 표준편차는 0.2며, 학점의 분포는 정규분포라고 가정한다.

7.12 연속확률분포의 특징으로 적절하지 않은 것은?

① 확률밀도함수는 언제나 음이 아닌 값을 갖는다.

② 연속확률분포에서의 확률은 어느 특정한 두 값, 즉 일정구간 사이의 값을 취할 확률로 계산된다.

③ 연속확률분포에서 어느 한 특정값 X_i가 발생할 확률은 0보다 크다.

④ 확률밀도함수 아래의 전체 면적은 언제나 1이다.

7.13 전구의 수명은 10년과 20년 사이의 균일분포를 따른다. 전구가 13년 이상의 수명을 가질 확률은 얼마인가?

Chapter 08

표본 및 표집분포

모집단(population)의 특성을 알고 싶을 때 모집단 전체에 대한 조사를 통해 우리가 원하는 정보를 얻을 수도 있다. 그러나 대부분의 경우 모집단에 대해 전수조사를 하고 싶어도 시간적 · 경제적 제약으로 인해 모집단 전체를 연구할 수 없을 때가 많다. 예를 들어 우리나라 성인의 평균 키를 조사하려고 할 때 모든 성인의 키를 다 조사할 수는 없다.

이러한 경우에는 모집단의 일부인 표본(sample)을 뽑은 후, 표본으로부터 계산된 통계량(statistic)을 이용하여 모집단의 특성인 모수(parameter)를 추정하게 된다. 이러한 유형의 통계학을 추론통계학(inferential statistics)이라고 한다. 이러한 통계적 연구에서 실시되는 첫 번째 단계가 바로 표본의 추출이다. 그리고 동일한 모집단에서 여러 표본들을 뽑았을 때 그 표본들로부터 계산되는 표본의 특성치들은 어떻게 다르게 나타날까? 이러한 의문을 해결해 주는 것이 표집분포에 관한 이론이다.

이 장에서는 표본추출의 방법과 표본으로 연구를 할 때 흔히 발생하는 오차, 모집단의 특성인 모수와 표본의 특성인 통계량에 관하여 언급하고, 표집분포에 대해 알아본 후 표본으로부터 계산된 통계량의 확률분포들에 대해 설명할 것이다.

제1절 표본조사와 표본추출

표본조사의 필요성

표본을 통해 비용과 시간을 절약하면서도 모집단에 대해 어떤 정보를 얻으려 한다면 모집단의 특성이 잘 반영되도록 표본을 추출하고 또 표본의 정보를 정확하게 조사하여 이를 근거로 모집단에 대한 특성을 추론하거나 의사결정을 내려야 한다. 그러나 대부분의 경우 표본에 의존하여 모집단의 특성을 분석한다면 오차가 생기기 마련이다. 모집단의 특성과 표본을 대상으로 조사한 특성은 반드시 일치하지는 않기 때문이다. 이처럼 오차가 발생하는 데도 불구하고 표본을 사용하는 이유는 다음과 같다.

경제성

모집단 전체를 조사하는 것보다 일부분인 표본을 관찰하는 것이 시간 혹은 비용 측면에서 절약된다. 방송국에서 내년도 프로그램 개편을 위해 시청자의 의견을 듣고 싶다고 해서 전체 시청자의 의견을 다 들을 수는 없으며, 만약에 그렇게 한다면 엄청난 시간과 비용을 지불하게 될 것이다.

시간의 제약

짧은 시간 내에 필요한 정보를 얻어야 할 때에도 표본을 사용한다. 예를 들어 한 선거구에서 출마한 여러 후보자들의 인기도를 조사한다고 하자. 투표 직전까지 유권자들의 생각이 바뀔 수도 있는데, 전체 유권자의 의견을 다 물으려고 한다면 조사 도중에 먼저 조사한 유권자의 의견이 바뀔 수도 있고, 극단적으로는 실제 투표가 다 끝나버려 조사 내용이 쓸모없게 될 수도 있다. 의견조사는 가장 짧은 시간 내에 현재의 상태를 파악할 수 있어야 하기 때문에 표본을 사용하는 것이 유용하다.

무한모집단

모집단이 무한히 큰 경우에는 모집단 전체의 조사가 불가능하다. 예를 들어 H제과에서는 이 회사의 과자에 대한 고객들의 반응을 알고 싶어한다. 그러나 고객의 수는 현재에도 엄청나게 많으며 앞으로도 매일 수없이 늘어날 것이기 때문에 미래의 고객까지 고려한다면 그 수는 무한하다고 할 수 있다. 이렇게 무한모집단일 때에는 전체를 조사하는 것이 불가능하므로 표본을 뽑아 조사할 수밖에 없다.

조사가 불가능한 모집단

모집단 전체를 조사한다는 것이 불가능한 경우도 있다. 예를 들어 졸업생들이 얼마나 모교에 관심을 갖고 있는가를 알려고 할 때, 이들 졸업생 중에는 사망한 사람도 있고 주소가 분명치 않은 사람도 있으므로 전체를 조사하는 것은 불가능하다. 그러므로 조사가 가능한 사람만을 표본으로 뽑아 조사하게 된다.

정확성

표본을 조사하는 것이 모집단 전체를 관찰하는 것보다 더 정확할 수도 있다. 많은 수를 관찰할 때에는 정확성이 결여되기 쉽지만, 적은 수의 표본을 관찰할 때에는 좀 더 조심스럽고 세밀하게 관찰하게 된다. 예를 들어 동일한 비용과 시간을 들여 한 백신의 효력을 조사할 때, 많은 환자에게 투약하여 그 반응을 수집 · 조사한다면 피상적인 결과밖에 알 수 없지만, 제한된 소수의 환자를 통해 약효의 반응을 세밀하게 관찰한다면 약효의 반응 과정과 환자상태 등을 자세히 알 수 있을 것이다.

그 밖의 이유

때때로 대상을 조사하는 행위 자체가 분석대상의 성격과 형질을 변형시킬 수도 있기 때문에 표본조사를 한다. 예를 들어 어느 전자회사는 하청회사로부터 일정 수량의 부품을 공급받는데, 이 부품의 품질을 조사하려면 완전히 분해하여야 하므로 다시 사용할 수 없다고 한다. 그러므로 이러한 경우에는 임의로 표본(sample)을 통해서 모집단의 품질 수준을 추정하는 방법을 사용하여야 한다.

표본추출방법

표본조사에 의한 모집단의 이해는 필연적으로 오차를 수반한다. 표본추출의 오차는 편의(bias)와 우연성(chance)에 의하여 발생되는데, 우연에 의한 오차는 표본의 크기를 증가시킴으로써 감소시킬 수 있다. 편의에 의한 오차는 표본추출방법을 과학적으로 계획함으로써 줄일 수 있는데, 많이 이용되는 과학적 표본추출방법들을 열거하면 다음과 같다.

확률표본추출

확률표본추출(probability sampling)이란 모집단에 속해 있는 각 구성원이 표본으로 선택될 가능성이 일정하게 되도록 하는 표본추출방법이다. 100명의 학생 중에서 아무런 편견 없이 한 사람을 무작위로 추출한다면 100명 모두에게 기회는 동일하게 주어지는 셈이다. 이러한 확률표본추출을 무작위추출(random sampling)이라고 한다.

무작위추출을 할 때 표본의 크기가 크면 난수표(random number)를 사용하는 것이 효과적이다. 이것은 숫자 하나하나가 무작위에 의하여 선택된 것으로서, 예를 들어 신청자 100명의 접수번호가 00에서 99까지라면, 임의로 5명을 뽑고자 할 때, 난수표를 보고 어느 곳에서 시작하든지 5명을 고르면 된다. 난수표는 이 책 뒤의 [부록 7]에 나와 있다. 예를 들어 난수표가 다음과 같았을 때

126<u>51</u>　　616<u>46</u>　　117<u>69</u>　　751<u>09</u>　　869<u>96</u>

밑줄친 부분, 즉 51, 46, 69, 09, 96번에 해당하는 신청자를 선택함으로써 무작위의 효과를 얻을 수 있다. 또한 최근에는 엑셀과 같은 컴퓨터 프로그램으로 난수를 생성할 수도 있다.

확률표본추출의 방법에 의하면, 특정 구성원이 선호 대상이 되는 일은 없어

지므로 표본추출의 편의는 제거되지만 우연성에 의한 오류는 없어지지 않는다. 그럼에도 불구하고 통계학에서는 대부분 표본을 뽑을 때 확률표본추출, 즉 무작위추출을 가정하고 있다. 그 이유는 확률표본에서 생길 수 있는 우연성에 의한 오차는 정규분포의 형태를 이루므로 오차의 정도를 미리 예측할 수 있기 때문이다(오차를 예측할 수 있는 방법은 다음 절에서 다루어진다). 표본의 통계치가 오차를 포함하고 있음에도 불구하고 여전히 가치 있는 이유는 오차의 정도를 추정하여 표본의 신빙성을 예측할 수 있기 때문이다.

확률표본추출의 방법은 대단히 다양하지만 가장 많이 쓰이는 방법으로 다음 네 가지를 소개한다.

단순무작위추출(simple random sampling)

단순무작위추출이란 난수표를 사용하거나 기타의 방법을 동원하여 모집단에 포함되어 있는 모든 구성원이 뽑힐 확률을 각각 같도록 하는 추출방법을 말한다. 이는 모집단의 모든 구성원의 성격이 서로 비슷하고, 분석도 단일성격에 대한 것일 때 더욱 효과적이다.

층별추출(stratified sampling)

층별추출은 표본을 뽑기 전에 모집단을 성격에 따라 여러 집단 또는 여러 층으로 분류한 다음 각 층에서 표본을 추출하는 방법이다. 예를 들어 기성세대에 비해 청년세대가 종교를 믿는 비율이 낮은데, 종교의 분포를 파악하려는 경우에 전체 모집단을 연령별, 성별, 지역별로 구분한 다음, 각 집단별로 무작위추출을 하게 된다. 각 층에서의 표본의 사례 수, 즉 표본크기를 정할 때 모집단에서 각 층이 차지하는 구성 비율을 고려할 수도 있는데, 이러한 경우는 비례적 층별추출이라고 한다.

군집추출(cluster sampling)

군집추출은 표본을 뽑을 때 직접 개별적인 구성원을 선택하는 것이 아니라 자연적 또는 인위적인 집단을 먼저 뽑고, 그 집단 중에서 필요한 만큼의 표본을 추출하는 경우를 말한다. 서울 시내 초등학교 5학년 학생들의 평균 지능을 알기 원할 때 개별적인 학생을 구성원으로 삼는 것이 아니라, 학교 단위 또는 학급

단위를 구성원으로 간주하여 그중에서 무작위로 몇 개의 학교를 뽑거나 몇 개의 학급들을 뽑는 방법을 말한다.

체계적 추출(systematic sampling)

체계적 추출은 하나의 모집단배열이 무작위로 되어 있을 때 체계적 수단을 동원하여 추출하는 방법이다. 어느 잡지사가 구독자의 의견을 묻고 싶을 때, 구독자 카드에 번호를 붙인 다음, 매 10번째 또는 매 100번째 구독자를 표본으로 하여 질문을 할 수 있는데, 이러한 방법을 체계적 추출방법이라 한다. 이때 10 또는 100을 추출간격이라 부르며, 만일 매 10번째 또는 매 100번째 구독자가 어떤 공통적인 특징을 띨 경우 확률표본추출이라 할 수 없으므로 이에 주의해야 한다.

비확률표본추출

비확률표본추출(nonprobability sampling)은 확률표본추출(무작위추출)이 불가능하거나 비경제적일 경우에 사용되는데, 연구자가 모집단과 비슷하다고 생각되는 표본을 임의로 추출해 내는 방법을 말한다. 비확률표본추출은 연구자의 주관에 의해 표본이 선택되므로, 오차에 대한 분석이 불가능하게 된다. 비확률표본추출은 편의추출과 판단추출로 구분할 수 있다.

편의추출(convenience sampling)

편의(便宜)추출은 모집단에서 연구자가 가장 손쉽게 구할 수 있는 구성원을 선택하여 표본으로 삼는 표본추출방법이다. 어떤 수업 방법의 효율성을 알아보기 위하여 직접 중학교 학생들에게 그 방법을 실험하려고 할 때, 연구자의 모교를 선택하여 실험한다면 학교에서 많은 협조를 얻어 순조롭게 연구를 진행할 수 있을 것이다. 이 방법에 의한 표본추출결과는 표본추출오차가 크고 그 결과를 일반화하기에는 설득력이 약하다. 그러나 이 방법은 연구목적이 모집단의 성격을 개략적으로 알아보기 위한 것일 때에는 사용될 수 있으며, 시간이나 비용 면에서 매우 경제적인 방법이다.

판단추출(judgment sampling)

판단추출은 모집단의 성격에 대하여 어느 정도 전문지식이 있는 사람이, 그가 판단하기에 가장 효과적이라고 생각되는 표본을 찾는 방법이다. 특히 모집단의 성격이 매우 이질적이거나, 여러 가지 사정으로 인하여 표본의 수가 적을 때 효과적으로 사용된다. 대표적인 예로 물가의 변동을 대표하는 소비자물가지수(CPI), 도매물가지수(WPI) 등은 판단추출방법에 의해 산정된다. 물가지수를 계산할 때 모집단을 이루는 수많은 상품 중에서 물가변동을 잘 반영하는 몇 개의 품목만을 표본으로 삼아 계산하는 것이다. 판단추출방법에 의하면 오차가 일어날 가능성이 크지만, 모집단의 성격에 대한 전문적인 지식이 있는 경우에는 확률표본추출방법에 비해 더 효과적일 수도 있다.

제2절 표본추출오차와 비표본추출오차

어느 모집단으로부터 표본을 뽑았을 때, 그 표본으로부터 얻은 특성은 모집단을 전부 조사하여 얻은 특성과는 차이가 있을 수 있다. 예를 들어, 표본추출의 오류, 측정상의 오차, 해석상의 잘못 등으로 인하여 표본을 대상으로 조사한 결과가 실제 모집단의 값으로부터 멀어지게 된다. 표본을 이용하여 모집단의 성격을 추정한다는 것은 그 자체가 이미 오류의 가능성을 포함하고 있는 것이다. 중요한 것은 이러한 오차의 원인과 오차의 정도를 정확히 규명하고, 그것을 최소한으로 줄이려는 노력이라고 할 수 있다.

통계적 연구에서 일어날 수 있는 오류를 몇 개의 예를 통해서 살펴보자.

예 1 어느 고등학교에서는 1학년 신입생들의 IQ를 알아보기 위하여 임의로 4명을 선정하여 조사하였다. 그 결과 평균 124라는 결론을 얻어 다른 학교에 비해 매우 높은 수준이라고 판단하였다. 그러나 사실 신입생 700명 전체의 IQ 평균은 98에 지나지 않았다.

예 2 1936년 리터러리 다이제스트(Literary Digest) 잡지사는 미국 대통령 후보인 민주당의 프랭클린 루스벨트(F.D. Roosevelt)와 공화당의 알프레드 랜든(A.M. Landon)의 선거 결과를 예측하였다. 다이제스트사는 수백만이나 되는 대규모 표본을 뽑아 유권자의 반응을 조사한 결과를 토대로 랜든의 압도적인 승리를 예상 · 발표하였다. 그러나 선거 결과 미국 역사상 손꼽힐 만큼의 큰 차이로 루스벨트가 당선되었다.

예 3 2020년 국회의원 선거 당시 여론조사기관에서 출구조사를 실시하였다. 출구조사기관들은 여당의 근소 우위를 예측했으나, 개표 결과 여당이 1.5배 이상의 큰 차이로 승리하였다.

예 4 어느 중학교에서 1학년 학생들의 신체검사를 실시하였다. 검사를 끝마친 후 체중에 대한 자료에서 이상한 점이 발견되었다. 총 6개 학급의 평균 체중이 각각 37, 39, 38.5, 38, 49, 50.5kg으로서 마지막 두 개 학급의 평균이 다른 학급에 비하여 월등히 높은 상태였다. 사실을 알아본 결과, 검사 시간이 부족하여 마지막 두 개 학급은 장소를 옮겨 오랫동안 쓰지 않던 다른 저울로 체중을 측정하였다고 한다.

위의 네 가지 예는 우리가 흔히 볼 수 있는 통계연구의 오류다. 첫 번째의 예에서는 너무 적은 표본을 뽑았기 때문에 오차가 발생하였다. 이러한 오차는 표본을 크게 할수록 점차 감소하게 된다. 두 번째와 세 번째 예는 표본추출계획의 잘못으로 빚어진 오류다. 다이제스트사는 표본의 대상을 선정하기 위하여 다이제스트사의 독자와 전화번호부의 명단을 이용하였다고 한다. 1930년의 경제공황 이후 경제 사정이 극히 악화되었던 점을 고려한다면, 조사대상이 된 유권자들은 정기적으로 잡지를 구독할 수 있었고 전화시설을 갖춘 부유층에 속하고 있었음을 알 수 있다. 그 당시 대부분의 부유층은 공화당을 지지하고 있었으므로 이 조사는 표본추출계획에서 이미 오류의 가능성을 안고 있었다. 2020년 총선의 경우 코로나19로 인한 젊은층의 높은 사전투표율을 제대로 고려하지 못해 표본이 제대로 선정되지 않았기 때문이다. 네 번째의 예에서 발생한 문제점은 여러 가지 원인을 가정해 볼 수도 있겠으나 가장 중요한 오류의 원인은 저울의 정확도라고 할 수 있다. 또한 측정하는 사람의 측정방법에 의해서 오류가 발생할 수도 있다.

여기서 예 1, 2, 3과 같이 표본을 추출하는 과정에서 발생하는 오차를 표본추출오차라 하고, 예 4와 같이 표본추출과정 이외의 곳에서 발생하는 오차를 비표본추출오차라고 한다.

표본추출오차

예 1, 2, 3은 표본추출오차(sampling error)를 단적으로 표현하고 있다. 먼저 예 1은 우연히 IQ가 높은 4명을 선택한 경우다. 우연에 의한 오류는 표본의 수를 증가시킴으로써 자연히 해소된다. 4명의 학생을 대상으로 하지 않고 20, 30, 40명으로 표본을 늘림으로써 어느 정도 오차를 감소시킬 수 있다. 그 이유는 예외적인 구성원이 우연히 포함된다고 하여도, 표본이 크면 전체적으로 볼 때 그 영향이 작아지기 때문이다. 그러나 표본의 크기를 크게 하면 우연에 의한 오차는 작아지지만, 그 대신 표본을 뽑는 가장 큰 이유인 경제성이 희생된다. 표본의 크기를 얼마로 정해야 되는가는 모집단의 성격과 연구자가 감당할 수 있다고 생각되는 오차의 한도에 따라 결정할 수 있는데, 이 방법에 대해서는 앞으로 자세하게 설명될 것이다.

> **표본추출오차**
>
> 표본추출오차란 모집단을 대표할 수 있는 전형적인 구성요소를 표본으로 선택하지 못했기 때문에 발생하는 오류다. 표본추출상의 오류는 두 가지 요인에서 발생하게 되는데, 하나는 표본의 크기 때문에 생기는 우연에 의한 오류고 다른 하나는 모집단을 대표할 수 없는 비전형적인 구성요소를 표본으로 뽑았기 때문에 일어나는 오류다.

예 2와 3에서 나타난 표본추출상의 오류는 편의(偏倚, bias) 때문에 발생한다. 표본추출의 편의(sampling bias)란 표본을 추출할 때 모집단의 구성원 중에서 특수한 성격을 가지고 있는 구성원을 선호하는 경향을 말하는 것으로서, 표본의 크기를 늘린다고 해도 편의 때문에 발생하는 표본추출오차는 줄어들지 않는다. 이러한 편의는 표본추출과정에서 연구자의 고의적이고 의식적인 행동에 의해 발생할 수도 있으나, 대체로 표본추출의 계획이 불완전하기 때문에 일어난다. 표본추출에서 편의를 어떻게 제거할 것인가는 통계학의 중요한 관심거리다. 편의를 없애기 위하여 여러 가지 방법으로 표본추출에 대한 계획을 세워 실천하려고 하지만, 이를 완전히 제거한다는 것은 불가능하다. 그러나 앞 절에서 설명한 바와 같이 과학적이면서 편의를 작게 하는 표본추출방법은 가능하다.

비표본추출오차

표본의 선택 방법과는 관계없이 오차가 발생하기도 하는데, 이러한 오류를 비표본추출오차(non-sampling error)라 한다. 이 오차는 표본선택이 잘못된 것이 아니라 주로 표본의 특성값을 측정하는 방법이 부정확하기 때문에 발생하는 경우가 많은데, 이러한 측정오차(measurement error)가 비표본추출오차의 주류를 이루고 있다.

이러한 비표본추출오차는 단순히 표본의 수를 늘린다거나, 모집단 전체를 연구대상으로 하거나, 표본추출계획을 면밀하게 수립하여도 감소하지 않는다. 예를 들어 한 사람에게 두 조사원이 같은 질문을 하였지만, 서로 다른 대답을 얻는 경우가 있다. 이때에는 질문하는 사람의 질문 방법, 설명 부족 등이 그 원인이 된다. 설문지를 통해 개개인의 특성 및 태도를 조사·분석할 때에도 연구에 따라 설문지의 결과에 차이가 발생하는 경우가 많은데, 여기에는 설문지에 대답하는 사람의 개인적인 반응양식이 작용하기 때문이다.

연구가 어떤 목적에 사용되는가를 조사대상자에게 알리는 것이 오히려 부정확한 반응을 불러일으킬 수도 있다. 생활수준을 알기 위해 학생들에게 보호자의 월수입을 물을 때에는 조금 과장하여 대답할 가능성이 있으며, 장학금대상자를 선발하기 위하여 질문을 할 때에는 실제보다 낮은 수준으로 대답할 가능성도 있다.

제3절 통계량과 표집분포

추론통계학의 방법을 구체적으로 설명하기 전에, 추론통계학을 배우는 데 가장 기본적인 개념인 모수와 통계량에 대하여 먼저 공부하기로 하자. 이에 대하여는 제1장에서 간단히 설명하였으나 여기서는 좀 더 구체적으로 설명한다. 모수와 통계량은 각각 모집단과 표본의 분포특성을 나타내는 것으로서, 이들 중 가장 대표적인 특성인 평균(μ)과 분산(σ^2), 표준편차(σ)를 예로 들어 설명한다.

모수

모집단을 구성하고 있는 구성원은 연구대상에 따라 많을 수도 있고 적을 수도 있다. 우리나라 대학생이 모두 연구대상이 된다면 수백만 명의 학생들이 모집단을 이루게 되며, 우리 가족이 연구대상이 된다면 매우 적은 수가 모집단을 구성하게 된다. 모집단이 크건 작건 관계없이 모집단의 구성원 수가 유한한 모집단을 유한모집단(finite population)이라고 한다. 그러나 모집단이 무한한 경우도 있을 수 있다. 무한모집단(infinite population)은 모집단을 구성하고 있는 구성요소가 무한한 것으로서, 무한대의 실험이 행해질 때 가능한 모든 결과를 포함시켜 모집단으로 보는 경우다. 예를 들어 어느 공장에서 타이어를 만들고 있다고 하자. 공장의 생산능력은 연간 몇십만 개로 규정되어 있어 유한모집단으로 생각되기 쉽다. 그러나 끊임없이 원료를 공급한다면 타이어를 무한대로 생산할 수 있으므로, 이런 것은 무한모집단으로 간주하게 된다. 또한 모집단 구성원의 수는 유한하나, 표본을 다시 복원하는 복원추출의 경우도 무한모집단으로 생각할 수 있다.

유한모집단의 모수 계산

N개의 사례 수로 구성된 모집단의 개별관찰치를 X_1, X_2, $\cdots$, X_N이라고 하면 평균, 분산, 표준편차를 계산하는 식은 다음과 같이 나타낼 수 있다.

유한모집단의 모수 계산

평균 $\mu = \frac{\sum X_i}{N}$

분산 $\sigma^2 = \frac{\sum(X_i - \mu)^2}{N}$

표준편차 $\sigma = \sqrt{\sigma^2} = \sqrt{\frac{\sum(X_i - \mu)^2}{N}}$

【예제 1】 어느 기업에 입사한 신입직원 5명의 대학졸업성적이 $X_1 = 3.74$, $X_2 = 3.89$, $X_3 = 4.00$, $X_4 = 3.68$, $X_5 = 3.69$라고 할 때 이들의 평균, 분산, 표준편차를 구하라.

$$\mu = \frac{3.74 + 3.89 + 4.00 + 3.68 + 3.69}{5} = 3.80(\text{점})$$

$$\sigma^2 = \frac{(3.74 - 3.80)^2 + (3.89 - 3.80)^2 + (4.00 - 3.80)^2 + (3.68 - 3.80)^2 + (3.69 - 3.80)^2}{5}$$
$$= 0.016$$

$$\sigma = \sqrt{\sigma^2} = \sqrt{0.016} = 0.126(\text{점})$$

무한모집단의 모수 계산

무한모집단의 특성들은 모집단의 이산확률분포에서 찾게 된다. 이때 무한모집단의 평균, 분산, 표준편차는 다음과 같다.

무한모집단의 모수 계산

평균 $\mu = E(X) = \sum P_i \cdot X_i$

분산 $\sigma^2 = \sigma^2(X) = \sum[X_i - E(X)]^2 \cdot P(X_i)$

표준편차 $\sigma = \sqrt{\sigma^2} = \sqrt{\sum[X_i - E(X)]^2 \cdot P(X_i)}$

【예제 2】 여행가이드가 공항에서 2명의 여행객을 기다리고 있다. 이제까지의 경험으로 미루어 볼 때 2명 모두 정해진 시간 안에 공항에 도착할 확률은 75%며, 1명이 지각할 확률은 15%, 두 명 모두 지각할 확률은 10%다. 2명의 여행객 중 지각할 사람의 수에 대한 평균, 분산, 표준편차를 구하라.

$$\mu = E(X) = 0\times(0.75) + 1\times(0.15) + 2\times(0.10) = 0.35(\text{명})$$

$$\sigma^2 = \sigma^2(X) = (0-0.35)^2\times 0.75 + (1-0.35)^2\times 0.15 + (2-0.35)^2\times 0.10 = 0.4275$$

$$\sigma = \sigma(X) = \sqrt{\sigma^2(X)} = \sqrt{0.4275} = 0.6538(\text{명})$$

통계량

표본을 구해서 이 표본의 분포특성을 계수화하기 위해 사용되는 방법을 통계량(statistic)이라고 한다. 모수의 경우와 마찬가지로 표본의 특성 중 대표적인 것이 평균, 분산, 표준편차다. 표본에서의 평균은 $\bar{X}$로 나타내며, 분산은 S^2, 그리고 표준편차는 S로 나타낸다. 각 특성을 나타내는 식은 다음과 같다. 제3장 2절에서 표본의 분산이나 표준편차를 계산할 때는 n 대신 $(n-1)$을 사용한다는 것을 이미 언급한 바 있다.

통계량 계산

평균 $$\bar{X} = \frac{\sum X_i}{n}$$

분산 $$S^2 = \frac{\sum (X_i - \bar{X})^2}{n-1}$$

표준편차 $$S = \sqrt{S^2} = \sqrt{\frac{\sum (X_i - \bar{X})^2}{n-1}}$$

【예제 3】 최근 유행하는 모바일 게임 이용자들의 평균 연령을 알아보기 위하여 4명을 표본으로 뽑은 결과, 그들의 연령이 5, 17, 12, 10세였다. 이 표본의 평균, 분산, 표준편차는 얼마인가?

$$\bar{X}=\frac{5+17+12+10}{4}=11(\text{세})$$

$$S^2=\frac{(5-11)^2+(17-11)^2+(12-11)^2+(10-11)^2}{4-1}=24.67$$

$$S=\sqrt{S^2}=\sqrt{24.67}=4.97(\text{세})$$

표집분포

모집단에서 표본을 뽑아 그 표본을 분석할 때, 우리가 뽑은 표본이 과연 모집단을 대표할 수 있는가 하는 의문이 생긴다. 모집단의 특성을 추정하기 위해 표본을 대신 분석한다는 것은 표본이 포함하고 있는 오차를 추정해 낼 수 있다는 것을 의미한다. 만일 표본이 갖고 있는 오차를 추정할 수 없다면 표본은 소용없는 것이 된다. 표집분포는 우리가 뽑은 표본이 포함하고 있는 오차의 정도를 추정할 수 있게 해 준다.

한 모집단에서 n의 크기를 가진 선택가능한 표본을 모두 뽑는다고 가정한 다음 그 표본들의 통계량의 분포를 분석해 봄으로써 우리가 뽑은 표본이 그 분포에서 어떤 위치에 있는지, 더 나아가서는 모집단의 분포 및 특성은 어떠한지를 추론할 수 있다. 똑같은 크기를 가진 표본을 여러 번 추출했을 때 각 표본의 특성치인 통계량들 역시 분포를 갖게 된다. 이때 통계량이 어떤 분포를 이루는가를 보여주는 것이 표집분포(sampling distribution)다.

표집분포

표집분포란 모집단에서 일정한 크기로 뽑을 수 있는 표본을 모두 뽑았을 때, 그 모든 표본의 특성치, 즉 통계량의 확률분포를 말한다.

이러한 표집분포이론은 어떠한 경우에 필요한가? 간단한 예로써 설명해 보자. 어느 마을에 1,600가구가 살고 있는데, 이들은 특수농작물을 재배하여 가구당 연평균 소득이 5,000만 원에 이르게 되었다. 이것은 예외적으로 높은 소득이라고 한다. 여기에서 예외적으로 높다는 의미는 무엇일까? 이는 우리나라 농촌가구 중에서 가능한 모든 1,600가구짜리 표본을 뽑아 그들의 평균을 계산해 보면, 연평균 소득이 5,000만 원 이상이 되는 경우가 거의 없다는 뜻이다. 이때 10가구가 사는 마을의 연평균 소득이 5,000만 원이라고 하여도 이 마을과 직접 비교할 수는 없다. 이것을 극단적으로 표현한다면 2가구가 모여 사는 조그만 마을에서 연평균 7,000만 원을 번다고 하여도 이 마을과 직접 비교할 수 없는 것과 마찬가지다. 왜냐하면 2가구씩 뽑아볼 때는 7,000만 원의 소득은 그리 예외적이 아닐 수도 있기 때문이다.

또 다른 예를 들어보자. 어느 초등학교 3학년 1반의 담임선생님은 그 반 학생 30명의 평균 키가 우리나라 초등학교 3학년 학생들의 평균 키에 비하여 큰 편인지 또는 작은 편인지를 조사하려고 한다. 이때 가장 이상적인 방법은 우리나라의 초등학교 3학년 학생들 중에서 30명씩을 뽑아 가능한 모든 표본들의 평균을 각각 구하여 그 평균들의 분포 위에서 그 반의 평균 키의 위치를 찾는 방법이다. 그러나 표집분포이론을 이용하면 실제로 30명의 표본을 모두 뽑지 않아도 가능한 모든 표본들의 평균들이 어떤 분포를 이루는지 알 수 있다. 즉, 표집분포를 알게 되면 내가 뽑은 표본의 평균이 어느 위치에 있는지, 모집단의 평균과는 많이 떨어져 있는지 등을 알 수 있다.

어떤 표본에서 계산된 특성치를 평가하기 위해서는 그 표본과 크기가 같은 가능한 모든 표본들의 특성치들과 비교해야만 정확한 비교가 가능하다. 이와 같은 표집분포이론은 앞으로 통계적 추정이나 가설검정에서 매우 긴요하게 사용될 것이다.

제4절 평균의 표집분포

평균의 표집분포의 개념

평균의 표집분포(sampling distribution of means)란 선택가능한 모든 표본들로부터 계산된 평균($\overline{X}$)들의 확률분포를 말한다. 평균의 표집분포를 보다 정확히 표현하면 다음과 같다.

> **평균의 표집분포**
>
> 평균의 표집분포란 특정한 모집단에서 동일한 크기로 가능한 모든 표본을 뽑아서 각각의 표본들의 평균을 계산했을 때, 그 평균들의 확률분포를 말한다.

간단한 예로써 평균의 표집분포를 설명하여 보자. 어느 상자에 90, 60, 30이라고 쓰여진 카드 3장이 있다. 이 세 장의 카드 중에서 차례로 한 장씩 두 장을 표본으로 뽑을 때, 그 표본들의 평균의 분포양상을 알아보려고 한다. 세 장의 카드 중에서 한 장씩 두 장을 뽑을 때, 복원추출의 방법으로 카드를 추출한다.

먼저 모집단의 확률분포를 살펴보자. 모집단을 구성하는 것은 90, 60, 30의 세 관찰값이며, 이 모집단의 확률분포와 평균, 분산을 구하면 다음과 같다.

표 8-1 모집단의 확률분포

X_i	$P(X_i)$	
90 60 30	1/3 1/3 1/3	$\mu=60$ $\sigma^2=600$

위의 모집단에서 표본크기 $n=2$로 표본을 뽑을 때의 가능한 모든 표본과(복원추출을 기억하라!) 이들 표본의 평균은 〈표 8-2〉와 같다. 첫 번째 뽑을 수 있는

방법은 세 가지며, 첫 번에 뽑힌 카드를 다시 상자에 넣고 두 번째 카드를 뽑으면 다시 세 가지 결과가 있을 수 있으므로 실현가능한 경우의 수는 $3 \times 3 = 9$가지가 된다.

표 8-2 $n=2$일 때의 표본

가능한 표본	표본의 평균($\overline{X}_i$)
90, 90	$\overline{X}_1$: 90
90, 60	$\overline{X}_2$: 75
90, 30	$\overline{X}_3$: 60
60, 90	$\overline{X}_4$: 75
60, 60	$\overline{X}_5$: 60
60, 30	$\overline{X}_6$: 45
30, 90	$\overline{X}_7$: 60
30, 60	$\overline{X}_8$: 45
30, 30	$\overline{X}_9$: 30

〈표 8-2〉에 제시된 모든 표본들의 평균을 계산하여, 이 평균들의 확률분포를 나타내면 이것이 바로 평균의 표집분포이며 〈표 8-3〉과 같다.

표 8-3 평균의 표집분포

$\overline{X}_i$	$P(\overline{X}_i)$
30	1/9
45	2/9
60	3/9
75	2/9
90	1/9

평균의 표집분포의 평균

〈표 8-2〉에는 표본크기 $n=2$일 때 선택가능한 모든 표본들과 각 표본들의 평균을 적었다. 즉, $\overline{X}_1$, $\overline{X}_2$, $\cdots$, $\overline{X}_9$ 등 9개 표본의 평균을 계산하였다. 그러면 이 평균들의 평균은 얼마일까? 이것을 평균의 표집분포의 기댓값 혹은 표본평균의 평균이라고 하여 $E(\overline{X})$ 또는 $\mu_{\overline{X}}$로 나타내는데, 이 계산은 다음 식으로 할 수 있다.

평균의 표집분포의 평균

$$\mu_{\bar{X}} = \Sigma \bar{X}_i \cdot P(\bar{X}_i) \quad (8 \cdot 1)$$

위의 식을 이용하여 〈표 8-3〉에 제시된 평균의 표집분포의 기댓값을 계산해 보자.

$$\mu_{\bar{X}} = \Sigma \bar{X}_i \cdot P(\bar{X}_i) = 30 \times \frac{1}{9} + 45 \times \frac{2}{9} + 60 \times \frac{3}{9} + 75 \times \frac{2}{9} + 90 \times \frac{1}{9} = 60$$

표본평균의 평균 $\mu_{\bar{X}}$는 모집단의 평균인 μ와 언제나 일치한다. 위의 예에서처럼 $n=2$일 때에나, 또는 n이 어떻게 달라지더라도 $\mu_{\bar{X}}$는 언제나 모집단 평균 μ와 일치하게 된다.

평균의 표집분포의 평균과 모집단 평균

$$\mu_{\bar{X}} = \mu \quad (8 \cdot 2)$$

【예제 4】 어느 결혼정보회사의 전체 회원이 500명인데, 이들의 평균 연령은 32.3세다. 이들 중에서 $n=10$인 표본을 모두 뽑았을 때, 이 표집분포의 평균은 얼마일까?

모집단이 500명일 때 표본크기 $n=10$인 가능한 모든 표본의 수는 ${}_{500}C_{10}$개가 된다(비복원추출). 따라서 $\bar{X}$의 개수도 그만큼 많을 것이다. 그러나 식 8·2를 이용하면 별도로 계산하여 볼 필요도 없이 $\mu_{\bar{X}}=32.3$세라는 것을 알 수 있다.

$$\mu_{\bar{X}} = \mu = 32.3(\text{세})$$

평균의 표집분포의 분산

〈표 8−3〉에 나타나 있는 평균의 표집분포에서 분산(variance)은 어떻게 계산되는가? 표본평균의 분산은 $\text{Var}(\overline{X})$ 또는 $\sigma_{\overline{X}}^2$ 등으로 나타내며, 그 계산식은 다음과 같다.

평균의 표집분포의 분산

$$\sigma_{\overline{X}}^2 = E(\overline{X}_i - \mu_{\overline{X}})^2 = \Sigma(\overline{X}_i - \mu_{\overline{X}})^2 \cdot P(\overline{X}) \tag{8·3}$$

〈표 8−1〉과 〈표 8−3〉에서 모집단의 분산과 표본평균의 분산을 계산하여 보자.

모분산 $\sigma^2 = (90-60)^2 \times \frac{1}{3} + (60-60)^2 \times \frac{1}{3} + (30-60)^2 \times \frac{1}{3} = 600$

표본평균의 분산 $\sigma_{\overline{X}}^2 = (30-60)^2 \times \frac{1}{9} + (45-60)^2 \times \frac{2}{9} + (60-60)^2 \times \frac{3}{9}$

$$+ (75-60)^2 \times \frac{2}{9} + (90-60)^2 \times \frac{1}{9} = 300$$

모집단의 분산은 600이며, 표본평균의 분산은 300이다.

그러나 이와 같은 계산은 선택가능한 표본의 수가 적을 때에나 가능하다. 모집단을 구성하고 있는 3장의 카드 중에서 복원추출로 두 장을 뽑는 예에서 표본의 수는 9개였다. 그러나 500명의 회원 중에서 복원추출로 두 명을 뽑을 때 선택가능한 표본의 수는 $500 \times 500 = 250{,}000$개가 되고, 세 명을 뽑을 때에는 $500 \times 500 \times 500 = 125{,}000{,}000$개가 되며, 표본평균 $\overline{X}$의 수도 이와 마찬가지가 된다. 이때 일일이 식 8·3을 이용하여 분산을 계산할 수는 없다.

모집단의 분산을 알고 있다면 평균의 표집분포의 분산은 식 8·4를 이용하면 쉽게 계산할 수 있다. 즉, 표본크기가 n일 때 평균의 표집분포의 분산은 모집단의 분산을 표본크기 n으로 나눈 것과 같다.

식 8·4를 이용하면 앞에서 예로 든 $\overline{X}$의 표집분포의 분산($\sigma_{\overline{X}}^2$)은 $600/2 = 300$

이란 사실을 쉽게 알 수 있다. 만일 n이 1이면 $\sigma_{\bar{X}}^2 = \sigma^2$이 되고, n이 점차 커지면 $\sigma_{\bar{X}}^2$은 점차 작아진다. 만일 n이 커져서 모집단의 크기 N과 같아지면 표본은 하나만 있게 되어 표본평균의 분산은 0이 된다.

평균의 표집분포의 분산과 표준편차

분산 $$\sigma_{\bar{X}}^2 = \frac{\sigma^2}{n}$$

표준편차 $$\sigma_{\bar{X}} = \frac{\sigma}{\sqrt{n}} \qquad (8\cdot4)$$

【예제 5】 어느 음료수공장에서 생산되는 사이다의 평균 용량은 360ml이고, 이 모집단의 분산은 50이라고 한다. $n=10$으로 하여 표본을 뽑을 때, 그 표본평균의 기댓값과 분산은 얼마인가?

$$\mu_{\bar{X}} = \mu = 360(\text{ml})$$

$$\sigma_{\bar{X}}^2 = \frac{\sigma^2}{n} = \frac{50}{10} = 5$$

모집단의 분포와 평균의 표집분포

여기서는 모집단의 정규분포 여부와 표본크기 n이 변화함에 따라 달라지는 표집분포의 모양을 상세히 알아보기로 한다.

모집단이 정규분포일 때

평균의 표집분포의 모양은 표본이 뽑힌 모집단이 정규분포인가 아닌가와, 표본의 크기 n에 따라 달라진다. 먼저 모집단이 정규분포일 때를 살펴보자.

모집단이 정규분포일 때 평균의 표집분포

모집단이 정규분포일 때 평균의 표집분포는 표본의 크기 n에 관계없이 언제나 정규분포를 이루며, 표집분포의 평균 $\mu_{\bar{X}}$와 표준편차 $\sigma_{\bar{X}}$는 다음과 같다.

$$\mu_{\bar{X}} = \mu$$

$$\sigma_{\bar{X}} = \frac{\sigma}{\sqrt{n}} \tag{8·5}$$

【예제 6】 전교생이 3,000명인 서라벌초등학교에서 학생들의 IQ를 조사하였더니 평균 μ가 102고, 표준편차 σ는 16이었다. 이 학생들의 IQ분포가 정규분포라고 가정한다면,

① IQ가 94 이하인 학생들은 몇 %나 되는가?

② 만일 4명씩 임의로 표본을 뽑는다면 표본평균($\bar{X}$)의 분포는 어떠한 모양이 될까?

여기서 예제의 첫 번째 질문은 모집단에 관한 문제이며, 두 번째 질문은 평균의 표집분포에 관한 문제이다.

① IQ가 94 이하인 학생들의 비율을 알려면 [그림 8-1] (a)의 녹색 면적을 구해야 한다.

$$P(X \le 94) = P\left(Z \le \frac{X-\mu}{\sigma}\right) = P\left(Z \le \frac{94-102}{16}\right) = P(Z \le -0.5)$$

Z값이 -0.5보다 작을 확률은 [부록 2]의 표준정규분포표에서 보면 $0.5-0.1915=0.3085$다. 그러므로 IQ가 94 이하인 학생들의 비율은 30.85%가 된다.

② $\mu=102$, $\sigma=16$이고 정규분포를 이루는 모집단에서 $n=4$인 표본평균의 분포는

$$\mu_{\bar{X}} = \mu = 102(\text{점})$$

$$\sigma_{\bar{X}} = \frac{\sigma}{\sqrt{n}} = \frac{16}{\sqrt{4}} = 8(\text{점})$$

인 정규분포를 형성한다. 즉, [그림 8−1]의 (b)가 된다.

| 그림 8-1 | 모집단 분포와 표본평균($\bar{X}$)의 표집분포

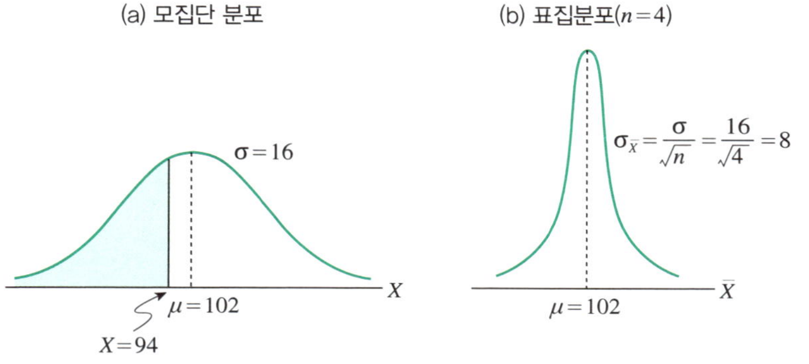

모집단이 정규분포일 때 평균의 표집분포는 언제나 정규분포를 이루고 있으며, 이 분포에서 $\bar{X}$에 해당하는 Z값은 식 8·6과 같이 구할 수 있다.

$\bar{X}$에 해당되는 Z값

$$Z = \frac{\bar{X} - \mu_{\bar{X}}}{\sigma_{\bar{X}}} = \frac{\bar{X} - \mu}{\sigma/\sqrt{n}} \qquad (8\cdot6)$$

식 8·6에서 Z를 이용하여 평균의 표집분포에서의 확률을 계산하는 과정은 제7장의 정규분포에서 설명한 내용과 동일하다. [예제 6]의 ②에서 $\mu_{\bar{X}} = 102$, $\sigma_{\bar{X}} = 8$이었다. 이때 $\bar{X} = 106$에 해당되는 Z값을 구해 보면 [그림 8−2]와 같다.

| 그림 8-2 | $\bar{X}$의 표집분포와 표준정규분포

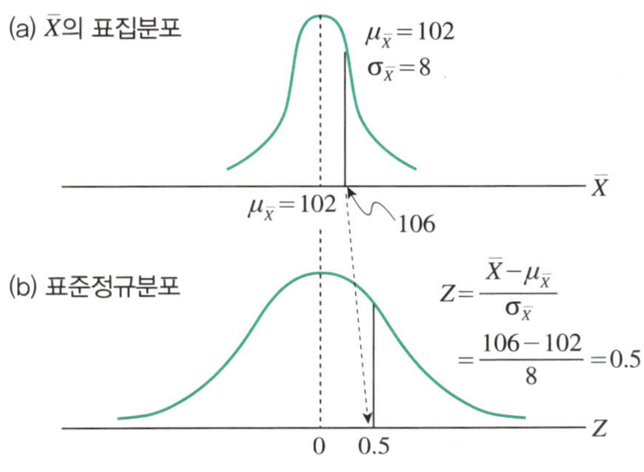

【예제 7】 어느 전자회사에서 생산하는 스마트워치는 음악만 재생한다고 할 때 평균수명은 5,600시간이고 표준편차는 4,000시간이며, 분포는 정규분포를 이룬다고 한다. 이 회사제품에서 100개의 스마트워치를 뽑아 평균 작동시간을 측정했을 때 6,400시간 이상일 확률은 얼마인가?

$$\sigma_{\bar{X}}=\frac{\sigma}{\sqrt{n}}=\frac{4,000}{\sqrt{100}}=400$$

$\bar{X}=6,400$에 해당하는 Z값은 다음과 같다.

$$Z=\frac{\bar{X}-\mu_{\bar{X}}}{\sigma_{\bar{X}}}=\frac{6,400-5,600}{400}=2$$

$$P(\bar{X}\geq 6,400)=P\left(Z\geq\frac{\bar{X}-\mu_{\bar{X}}}{\sigma_{\bar{X}}}\right)$$

$$=P(Z\geq 2.0)$$

Z가 2.0 이상일 확률은 $0.5-0.4772=0.0228$이다. 즉, 스마트워치 100개를 표본으로 뽑았을 때, 표본의 평균 $\bar{X}$가 6,400시간 이상일 확률은 2.28%다.

| 그림 8-3 | 모집단 분포와 표본평균($\bar{X}$)의 표집분포

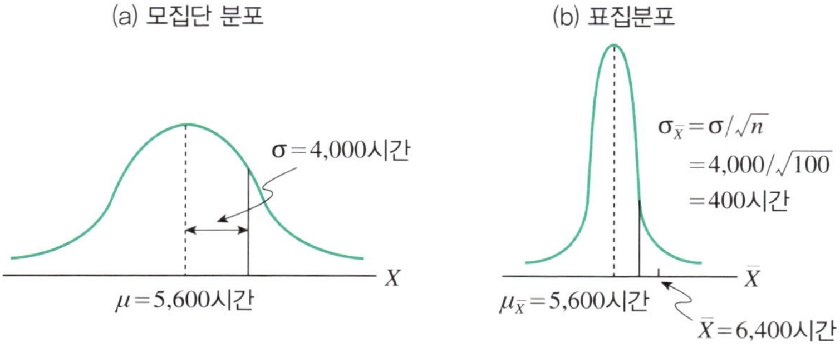

모집단이 정규분포가 아닐 때

모집단이 정규분포를 이룰 때에는 표집분포는 언제나 정규분포를 이루지만, 모집단이 정규분포가 아닐 때에는 표집분포가 정규분포라고 단정지을 수 없다. 그러나 [그림 8-4]에서와 같이 표집분포는 표본의 크기 n을 크게 할수록 정규분포에 접근하게 된다. 이를 중심극한정리(central limit theorem)라 하는데, 이때에도 역시 표집분포의 평균은 모집단의 평균과 일치하고($\mu_{\bar{X}}=\mu$), 표집분포의 표준편차는 모집단의 표준편차를 표본크기의 제곱근으로 나눈 것과 같다($\sigma_{\bar{X}}=\sigma/\sqrt{n}$).

중심극한정리

중심극한정리란 모집단의 분포 모양과는 관계없이 평균 μ, 분산 σ^2인 모집단에서 크기가 n인 선택 가능한 모든 표본을 뽑을 때, 평균의 표집분포는 n을 증가시킬수록 정규분포에 접근하게 된다는 것이다. 이때 표집분포의 평균과 표준편차는 다음과 같다.

$$\mu_{\bar{X}}=\mu$$

$$\sigma_{\bar{X}}=\frac{\sigma}{\sqrt{n}}$$

이 중심극한정리는 통계학에서 가장 중요한 정리다. 그 이유는 모집단의 분포 모양과는 상관없이 표본의 크기가 커지면 표집분포가 정규분포를 이루게 되어, 정규분포의 성질을 쉽게 이용할 수 있기 때문이다. 자연현상이나 사회현상을 수량화하여 분포 모양을 보면, 그 분포가 정확히 정규분포를 이루는 경우는 그리 흔치 않다. 그러나 정규분포가 아닌 모집단에서도 표본의 크기가 어느 정도 이상만 되면 평균의 표집분포는 정규분포를 이루게 된다. 그런데 대부분 표본을 뽑을 때에는 한두 개보다는 몇십 또는 몇백의 사례 수를 가진 표본, 즉 n이 비교적 큰 표본을 뽑는 경우가 많다. 예를 들면 한 도시의 생활 정도, 물가변동, 제품의 용량 등을 알아볼 때 우리는 한두 개의 사례만을 가지고 분석하지는

| 그림 8-4 | 중심극한정리의 예

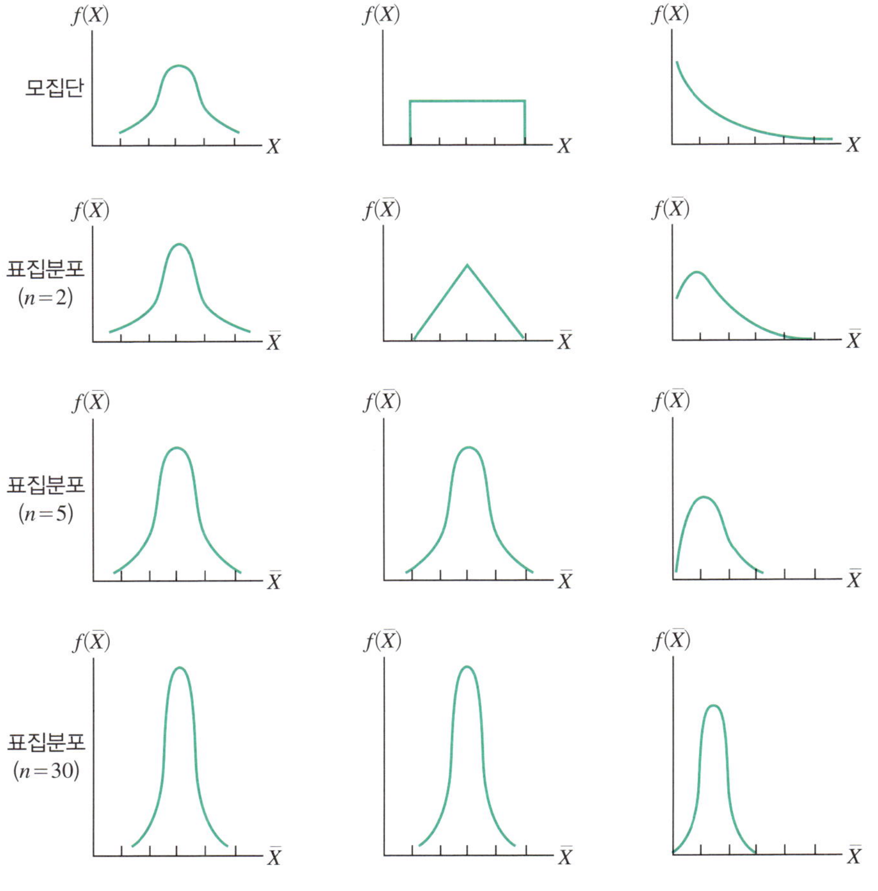

않으며 표본이 큰 경우가 대부분이다. 따라서 이러한 경우에는 모집단의 분포가 어떠한가에 대해 우리는 별다른 고민을 하지 않아도 된다. 표본이 클수록 평균의 표집분포는 정규분포를 이루며, 표본으로부터 나타난 결과를 정규분포의 성격에 의하여 분석할 수 있기 때문이다.

앞의 [그림 8-4]는 중심극한정리를 보여주고 있다. 즉, 모집단의 분포가 어떠한 모양이더라도, 표본의 크기 n을 크게 하면 평균의 표집분포는 정규분포가 된다. 모집단이 정규분포이면 표본의 크기 n이 작을 때에도 평균의 표집분포는 정규분포이며, 모집단이 정규분포가 아니더라도 n이 커질수록 정규분포에 접근한다. 대체로 표본의 크기가 30 이상이면 모집단의 분포 모양에 관계없이 평균의 표집분포는 정규분포를 이룬다.

【예제 8】 우리나라의 가구당 소득분포가 대체로 월수입 480만 원과 520만 원에 많이 몰려 있고, 평균은 500만 원, 표준편차는 20만 원이라고 하면, 4 가구를 임의로 뽑았을 경우에 평균의 표집분포는 어떻게 될까?

| 그림 8-5 | 양봉형 모집단과 평균의 표집분포

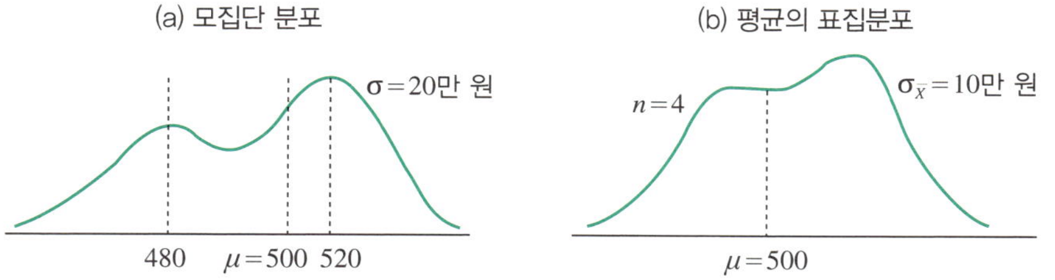

모집단이 정규분포가 아니고 표본의 크기 $n=4$밖에 되지 않으므로 $\overline{X}$-분포에도 모집단의 양봉형 흔적이 남게 되며,

$$\mu_{\overline{X}}=\mu=5,000,000(\text{원})$$

$$\sigma_{\overline{X}}=\frac{\sigma}{\sqrt{n}}=\frac{200,000}{\sqrt{4}}=100,000(\text{원})$$

이 된다. $n=4$일 때 정확하게 평균의 표집분포의 모양이 어떻게 될 것인가는 모집단의 성격에 따라 달라지지만, n이 커질수록 정규분포에 가까워진다.

【예제 9】 대학수학능력시험 점수의 분포가 평균 300점이며, 표준편차는 96점이고, 분포의 모양이 [그림 8-6] (a)와 같다고 하자. 이 중에서 임의로 100명씩을 계속해서 뽑았을 때 평균의 표집분포의 모양은 어떻게 될까?

표본의 크기가 100이므로 모집단 분포의 모양에 관계없이 $\overline{X}$-분포는 정규분포를 이룬다고 볼 수 있으며, 이때 $\mu_{\overline{X}}=\mu=300$이 되고, $\sigma_{\overline{X}}=\sigma/\sqrt{n}=9.6$이 된다.

$$\mu_{\overline{X}}=\mu=300(\text{점})$$

$$\sigma_{\overline{X}}=\frac{\sigma}{\sqrt{n}}=\frac{96}{\sqrt{100}}=9.6(\text{점})$$

| 그림 8-6 | 비대칭 모집단과 평균의 표집분포

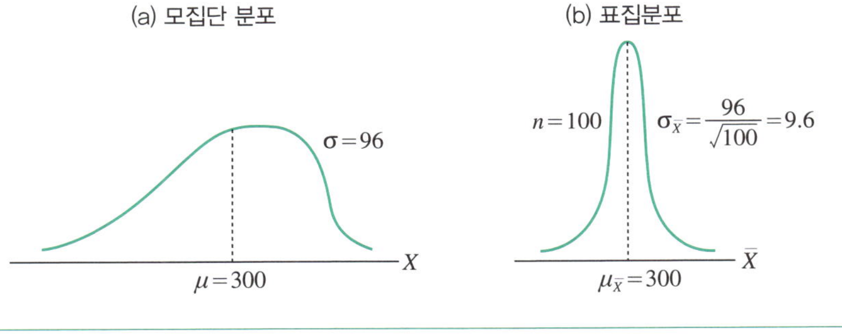

모집단의 크기가 작을 때

표본의 크기 n이 30 이상이 되면 모집단의 분포가 정규분포건 비정규분포건 상관없이 평균의 표집분포는 정규분포에 근사하게 되며, 평균 $\mu_{\overline{X}}$는 모집단의 평균 μ와 같고 표준편차는 $\sigma_{\bar{X}}=\sigma/\sqrt{n}$임을 알았다.

이 같은 결과는 모집단이 매우 크거나 무한(infinite)하다는 가정하에서 성립되는 것이며, 모집단의 크기 N이 작은 유한모집단에서는 표준편차에 대한 조정이 필요하게 된다. 모집단이 작더라도 복원추출을 한다면 무한모집단과 같은 효과를 얻을 수 있어서 조정이 필요없지만, 비복원추출일 때에는 조정을 해야 한다.

이때 조정된 $\bar{X}$-분포의 표준편차는 다음과 같다.

모집단이 작을 때 표본평균($\bar{X}$)의 표준편차

$$\sigma_{\bar{X}}=\frac{\sigma}{\sqrt{n}} \cdot \sqrt{\frac{N-n}{N-1}} \qquad (8\cdot7)$$

N : 모집단의 크기
n : 표본의 크기

$\sqrt{(N-n)/(N-1)}$은 유한모집단일 때 $\bar{X}$-분포의 표준편차 계산을 위한 조정계수(correction factor)이다. 모집단이 아주 크거나 또는 모집단의 크기에 비하여 표본의 크기가 작을 때에는 $\sqrt{(N-n)/(N-1)}$은 1에 가까워지므로 $\sigma_{\bar{X}}$는 $\sigma/\sqrt{n}$와 차이가 없으나, 모집단의 크기에 비해 표본의 크기가 커질수록 조정계수의 값은 1보다 작아진다. 이럴 때는 $\bar{X}$-분포의 표준편차를 위의 식에 의해 조정하는 것이 바람직하다. 대체로 표본크기가 모집단크기의 5% 미만일 때에는 조정계수를 무시하더라도 큰 차이가 없다.

【예제 10】 S회사의 직원은 500명인데 이들의 임금이 평균 4,350,000원, 표준편차 200,000원인 정규분포를 이룬다면, 이들 중에서 비복원추출로 100명을 표본으로 뽑을 때 $\bar{X}$-분포의 평균($\mu_{\bar{X}}$)과 표준편차($\sigma_{\bar{X}}$)는 어떻게 될까?

표본의 크기가 100명이고, 모집단의 크기가 500명이므로 조정계수를 무시할 수 없다. 따라서 $\overline{X}$-분포의 표준편차는 조정계수를 사용하여 조정하여야 한다.

$$\mu_{\overline{X}}=\mu=4,350,000(\text{원})$$

$$\sigma_{\overline{X}}=\frac{\sigma}{\sqrt{n}}\cdot\sqrt{\frac{N-n}{N-1}}=\frac{200,000}{\sqrt{100}}\times\sqrt{\frac{500-100}{500-1}}$$

$$=20,000\times 0.8953=17,906(\text{원})$$

$\overline{X}$-분포의 표준편차를 계산한 후, 그 분포에서 $\overline{X}$에 해당되는 Z값은 식 8·8과 같이 구한다.

유한모집단일 때 $\overline{X}$에 해당되는 Z값

$$Z=\frac{\overline{X}-\mu_{\overline{X}}}{\sigma_{\overline{X}}}$$

$$=\frac{\overline{X}-\mu}{\frac{\sigma}{\sqrt{n}}\cdot\sqrt{\frac{N-n}{N-1}}} \qquad (8\cdot 8)$$

【예제 11】 증권거래소에 상장된 120개 기업의 작년 1년 동안 주가변동을 보면, 연평균 상승폭이 8,000원이었고, 표준편차는 10,000원이었다. 이때 주가의 변동폭이 정규분포를 이루고 있다고 가정한다. 이들 중에서 30개의 주식을 뽑아 주당 평균 가격상승폭을 계산한다면, 주당 평균 11,000원 이상의 가격상승이 있었던 주식은 얼마나 될까?

| 그림 8-7 | 유한모집단에서의 표본평균($\bar{X}$)의 분포

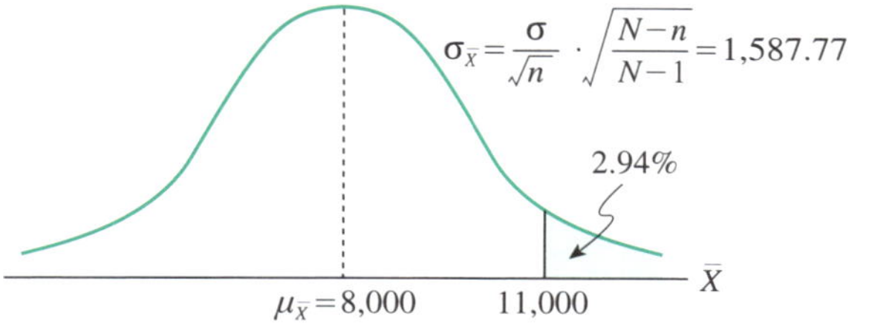

$$\mu_{\bar{X}}=\mu=8,000(\text{원})$$

$$\sigma_{\bar{X}}=\frac{\sigma}{\sqrt{n}}\cdot\sqrt{\frac{N-n}{N-1}}=\frac{10,000}{\sqrt{30}}\times\sqrt{\frac{120-30}{120-1}}=1,587.77(\text{원})$$

$$P(\bar{X}\geq 11,000)=P\left(Z\geq\frac{\bar{X}-\mu_{\bar{X}}}{\sigma_{\bar{X}}}\right)=P\left(Z\geq\frac{11,400-8,000}{1,587.77}\right)$$

$$=P(Z\geq 1.89)$$

Z값이 1.89보다 클 확률은 $0.5-0.4706=0.0294$다. 즉, 30개의 주식을 뽑았을 때 주당 평균 11,000원 이상의 가격상승이 있었을 가능성은 2.94%다.

제5절 분산 및 비율의 표집분포

분산의 표집분포

어떤 모집단이 σ^2의 분산을 가질 때, 이 모집단으로부터 크기가 동일하게 선택가능한 모든 표본을 뽑아서 각각의 분산을 계산했을 때, 표본분산 S^2들은 일정한 분포를 이루게 되는데, 이것이 곧 분산의 표집분포다.

분산의 표집분포의 예를 들어보자. 어떤 모집단이 2, 4, 6, 8의 관찰값으로 구성되어 있다면, 이 모집단의 평균과 분산은 모두 5다.[01] 이제 이 모집단에서 복원추출에 의해 표본크기 $n=2$인 선택가능한 모든 표본을 뽑았을 때, 각 표본의 분산 S^2을 계산한 것이 〈표 8-4〉다.[02]

표 8-4 $n=2$**인 모든 표본의 분산**

표본	뽑힐 확률	분산(S^2)	표본	뽑힐 확률	분산(S^2)
2, 2	1/16	0	6, 2	1/16	8
2, 4	1/16	2	6, 4	1/16	2
2, 6	1/16	8	6, 6	1/16	0
2, 8	1/16	18	6, 8	1/16	2
4, 2	1/16	2	8, 2	1/16	18
4, 4	1/16	0	8, 4	1/16	8
4, 6	1/16	2	8, 6	1/16	2
4, 8	1/16	8	8, 8	1/16	0

모든 표본 16개로부터 구한 분산의 확률분포는 〈표 8-5〉와 같다. 바로 이것이 분산의 표집분포다. 그리고 이 분산의 표집분포를 그래프로 나타내면 [그림 8-8]과 같다.

표 8-5 분산의 표집분포

분산	확률
0	4/16
2	6/16
8	4/16
18	2/16

01 $\mu=(2+4+6+8)/4=5$

$\sigma^2=\Sigma(X_i-\mu)^2\cdot P(X_i)=(2-5)^2\times\frac{1}{4}+(4-5)^2\times\frac{1}{4}+(6-5)^2\times\frac{1}{4}+(8-5)^2\times\frac{1}{4}=5$

02 각 표본에서의 분산은 $S^2=\frac{\Sigma(X_i-\bar{X})^2}{n-1}$으로 계산하였다. 예를 들어 2와 4로 구성된 표본의 분산은 $\bar{X}$가 3이므로, $S^2=[(2-3)^2+(4-3)^2]/(2-1)=2$가 된다.

| 그림 8-8 | 분산의 표집분포

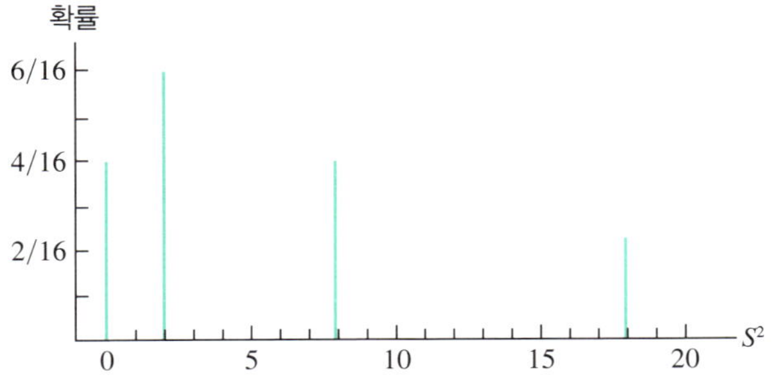

〈표 8-5〉는 표본크기 $n=2$일 때 선택가능한 모든 표본으로부터 구한 분산의 확률분포를 나타낸다. 분산의 표집분포는 언제나 오른쪽 꼬리가 긴 모양을 갖지만, 표본의 크기 n이 커질수록 정규분포에 가까운 모양을 갖게 된다. 이제 분산의 표집분포에 대한 기댓값을 구해 보자.

$$E(S^2)=0\times\frac{4}{16}+2\times\frac{6}{16}+8\times\frac{4}{16}+18\times\frac{2}{16}=5$$

$n=2$인 표본분산의 기댓값 $E(S^2)$이 모집단의 분산인 σ^2과 일치함을 확인하였다. 그리고 이러한 특성은 표본 수 n의 크기에 상관없이 언제나 성립한다.

분산의 표집분포의 평균과 모집단 분산

$$E(S^2)=\sigma^2 \qquad [8\text{-}9]$$

표본분산의 기댓값이 모분산과 일치한다는 특성은 모집단의 분포에 상관없이 성립한다. 모집단의 분포가 정규분포인 경우에는, S^2의 표집분포의 평균이 모분산인 σ^2과 같으며, 분산의 표집분포 모양은 n의 크기에 따라 χ^2-분포를 이룬다.

χ^2–분포

분산이 σ^2을 갖는 정규분포를 이루는 모집단으로부터 표본의 크기가 n인 선택가능한 모든 표본을 뽑을 때, 각 표본의 분산을 S^2이라고 하면, χ^2–분포는 다음과 같다.

$$\chi^2_{n-1} = \frac{(n-1)\cdot S^2}{\sigma^2} \tag{8·10}$$

이와 같은 분포를 χ^2–분포(chi–square distribution)라고 한다. χ^2–분포는 비대칭의 모양을 이루고 오른쪽으로 긴 꼬리를 가지며, 항상 양수값만을 갖는 특징을 가지고 있다.

| 그림 8-9 | 자유도에 따른 χ^2–분포

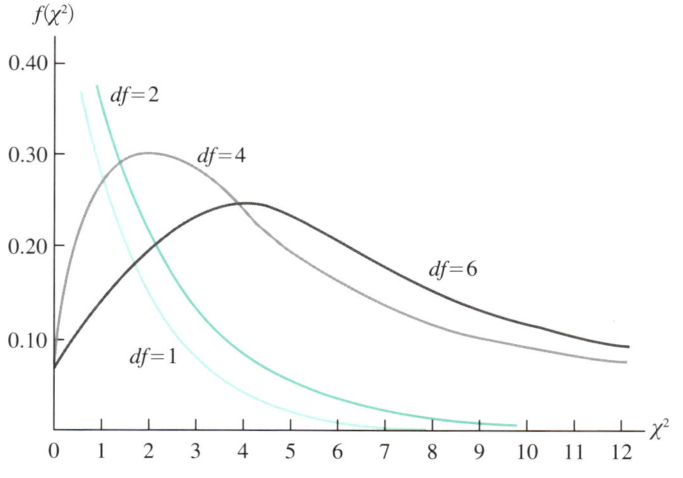

χ^2–분포의 모양은 자유도에 따라 달라지는데, 이 자유도는 표본의 크기 n에서 1을 뺀 것과 같다. [그림 8–9]는 χ^2–분포가 자유도에 따라 달라지는 모양을 나타낸 것이며, 자유도가 커질수록 χ^2–분포는 정규분포에 가깝게 된다. χ^2–분포의 모양은 자유도에 따라 달라지며 평균은 $(n-1)$이다. 그런데 식 8·10을 보면 모집단의 분산 σ^2과 표본에서 계산된 분산 S^2의 차이가 많을 때에는 계산된

χ^2값은 분포의 양 끝에 있게 되며, 두 분산의 차이가 없을 때에는 χ^2값은 분포의 평균값에 해당하는 자유도 $(n-1)$에 가깝게 됨을 알 수 있다.

비율의 표집분포

비율의 표집분포

어느 대학의 신입생 1,000명 중에 여학생이 400명이라고 한다. 전체 학생 중 여학생의 비율을 모르는 사람이 여학생의 비율을 알고 싶어 100명을 표본으로 뽑은 결과 여학생이 30명이었다고 하자. 즉, 표본으로부터 30%가 여학생이라는 결과가 나온 것이다. 그러나 이 비율은 표본을 어떻게 뽑느냐에 따라 달라질 수 있다. 물론 각 표본으로부터 비율을 구했을 때 모집단의 비율에 가까운 수치가 많을 것이며, 모집단의 비율과 차이가 큰 표본은 적을 것이다. 동일한 모집단에서 선택가능한 모든 표본을 뽑아 구한 비율들의 분포를 비율의 표집분포(sampling distribution of proportion)라고 한다. 보다 자세히 살펴보자.

이항분포에서 하나의 사건을 성공이라고 하면, 전체 모집단에서 성공의 비율 π는 다음과 같다.

$$\pi=\frac{X}{N} \qquad (8\cdot11)$$

N : 모집단의 수

X : 총 성공횟수

위와 같이 이항분포를 이루는 모집단에서 크기가 n인 표본을 뽑을 때, 그 표본에서의 성공비율 p는 다음과 같이 구한다.

$$p=\frac{X}{n} \qquad (8\cdot12)$$

n : 표본의 크기

X : 표본에서의 성공횟수

동전의 예로써 비율의 표집분포를 설명하여 보자. 동전을 던져서 앞면이 나오는 것을 성공이라 한다면, 모집단의 성공비율 $\pi=0.5$가 된다. 동전을 다섯 번 던졌을 때 비율의 표집분포는 어떻게 될까? $\pi=0.5$이지만 실제로 다섯 번을 던졌을 때에는 앞면이 한 번도 안 나오거나 또는 한 번, 두 번, 세 번, 네 번,다섯 번 나올 가능성도 있으며, 이때의 성공비율은 각각 0/5, 1/5, 2/5, 3/5, 4/5, 5/5가 되어 〈표 8-6〉과 같은 표집분포를 이룬다.

표 8-6 비율의 표집분포

X(성공횟수)	p(성공비율)	확률*
0	0.0	0.031
1	0.2	0.156
2	0.4	0.313
3	0.6	0.313
4	0.8	0.156
5	1.0	0.031

* ${}_nC_X(\pi)^X(1-\pi)^{n-X}$로 계산되었음.

〈표 8-6〉에서 성공의 횟수를 확률변수 X라 하고, 각 확률변수의 성공비율 p와 확률변수가 나타날 확률을 모두 표시한 것이 비율의 표집분포가 된다. 이 비율의 표집분포를 그림으로 나타내면 [그림 8-10]과 같다.

| 그림 8-10 | 비율의 표집분포

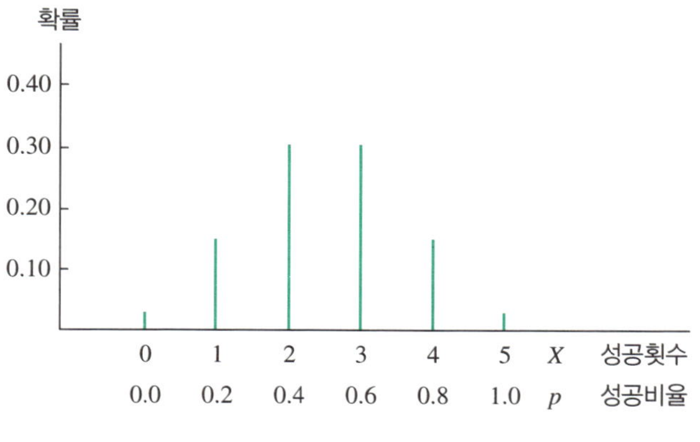

비율의 표집분포의 평균과 표준편차

앞에서 비율의 표집분포의 의미를 이해하였을 것이다. 그러면 비율의 표집분포의 모양은 어떻게 될까? 모집단의 성공비율이 π일 때, 표본의 성공비율 p-분포의 변화양상을 알아보자. 이미 이항분포에서 설명한 바와 같이 모집단의 성공비율이 π며, 표본크기가 n, 성공횟수가 X라고 하면 다음과 같은 식이 성립된다.

성공횟수의 기댓값과 분산

$$E(X)=n\pi \quad (8\cdot13)$$

$$\mathrm{Var}(X)=n\pi(1-\pi) \quad (8\cdot14)$$

위의 식을 비율로 표현하여 비율의 표집분포의 평균(기댓값)과 분산을 구하면 다음과 같다.[03]

비율의 표집분포의 기댓값과 분산

$$E(p)=\pi \quad (8\cdot15)$$

$$\sigma_p^2=\frac{\pi(1-\pi)}{n} \quad (8\cdot16)$$

【예제 12】 어느 대학교 기숙사에서 생활하는 학생 1,000명 중에 여학생이 400명이다. 10명씩을 뽑아서 표본마다 여학생의 비율을 조사한다. 가능한 모든 표본으로부터 뽑힌 여학생의 비율은 어떤 분포를 이룰 것인가?

03 $E(p)=E\left(\frac{X}{n}\right)=\frac{1}{n}E(X)=\frac{1}{n}(n\pi)=\pi$며,

$\sigma_p^2=\mathrm{Var}\left(\frac{X}{n}\right)=\frac{1}{n^2}\mathrm{Var}(X)=\frac{1}{n^2}[n\pi(1-\pi)]=\frac{\pi(1-\pi)}{n^2}$가 된다.

$$E(p)=\pi=\frac{400}{1,000}=0.4$$

$$\sigma_p^2=\frac{0.4\times(1-0.4)}{10}=\frac{0.24}{10}=0.024$$

$$\sigma_p=\sqrt{0.024}=0.155$$

즉, 성공비율 $\pi=0.4$인 모집단으로부터 $n=10$인 가능한 모든 표본을 뽑을 때, 비율의 표집분포는 평균이 0.4이며 표준편차가 0.155인 분포를 이룬다.

이항분포의 정규근사법

이항분포의 모양은 제6장에서 이미 언급하였듯이, 성공비율 π가 0.5일 때에는 정규분포에 가까운 분포를 이루며, π가 0.5에서 멀어지면 정규분포 모양과 커다란 차이를 보인다. 그러나 π가 0.5에서 차이가 나더라도 표본크기 n이 커질수록 표집분포는 정규분포 모양에 접근하게 된다. 이는 앞에서 설명한 중심극한정리(central limit theorem)가 이항분포에도 적용됨을 뜻한다.

정규분포에서는 확률변수 X를 Z로 표준화시킴으로써 표본의 크기나 분산도(degree of dispersion)와는 관계없는 하나의 표준정규분포로 변환할 수 있다. 그러나 이항분포에서는 모집단의 비율 π와 표본의 크기 n에 따라 무한히 다른 분포의 모양이 나오기 때문에, 정규분포에서처럼 수많은 이항분포를 표준화하여 나타낼 수는 없다. 이항분포에서도 n을 크게 하여 중심극한정리를 적용함으로써 그 분포를 정규분포로 간주하여 정규분포표를 사용하면 구하고자 하는 확률값을 쉽게 얻을 수 있다. 이렇게 정규분포를 사용하여 이항분포의 확률을 구하는 방법을 정규근사법(normal approximation to binomial distribution)이라 한다.

이항분포가 정규분포를 이룬다면 표준정규분포인 Z-분포를 이용하여 확률을 계산할 수 있다. 이때 성공횟수 X에 해당되는 Z값을 계산할 때에는 식 8·17을 이용하고, 표본의 성공비율 p에 해당되는 Z값을 계산할 때에는 식 8·18을 이용하면 된다.

성공횟수 X에 해당되는 Z값

$$Z=\frac{X_i-E(X)}{\sigma}=\frac{X_i-np}{\sqrt{npq}} \quad (8\cdot17)$$

q : $1-p$

표본비율 p에 해당되는 Z값

$$Z=\frac{p-\pi}{\sigma_p}=\frac{p-\pi}{\sqrt{\pi(1-\pi)/n}} \quad (8\cdot18)$$

그러나 식 8·17과 식 8·18을 그대로 사용하는 데에는 한 가지 문제점이 있다. 문제점이 생기는 이유는 이항분포는 이산확률분포인 데 반하여 정규분포는 연속확률분포라는 데 있다. 그러므로 이산확률분포를 연속확률분포에 적용할 수 있도록 적절히 조정하여야 할 것이다.

표본의 크기 n이 작을 때에는 연속성을 위한 조정이 필수적이다.[04] 그러나 표본의 크기가 커지면 연속성을 위한 조정 없이도 정규근사법을 이용할 수 있다. n이 클 때에는 연속성을 위한 조정효과가 매우 작은데, 이는 p의 표집분포가 n이 커질수록 중심극한정리에 따라 정규분포의 모양을 갖기 때문이다. 그러나 n이 얼마나 커야 되는가는 정확히 말할 수 없다. π가 0.5일 때에는 n이 작아도 이항분포는 정규분포와 유사한 모양을 가지며, π가 0.5와 차이가 날 때에는 n이 커야 정규분포의 모양을 갖게 되므로 π와 n의 두 요인을 복합적으로 고려하여야 한다. 대체로 다음과 같은 두 기준이 모두 충족되면 연속성 조정 없이 정규근사법을 이용한다.

$$n\pi\geq5, \text{ 그리고 } n(1-\pi)\geq5 \quad (8\cdot19)$$

04 정규근사법을 위한 조정방법은 편의상 생략한다. 구체적인 내용은 본 서적의 4판을 참조하기 바란다.

그러나 이와 같은 기준이 절대적인 것은 아니다. 통계학자에 따라서는 n이 식 8·19의 경우보다 훨씬 클 때에만 이항분포의 정규근사법 사용에 무리가 없다는 주장도 하고 있다.

【예제 13】 H제과에서는 청량음료 제조에 품질관리를 철저히 하고 있는데 지금까지의 경험으로는 제품 중에 5%가 용량미달이라고 한다. 생산제품 100개를 표본으로 뽑았을 때 이 중 10% 이상이 용량미달로 밝혀질 확률은 얼마인가?

$\pi=0.05$, 표본의 크기 $n=100$이므로 $n\pi=5$다. 따라서 연속성을 위한 조정 없이 정규근사법을 이용할 수 있다.

먼저 비율 p를 확률변수로 하여 이 문제를 풀어보자.

$$\sigma_p=\sqrt{\frac{\pi(1-\pi)}{n}}=\sqrt{\frac{0.05\times(1-0.05)}{100}}=0.0218$$

$p=0.10$에 해당하는 Z값은

$$Z=\frac{p-\pi}{\sigma_p}=\frac{0.10-0.05}{0.0218}=2.29$$

따라서 p가 0.10 이상이 될 확률은 다음과 같다.

$$P(Z\geq 2.29)=0.011$$

마찬가지로 용량미달의 개수를 성공횟수 X로 하여도 된다.

$$\sigma_X=\sqrt{n\pi(1-\pi)}=\sqrt{100\times 0.05\times(1-0.05)}=2.18$$
$$E(X)=n\pi=100\times 0.05=5$$

$X=10$에 해당하는 Z값은

$$Z=\frac{X-\mu}{\sigma_X}=\frac{10-5}{2.18}=2.29$$

따라서 X가 10 이상이 될 확률은 다음과 같다.

$$P(Z \geq 2.29)=0.011$$

모집단의 성공비율 π가 5%일 때, 100개를 표본으로 선택하여 표본비율 p가 10% 이상일 확률은 약 1.1%다.

연습문제

8.1 슈퍼마켓에서 1년에 두 번씩 재고조사를 한다. 전체를 모두 조사할 수 없으므로, 중요항목을 몇 개씩 뽑아서 검사한다. 이렇게 표본을 뽑아 조사하는 이유는 무엇인지 설명하라.

8.2 표본추출오차와 비표본추출오차를 설명하고, 그 예를 우리 주변에서 찾아보자.

8.3 확률표본추출과 비확률표본추출을 설명하고, 각 추출방법에 속하는 기술적인 표본추출방법을 설명하라.

8.4 다음 용어를 간단히 정의하라.

① 편의추출　　② 층별추출　　③ 체계적 추출

8.5 우리나라 국민의 생활수준을 알아보기 위하여 월소득액을 조사하려고 한다. 10,000명을 대상으로 하여 표본조사를 할 때 어떻게 뽑아야 할까? 서로 토론하여 보자.

8.6 모수와 통계량을 설명하라.

8.7 통계학을 수강하는 학생 중 임의로 5명을 뽑아 중간고사의 성적을 알아보았더니 다음과 같았다. 이 표본점수의 평균, 분산, 표준편차를 구하라.

60　　60　　80　　80　　70(점)

8.8 모집단 분포는 다음과 같다.

X : 1, 2, 3

① 모집단 분포의 평균과 분산을 구하라.
② 복원추출의 방법으로 표본의 크기 $n=2$로 했을 때 표본평균의 확률분포표를 작성하고 그 분포도를 막대그래프로 그려라.
③ 위의 문제 ②에서 표집분포의 평균과 분산을 구하고, 모집단의 평균, 분산과 비교하라.

8.9 우리나라 남자대학생들의 평균 체중은 60kg이고 표준편차는 25kg이다. 어느 대학교에서 100명을 표본으로 뽑아 체중을 알아보았더니 평균이 62kg이었다. 다른 집단과 비교할 때 이 표본은 어느 정도의 위치에 있나?

8.10 어느 회사에서 생산되는 타이어의 수명은 평균 800시간이고 표준편차는 60시간인 정규분포를 이룬다고 한다. 16개의 타이어를 표본으로 했을 때 평균 수명이 790시간과 810시간 사이에 있을 확률은 얼마인가?

8.11 주식펀드 300개의 성장률을 조사한 결과 평균이 68%이고 표준편차가 3%인 정규분포를 이룬다고 한다. 25명으로 구성된 표본을 80번 뽑아서 평균값의 분포를 알아본다면 그 표집분포의 평균 $\mu_{\bar{X}}$와 표준편차 $\sigma_{\bar{X}}$는 얼마일까?

① 복원추출의 경우
② 비복원추출의 경우

8.12 어느 취업포털사이트가 500명의 구직자를 조사한 결과 한 번 면접을 보는 데 드는 비용이 평균 5.02만 원이고 표준편차는 0.3만 원인 정규분포를 이룬다고 한다. 이 중 100명을 임의로 선택했을 때, 면접을 보는 데 드는 비용의 합이

① 496만 원과 500만 원 이내에 있을 확률

② 510만 원 이상일 확률은 얼마인가?

8.13 어느 병원에서 계속해서 세 명의 아이가 태어날 때 남자아이의 수를 X라 하면 X가 0, 1, 2, 3일 확률분포표를 작성하고 막대그래프로 그려라. 남자나 여자가 출생할 가능성은 동일하다고 본다.

8.14 어느 대학교에서 재학생의 10%에게 장학금을 지급하고 있다고 한다. 400명의 학생을 임의로 뽑았을 때 장학금을 받고 있는 학생의 수 X의 표집분포의 평균과 표준편차를 구하라.

8.15 문제 8.14에서 장학금을 받는 학생의 비율 p의 표집분포의 평균과 표준편차를 구하라.

8.16 문제 8.14에서 장학금을 받는 학생의 비율에 대해

① 5% 이내가 장학금을 받는 학생일 확률은 얼마인가?

② 15% 이내가 장학금을 받는 학생일 확률은 얼마인가?

8.17 동전을 120번 던져서 앞면이 40~60% 나올 확률은 얼마인가?

8.18 어떤 오디션 프로에서 P씨는 투표결과 46%의 득표율을 얻어 탈락하였다. 만일 투표자 중에서 임의로 200명을 뽑아 그들에게만 투표권을 주었을 때 P씨가 과반수 이상의 표를 얻고 본선에 진출할 가능성은 얼마인가?

8.19 동전 2개를 동시에 던져 앞면이 나온 개수를 X라 하자.

① 확률변수 X의 평균과 분산을 구하라.

② 위의 시행을 두 번 반복한 것을 표본으로 했을 때, 표본평균의 확률분포표

를 작성하라.

③ 표본평균분포의 평균과 분산을 구하라.

8.20 운전면허학원에 등록하고 면허를 취득하기까지 걸리는 기간은 평균이 50일이고 표준편차는 8일이라고 한다. X를 면허를 취득하기까지 걸리는 기간이라고 하고, $n=36$인 표본을 추출하여 그 표본평균을 $\bar{X}$라고 할 때 다음을 구하라.

① $P(X \geq 45)$ ② $P(X \leq 53)$ ③ $P(44 \leq X \leq 52)$

④ $P(\bar{X} \leq 52)$ ⑤ $P(\bar{X} \geq 48.5)$ ⑥ $P(49 \leq \bar{X} \geq 51)$

8.21 어느 한 아파트단지에서 50가구를 선정해서 월평균 관리비를 알아보았더니 535,000원이었다. 이 아파트단지는 350가구로 구성되어 있으며, 모집단의 월평균 관리비와 그 표준편차는 각각 510,000원, 70,000원이라고 한다. 표본평균이 535,000원보다 클 확률은 얼마인가?

8.22 어느 양계장에서는 병아리를 부화시키는 데 5% 정도의 실패율을 가지고 있다. 새로 500개의 달걀을 부화시키는 데 실패율이 3% 이하일 가능성은 얼마인가?

8.23 평균이 μ, 표준편차가 σ인 모집단으로부터 n개의 표본을 추출할 경우, 표본평균 $\bar{X}$에 대한 설명으로 틀린 것은?

① 모집단이 정규분포를 따른다면 평균의 표집분포는 정규분포를 따른다.

② 모집단이 카이제곱분포를 따르고, $n>30$이라면 평균의 표집분포는 카이제곱분포를 따른다.

③ 표본평균의 분산은 n이 클수록 작아진다.

④ $\mu_{\bar{X}}=\mu$가 성립한다.

8.24 어느 배터리 회사에서 생산하는 전기차 배터리의 평균 수명은 5,000일이고, 표준편차는 200인 정규분포를 이룬다고 한다. 16개의 배터리를 표본으로 할 때, 평균 수명이 4,900일과 5,100일 사이에 있을 확률은 얼마인가?

8.25 어떤 모바일 게임 제작회사에서 모바일 게임 하나를 만드는 데 걸리는 기간은 평균이 60일이고 표준편차는 14일이라고 한다. 확률변수 X는 모바일 게임 하나를 제작하기까지 걸리는 기간이라고 하고, $n=49$인 표본을 추출하여 그 표본평균을 $\overline{X}$라고 할 때 $P(\overline{X} \geq 65)$을 구하라.

8.26 어느 대학 인근 자취촌에는 3,500개의 자취방이 있다. 이들 모집단의 평균월세와 그 표준편차는 각각 510,000원, 280,000원이라고 한다. 이 중 500개의 표본을 임의로 선택했을 때, 표본평균이 535,000원보다 클 확률은 얼마인가?

Chapter 09

통계적 추정

지금까지는 모집단의 성격을 알고 있다는 것을 전제로 하여, 표본의 성격을 분석하는 방법에 대해서 공부하였다. 그러나 실제로는 모집단의 성격을 모르는 상황에서 모집단의 성격을 규명하여야 할 때가 많이 있다. 예를 들어 어느 회사 제품의 평균 용량을 알기를 원한다고 하자. 이때 제품 전체를 분석한다는 것은 시간적 제약과 경비 등의 문제로 불가능하므로, 표본의 특성을 나타내는 통계량을 계산한 다음에 이를 기초로 하여 모집단의 모수를 찾아내야 하는 것이다. 따라서 가능한 한 모수를 정확하게 추정하는 것이 통계적 분석에서 가장 중요한 분야 중의 하나이다. 이 분야를 다루는 통계학을 추론통계학이라고 하는데, 이 추론통계학이 다루는 영역은 크게 통계적 추정과 가설검정으로 나눌 수 있다.

통계적 추정(statistical estimation)은 표본의 성격을 나타내는 통계량을 기초로 하여 모수를 추정하는 통계적 분석 방법이며, 가설검정(hypothesis test)은 모수에 대하여 특정한 가설을 세워 놓고, 표본을 선택하여 통계량을 계산한 다음, 이를 기초로 하여 모수에 대한 가설의 진위를 판단하는 방법이다. 이 장에서는 통계적 추정의 방법에 대해 설명하고 가설검정에 대해서는 다음 장에서 살펴보기로 한다.

제1절 통계적 추정의 기본개념

다음과 같은 예로써 통계적 추정에 대한 기본개념을 설명하여 보자. 서울 시내 대학 신입생의 수학능력시험 평균 점수를 알아보려고 하는데, 시간적인 제약과 경비 때문에 서울 시내의 모든 대학의 신입생을 대상으로 수학능력시험 점수를 조사할 수는 없다고 한다. 이런 경우 각 대학의 신입생 중에서 적정한 수의 학생을 표본으로 뽑아 이를 기초로 하여 모집단의 모수, 즉 수학능력시험 평균 점수를 추정해야 할 것이다. 만일 서울 시내 각 대학에서 총 400명을 표본으로 뽑아 그들의 수학능력시험 점수를 조사하여 본 결과 평균 점수가 250점이었다고 하면, 모집단의 평균 점수는 얼마라고 볼 수 있는가? 이러한 예가 통계적 추정의 기본 형태이다. 그런데 위와 같은 질문에 대해서 여러 가지 답을 할 수 있으나, 가능한 답 중에서 세 개만 적어 보자.

A. 250점일 것이다.
B. 225~275점 사이일 것이다.
C. 170~330점 사이일 것이다.

이 세 개의 답을 보면 어느 하나도 꼭 틀렸다고 말할 수는 없다. 먼저 A의 경우 표본의 평균이 250점이라고 해서, 모집단의 평균이 꼭 250점이라고 할 수는 없다. B의 답, 즉 225점 이상 275점 이하의 어느 점수가 모수가 될 것이라는 것은 모집단의 평균이 꼭 250점이라는 것보다 맞을 가능성이 높으며, C의 답, 즉 170점 이상 330점 이하에 모수가 있을 가능성은 거의 100%라고 할 수 있다. 다시 말해서 모수가 들어갈 범위, 즉 구간을 크게 할수록 그 추정이 맞을 가능성은 높다. 그러나 구간이 클수록 그 정보의 효과는 감소한다. 극단적으로 수학능력시험 점수가 400점 만점일 때 수학능력시험 평균 점수가 0점에서 400점 사이에 있을 것이라고 한다면 그 추정이 맞을 가능성은 100%이지만 그것이 주는 정보의 가치는 하나도 없게 된다.

이런 관점에서 추정의 결과가 주는 정보의 효과와 추정구간의 크기는 상반관계(trade-off)에 있다고 할 수 있다. 물론 이것은 다른 요인들, 예를 들어 표본의 크기 등이 일정하다는 가정하에서다.

표본의 특성을 기초로 하여 모집단의 특성을 추정하는 데에는 앞의 A에서처럼 수학능력시험의 평균 점수가 250점이라든지, 300점이라든지와 같이 모집단의 특성을 하나의 값으로 추정하는 점추정(point estimation) 방법과, B나 C와 같이 적절한 구간을 가지고 모수를 추정하는 구간추정(interval estimation) 방법이 있다. 그러나 점추정은 위에서 말한 것처럼 모수와 같을 가능성이 가장 높은 하나의 값만을 선택하는 것이므로 아무리 가능성이 높은 값을 점추정치로 사용한다고 하여도 그 값이 완전히 옳다고 확신할 수는 없다. 점추정의 가장 큰 단점은 추정에 있어서 불확실성의 정도를 표현하지 못한다는 데 있다. 이 단점을 해결하기 위한 추정방법이 바로 구간추정이다. 구간추정은 표본의 통계량을 기초로 모수가 존재할 일정구간, 즉 신뢰구간을 추정하는 방법으로서 점추정에 비하여 더 많이 사용되는 통계적 추정방법이다.

제2절 점추정과 추정량

점추정

점추정이란 앞에서 설명한 바와 같이 하나의 값으로 모숫값을 추정하는 방법이다. 다시 말해서, 표본으로부터 구할 수 있는 통계량 가운데 모수를 추정하기에 가장 적절한 것을 결정하여 그 값을 모숫값으로 보는 것이다. 이때 '가장 적절한'이란 무엇을 뜻하는가? 이를 명확히 이해하기 위해서는 먼저 추정량의 의미와 결정기준에 대하여 알아야 한다.

우선 추정값(estimate)과 추정량(estimator)을 간단히 정의해 보자. 추정값이란 모수를 추정하여 나온 결괏값 그 자체이며, 추정량이란 추정값을 구하기 위하여 사용되는 추정방법 또는 추정값 계산을 위한 통계량을 말한다. 위의 수학능력시험을 예로 들자면 모집단의 평균 μ를 알기 위하여 표본의 평균 통계량 $\overline{X}$를 이용하게 되는데 이때 $\overline{X}$는 μ의 추정량이 되며, 표본평균의 구체적인 수치, 예를 들어 $\overline{X}=250$은 모집단의 평균을 추정하는 추정값이 된다.

점추정에서 모수를 추정하는 데 무엇을 추정량으로 삼느냐가 매우 중요한 문제이다. 모집단의 평균 μ를 추정하기 위해서는 표본의 산술평균, 기하평균, 중앙값 등 여러 가지 통계량을 사용할 수 있으나, 그중에서도 표본의 산술평균을 추정량으로 사용하는 이유는 무엇인가? 만일 표본의 중앙값을 추정량으로 삼는다면 어떤 문제가 생기는가? 이러한 문제는 모집단의 평균 μ를 추정하는 데만 적용되는 것이 아니고 모집단의 다른 특성치, 예를 들면 비율이나 분산 등의 모수를 추정할 때에도 마찬가지로 적용된다.

추정량의 결정기준

이제 모집단의 모수를 θ라고 할 때, θ를 추정하기 위한 추정량 $\hat{\theta}$은 어떤 조건을 갖추어야 하는가에 대해 알아보기로 하자. 적절한 추정량을 선택하는 기준은 다음의 네 가지 조건으로 설명할 수 있다.

① 불편성(unbiasedness)
② 효율성(efficiency)
③ 일치성(consistency)
④ 충분성(sufficiency)

선택된 추정량이 위의 네 가지 조건을 모두 충족시킨다면 다행이지만, 그런 추정량이 존재하지 않는다면 첫째 조건인 불편성(不偏性)에 가장 큰 비중을 두어 적절한 추정량을 선택해야 한다.

불편성

추정량의 기댓값이 추정할 모수의 실젯값과 일치하거나 또는 그 값에 가까이 갈수록 바람직한 추정량이라고 할 수 있다. 만약 추정량의 기댓값이 실제 모수의 값과 차이가 나면 그 추정량은 편의(偏倚, bias)를 갖는다고 한다. 이상적인 추정량의 조건은 0의 편의를 가지는 것이며, 이때의 추정량을 불편추정량(unbiased estimator)이라고 한다.

불편성의 정의

추정량의 기댓값이 추정할 모수의 실젯값과 같을 때 이 추정량은 불편성을 가졌다고 한다. 이를 식으로 표현하면 다음과 같다.

$$E(\hat{\theta})=\theta \quad (9\cdot1)$$

$\hat{\theta}$: 추정량
θ : 모수

식 9·1을 만족시키는 추정량 $\hat{\theta}$은 불편추정량이다. 앞에서 왜 모집단의 평균 μ의 추정값으로 표본의 평균 $\overline{X}$를 사용하느냐는 의문을 가졌었는데, 이는 $\overline{X}$가 μ의 불편추정량이기 때문으로, 제8장에서 살펴보았듯이 $\overline{X}$-분포의 평균, 즉 기댓값 $E(\overline{X})$는 μ와 같기 때문이다.

$$E(\overline{X})=\mu$$

선택 가능한 모든 표본들로부터 각각 $\overline{X}$를 계산한 다음, $\overline{X}$의 평균을 구하면 μ와 같다. 또한 모집단의 분산 σ^2을 추정하기 위하여 표본의 분산 S^2을 구할 때는 분모에 n 대신 $(n-1)$로 나누어준다. 즉, $S^2=\sum(X-\overline{X})^2/(n-1)$이 불편추정량이 된다. 왜냐하면 선택가능한 모든 표본들로부터 각각 $(n-1)$로 나눈 S^2들을 구하여 평균을 내면 σ^2과 같기 때문이다. 표본의 분산을 구할 때 분모에 n 대신 $(n-1)$을 사용하는 것이 바로 이러한 이유에서다.

$$E(S^2)=\sigma^2$$

| 그림 9-1 | 불편추정량과 편의

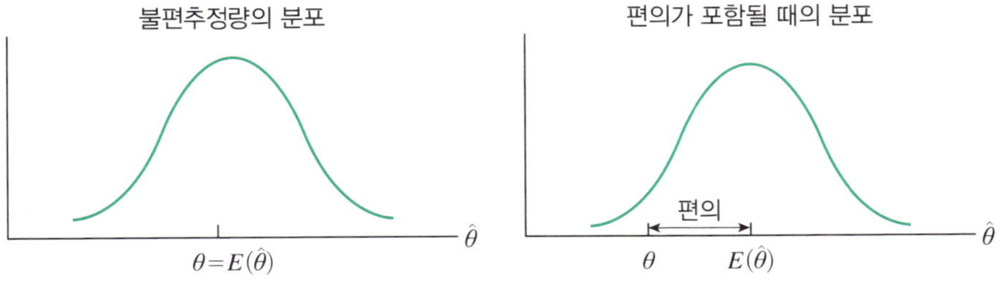

효율성

한 표본에서 계산된 추정량 $\hat{\theta}$은 되도록 모수 θ에 근접해야 한다. 표본으로부터 얻어지는 추정량 $\hat{\theta}$들이 θ를 중심으로 집중되어 있을 때 각 표본에서 계산된 추정량은 모수와 매우 유사하다고 할 수 있다. 즉, θ를 중심으로 $\hat{\theta}$의 분산이 작을수록, θ를 정확하게 추정할 수 있다.

선택 가능한 모든 표본들에서 계산된 추정량의 분포가 [그림 9-2]의 $\hat{\theta}_1$과 같을 때에는 이 중에서 어떤 추정량을 택하더라도 그 추정값이 실제 θ와 큰 차이가 없지만, [그림 9-2]의 $\hat{\theta}_2$에서 뽑혀진 추정값은 실제 θ와 커다란 차이가 있을 수 있다. $\hat{\theta}_1$과 같이 추정량의 분산이 작을 때 해당 추정량을 효율적인 추정량이라 한다.

효율성

추정량 중에서 최소의 분산을 가진 추정량이 가장 효율적이다.

두 가지의 추정량을 비교할 때에는 그 추정량의 분산을 비교함으로써 상대적 효율성을 평가한다. 어떠한 모수에 대해 두 가지의 추정량 $\hat{\theta}_1$, $\hat{\theta}_2$을 구했을 때 식 9·2가 성립된다면 추정량 $\hat{\theta}_1$이 추정량 $\hat{\theta}_2$보다 상대적으로 효율적이라고 말할 수 있다.

$$\text{Var}(\hat{\theta}_1) < \text{Var}(\hat{\theta}_2) \quad (9 \cdot 2)$$

| 그림 9-2 | 추정량의 효율성

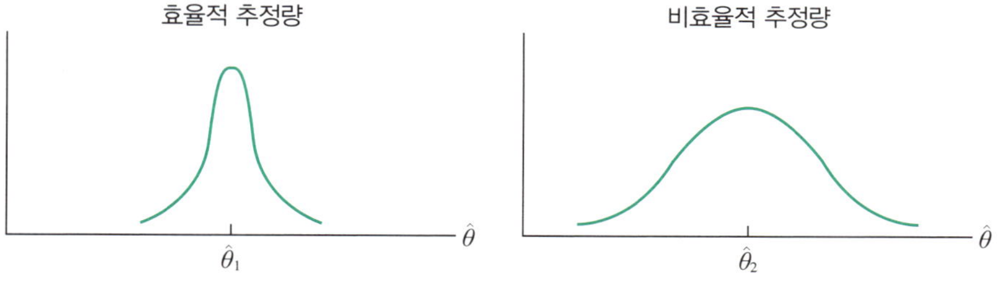

일치성

일치성이란 표본의 크기 n이 무한히 증가하면 그 표본에서 얻은 추정량 $\hat{\theta}$이 모수 θ에 근접하게 되는 것을 말한다. 이는 대표본을 전제로 한 통계량의 점근적(asymptotic) 특성을 의미한다. [그림 9-3]은 추정량의 일치성을 설명한 것이다. 표본의 크기가 커지면 커질수록 추정량과 모수 간의 차이는 차차 작아지게 되는 것을 볼 수 있다. 이러한 특성의 추정량을 일치성이 있다고 한다.

일치성

표본의 크기 n이 무한히 증가함에 따라 추정량 $\hat{\theta}$이 모수 θ에 가까워지는 것을 일치성이라고 한다.

$$\lim_{n \to \infty} P(|\hat{\theta}-\theta| < \varepsilon)=1 \qquad [9\cdot3]$$

ε : 임의의 양수

| 그림 9-3 | 일치성 있는 추정량

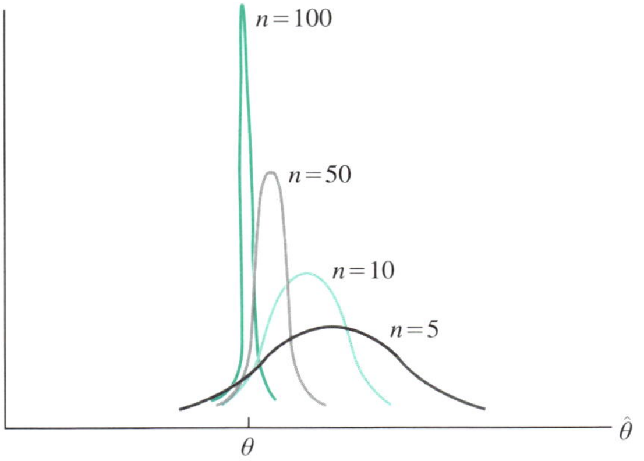

충분성

동일한 표본으로부터 얻은 추정량 $\hat{\theta}$이 다른 추정량보다 모수 θ에 관하여 가장 많은 정보를 제공해 주고 있다면, 이 추정량 $\hat{\theta}$은 충분성이 있다고 할 수 있다. 다시 말해서 어떤 다른 추정량도 $\hat{\theta}$보다 θ에 대하여 더 많은 정보를 제공할 수 없을 때, 이 $\hat{\theta}$을 충분성이 있는 추정량이라 한다.

예를 들어 표본평균 $\overline{X}$는 μ의 충분추정량이지만, 표본의 중앙값은 μ에 대한 충분추정량이 되지 못한다. 그 이유는 중앙값이란 단지 중간에 위치한 수치만을 뜻하는 것으로서 $\overline{X}$만큼 모수 μ에 대해 충분한 정보를 제공해 주지 못하기 때문이다.

충분성

추정량이 모수에 대하여 가장 많은 정보를 제공할 때 그 추정량은 충분성이 있다고 한다.

제3절 구간추정

구간추정의 기본개념

앞에서 설명한 점추정은 특정한 하나의 값으로 모수를 추정하기 때문에 추정값을 충분히 신뢰할 수 없다. 그러나 점추정과는 다르게 구간추정은 모수가 존재할 범위를 제공함으로써 연구자가 원하는 만큼의 정확도를 가지고 모수를 추정할 수 있다는 장점을 가지고 있다.

구간추정에 관한 이론적인 설명을 하기 전에 먼저 구간추정의 기본 개념을 예를 들어 설명하여 보자.

【예제 1】 서울 시내 초등학교 학생 전체를 대상으로 학업성취도 평가를 실시한 결과 평균 $\mu=140$점, 표준편차 $\sigma=60$점이며, 학생들의 점수는 정규분포를 이룬다고 하자. 임의로 4명씩을 표본으로 뽑아보면 이들 평균의 표본분포는 평균 $\mu_{\bar{X}}=140$, $\sigma_{\bar{X}}=\sigma/\sqrt{n}=30$인 정규분포가 된다.

| 그림 9-4 | $\mu_{\bar{X}}=140$, $\sigma_{\bar{X}}=30$인 표집분포에서의 신뢰구간

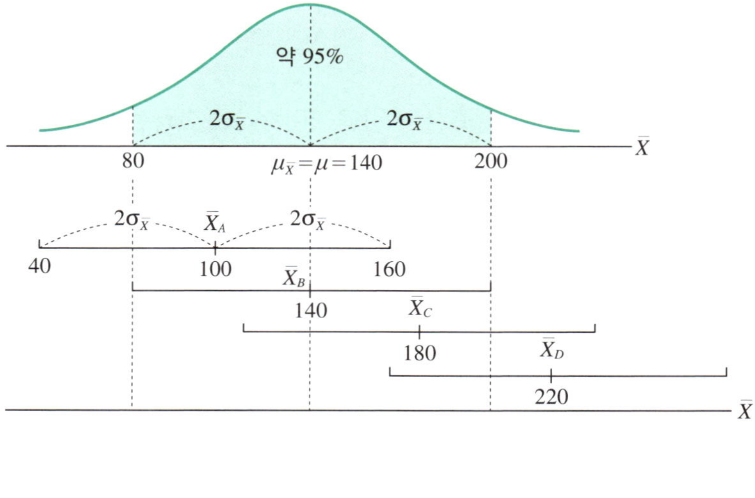

이 예에서는 구간추정의 개념을 설명하기 위해 우리가 알고 싶어하는 모집단의 평균과 표준편차를 이미 알고 있는 것으로 가정하였다. 이를 그림으로 그려보면 [그림 9-4]와 같다.

[그림 9-4]에서 보는 것처럼 임의로 표본크기가 4인 A, B, C, D의 네 개의 표본을 선택하였을 때, 그 평균이 각각 $\overline{X}_A=100$, $\overline{X}_B=140$, $\overline{X}_C=180$, $\overline{X}_D=220$이었다고 하자. 각각의 표본평균에 $2\sigma_{\overline{X}}$만큼씩 양쪽으로 더하거나 빼거나 하는 경우를 생각하여 보자. $2\sigma_{\overline{X}}$는 $2\times30=60$점이 된다.

$\overline{X}_A=100$에서 양쪽으로 $\pm2\sigma_{\overline{X}}$점을 하면, 40~160점이 된다.
　　이 구간은 $\mu_{\overline{X}}=140$인 모수를 포함한다.
$\overline{X}_B=140$에서 양쪽으로 $\pm2\sigma_{\overline{X}}$점을 하면, 80~200점이 된다.
　　이 구간도 $\mu_{\overline{X}}=140$인 모수를 포함한다.
$\overline{X}_C=180$에서 양쪽으로 $\pm2\sigma_{\overline{X}}$점을 하면, 120~240점이 된다.
　　이 구간도 $\mu_{\overline{X}}=140$인 모수를 포함한다.
$\overline{X}_D=220$에서 양쪽으로 $\pm2\sigma_{\overline{X}}$점을 하면, 160~280점이 된다.
　　이 구간은 $\mu_{\overline{X}}=140$인 모수를 포함하지 않는다.

정규모집단의 표본평균 $\overline{X}$가 $[\mu-2\sigma_{\overline{X}},\ \mu+2\sigma_{\overline{X}}]$의 구간에 포함될 확률이 약 0.95라는 사실은 이미 알려져 있다.

$$P(\mu-2\sigma_{\overline{X}}\le\overline{X}\le\mu+2\sigma_{\overline{X}})\fallingdotseq0.95$$

이를 우리의 예에 적용하면 표본의 평균 점수가 $\mu\pm2\sigma_{\overline{X}}$인 80점과 200점 사이에 있을 확률은 약 0.95가 된다.

이제 [그림 9-4]에서와 같이 어떤 표본을 뽑았을 때, 그 표본의 평균 $\overline{X}$를 중심으로 $[\overline{X}-2\sigma_{\overline{X}},\ \overline{X}+2\sigma_{\overline{X}}]$의 구간이 μ를 포함할 가능성을 생각해 보자. 위의 식 $P(\mu-2\sigma_{\overline{X}}\le\overline{X}\le\mu+2\sigma_{\overline{X}})\fallingdotseq0.95$를 변형하면 다음과 같이 쓸 수 있다.

$$P(\overline{X}-2\sigma_{\overline{X}}\le\mu\le\overline{X}+2\sigma_{\overline{X}})\fallingdotseq0.95$$

위 식은 μ가 $[\bar{X}-2\sigma_{\bar{X}},\ \bar{X}+2\sigma_{\bar{X}}]$의 구간에 포함될 확률이 약 0.95라는 표현인 것 같지만, 이는 틀린 해석이다. 왜냐하면 μ는 모수로서 확률변수가 아닌 상수이며, 위 '식에서의 확률변수는 신뢰구간 $[\bar{X}-2\sigma_{\bar{X}},\ \bar{X}+2\sigma_{\bar{X}}]$이기 때문이다. 즉, μ는 상수로서 고정되어 있지만 $\bar{X}$는 추정량으로서 표본에 따라 달라지는 확률변수이므로 신뢰구간 자체를 확률변수로 인식해야 한다. 그러므로 위의 식은 "모수 μ에 대한 구간추정량인 $[\bar{X}-2\sigma_{\bar{X}},\ \bar{X}+2\sigma_{\bar{X}}]$가 μ를 포함할 확률은 약 0.95"라고 해석되어야 한다. 이는 구간추정량, 즉 신뢰구간 $\bar{X}\pm 2\sigma_{\bar{X}}$로 100회의 추정을 할 경우, 100개의 구간추정값 중 95개 정도는 μ를 포함할 것으로 기대할 수 있다는 것을 의미한다.

[그림 9-4]에서는 μ가 알려져 있으므로 4개의 구간추정값 중 D를 제외한 3개가 μ를 포함하고 있다는 것을 알 수 있었다. 그러나 μ를 모를 경우에는 위의 4개 구간추정값 중 과연 어떤 것이 μ를 포함하고 있는지를 알 수가 없다. 다만 동일한 방법으로 계속 표본을 추출하여 $\bar{X}+2\sigma_{\bar{X}}$의 구간을 추정한다면 이들 구간추정값 중 95%는 μ를 포함할 것이라고 말할 수 있을 뿐이다.

모집단 평균의 구간추정

σ를 알고 있는 경우

Z_α값의 계산

앞에서 어떤 표본평균 $\bar{X}$에 $\pm 2\sigma_{\bar{X}}$를 하면, 이 구간추정량이 모집단의 평균 μ를 포함하고 있을 가능성은 약 95%라는 것을 알았다. 이제 보다 일반적인 신뢰구간의 추정방법을 설명하여 보자.

[그림 9-5]의 (a)에서와 같이 Z가 Z_α보다 클 가능성을 α로 표시하여 보자. 예를 들어 $\alpha=0.05$일 때, $P(Z\geq Z_{0.05})=0.05$, 즉 녹색 면적이 0.05인 $Z_{0.05}$값을 [부록 2]의 표준정규분포표에서 찾아보면 1.64다. 표준정규분포는 좌우대칭이므로 $P(Z\leq -Z_{0.05})=0.05$이며, 이에 해당되는 왼쪽의 $-Z_{0.05}$값은 [그림 9-5]의 (b)에

| 그림 9-5 | $\alpha=0.05$일 때의 Z_α와 $-Z_\alpha$의 값

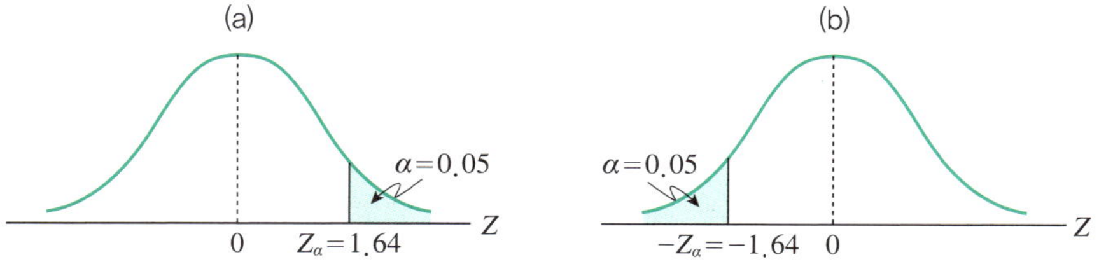

서 보듯이 -1.64가 된다.

구간으로 모수를 추정하는 데 있어서는 한쪽으로 α의 확률을 갖는 Z_α 또는 $-Z_\alpha$보다는 양쪽으로 $\alpha/2$씩의 확률을 갖는 Z의 값, 즉 $\pm Z_{\alpha/2}$로 표시하는 경우가 더 많다. 한 모집단에서 선택가능한 모든 표본들의 평균을 구해 보면 모집단 평균을 중심으로 좌우대칭이 되기 때문에, 신뢰구간을 설정할 때에도 한쪽으로 치우친 구간보다는 α의 면적을 둘로 나누어 양쪽으로 똑같은 넓이를 구간으로 설정한다. 만일 $\alpha=0.05$라고 한다면, 양쪽 끝이 각각 α의 1/2, 즉 0.025씩의 면적을 갖게 되는데, 이때 $Z_{0.025}=1.96$, $-Z_{0.025}=-1.96$의 값을 갖는다. 이것을 그림으로 나타내면 [그림 9-6]과 같다.

| 그림 9-6 | $\alpha=0.05$일 때의 $Z_{\alpha/2}$와 $-Z_{\alpha/2}$의 값

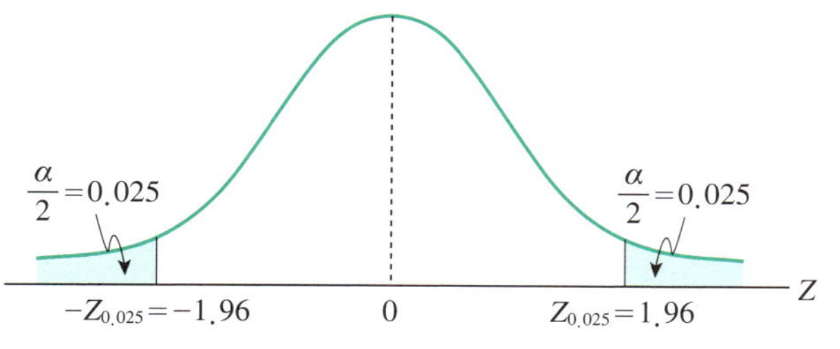

[그림 9-6]은 다음과 같이 식으로 표시할 수도 있다.

Z값에 대한 신뢰구간

$$P(-Z_{\alpha/2} \le Z \le Z_{\alpha/2}) = 1-\alpha \quad (9\cdot4)$$

$\alpha=0.05$일 때의 [그림 9-6]은 다음과 같이 나타낸다.

$$P(-1.96 \leq Z \leq 1.96)=0.95$$

지금까지는 설명을 간단히 하기 위해서 구간추정량 $\bar{X} \pm 2\sigma_{\bar{X}}$가 μ를 포함할 가능성이 약 95%라 하였으나, 엄밀히 말하면 95%의 구간추정량은 $\bar{X} \pm 2\sigma_{\bar{X}}$가 아니라 $\bar{X} \pm 1.96\sigma_{\bar{X}}$다.

신뢰구간의 식

신뢰구간에 대한 일반식을 구하여 보자. $Z=(\bar{X}-\mu_{\bar{X}})/\sigma_{\bar{X}}$이므로 이를 식 9·4에 대입하여, μ에 대해 정리하면 다음과 같은 식을 얻는다.[01]

μ에 대한 신뢰구간

$$P(\bar{X}-Z_{\alpha/2} \cdot \sigma_{\bar{X}} \leq \mu \leq \bar{X}+Z_{\alpha/2} \cdot \sigma_{\bar{X}})=1-\alpha \qquad (9\cdot5)$$

이 식에서 $1-\alpha$는 신뢰도(confidence level) 또는 신뢰수준이라고 한다. 식 9·5는 $1-\alpha$의 신뢰도를 갖는 μ에 대한 신뢰구간을 나타낸다.

신뢰도는 이와 같이 구간으로 추정된 추정값이 실제 모집단의 모수를 포함하고 있을 가능성을 말하는 것이다. 이때 모수가 포함될 것으로 추정된 구간을 신뢰구간(confidence interval)이라 한다. 90%의 신뢰도를 갖고 추정된 구간을 90% 신뢰구간, 신뢰도가 95%일 때에는 95% 신뢰구간이라고 한다. 신뢰구간은 신뢰도에 따라서 필요한 $Z_{\alpha/2}$값을 정하여 추정하는데, Z-분포표를 이용하여 이에 대응하는 $Z_{\alpha/2}$값을 찾으면 된다.

---

01 $P(-Z_{\alpha/2} \leq Z \leq Z_{\alpha/2})=1-\alpha$에 $Z=\dfrac{\bar{X}-\mu}{\sigma_{\bar{X}}}$를 대입하면

$$P\left(-Z_{\alpha/2} \leq \frac{\bar{X}-\mu}{\sigma_{\bar{X}}} \leq Z_{\alpha/2}\right)=1-\alpha$$

$$P(-Z_{\alpha/2} \cdot \sigma_{\bar{X}} \leq \bar{X}-\mu \leq +Z_{\alpha/2} \cdot \sigma_{\bar{X}})=1-\alpha$$

$$P(-\bar{X}-Z_{\alpha/2} \cdot \sigma_{\bar{X}} \leq -\mu \leq -\bar{X}+Z_{\alpha/2} \cdot \sigma_{\bar{X}})=1-\alpha$$

$$\therefore P(\bar{X}+Z_{\alpha/2} \cdot \sigma_{\bar{X}} \geq \mu \geq \bar{X}-Z_{\alpha/2} \cdot \sigma_{\bar{X}})=1-\alpha$$

표 9-1 신뢰도에 따른 $Z_{\alpha/2}$값

신뢰도$(1-\alpha)$	$Z=0$에서 $Z_{\alpha/2}$까지 면적	$Z_{\alpha/2}$
0.90	0.450	1.64
0.95	0.475	1.96
0.99	0.495	2.57

신뢰구간의 예

이제 식 9·5와 〈표 9-1〉을 이용하여 다음 예제를 풀어보자.

【예제 2】 우리나라 대학생들의 월평균 용돈이 얼마인지 알아보려고 한다. 100명을 임의로 선택한 결과, 그들의 평균이 582,000원이라는 것을 알았다. 모집단의 표준편차가 10만 원이고, 모집단이 정규분포를 이룬다고 가정할 때 우리나라 대학생들 평균 용돈의 90% 신뢰구간, 95% 신뢰구간, 99% 신뢰구간을 구하여 보자.

$n=100$, $\sigma=100,000$원이므로 $\sigma_{\bar{X}}=\dfrac{\sigma}{\sqrt{n}}=\dfrac{100,000}{\sqrt{100}}=10,000$이 된다.

90% 신뢰구간

$$\bar{X}-Z_{0.05}\cdot\sigma_{\bar{X}}\le\mu\le\bar{X}+Z_{0.05}\cdot\sigma_{\bar{X}}$$
$$\Leftrightarrow \bar{X}-1.64\sigma_{\bar{X}}\le\mu\le\bar{X}+1.64\sigma_{\bar{X}}$$
$$\Leftrightarrow 582,000-1.64\times10,000\le\mu\le582,000+1.64\times10,000$$
$$\Leftrightarrow 565,600\le\mu\le598,400$$

95% 신뢰구간

$$\bar{X}-Z_{0.025}\cdot\sigma_{\bar{X}}\le\mu\le\bar{X}+Z_{0.025}\cdot\sigma_{\bar{X}}$$
$$\Leftrightarrow \bar{X}-1.96\sigma_{\bar{X}}\le\mu\le\bar{X}+1.96\sigma_{\bar{X}}$$
$$\Leftrightarrow 582,000-1.96\times10,000\le\mu\le582,000+1.96\times10,000$$
$$\Leftrightarrow 562,400\le\mu\le601,600$$

99% 신뢰구간

$$\overline{X}-Z_{0.005}\cdot\sigma_{\overline{X}}\le\mu\le\overline{X}+Z_{0.005}\cdot\sigma_{\overline{X}}$$

$$\Leftrightarrow \overline{X}-2.57\sigma_{\overline{X}}\le\mu\le\overline{X}+2.57\sigma_{\overline{X}}$$

$$\Leftrightarrow 582,000-2.57\times10,000\le\mu\le582,000+2.57\times10,000$$

$$\Leftrightarrow 556,300\le\mu\le607,700$$

90%, 95%, 99% 신뢰구간을 비교해 보면, 신뢰도가 높을수록 신뢰구간이 넓어지는 것을 알 수 있다. 위의 예제에서 90% 신뢰구간은 $565,600\le\mu\le598,400$인 데 비해 99%에서는 $556,300\le\mu\le607,700$가 된다. 이는 범위가 넓을수록 그 속에 모집단의 평균이 포함될 가능성이 더 높아짐을 뜻한다. 그 반면, 범위가 넓을수록 신뢰구간이 갖는 정보의 가치는 줄어들게 된다.

식 9·5의 신뢰구간 식은 다음과 같이 두 가지 가정을 전제로 하고 있다. 하나는 모집단이 정규분포라는 것이고, 다른 하나는 모집단의 표준편차 σ를 알고 있다는 것이다. 이 두 가지 가정이 모두 성립될 때에야 표본의 크기에 관계없이 표본평균이 정규분포를 따르므로 식 9·5가 성립된다.

모집단이 정규분포가 아니라면 어떻게 신뢰구간을 추정할까? 이 경우 표본의 크기 n이 작으면 표본분포는 정규분포가 아니므로 신뢰구간을 추정할 수 없다. 그러나 표본의 크기 n이 충분히 클 때,[02] 우리는 중심극한정리(central limit theorem)에 의하여 표본분포에서 $Z=(\overline{X}-\mu_{\overline{X}})/\sigma_{\overline{X}}$가 표준정규분포에 근사한다는 것을 알고 있다. 따라서 식 9·5를 이용하여 신뢰구간을 추정할 수 있다.

σ를 모르는 경우

앞에서 모집단의 평균을 추정할 때 정규분포 모집단의 표준편차 σ를 알고 있는 것으로 가정했으나, 모집단의 평균을 모르면서 모집단의 표준편차를 알고 있는 경우는 매우 드물다. 대개의 경우 모집단의 표준편차는 모집단의 평균 μ를 알아야 계산할 수 있기 때문이다. 모집단의 표준편차 σ를 모를 때에는 표본

02 여기서 "표본의 크기 n이 크다"라는 표현은 모집단의 분포의 형태에 따라 그 기준이 다를 수 있다. 그러나 일반적으로 $n\ge30$이면 "n이 충분히 크다"라는 말을 적용할 수 있다.

에서 구한 불편추정량 S, 즉 표본의 표준편차를 모집단의 표준편차 σ 대신으로 사용한다.

S는 식 9 · 6과 같이 계산한다는 것을 우리는 이미 알고 있다.

$$S = \sqrt{\frac{\sum(X_i - \bar{X})^2}{n-1}} \tag{9·6}$$

표본의 크기 n이 작고 또한 σ를 모르며 S만 알 때에는 $Z = (\bar{X} - \mu_{\bar{X}})/\sigma_{\bar{X}}$를 사용하여 신뢰구간을 계산할 수 없다. $\sigma_{\bar{X}}$를 구하기 위해서는 σ를 알아야 하기 때문이다. 이럴 경우 분모에 $\sigma_{\bar{X}} = \sigma/\sqrt{n}$ 대신 $S_{\bar{X}} = S/\sqrt{n}$를 사용해야 하는데, 표본통계량 $(\bar{X} - \mu_{\bar{X}})/S_{\bar{X}}$는 표준정규분포를 따르지 않는다. 대신 이 통계량은 자유도 $(n-1)$의 t–분포를 이룬다는 것이 알려져 있으므로 t–분포를 이용하여 신뢰구간을 구해야 한다. 이때의 표본통계량을 t–통계량이라 하는데, t–통계량은 식 9 · 7과 같이 구한다.

t–통계량

$$t = \frac{\bar{X} - \mu_{\bar{X}}}{S_{\bar{X}}} \tag{9·7}$$

t–분포를 이용하여 신뢰구간을 추정하는 방법에 대해 설명하기 전에 먼저 t–분포에 대하여 알아보기로 하자.

t–분포

t–분포의 모양은 Z–분포와 유사하다. 종 모양으로서 $t=0$에 대하여 대칭을 이루는데, t–곡선의 모양을 결정하는 것은 자유도(degrees of freedom)이다. 자유도는 df로 나타내며, 표본의 크기 n에서 1을 뺀 것이다. 자유도란 자료집단의 관찰값 중에서 자유롭게 선택될 수 있는 관찰값의 수를 말한다. 예를 들어 확률변수 X가 10개가 있는데 그 평균을 구했다고 하자. 이때 10개의 관찰값 중 일단

9개만 정해지면 평균을 알 수 있으므로 나머지 하나는 자동적으로 정해짐을 알 수 있다. 그러므로 표본평균 $\overline{X}$의 경우 자유도 df는 $10-1=9$가 된다.

| 그림 9-7 | 자유도에 따른 t-분포

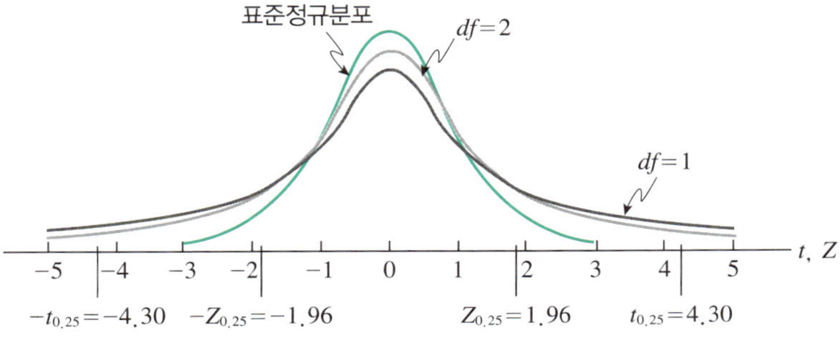

자유도에 따른 t-분포의 모양을 그려보면 [그림 9-7]과 같다. 이 그림에서 t-분포는 표준정규분포보다 두터운 꼬리를 가지고 옆으로 퍼져 있음을 알 수 있다. 표준정규분포보다 옆으로 퍼져 있는 t-분포의 특성으로 인해 같은 수준의 α에 대하여 t-통계량이 Z-통계량보다 큰 값을 갖게 된다. 보다 넓은 구간 통계량을 사용함으로써 모집단의 표준편차 σ를 알지 못하는 데서 오는 추정상의 오류를 어느 정도 보완할 수 있다.

[그림 9-7]에서 $\alpha/2=0.025$에서 $Z_{0.025}=1.96$이고, $df=2$일 경우 $t_{0.025}$는 4.30으로 t-분포를 이용한 신뢰구간이 훨씬 넓다. 그러나 표본의 크기 n이 커질수록 표본의 표준편차 S는 σ에 접근하기 때문에 t-분포는 점차 표준정규분포와 비슷한 형태를 이루게 된다.

| 그림 9-8 | $P(t \geq t_{\alpha})=\alpha$의 의미

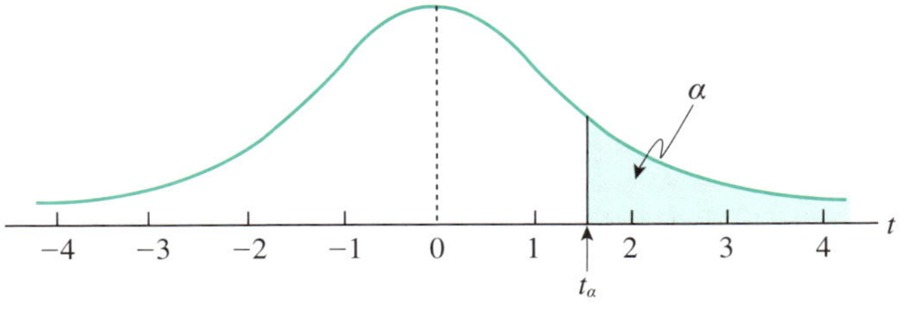

$P(t \geq t_\alpha) = \alpha$를 그림으로 표시하면 [그림 9-8]과 같다. [그림 9-8]에서 어떤 t값 이상되는 면적을 α라 하고, 그 α에 맞는 t값, 즉 t_α를 나타낸 것이 t-분포표이며, 이에 대한 자세한 표의 내용은 이 책의 뒤 [부록 3]에 실었다. [부록 3]에서 $df=20$인 t-분포를 보면 $\alpha=0.05$와 $\alpha=0.025$에 해당되는 t값이 각각 1.725와 2.086인 것을 알 수 있다. 이는 $df=20$일 때, t가 1.725보다 클 확률이 0.05이며, t가 2.086보다 클 확률은 0.025라는 것을 의미한다.

$$P(t \geq 1.725) = P(t \leq -1.725) = 0.05$$
$$P(t \geq 2.086) = P(t \leq -2.086) = 0.025$$

| 그림 9-9 | $df=20$인 t-분포

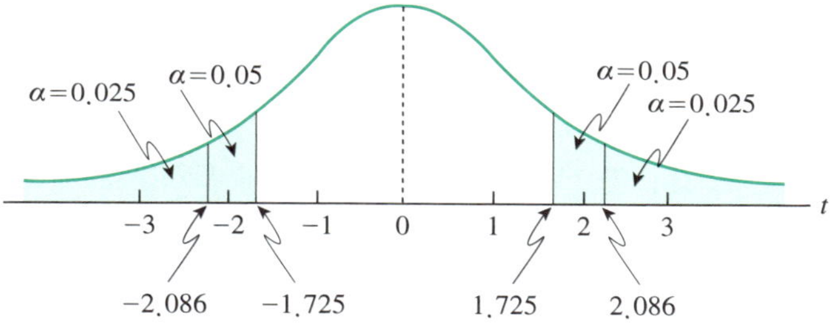

참고로 $\alpha=0.05$, $\alpha=0.025$에 해당하는 값이 $df=20$일 때 t-분포에서는 1.725, 2.086인 데 비하여 표준정규분포에서는 각각 1.64와 1.96인 점을 생각하면, t-분포가 추정구간을 넓게 하는 효과를 가져 모집단 표준편차 α를 모르는 데서 오는 추정상의 오류를 보상해 주는 것을 알 수 있다.

t-분포를 이용한 신뢰구간 추정

모집단의 표준편차 σ를 모를 때 t-분포를 이용하여 $1-\alpha$의 신뢰구간을 추정하는 방법은 Z값 대신에 t값을 사용한다는 점 외에는 앞에서 설명한 정규분포를 이용한 방법과 차이가 없다.

t-통계량을 이용한 신뢰구간은

$$P\left(-t_{\alpha/2} \leq \frac{\overline{X}-\mu_{\overline{X}}}{S_{\overline{X}}} < t_{\alpha/2}\right) = 1-\alpha \qquad (9\cdot8)$$

가 된다. $\pm t_{\alpha/2}$는 자유도가 $n-1$인 t–분포에서 분포 양끝에 $\alpha/2$씩의 확률을 갖는 t값을 뜻한다. 식 9·8을 평균 μ에 대하여 정리하면 t–분포에서 모집단 평균 μ의 신뢰구간의 일반식을 다음과 같이 구할 수 있다.

t–분포에서의 신뢰구간

$$P(\overline{X}-t_{\alpha/2}\cdot S_{\overline{X}} \leq \mu \leq \overline{X}+t_{\alpha/2}\cdot S_{\overline{X}}) = 1-\alpha \qquad (9\cdot9)$$

【예제 3】 달성중학교 학생 1,000명의 평균 통학거리를 알아보려고 한다. 모든 학생을 대상으로 조사하는 것은 어려우므로, 16명을 임의로 뽑아 조사해 본 결과 그들의 평균 통학거리는 1,640m이며, 표본에서 계산된 표준편차는 2,000m였다. 통학거리의 분포가 정규분포라고 가정한다면, 이 학교 학생들의 평균 통학거리는 얼마인가? 90% 신뢰구간을 구하라.

이 예에서 $\overline{X}=1,640$, $S=2,000$이며 $n=16$이므로, $df=15$가 된다. $df=15$일 때 90% 신뢰도를 만족시키는 t값은 [부록 3]에서 보면 $t=\pm1.753$이므로 다음과 같이 계산된다.

$$\overline{X}-t_{0.05}\cdot S_{\overline{X}} \leq \mu \leq \overline{X}+t_{0.05}S_{\overline{X}}$$

$$\Leftrightarrow 1,640-1.753\times\frac{2,000}{\sqrt{16}} \leq \mu \leq 1,640+1.753\times\frac{2,000}{\sqrt{16}}$$

$$\Leftrightarrow 1,640-876.5 \leq \mu \leq 1,640+876.5$$

$$\Leftrightarrow 763.5 \leq \mu \leq 2,516.5$$

따라서 μ에 대한 90% 신뢰구간은 [763.5, 2,516.5]이다.

표본이 큰 경우의 신뢰구간

앞에서도 설명하였듯이 t−분포는 자유도가 작을 때에는 정규분포에 비해 넓게 퍼진 모양을 갖지만, 자유도가 클 때에는 정규분포에 거의 접근하게 된다. 따라서 모집단의 분포가 정규분포를 이루며, 표준편차 σ가 알려지지 않았을 때에는 t−분포를 사용하는 것이 원칙이나, 표본의 크기가 클 때($n \geq 30$)에는 표본의 표준편차와 모집단의 표준편차의 차이가 작기 때문에 t−분포 대신 Z−분포를 사용하여도 무방하다.

【예제 4】 전기자동차를 생산하는 트윈산업에서 하루 평균 전기자동차 생산량을 조사하려고 한다. 과거 121일간의 하루 생산량의 평균과 표준편차를 계산하였더니 $\overline{X}=500$대, $S=110$대였다. 평균 생산량 μ에 대하여 90% 신뢰구간을 구하라.

표본의 크기가 121이므로 Z−분포를 사용하여도 무방하지만 여기서는 t−분포와 Z−분포를 모두 사용하여 90% 신뢰구간을 구해 보도록 한다.

t값으로 신뢰구간을 결정하는 경우 $\alpha/2=0.05$, $df=120$에서 t값은 1.658이므로 신뢰구간은 다음과 같다.

$$\overline{X}-t_{0.05}\cdot S_{\overline{X}} \leq \mu \leq \overline{X}+t_{0.05}\cdot S_{\overline{X}}$$

$$\Leftrightarrow 500-1.658\times\frac{110}{\sqrt{121}} \leq \mu \leq 500+1.658\times\frac{110}{\sqrt{121}}$$

$$\Leftrightarrow 500-16.58 \leq \mu \leq 500+16.58$$

$$\Leftrightarrow 483.42 \leq \mu \leq 516.58 \quad \cdots\cdots ①$$

Z값으로 신뢰구간을 결정하는 경우 $Z_{0.05}=1.645$이므로 신뢰구간은 다음과 같다.

$$\overline{X}-Z_{0.05}\cdot S_{\overline{X}} \leq \mu \leq \overline{X}+Z_{0.05}\cdot S_{\overline{X}}$$

$$\Leftrightarrow 500-1.645\times\frac{110}{\sqrt{121}}\le\mu\le 500+1.645\times\frac{110}{\sqrt{121}}$$

$$\Leftrightarrow 500-16.45\le\mu\le 500+16.45$$

$$\Leftrightarrow 483.55\le\mu\le 516.45 \quad \cdots\cdots ②$$

t값이나 Z값으로 구한 90% 신뢰구간은 ①과 ②에서 보는 것과 같이 매우 근사하다. 이처럼 모집단의 표준편차 σ를 모르는 경우라도 표본의 크기가 큰 경우에는 정규분포를 이용하여 신뢰구간을 추정할 수 있다.

모집단 비율의 구간추정

모집단 비율 π에 대해서는 이미 이항분포에서 설명하였고 제8장 표집분포에서도 설명하였으므로, 자세한 내용은 생략한다. 다만 모집단의 비율 π를 추정하는 추정량으로는 표본비율 $p=X/n$가 불편추정량이며 일치성이 있는 추정량임을 다시 강조한다.

이미 설명하였듯이 비율의 표집분포의 표준편차 σ_p는 다음과 같다.

$$\sigma_p=\sqrt{\frac{\pi(1-\pi)}{n}}$$

n : 표본의 크기

그러나 π를 알지 못하는 경우에는 π 대신 표본비율 p를 사용하여 표본표준편차 S_p를 σ_p에 대한 추정량으로 사용한다.

$$S_p=\sqrt{\frac{p(1-p)}{n}}$$

이때 n이 충분히 크다면($n\ge 30$) 표본비율 p에 해당하는 Z값은 식 9·10과 같이 계산한다.

p에 해당하는 Z값(σ_p를 아는 경우)

$$Z = \frac{p-\pi}{\sigma_p} \tag{9·10}$$

또는

p에 해당하는 Z값(σ_p를 모르는 경우)

$$Z = \frac{p-\pi}{S_p} \tag{9·11}$$

비율의 표집분포는 이항분포이므로 정규근사법에 의해 관찰치 수 n이 클 때에만 Z-분포를 적용할 수 있다. 주의해야 할 점은 모비율에 대한 신뢰구간은 표본의 크기가 충분히 클 때에만 의미가 있다는 것이다. 따라서 σ_p를 모르고 관찰치 수 n이 작더라도, 모비율의 구간추정에서는 비율의 표집분포에 대해 t-분포를 가정하지 않고 비모수통계 등의 다른 방법을 이용한다.

관찰치 수 n이 충분히 큰 경우 앞부분에서 표본의 평균을 가지고 모집단 평균의 신뢰구간을 추정했던 것처럼 표본비율 p를 기초로 모집단 비율 π에 대한 신뢰구간을 추정할 수 있다. 그런데 실제의 경우 σ_p를 모르는 경우가 대부분이므로 S_p를 이용하여 모집단 비율에 대한 신뢰구간을 추정하게 된다.

모집단 비율 π의 신뢰구간

$$p - Z_{\alpha/2} \cdot S_p \le \pi \le p + Z_{\alpha/2} \cdot S_p \tag{9·12}$$

【예제 5】 한 연구자는 서울 시민의 공유자전거 이용 현황을 파악하고자 한다. 이를 조사하기 위하여 서울 시민 10,000명을 임의로 뽑아 조사한 결과, 이 중 6,200명이 공유자전거 이용 경험이 있다고 답했다. 서울 시민 중 공유자전거를 이용해 본 이들의 비율은 어느 정도인가? 99%의 신뢰구간을 작성해 보자.

$$p=\frac{6,200}{10,000}=0.62$$

$$S_p=\sqrt{\frac{p(1-p)}{n}}=\sqrt{\frac{0.62\times(1-0.62)}{10,000}}=0.00485$$

99%의 신뢰구간에 해당되는 Z값은 $Z=2.57$이다. 이들을 식 9·12에 대입하여 계산하면 다음과 같다.

$$p-Z_{0.005}\cdot S_p\leq\pi\leq p+Z_{0.005}\cdot S_p$$
$$0.62-2.57\times0.00485\leq\pi\leq0.62+2.57\times0.00485$$
$$0.608\leq\pi\leq0.632$$

제4절 표본크기의 결정

신뢰구간을 추정할 때 신뢰구간이 너무 넓으면 추정결과가 무의미하다는 것은 이미 이전에 언급하였다. 신뢰구간의 폭을 결정하는 것은 신뢰도와 표본크기의 두 가지 요인이다. 신뢰도가 정해졌다고 하면 신뢰구간의 폭은 자연스럽게 표본의 크기에 달려 있게 된다.

모집단 평균을 추정할 때 표본크기의 결정

모집단의 평균 μ를 추정할 때 신뢰구간의 양 끝점을 나타내는 다음 식을 살펴보면 표본크기의 역할을 뚜렷이 알 수 있을 것이다.

$$\text{신뢰구간의 양 끝점} : \bar{X} \pm Z_{\alpha/2} \cdot \frac{\sigma}{\sqrt{n}}$$

또는

$$\text{신뢰구간의 양 끝점} : \bar{X} \pm Z_{\alpha/2} \cdot \frac{S}{\sqrt{n}}$$

위 식에서 σ나 S는 모집단 및 표본으로부터 얻어지는 값으로 연구자가 임의로 조정하기 어려우며 신뢰도 α는 어느 수준 이상 확보해야 하므로, 신뢰구간의 폭은 n에 달려 있다고 할 수 있다.

표본크기 n에 따라서 신뢰구간의 폭이 어떻게 달라지는가를 살펴보자.

【예제 6】 모집단이 정규분포를 이루며, 그 모집단의 표준편차가 400이라고 하자. 표본의 크기가 4인 경우 $\bar{X}=600$이었다면, 이때 90%의 신뢰구간은 얼마인가? 표본 $n=16$을 뽑았을 때 $\bar{X}=600$을 얻었다면, 90%의 신뢰구간은 어떠한가? 또 표본 $n=100$을 뽑았을 때 $\bar{X}=600$을 얻었다면, 90%의 신뢰구간은 어떠한가?

모집단의 표준편차를 알고 있으므로 $\bar{X} \pm Z_{\alpha/2} \cdot \sigma_{\bar{X}}$식을 이용하면 90%의 신뢰구간은 다음과 같다.

$$n=4\text{일 때} \qquad 600 \pm 1.64 \times \frac{400}{\sqrt{4}} = 600 \pm 328$$

$$n=16\text{일 때} \quad 600 \pm 1.64 \times \frac{110}{\sqrt{16}} = 600 \pm 164$$

$$n=100\text{일 때} \quad 600 \pm 1.64 \times \frac{400}{\sqrt{100}} = 600 \pm 65.6$$

신뢰구간을 구하는 식인 $\bar{X} \pm Z_{\alpha/2} \cdot \sigma_{\bar{X}}$는 모숫값을 추정하기 위해 $\bar{X}$로부터 어느 정도의 범위만큼 넓힐 수 있는가를 표시한 것이다. 그런데 이 범위는 평균의 표준오차인 $\sigma_e = \sigma_{\bar{X}} = \sigma/\sqrt{n}$로 표시된다. 따라서 $Z_{\alpha/2} \cdot \frac{\sigma}{\sqrt{n}}$는 오차의 범위를 나타낸 것이라고 할 수 있다.

신뢰구간의 한쪽 폭을 오차 e라고 한다면 다음과 같은 식이 성립된다.

$$Z_{\alpha/2} \cdot \frac{\sigma}{\sqrt{n}} = e \tag{9·13}$$

$Z_{\alpha/2}$는 연구자가 원하는 신뢰구간에 따라 결정이 되고, 모집단의 분산을 알게 되면, 허용오차 e를 충족시키는 표본의 크기 n은 식 9·13으로부터 다음과 같이 유도된다.

표본크기의 결정

$$\sigma^2\text{을 알 때} \quad n = \frac{Z_{\alpha/2}^2 \cdot \sigma^2}{e^2} \tag{9·14}$$

$$\sigma^2\text{을 모를 때} \quad n = \frac{t_{\alpha/2}^2 \cdot S^2}{e^2} \tag{9·15}$$

식 9·14는 모집단의 분산 σ^2을 알고 있는 경우다. 그러나 σ^2을 모를 때에는 표본의 크기를 식 9·15와 같이 구할 수 있다. 식 9·14와 식 9·15에서 표본크기는 다음과 같은 요인들과 관련되어 있음을 알 수 있다.

① **신뢰구간** : 오차의 크기와 표준편차가 정해졌을 때, 신뢰구간을 크게 할수

록 표본의 크기를 크게 해야 한다.

② **표준편차** : 오차의 크기와 신뢰구간이 정해졌을 때, 표준편차 또는 분산이 클수록 표본의 크기도 커야 한다.

③ **오차의 크기** : 신뢰구간과 표준편차가 정해졌을 때, 오차를 작게 하기를 원하면 표본의 크기는 커야 한다.

【**예제 7**】 어느 음료수제조회사에서는 16온스 용량의 에너지드링크를 생산하고 있다. 실제 무게가 그러한가를 알아보기 위해 표본을 뽑으려고 한다. 모집단 평균 무게에 대한 추정값의 오차가 0.2온스 이상이 되지 않을 것을 원하며, 이 결과가 99%의 신뢰도를 갖기를 바란다. 지금까지의 경험으로 $\sigma=1.34$라는 것을 알고 있을 때, 이러한 요구를 충족시키기 위하여 표본크기를 얼마로 해야 하나?

99% 신뢰도를 충족시키는 Z값은 2.57이며, $\sigma=1.34$, $e=0.2$이므로

$$n=\frac{Z^2\cdot\sigma^2}{e^2}=\left[\frac{Z\cdot\sigma}{e}\right]^2$$

$$=\left[\frac{2.57\times1.34}{0.2}\right]^2=296.494$$

표본의 크기는 반드시 정수여야 하므로 수식값을 올림하여 표본크기로 297개 이상을 선택함으로써 가능하다. 만약 반올림하여 296개로 선택한다면 99% 신뢰도를 미세한 차이로 충족시키지 못한다.

모집단 비율을 추정할 때 표본크기의 결정

모집단 평균을 추정하기 위해 필요한 표본의 크기를 정할 때와 마찬가지로 모집단 비율의 신뢰구간을 추정할 때에도 일정한 신뢰도에서 허용가능한 오차를 가져올 최소한의 표본크기를 계산할 수 있다. 앞에서 말한 바와 같이 비율의

표집분포는 이항분포를 이루지만 n이 비교적 클 때에는 정규분포에 접근하므로, 정규분포의 분석방법을 사용하면 필요한 표본의 크기가 쉽게 결정된다. 허용오차를 e라고 표시하면 다음과 같다.

$$e = |p - \pi|$$

그런데 $Z = \dfrac{p-\pi}{\sigma_p}$이므로 $p - \pi = Z \cdot \sigma_p$가 되며, 이를 위의 식에 대입하면

$$e = |Z \cdot \sigma_p|$$

로 표시할 수 있으며, 이때 $\sigma_p = \sqrt{\pi(1-\pi)/n}$이다.

그러나 모집단의 비율을 추정한다는 것은 π가 미지수라는 것을 의미하므로 $\pi(1-\pi)/n$의 값을 계산할 수 없다. 그렇다고 σ_p의 추정값으로 표본비율의 표준편차 $S_p = \sqrt{p(1-p)/n}$ 를 이용할 수도 없다. 왜냐하면 여기서 다루는 '표본크기의 결정'이란 표본을 선택하기 이전의 단계이기 때문이다. 그러므로 이 경우에는 임의의 π를 대신 사용해야 하는데, 보수적으로 σ_p가 최대인 값, 즉 $\pi = 0.5$일 때의 σ_p의 값으로 표본의 크기 n을 정하는 것이 가장 안전하다.

$$e = \left| Z \cdot \sqrt{\frac{\pi(1-\pi)}{n}} \right|$$

에서 π 대신 0.5를 대입하면

$$e = \left| Z \cdot \sqrt{\frac{0.5 \times 0.5}{n}} \right|$$

$$n = \frac{Z^2}{4e^2}$$

위에서 n은 주어진 조건하에서 가장 안심할 수 있는 표본의 크기다. 만일 모

집단 비율 π가 0.5보다 작거나 크다면 $\pi=0.5$일 때의 표본크기 n보다 작은 표본만으로도 목적을 달성할 수 있으나, π를 모르기 때문에 가장 보수적인 입장에서 n을 구하게 해 주는 $\pi=0.5$로 가정하였다.

신뢰구간과 오차가 주어졌을 때의 표본의 크기

$$n=\frac{Z^2}{4e^2} \tag{9·16}$$

【예제 8】 정부는 저소득층 가정을 대상으로 의료혜택을 받지 못하고 있는 가정의 비율을 조사하려고 한다. 99%의 신뢰도를 가지고 추정할 때 허용할 수 있는 최대의 오차를 0.05로 한다면 표본의 크기는 얼마가 되어야 하나?

$$n=\frac{Z^2}{4e^2}$$

$$=\frac{(2.57)^2}{4\times(0.05)^2}=660.49$$

따라서 표본의 크기를 올림하여 661 이상으로 해야만 추정값의 오차가 0.05 이내인 표본을 얻을 수 있다. 만약 반올림하여 660개를 선택한다면 오차가 0.05보다 커지게 되므로 적절하지 않다.

연습문제

9.1 어느 전자회사가 일주일 동안 제작한 스마트폰 중에서 200개를 뽑아서 두께를 재어 보니 평균이 0.824cm이고 표준편차는 0.042cm였다. 이 전자회사가 제작하는 전체 스마트폰의 평균 두께에 대한 90%의 신뢰구간을 구하라.

9.2 어느 대학교에서 임의로 100명을 뽑아 키를 쟀더니 평균이 168cm였다고 한다. 지금까지의 연구결과로 보아서는 전체 학생들 키의 표준편차는 10cm였다. 이 대학교 전체 학생의 평균 키에 대한 95%와 99%의 신뢰구간을 구하라.

9.3 모집단에서 50명의 표본을 뽑아 수학시험 점수를 알아보았더니 평균이 75점이고 표준편차는 10점이었다. 95% 신뢰도를 가지고 모집단 평균의 신뢰구간을 구하라.

9.4 어느 대학교 학생들 중에서 17명을 임의로 선택하여 한 학기 동안 그들의 결석일수를 알아보았더니 평균 5일, 표준편차 2일이었다. 이 표본으로 봐서 전체 대학생들의 평균 결석일수는 며칠인지 95%의 신뢰구간에서 계산하라.

9.5 J소주제조회사에서 40개의 소주를 표본으로 뽑아 알코올 농도를 측정한 결과 평균이 25.2%였다. J회사에서 생산되는 소주의 알코올 농도는 분산이 0.16이며 정규분포를 이루고 있다고 한다. 알코올 농도의 모평균에 대한 95%의 신뢰구간을 구하라.

9.6 다이어트 약의 효과를 알아보기 위해 임의로 12명의 사람을 뽑아 다이어트 약을 복용하게 하고 일정시간이 지난 후의 감량된 몸무게를 재어 보니 평균이 7.38kg이었고 표준편차는 1.24kg이었다. 이 다이어트 약을 먹고 감량할 수 있는 몸무게에 대한 95% 신뢰구간을 정하라.

9.7 어느 전자회사에서 만들고 있는 노트북의 부팅시간을 알아보기 위하여 임의로 16대를 뽑아 부팅하는 데 소요되는 시간을 측정해 본 결과 표본평균이 24.3초였다. 과거의 자료에 의하면 부팅하는 데 걸리는 시간은 표준편차가 6초인 정규분포를 따른다고 할 때, 이 회사에서 만들고 있는 노트북의 평균 부팅시간에 대한 95% 신뢰구간을 구하라.

9.8 어느 심리학자가 반응시간(reaction time)의 평균을 측정하는 데 표준편차가 0.05초라는 것을 알았다. 오차의 허용범위가 ±0.01초를 초과하지 않고 95%의 신뢰도를 가지기 위해서는 표본의 크기를 얼마로 해야 하는가?

9.9 B도시에서는 2022년 겨울에 임의로 10일을 뽑아 낮 최고기온을 측정한 결과가 다음과 같았다.

$$-5,\quad 8,\quad 2,\quad -10,\quad 3,\quad -1,\quad 11,\quad 2,\quad -3,\quad -8$$

① 평균 낮 최고기온 $\bar{X}$와 표준편차 S를 구하라.

② B도시의 위 기간 동안의 모집단이 정규분포를 이루고 있을 때 모집단 평균 낮 최고기온에 대한 95% 신뢰구간을 구하라.

9.10 한 종합병원의 접수처에서 고객의 평균 접수시간을 예측하기 위하여 표본크기를 산정하려고 한다. 접수하는 데 걸리는 시간의 표준편차는 2.5분이라고 하자. 오차의 허용범위가 ±1/2분을 초과하지 않고 99%의 신뢰도를 갖기 위해서 필요한 표본의 크기는 얼마가 되어야 하는가?

9.11 화장지 도매업자가 새로 1,000개의 화장지를 들여와서 화장지의 평균 길이를 알아보기 위해 20개의 표본을 뽑아 길이를 재어 보았더니 평균 길이가 98.5m이고 표준편차는 3m였다. 화장지 1,000개의 평균 길이에 대한 99% 신뢰구간을 설정하라.

9.12 어떤 지역에서 100명의 투표자를 표본으로 뽑아 조사했더니 그들 중에 55%가 A라는 후보를 지지했다. 이 지역 전체에서 A를 지지하는 투표자의 비율

에 대한 95%와 99%의 신뢰구간을 구하라.

9.13 어느 남성용 화장품 전문회사에서 임의로 대학교 남학생 100명을 뽑아서 자사제품에 대한 선호를 알아보았더니 20%의 학생들만이 그 회사의 제품을 좋아한다고 했다. 이 회사의 제품을 좋아하는 모집단 비율에 대한 95% 신뢰구간을 정하라.

9.14 어느 OTT 동영상 서비스를 구독하는 150명을 조사하여 보았더니 20대 구독자의 비율이 30%였다. 전체 구독자 중 20대 구독자의 비율에 대한 95% 신뢰구간을 구하라.

9.15 대학생 중 라식수술을 받은 학생의 비율을 추정하려 한다. 95%의 신뢰도를 가지고 추정할 때 오차한계가 ±2%를 넘지 않게 하려고 한다면 표본의 크기를 얼마로 하여야 하나?

9.16 무학고등학교 학생 1,000명의 스마트폰 중독 현상을 알아보려고 한다. 모든 학생을 대상으로 조사하는 것은 어려우므로, 16명을 임의로 뽑아 조사해 본 결과 그들의 주간 평균 이용시간은 25시간이며, 표본에서 계산된 표준편차는 36시간이었다. 스마트폰 이용시간의 분포가 정규분포라고 가정한다면, 이 학교 학생들의 평균 이용시간은 얼마인가? 90% 신뢰구간을 구하라.

9.17 제주도에는 전통적으로 여자의 수가 많다고 한다. 이를 조사하기 위하여 10,000명을 임의로 뽑아 조사한 결과, 이 중 6,200명이 여자였다. 제주도의 여자의 비율은 어느 정도인가? 99%의 신뢰구간을 구하라.

9.18 폴더블폰 힌지의 내구도를 확인하기 위해 임의로 폴더블폰 17개를 선택하여 여닫기 테스트를 진행했더니 평균 20만 회까지 견딜 수 있었고, 표준편차는 10만 회였다. 이 표본으로 봐서 해당 폴더블폰 제품의 힌지가 평균적으로 몇 만 회까지 견딜 수 있는지 95%의 신뢰구간에서 계산하라.

Chapter 10

가설검정의 기초

우리 생활 주변에서는 어떤 결과를 주장하고 나서 그 주장이 맞는지 틀리는지를 알아보려고 하는 경우가 자주 있다. 어떤 공장 근로자들의 임금이 다른 공장 근로자들보다 높다든가, IQ가 높은 사람은 수학점수가 좋다든가, 첫 결혼하는 신랑들의 평균 나이가 30세가 넘는다는 등 어떤 집단의 특성에 대한 주장을 하는 경우가 그것이다. 모집단의 특성에 대한 이러한 주장은 옳을 수도 있고 옳지 않을 수도 있다. 이와 같은 주장을 확인하기 위해서는 모집단 전체에 대해 조사를 해야 하겠지만, 이것은 불가능하거나 설사 가능하더라도 시간과 비용이 너무 많이 들 수가 있다. 이때 표본을 선택하여 그 표본을 분석함으로써 모집단에 관한 주장의 타당성을 검토할 수 있다. 이러한 목적에 사용되는 통계적 방법이 바로 가설검정(hypothesis test)이다.

표본을 분석하여 모집단의 특성을 규명하는 통계적 추론(statistical inference)의 방법으로는 가설검정과 앞 장에서 설명한 추정(estimation)이 있다. 추정은 표본으로부터 계산한 통계량을 사용하여 모수의 특성을 규명하는 것으로서, 이미 제9장에서 다루었다. 가설검정은 모집단에 대해 어떤 가설을 설정하고 그 모집단으로부터 추출된 표본을 분석함으로써 그 가설의 타당성 여부를 결정하는 것이다.

제1절 가설검정의 개념

어떤 대학교에서는 이번 연도 신입생들이 매우 우수하여, 매년 신입생들을 대상으로 치르고 있는 영어진단평가 평균 점수가 90점 이상이 될 것이라고 주장하였다고 하자. 이를 확인하기 위해 5,000여 명의 신입생 중 100명의 학생을 표본으로 뽑아서 조사한 결과, 평균 점수가 60점밖에 되지 않았다고 하면, 이번 신입생 평균이 90점 이상이라는 주장을 받아들이기는 어려울 것이다.

통계적 가설검정

표본에서 얻은 사실을 근거로 하여, 모집단에 대한 가설이 맞는지 틀리는지 통계적으로 검정하는 분석방법을 통계적 가설검정이라고 한다.

통계적 가설검정은 사회과학뿐만 아니라 자연과학 분야에서도 가장 많이 사용되는 통계적 분석방법이다. 실제로 연구를 하고자 하는 사람은 물론 다른 사람의 연구논문을 이해하고자 하는 사람들도 가설을 검정하는 방법은 반드시 알아야 한다. 이 장에서는 먼저 가설검정과 관련하여 가장 기본이 되는 개념들을 설명하고, 다음 장에서 가설검정을 위한 구체적인 방법론을 자세히 설명하기로 한다.

가설검정을 할 때 가장 바람직한 경우는 모집단에 대한 가설이 실제로 참이면 그 가설을 참으로 받아들이고 가설이 실제로 틀릴 때에는 그 가설을 거짓으로 받아들이는 경우다. 이와 반대로 실제로 거짓인 가설을 참으로 받아들이거나, 실제로 참인 가설을 거짓으로 받아들이는 것을 가설검정의 오류라고 한다. 가설에 대한 옳고 그름을 개인적인 직관이나 경험에 의존하여 판단하는 경우를 일상생활에서 자주 본다. 그러나 이러한 주관적인 판단은 언제나 많은 오류의 가능성을 수반하고 있다. 객관적이고 과학적인 판단을 하기 위해서는 가설의 근간이 되는 모집단으로부터 표본을 추출하고 그 표본을 분석한 결과를 이용하여 가설을 검정하여야 한다.

가설검정의 예

먼저 다음의 예로부터 가설검정의 기본개념들을 알아보자.

【예제 1】 어느 기업의 신입사원들과 입사 후 연차가 어느 정도 쌓인 대리급 사원들의 같은 해 명절 상여금을 비교해 본 결과, 명절 상여금의 분포가 [그림 10-1]과 같았다. 대리급 사원들의 평균 상여금은 100만 원이었고, 신입사원들의 평균 상여금은 60만 원이었으며, 두 분포는 정규분포를 이룬다고 한다. 해당 기업 인사팀 팀장이 한 사원을 선택해 직급을 확인하지 않고 그 사원의 상여금을 조사하니, 이번 명절 상여금으로 80만 원을 받았다고 한다. 이때 그 사원은 신입사원일까, 대리일까?

| 그림 10-1 | 신입사원과 대리급 사원의 상여금분포

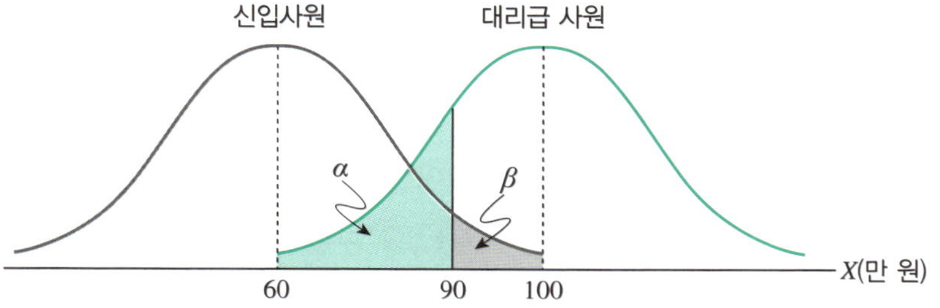

[예제 1]은 그 사원이 속해 있는 모집단의 평균을 얼마로 보아야 하는가 하는 문제와 마찬가지다. 먼저 상여금을 조사한 인사팀 팀장은 다음과 같은 가설을 세웠다.

"그 직원은 대리 직급이다."

인사팀 팀장은 이 가설이 틀릴 경우에 대비하여 다른 가설을 세웠다.

"그 직원은 신입사원이다."

그 직원이 신입사원인지 대리 직급에 해당하는지는 그 직원의 명절 상여금인 80만 원으로 판단해야 한다. 80만 원이 어느 직급에 속하는지를 판단하기 전에, 해당 기업의 인사팀 팀장은 먼저 몇만 원 이상을 대리 직급으로 보아야 하며, 몇만 원 이하를 신입사원으로 보아야 좋겠는지를 결정해야 할 것이다. 그가 어떤 이유에서건 90만 원 이상을 대리 직급으로 간주한다면, 80만 원을 받은 직원에 대한 의사결정에서 "그 직원은 대리 직급이다"라는 가설은 기각되고, 결과적으로는 "그 직원은 신입사원이다"라는 가설이 채택될 것이다(이와 비슷하게 상여금으로 100만 원을 받은 직원에 대한 의사결정에서는 "그 직원은 신입사원이다"라는 가설은 기각되고, 대립적으로 설정한 "그 직원은 대리 직급이다"라는 가설이 채택될 것이다.).

문제는 그 직원이 대리 직급이다, 또는 신입사원이다라고 결론을 내릴 때는 항상 오류의 위험이 따르고 있다는 것이다. 명절 상여금 90만 원 이상이 대리 직급을 가진 직원이라는 판단 기준을 세웠다면 90만 원 이하, 즉 [그림 10−1]에서 대리 직급 사원의 상여금분포에서 α의 부분만큼은 대리 직급에 속하면서도 신입사원이라는 오해를 받게 된다. 이 부분은 인사팀 팀장이 처음 설정한 가설, "그 직원은 대리 직급이다"가 맞았음에도 불구하고, 그 가설을 틀렸다고 할 오류이다. 반면 신입사원이더라도 90만 원 이상을 받은 직원은 대리 직급으로 간주되는데, 이러한 의사결정도 잘못된 것이다. [그림 10−1]에서 신입사원의 상여금분포상의 β로 표시된 부분은 "그 직원은 대리 직급이다"라는 가설을 설정할 때 그 가설이 틀렸음에도 불구하고 옳은 것으로 간주할 오류인 것이다.

지금까지 설명한 어느 기업 인사팀 팀장의 의사결정기준인 90만 원은 그 팀장의 주관적인 경험과 판단, 주위 환경 및 의사결정이 잘못됐을 때의 영향들을 두루 고려하여 어느 정도 주관적으로 결정했으리라고 믿어진다.

【예제 2】 어떤 국가의 가구당 주간 전력소비량은 60kw라고 알려져 있으며 해당 국가의 정부에서는 이를 근거로 앞으로의 각종 발전시설 확충에 대한 계획을 세우고 있다. 그런데 최근 "60kw라는 기존의 값은 더 이상 맞지 않다"라는 주장이 대두되었다. 발전소의 확장에는 매우 큰 재원이 필요하기 때문에, 확실한 정보에 의하여 계획을 세우지 않으면 안 된다. 당국은 ABC 연구소에 이의 진위를 판단하여 주기를 부탁하였다.

위의 예에서는 새로운 주장을 [그림 10-2]에 나타내었다. 기존에 알려져 있던 사실은 흑색선으로 나타내었으며 그 외의 새로운 가능성들은 녹색선으로 표시하였다.

[예제 2]에서 가설검정을 할 때에는 "가구당 주간 전력소비량은 60kw다($\mu=60$)"라는 가설을 세우게 되며, 이 가설이 틀릴 때에는 "60kw가 아니다($\mu\neq60$)"라는 가설을 받아들이게 된다. 가장 중요한 문제는 표본의 결과가 어떻게 나왔을 때 가설 $\mu=60$을 받아들일 것인가이다.

[그림 10-2]에서 그래프 C는 검정의 대상이 될 가설 $\mu=60$을 그린 것이며, 그래프 A, B, D, E는 다른 가설 $\mu\neq60$ 중에서 몇 개만 그린 것이다. 모집단의 평균이 60이 아닌 분포는 수없이 많으나, 설명을 단순화하기 위하여 그래프 A, B, D, E의 4개만을 생각하기로 하자. 만일 ABC연구소에서 적절한 크기의 표본을 뽑은 결과 그 표본의 평균 $\overline{X}=50$이 나왔고, $\overline{X}=50$의 위치는 [그림 10-2]에서 $\overline{X}_1$의 위치와 같다고 하면 의사결정을 어떻게 하여야 하는가? 표본의 평균이 50이라는 것은 그것이 B의 모양을 가진 모집단의 분포에서 뽑혔을 가능성이 C의 분포에서 뽑혔을 가능성보다 더 크다는 것을 의미한다. 그렇다면 이는 기존의 생각이 틀렸고, 가구당 주간 전력소비량은 50kw 정도라는 뜻일까? 반드시 그렇지는 않다. $\overline{X}_1=50$은 표본으로부터 계산된 수치이기 때문에, 이 표본이 사실 A, C 등 다른 분포에서 추출됐을 가능성도 있는 것이다.

| 그림 10-2 | 검정대상이 되는 가설의 분포와 그 외의 분포

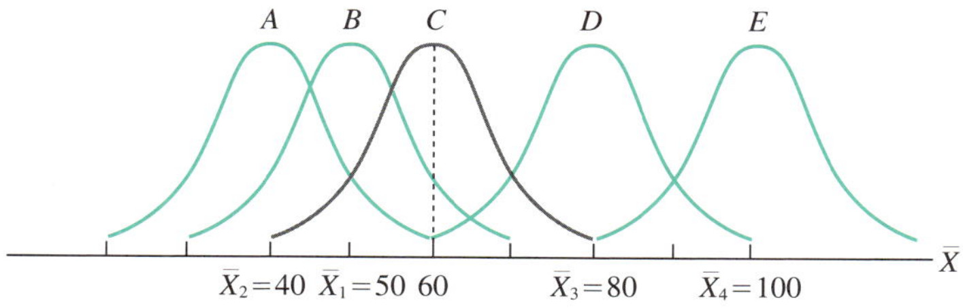

[그림 10-2]에 나타난 $\overline{X}_2=40$과 $\overline{X}_3=80$도 가능성이 적긴 하지만 $\mu=60$인 모집단에서 추출될 수도 있다. 따라서 표본의 평균 $\overline{X}_1$이나 $\overline{X}_2$, $\overline{X}_3$를 얻었을 때, 그 표본이 $\mu=60$인 모집단에서 뽑힌 것인가에 대하여 다음과 같은 결론을 내리는 것도 한 방안일 것이다.

$\bar{X}_1=50$을 얻었을 때 : "이 표본이 $\mu=60$인 분포에서 선택되지 않았을 수도 있지만, $\mu=60$인 분포가 아니라고도 할 수 없다."

$\bar{X}_3=80$을 얻었을 때 : "이 표본이 모집단 평균 $\mu=60$인 분포에서 선택되었다고 하기에는 너무 자신이 없다. 그러나 $\mu=60$인 모집단에서 표본이 선택되었을 가능성이 전혀 없는 것은 아니다."

$\bar{X}_4=100$을 얻었을 때 : "표본의 통계량으로 보아서 이 표본이 모집단 평균 $\mu=60$인 분포에서 선택되었다고 하기는 어렵다. 그러므로 이 표본은 다른 분포(D 또는 E)에서 선택되었을 것이다."

이와 같이 $\bar{X}_1$, $\bar{X}_3$, $\bar{X}_4$에 대해 각각 다른 결론을 내렸는데, 그 이유는 무엇인가? 그것은 확신의 차이다. 다시 말해서 $\bar{X}_1$을 갖는 표본이 평균 $\mu=60$인 모집단에서 선택되었을 가능성이 높으며, 표본의 평균이 $\bar{X}_3$일 때에는 그 표본이 $\mu=60$인 모집단에서 선택되었을 가능성은 낮다. 그리고 $\bar{X}_4$일 때에는 $\mu=60$인 모집단에서 나왔다고 보기는 매우 어렵다.

그러면 표본의 평균이 얼마일 때부터, 이 표본이 $\mu=60$인 모집단에서 추출되지 않았다는 의사결정을 할 수 있을까? 이에 대한 일률적인 기준을 설정하기는 어렵다. 의사결정을 하는 사람에 따라 달라질 수 있기 때문이다. 의사결정에 있어서 오류를 극히 싫어하는 사람은 $\bar{X}_4$가 $\mu=60$인 모집단에서 선택되지 않았다고 단정적으로는 말하지 않는다. 그러나 그러한 의사결정에는 또 다른 오류, 즉 표본이 실제로는 $\mu=60$이 아닌 모집단에서 선택되었음에도 불구하고, 모집단 평균을 $\mu=60$으로 보게 되는 오류가 수반된다는 사실을 알아야 한다.

가설검정의 [예제 1]과 [예제 2]를 통해 대체로 가설검정이 어떤 것인지에 대한 윤곽은 이해했을 것이다. 이제까지는 일상생활의 용어로 가설검정의 내용을 설명하였는데, 다음에서는 이를 통계학용어를 빌려 체계적으로 설명하기로 한다.

제2절 가설검정의 기본용어

귀무가설과 대립가설

가설검정의 [예제 2]에서는 "$\mu \fallingdotseq 60$kw"가 검정대상이 되는 가설이었다. 가설이란 실증적인 증명단계 이전의 잠정적인 언명 또는 진술이다. 따라서 가설의 설정은 확신에 근거를 두고 이루어지는 것이 아니며, 단지 나중에 경험적 또는 논리적으로 검정될 수 있는 조건, 원리 또는 명제(proposition)를 제시하는 것에 불과하다. 그러므로 앞의 예에서 우리의 검정대상이 되었던 가설은 연구조사 결과 언제나 수정될 수 있으며, 또한 기각될 수도 있는 것이다.

가설은 두 가지 종류로 구분된다. 기존에 맞다고 받아들여지고 있는 사실에 해당하는 가설과 연구과정에서 새롭게 떠오른 주장에 해당하는, 즉 검정의 대상이 되는 가설이 그것이다. 전자를 귀무가설(歸無假說, null hypothesis)이라고 하고, 후자를 대립가설(對立假說, alternative hypothesis)이라고 한다. 귀무가설은 일반적으로 과거 이론이나 또는 경험적으로 참이라고 믿어지는 가설이다. 즉 현재로서는 특별한 증거 없이 참으로 여겨지는 가설을 귀무가설로 설정한다. 반면 대립가설은 가설을 설정한 사람이 실제로 증명해 보이고 싶은 내용을 주로 담는다.

가설은 귀무가설이건 대립가설이건 간에 양적으로 표시할 수도 있으며, 경우에 따라서는 서술적으로 표현할 수도 있다. [예제 1]에서 "그 직원은 대리 직급이다"와 같이 서술적으로 가설을 설정하였으며, [예제 2]에서는 "$\mu = 60$kw"와 같이 수량적으로 가설을 표현하였다.

귀무가설과 대립가설

귀무가설은 기존에 맞다고 받아들여지고 있는 사실에 해당하는 가설을 말하며, H_0로 표시한다. 대립가설은 귀무가설이 기각될 때 받아들여지는 가설로서 검정의 대상이 되는 새로운 주장에 해당하는 가설을 말하며, H_a로 표시한다.

[예제 1]에서는 다음과 같이 가설을 설정할 수 있다.

H_0 : 그 직원은 대리 직급이다.
H_a : 그 직원은 신입사원이다.

[예제 1]의 가설에서는 귀무가설과 대립가설을 서로 바꿀 수 있다. 즉 “그 직원은 신입사원이다”를 귀무가설(H_0)로, “그 직원은 대리 직급이다”를 대립가설(H_a)로 할 수도 있다. 왜냐하면 기존에 맞다고 알려진 사실이 없기 때문이다.

[예제 2]에서는 다음과 같이 가설을 설정할 수 있다.

H_0 : 주당 평균 전력소비량이 60kw다. 즉, $\mu=60$kw
H_a : 주당 평균 전력소비량이 60kw가 아니다. 즉, $\mu\neq 60$kw

이 경우에는 $\mu=60$kw를 대립가설로, $\mu\neq 60$kw를 귀무가설로 설정하는 것은 곤란하다. 왜냐하면 대립가설은 실제 검정대상이 되는 가설이며, 귀무가설은 검정 없이 자동적으로 받아들여지는 가설이므로, 실제로 검정해야 하는 가설을 귀무가설로 설정하는 것은 바람직하지 못하기 때문이다.

예를 들어 [예제 2]에서 $\mu\neq 60$kw를 귀무가설로 설정하였을 경우 $\mu\neq 60$kw인 모집단(예를 들어 $\mu=\cdots$, 58, 59, 61, 62, ⋯ 등)은 무수히 많으므로 이것을 모두 맞다고 가정할 수는 없는 것이다. 따라서 $\mu=60$kw로 귀무가설을 설정하는 것이 검정에 용이하다. 일반적으로 두 가지 가설 중 하나가 등식으로 표시되는 경우에는 등식으로 표시된 가설을 귀무가설로 설정하는 것이 바람직하다.

유의수준과 임곗값

표본에서 계산된 통계량이 가설로 설정된 모집단의 성격과 현저한(significant) 차이가 있는 경우에는 모집단에 대해 설정한 귀무가설을 기각하게 된다. 이때 명확히 밝혀두어야 할 두 가지가 있다. 첫째는 현저하게 차이가 난다는 것이 무엇을 의미하는지, 둘째는 모집단에 대해 설정한 가설을 채택 또는 기각하는 임곗값이 어떤 점이 되어야 하는지가 그것이다.

앞에서 설명한 어떤 기업의 상여금 예시에서 신입사원의 명절 상여금 평균이 60만 원이며, 대리급 사원의 평균이 100만 원일 때 어떤 금액부터 대리 직급으로 보아야 하는가? 다시 말하면 몇만 원 이상을 신입사원의 평균과 현저하게 다르다고 보아야 하는가 하는 문제다. 앞에서 90만 원을 기준으로 할 것을 제시했지만, 이는 그저 주관적으로 판단한 기준이다. 따라서 기준을 정하기 위한 통계학적 방법을 생각해야 한다. 이를 설명하기 위하여 신입사원과 대리 직급의 상여금 분포가 정규분포이며, 모집단의 표준편차는 각각 20점이라고 하자.

| 그림 10-3 | 임곗값의 결정

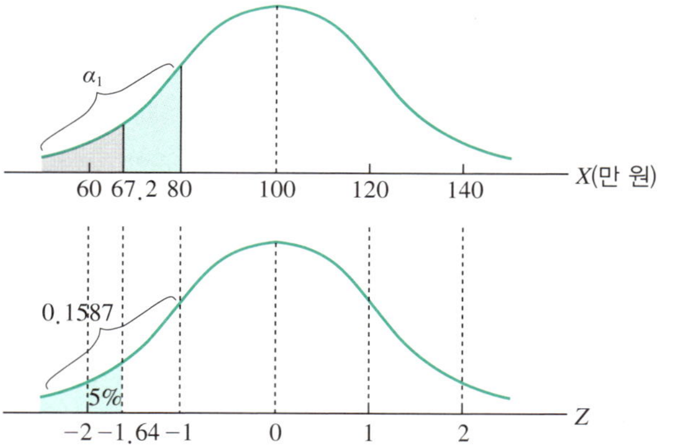

[그림 10−3]에서 80만 원 이하를 신입사원으로 본다면, 대리 직급인 직원들 중에서 신입사원으로 간주될 학생은 α_1만큼이 되며, 이의 비율은 0.1587이다. 즉, 80만 원을 신입사원과 대리 직급인 직원을 구분하는 기준점으로 삼게 되면, 대리급임에도 불구하고 80만 원 이하의 상여금을 받아서 신입사원으로 간주될 가능성이 15.87%가 된다. 그러나 15.87%의 오류란 너무 크기 때문에 감수할 수 있는 오류의 확률을 제한하는 것을 고려해 볼 수 있다. 위 그림에서는 α_1을 5%로 제한한다면, 이에 해당하는 Z값은 −1.64가 되고 이에 대응하는 X는 67.2만 원이 된다.

$$Z = \frac{X - \mu}{\sigma}$$

$$-1.64 = \frac{X - 100}{20}$$

$$X = 67.2(\text{만 원})$$

즉, 67.2만 원을 기준으로 하여 그 금액 이하의 상여금을 받은 직원을 신입사원으로 단정한다면, 실제로는 대리 직급이면서도 신입사원으로 간주될 오류가 발생할 위험은 약 5%가 된다. 다시 말하면 5%의 오류를 감수할 때 대리 직급의 분포와 현저하게 차이가 있다고 볼 수 있는 기준점이 67.2만 원이 되며, 이에 해당하는 Z의 값은 -1.64가 되는 것이다.

이때 위에서 지적한 5%, 15.87% 등의 오류의 가능성을 유의수준(significance level)이라 하며, 이를 $\alpha = 0.05$(유의수준 5%), $\alpha = 0.1587$(유의수준 15.87%) 등으로 표시한다. 또한 일정한 오류를 감수할 때 대리 직급의 상여금 분포와 현저하게 차이가 있다고 볼 수 있는 기준점을 임곗값(critical value)이라고 한다. 위의 예에서 임곗값은 $X = 67.2$가 된다. 이 임곗값을 중심으로 귀무가설의 기각영역(rejection area)과 채택영역(acceptance area)이 결정된다.

> **임곗값**
>
> 임곗값이란 주어진 유의수준에서 귀무가설의 채택과 기각에 관련된 의사결정을 할 때, 그 기준이 되는 점이다.

그러면 실제 연구에서 유의수준, 즉 오류를 감수할 확률을 얼마로 결정하여야 하는가? 이에 대한 해답은 매우 중요한 것이지만 간단하게 답할 수가 없다. 왜냐하면 이를 결정하는 데 영향을 미치는 요인이 무수히 많기 때문이다. 일반적으로 오류를 범했을 때 손실이 얼마만큼 발생하느냐 하는 것이 가장 큰 고려 요인이 된다. 유의수준을 얼마로 할 것인가에 대해서는 연구의 성격, 연구자의 주관 등이 개입되게 되므로 어느 연구에나 적용될 수 있는 보편타당한 기준은 없다. 그러나 보통 연구에서는 α수준을 0.01, 0.05, 0.10 등으로 정하는 경우가 많다(유의수준은 뒤에 설명될 α-오류와 동일한 것임을 먼저 밝혀둔다.).

P-값(P-value)

확률변수 X를 대리 직급 직원이 받는 상여금이라고 정의한다면, X의 평균은 100만 원이고 표준편차는 20만 원이었다. 위의 예에서 67.2만 원 이하의 상여금을 받은 직원을 신입사원으로 단정하면, 실제로는 대리 직급이면서도 신입사원으로 간주될 오류가 발생할 위험은 약 5%라고 하였다. 그렇다면 만약 65만 원 이하의 상여금을 받은 직원이 있을 때, 이 직원을 신입사원이라고 간주한다면, 이것이 잘못된 결정일 확률은 얼마일까? 신입사원을 신입사원이라고 간주하는 것은 잘못된 결정이 아니므로, 대리 직급을 신입사원이라고 간주하는 확률만 계산하면 된다. 다음의 확률계산에 의하여

$$P(X \le 65) = P\left(\frac{X-\mu}{\sigma} \le \frac{65-\mu}{\sigma}\right) = P\left(Z \le \frac{65-100}{20}\right) = P(Z \le 1.75) = 0.04$$

해당 확률은 0.04, 즉 4%이다. 만약 5% 정도의 오류확률을 감수한다고 하면, 65만 원 이하의 상여금을 받는 직원을 무조건 신입사원이라고 간주해도 발생할 오류는 4%에 불과하므로 그러한 결정은 괜찮은 결정인 것이다. 이번에는 70만 원 이하의 상여금을 받은 직원이 있을 때, 이 직원을 신입사원이라고 간주한다면, 이것이 잘못된 결정일 확률은 얼마일까? 다음의 확률계산에 의하여

$$P(X \le 70) = P\left(\frac{X-\mu}{\sigma} \le \frac{70-\mu}{\sigma}\right) = P\left(Z \le \frac{70-100}{20}\right) = P(Z \le 1.5) = 0.067$$

해당 확률은 0.067, 즉 6.7%이다. 70만 원 이하를 상여금으로 받는 직원을 무조건 신입사원이라고 간주하면 발생할 오류 6.7%는 감수할 수 있는 범위인 5%를 벗어나기 때문에, 그런 결정을 내리면 안 된다.

위의 두 예에서 계산해 본 확률은 흔히 P-값(P-value)이라고 부르는 값이다. P-값은 어떤 통계량이 주어졌을 때, (귀무가설하에서)귀무가설을 지지하는 통계

적 증거의 양이라고 정의할 수 있다. 그리고 만약 P–값이 유의수준(예를 들어 5%)보다 작다면, 귀무가설을 기각하고 대립가설을 지지하게 된다. 왜냐하면 귀무가설을 기각하게 되면, 설사 귀무가설이 맞다 하더라도 그 오류확률은 최대 5%를 넘지 않을 것이기 때문이다. 예를 들어, 통계량 65만 원을 받는 직원이 있다면, P–값은 4%였다. 이 경우 P–값은 유의수준 5%보다 작으므로, 귀무가설을 기각하고 대립가설을 지지하게 되고, 이는 결국 대립가설인 신입사원이라는 결론을 내리는 것이다.

결론적으로 기각영역을 이용하여 귀무가설 기각 여부를 결정할 수도 있지만, P–값을 이용하여도 동일한 가설검정을 수행할 수 있다.

양측검정과 단측검정

귀무가설이 기각되면 대립가설이 채택된다. 그런데 우리가 알고 있지 못하는 모집단의 특성, 즉 모수(parameter)에 대한 가설검정을 할 때에는 다음과 같이 두 가지로 귀무가설과 대립가설을 나타낼 수 있다. 첫째는 모수, 예를 들면 μ가 어떤 수와 일치한다는 가설이며, 다른 하나는 모수 μ가 어떤 수보다 크거나 또는 작다고 하는 가설이다.

① $H_0 : \mu = q$
　$H_a : \mu \neq q$

② $H_0 : \mu \geq q$ 　　또는　　 $H_0 : \mu \leq q$
　$H_a : \mu < q$ 　　　　　　 $H_a : \mu > q$

①과 같이 귀무가설이 $\mu = q$로, 대립가설이 $\mu \neq q$로 설정되어 있는 경우를 생각해 보자. 이때 표본을 뽑아서 그 표본에서 얻은 통계량이 귀무가설 $\mu = q$와 매우 근접하여 있으면 귀무가설을 채택할 것이나, 그렇지 않고 검정을 위한 통계량이 q보다 매우 크거나, 또는 q보다 현저히 작을 때에는 귀무가설을 채택할 수 없게 된다. 따라서 귀무가설을 기각하는 영역은 확률분포의 양 극단에 있게 되는데, 이처럼 가설검정에서 기각영역이 양쪽에 있는 것을 양측검정(two–tailed test)이라고 한다. 그러므로 유의수준 α도 양쪽 극단으로 갈리게 되어 한쪽의 면

| 그림 10-4 | 양측검정과 단측검정의 기각영역

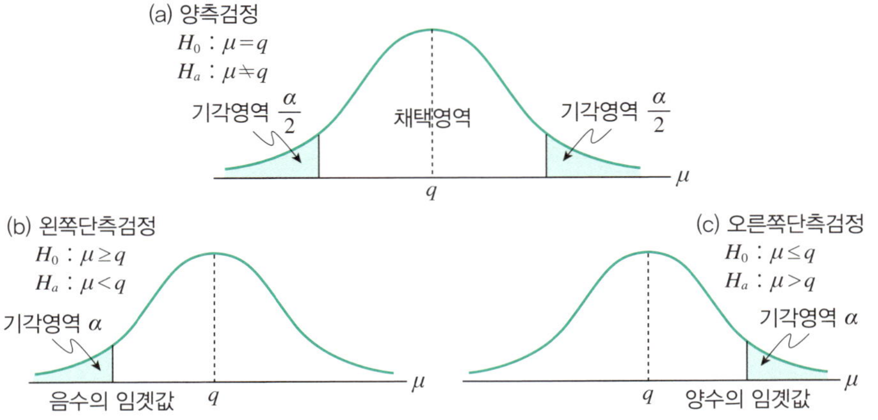

적이 $\alpha/2$가 된다. 이에 대한 설명은 [그림 10-4]의 (a)에 해당된다.

한편 ②와 같이 귀무가설을 $\mu\geq q$라 하고 대립가설을 $\mu<q$라고 설정하여 가설검정할 때에는, 선택된 표본의 통계량이 q보다 현저히 작지 않으면 귀무가설을 채택하게 된다. 따라서 확률분포의 오른쪽 극단에는 기각영역이 없다. 다만 통계량이 q보다 현저히 작을 때에만 귀무가설을 기각하게 된다. 따라서 α로 나타내는 기각영역은 분포의 왼쪽 극단에만 존재하게 된다. 이에 대한 설명이 [그림 10-4]의 (b)다.

반대로 귀무가설을 $\mu\leq q$라 하고 대립가설을 $\mu>q$로 할 때에는, 위에서 설명한 것과 반대의 현상이 나타난다. 즉, 통계량이 q보다 현저히 클 때에만 귀무가설을 기각하게 되므로, 기각영역은 오른쪽에만 있게 된다. [그림 10-4]의 (c)가 바로 그러한 경우다. 이렇게 가설검정에서 기각영역이 어느 한쪽에만 있게 되는 경우를 단측검정(one-tailed test)이라고 한다.

그렇다면 어떠한 경우에 단측검정을 사용하고 어떠한 경우에 양측검정을 사용하는 것일까? 이는 연구자가 입증하고자 하는 주장에 따라 결정된다. 예를 들어, 주당 평균 전력소비량이 60kw를 넘었는지를 입증하는 것만이 중요하다면 단측검정을 사용한다.

제3절 가설검정의 오류

가설검정은 표본에서 뽑은 통계량을 기초로 하여 모집단의 특성을 알아보려고 하는 것이기 때문에 표본이 어떻게 선택되느냐에 따라 잘못된 결론을 내릴 수도 있다. 표집오차(sampling error)는 언제나 발생하는 것이기 때문에, 표본에 근거를 둔 가설검정에서도 항상 오류가 따르게 된다. 가설검정에 따르는 오류는 두 가지로 나눌 수 있다. 하나는 α-오류며, 다른 하나는 β-오류다.

가설검정의 오류

α-오류는 실제로는 귀무가설이 옳은데도 검정 결과 귀무가설을 기각하는 오류를 말한다. α-오류는 제1종 오류(type I error)라고도 한다.

β-오류는 실제로는 귀무가설이 틀렸는데도 검정 결과 귀무가설이 옳은 것으로 받아들이는 오류를 말한다. β-오류는 제2종 오류(type II error)라고도 한다.

[예제 1]의 경우를 다시 살펴보자. 어느 인사팀 팀장이 "이 직원은 대리 직급이다"라는 귀무가설을 세우고 임곗값을 90만 원으로 설정했다고 하면, 직원이 실제로는 대리 직급임에도 불구하고 신입사원으로 잘못 판단될 오류, 즉 귀무가설이 옳은데도 불구하고 귀무가설을 기각할 오류는 [그림 10-5] (a)에서 α만큼 되고, 반대로 대리 직급을 신입사원으로 잘못 판단할 오류는 β만큼 된다. 반대로 "이 직원은 신입사원이다"를 귀무가설로 설정했을 때에는 [그림 10-5] (b)와 같이 α와 β의 위치를 서로 바꾸면 된다. α-오류와 β-오류를 〈표 10-1〉과 같이 표시하면 이해가 더 명확해질 것이다.

통계적 가설과 관련된 의사결정을 할 때는 틀린 결정과 맞는 결정의 두 가지 경우가 생긴다. 전체를 1이라 하면 귀무가설이 맞을 때 귀무가설을 기각하는 오류가 α이므로 맞는 귀무가설을 올바르게 채택하는 경우는 $1-\alpha$가 된다. 또한 귀무가설이 틀릴 때 귀무가설을 받아들이는 오류는 β이므로 틀린 귀무가설을 올바르게 거부하는 경우는 $1-\beta$가 된다. 따라서 $1-\alpha$와 $1-\beta$를 크게 할수록 옳

| 그림 10-5 | 신입사원과 대리 직급에 대한 가설검정의 오류

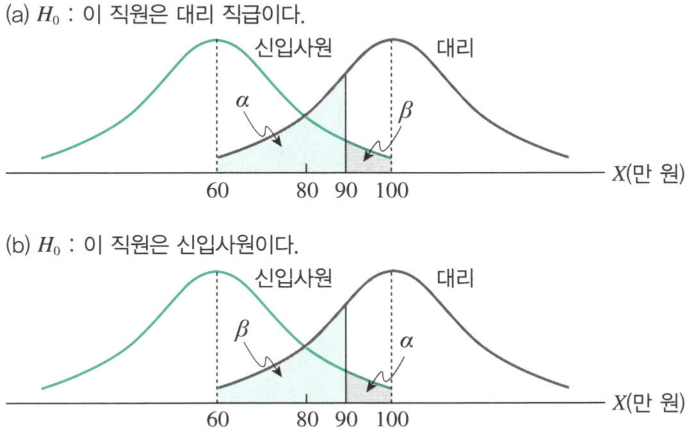

표 10-1 α-오류와 β-오류

H_0의 진위 / 의사결정	H_0가 맞을 경우	H_0가 틀릴 경우
H_0 채택	$1-\alpha$(옳은 결정)	β-오류(제2종 오류)
H_0 기각	α-오류(제1종 오류)	$1-\beta$(옳은 결정)

은 결정을 할 가능성이 많아져 가장 바람직하다.

그러나 [그림 10-5]에서 보면 알 수 있듯이 임곗값을 기존의 75보다 크게 하면 α는 커지고 β는 작아진다. 즉, 임곗값을 어떻게 설정하는가에 따라서 α와 β의 크기는 서로 반대 방향으로 변하고 있으므로, $1-\alpha$와 $1-\beta$를 동시에 크게 하기는 현실적으로 불가능하다. 따라서 가설의 채택 여부가 실제로 미치는 영향을 감안해서 더 중요하다고 판단되는 가설채택에 따른 오류의 확률을 미리 지정된 값 이하로 해 주는 검정방법을 찾는 게 현실적인 방법이다.

물론 앞서 설명한 두 가지 오류는 모두 연구자에게 중요한 의미를 갖는다. 그러나 대개 연구자의 관심대상이 되는 것은 주로 α-오류여서 이를 제1종 오류라고도 부른다. 이는 가설의 설정방법으로 인해 발생하는 두 오류 중 β-오류에 비해 α-오류가 훨씬 심각한 손실이나 비용을 발생시킨다고 보기 때문이다. 예를 들어 의약품의 약효에 대해서 가설검정을 하는 경우를 생각해 보자. 귀무가설은 "의약품의 약효가 없다"이고, 대립가설은 "의약품의 약효가 있다"가 될 것이다. 그렇다면 α−오류는 "실제로 의약품의 약효가 없는데 약효가 있다고 결정내리는 것"이고, β−오류는 "실제로 의약품의 약효가 있는데 약효가 없다고 결정내리는 것"이다. 이 중 어떤 오류가 더 큰 손실을 발생시킬까? β−오류의 경우 단지 개발한 의약품을 판매하지 않는 것에 그칠 것이지만, α−오류의 경우 약효가 없는 제품을 시중에 팔게 되고, 만일 발각될 시 제품을 판매하지 않는 경우에 비해 더 큰 손실을 일으킬 수 있을 것이다. 이와 같은 이유로, 제1종 오류가 더 큰 손실을 발생시킨다고 보는 것이다. 따라서 중요한 제1종 오류를 미리 1% 또는 5% 정도의 매우 작은 값으로 제한할 필요가 있다. 이때 제1종 오류를 범할 확률의 최대허용한계가 앞에서 설명한 유의수준과 동일한 개념이며, 보통 0.01, 0.05 혹은 0.10 등으로 나타낸다. 흔히 유의수준 α의 검정법이란 제1종 오류를 범할 확률이 α 이하인 검정법을 의미한다.

따라서 가장 현실적이면서 좋은 통계적 검정법이란 주어진 유의수준을 만족하면서 제2종 오류의 가능성을 최소로 하는 것이다. 연구자의 입장에서 보면 귀무가설이 틀렸을 때 귀무가설을 받아들이는 것은 새로운 연구결과를 얻지 못하는 것이 되므로 귀무가설이 거부되어야 할 때 거부되는 옳은 결정, 즉 $1-\beta$가 커지도록 하는 것이 바람직하다. 통계학에서는 $1-\beta$를 통계적 검정력(statistical power)이라 부른다.

제4절 가설검정의 순서 및 예

앞에서 가설검정에 대한 전반적인 설명을 하였으므로, 독자들은 가설검정이 어떤 순서에 따라 행해지는가에 대한 대략적인 윤곽은 이미 파악하고 있을 것이다. 모집단의 특성을 파악하기 위해서 표본크기를 결정한 후에는 다음과 같은 순서로 가설검정을 하게 된다.

가설검정의 순서

① 귀무가설(H_0)과 대립가설(H_a)의 설정
② 유의수준(α)의 결정
③ 유의수준을 충족시키는 임곗값의 결정
④ 통계량의 계산과 임곗값과의 비교
⑤ 결과의 해석

위 순서의 내용들은 대부분 앞에서 설명된 것들이지만, ③항의 유의수준을 충족시키는 채택영역과 기각영역의 결정에 대해서는 한 가지 더 부연설명이 필요하다. 모집단 평균에 대하여 검정을 할 때 의사결정의 기준이 되는 임곗값은 두 가지로 나타낼 수 있다. 즉 표본의 평균 $\overline{X}$로서 나타낼 수도 있으며, $\overline{X}$에 해당하는 Z값으로 나타낼 수도 있다. 예를 들어 채택영역을 표본평균을 기준으로 $70 \leq \overline{X} \leq 90$이라고 나타낼 수도 있고, Z값을 기준으로 하여 $-1.95 \leq Z \leq 1.95$로 나타낼 수도 있다. 임곗값을 Z값으로 나타낼 때에는 표본에서 얻는 통계량도 이에 상응하는 Z값으로 변환하여 임곗값과 비교를 하여야 한다. 가설검정의 구체적인 계산 등은 다음 장에서 설명이 되겠지만, 모집단 평균에 대한 가설검정의 예를 이용하여 지금까지 설명한 가설검정의 방법을 익혀 보자.

【예제 3】 국내 남자 아이돌그룹 멤버들의 평균 키는 180cm 이상이라고 알려져 있다. 이를 확인하기 위하여, 16명의 아이돌그룹 멤버의 키를 표본조사하였더니 평균 키가 175cm였다. 국내 남자 아이돌그룹 전체의 평균 키에 대한 표준편차가 5cm라고 하면, 국내 남자 아이돌그룹 멤버의 평균키가 180cm보다 작다고 할 수 있을까? 유의수준(α)을 5%로 하여 검정하라.

① $H_0 : \mu = 180\text{cm}$
$H_a : \mu < 180\text{cm}$
② $\alpha = 5\%$
③ 채택영역 : $Z \geq -1.64$
기각영역 : $Z < -1.64$

④ $\overline{X}=175$cm에 대응하는 Z의 값

$$Z=\frac{\overline{X}-\mu_{\overline{X}}}{\sigma_{\overline{X}}}=\frac{175-180}{5/\sqrt{16}}=\frac{-5}{1.25}=-4$$

| 그림 10-6 | 키에 대한 모집단 분포와 표집분포

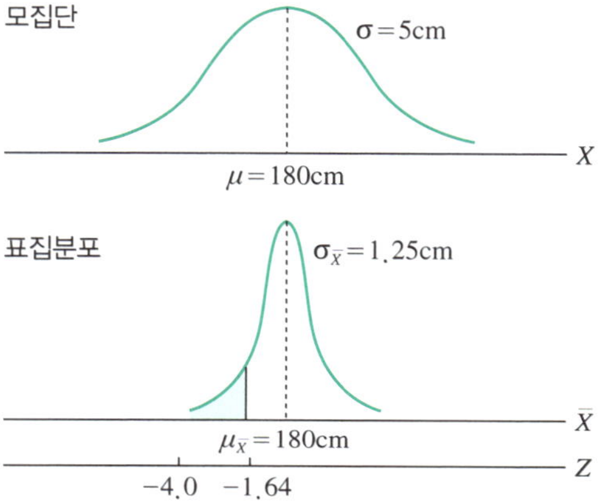

$Z=-4$는 -1.64보다 작아서 기각영역에 속하므로 H_0를 기각한다.

⑤ 위의 결과로부터 국내 남자 아이돌그룹 멤버들의 평균 키가 180cm보다 작다고 할 수 있다.

연습문제

10.1 통계적 추정과 가설검정을 간단하게 비교 설명하라.

10.2 다음 용어들을 정의하라.

① 임곗값　　② α−오류

③ β−오류　　④ 유의수준

10.3 단측검정과 양측검정을 비교설명하라.

10.4 통계적 검정력에 영향을 끼치는 요인들에 대해 설명하라.

10.5 정부에서 발표한 바에 의하면, 2025년 우리나라 1인당 국민소득이 높은 경제 성장률과 원화가치 상승에 힘입어 4만 달러를 돌파할 것으로 전망됐다. 어느 연구자가 정부발표를 가설로 하여 검정을 한다고 하면 귀무가설과 대립가설을 어떻게 설정하여야 하는가?

10.6 한국직업능력개발원이 4년제 대학 졸업자들을 대상으로 5년간 추적조사하여 얻은 연구결과에 의하면, 대학전공과 같은 직종에 취업한 사람은 그렇지 않은 사람에 비해 소득이 더 높았다고 한다. 이 연구결과를 믿을 수 있는지 검정하기 위하여 필요한 귀무가설과 대립가설을 설정하라.

10.7 어느 TV방송국의 드라마 시청률이 40%로 나타났다. 시청률 조사가 적절히 이루어졌는지 검정하기 위하여 필요한 귀무가설과 대립가설을 설정하라.

10.8 다음 사항들을 통계적 검정하려고 한다. 단측검정과 양측검정 중, 어떤 방법이 타당한 것인지 판단하라.

① 전 세계적인 기후 변화의 영향으로 우리나라의 기후 역시 변하고 있다고 한다. 올해 우리나라의 열대야 일수가 작년에 비해 증가했는지를 보이려고 한다.

② 어느 대학교의 남학생과 여학생의 평균 SNS 사용시간이 같은지 확인하려고 한다.

③ 보안관리 회사 A에서는 기존의 얼굴인식기술을 개선시켜, 사용자의 얼굴인식에 소요되는 시간을 단축시켰다고 주장한다. 이 회사의 주장이 맞는지 보이려고 한다.

10.9 제1종 오류(α)와 제2종 오류(β) 중, 연구자의 주 관심대상이 되는 오류는 무엇이며, 이유를 설명하라.

10.10 제1종 오류(α)와 제2종 오류(β)를 동시에 최소가 되도록 설정하는 것이 가능한가? 가능하지 않다면 이유를 설명하라.

10.11 인터넷을 통해 방송 프로그램, 영화 등 각종 미디어 콘텐츠를 제공하는 서비스를 OTT 서비스라고 한다. 대한민국 내 OTT 서비스 시장에서 가장 높은 점유율을 보유한 N업체에서는 작년 대비 올해, 전체 인구 대비 서비스 구독자 비율이 상승했다고 보고 있다. 이를 검정하기 위하여 필요한 귀무가설과 대립가설을 설정하고, 이 가설에서 나타날 수 있는 오류에 대해 설명하라.

10.12 어느 음식 배달 앱에서는 음식을 배달하는 데 소요되는 시간이 평균 30(분), 표준편차 5의 정규분포를 따른다고 한다. 이때 음식이 정상적으로 배달되었는지, 혹은 비정상적으로 늦게 배달되었는지 판단하는 기준을 X분으로 설정했다고 하자. 임곗값에 해당하는 Z값이 1.96이라고 할 때, 배달이 늦게 되었는지 판단하는 기준이 되는 시간은 몇 분인지 구하라.

10.13 어느 제약회사에서는 새로운 진통제를 개발하여, 이 진통제를 복용 시 평균적으로 복용 후 10분 미만에 효과가 나타난다고 주장한다. 이 회사의 주장을 확인하기 위한 가설검정과정을 설명하라.

10.14 통계적 검정력(statistical power)에 대해 설명하라.

10.15 어느 과자회사에서는 과자 봉지에 100g의 과자를 넣도록 기계를 설계했는데, 소비자들은 과자 봉지에 들은 과자의 양이 실제로는 100g보다 적다고 불만을 가지고 있다고 한다. 소비자들의 주장이 사실인지를 확인하기 위해 검정을 수행한다고 할 때, 과자회사 입장에서 소비자들의 불만을 부정하고 싶다면 검정의 임곗값이 큰 값이 되어야 하는가 작은 값이 되어야 하는가?

Chapter 11

단일모집단에 관한 가설검정

제10장 가설검정의 기초에서는 가설검정과 관계된 기본개념들을 설명하였다. 이 장에서는 가설검정의 구체적인 방법들을 살펴보기로 한다.

통계적 가설검정은 모집단의 여러 특성에 관하여 실시할 수 있다. 그러나 모집단의 특성을 나타내는 대표적인 특성치인 평균과 분산 그리고 비율에 관한 가설검정이 가장 널리 사용되고 있으므로, 이 책에서도 이들 세 가지 특성치와 관련된 가설검정에 대해서 설명하기로 한다. 다만, 이 장에서는 단일모집단의 세 특성치에 관련된 가설검정에 대해서만 다루고, 제12장에서는 두 모집단의 특성치 비교와 관련된 가설검정에 대해서 살펴볼 것이다. 독자들은 이 장을 명확히 이해하면, 제12장은 기술적인 것만 추가되는 것 외에 거의 동일한 개념이다. 이러한 이유로 이 장에서는 제10장에서의 주요 내용을 복습한다는 의미에서 예제를 중심으로 하여 기본적인 개념을 다시 설명한 부분이 많다.

제1절 모집단 평균에 관한 가설검정

가설검정의 예

먼저 모집단 평균에 관한 가설검정이 어떤 것인지를 두 가지 예를 통해 살펴보기로 하자.

【예제 1】 우리나라 여성 전체의 평균 키는 160cm이고, 분산은 200이라고 알려져 있다. 10,000명을 표본으로 하여 조사한 결과 평균 169cm를 얻었다. 우리나라 여성의 평균 키는 이제 160cm보다 더 커졌다고 할 수 있을까?

위의 예제가 모집단 평균에 관한 가설검정의 가장 기본적인 형태다. 그러나 예문을 자세히 읽어보면 의문점이 생길 것이다. 즉, "여성 전체의 키의 분산이 $\sigma^2=200$"이라는 것이 바로 그것이다. 모집단의 분산 또는 표준편차는 모집단 평균을 알지 못하고는 계산할 수가 없는 것이 보통인데, 위의 예제에서는 모집단의 분산을 이미 아는 것으로 가정하였다. 모집단 평균을 모르기 때문에 가설검정을 하려는 것인데, 모집단 분산을 알고 있다고 가정하는 것은 비현실적이다. 따라서 다음과 같은 예제가 보다 현실적일 것이다.

【예제 2】 우리나라 여성의 평균 키는 160cm라고 알려져 왔다. 이에 대한 가설을 검정하기 위하여 10,000명을 표본으로 하여 조사한 결과, 평균 169cm, 분산 300을 얻었다. 우리나라 여성의 평균 키는 이제 160cm보다 더 커졌다고 할 수 있는가?

[예제 1]에서는 모집단의 분산을 알고 있는 것으로 가정하였으며, [예제 2]에서는 모집단의 분산을 모른다는 가정하에 표본을 이용하여 분산을 구하였다. 현실적으로 통계적 가설검정에서는 [예제 2]와 같은 문제를 해결하는 것이 보통이다.

그러나 [예제 1]과 같은 경우도 간혹 있다. 과거의 경험으로 모집단의 표준편차 또는 분산이 어느 정도 알려져 있을 수가 있기 때문이다. 품질관리를 위하여 과거에 통조림의 용량을 여러 번 조사해 본 경험이 있는 통조림공장 같은 곳에서는 그 통조림 용량의 분포에 대하여 개략적인 표준편차 또는 분산을 알고 있을 수가 있다.

[예제 1]과 같이 모집단 분산을 알고 있는 경우와, [예제 2]와 같이 모집단 분산을 알지 못하는 경우에 모집단 평균에 대한 가설검정방법은 서로 다르다. 그러므로 여기서는 ① 모집단 분산을 알고 있는 경우와, ② 모집단 분산을 알지 못하는 경우를 구분하여 설명하기로 한다.

모집단 평균에 대한 가설검정의 순서

먼저 앞의 예제 1을 이용하여 모집단의 분산을 알고 있는 경우 모집단 평균에 대한 가설검정과정을 살펴보자. 모집단 평균에 대한 가설검정방법은 앞 장에서 제시한 가설검정의 순서대로 매 단계를 나누어 자세히 설명한다.

귀무가설과 대립가설

앞 장에서 이미 설명하였듯이 귀무가설과 대립가설을 설정하는 데 있어서 주의해야 할 점이 있다. 귀무가설은 기존에 사실이라 전제하고 있는 것이므로 부등식으로 표시하는 것보다는 다음의 예와 같이 등식(=)으로 표현하는 것이 좋다.

$H_0 : \mu = 160$

$H_a : \mu \neq 160$, 또는 $\mu > 160$, 또는 $\mu < 160$

그러나 H_0 : $\mu \geq 160$, H_a : $\mu < 160$ 등으로 가설을 세우는 경우도 있다. 언뜻 보기에는 쉽게 가설을 검정할 수 없는 형태처럼 보일 수 있다. 그러나 이러한 경우에는 $\mu \geq 160$를 직접적으로 검정할 수 없지만 $\mu \geq 160$의 가장 보수적인 값 $\mu = 160$을 귀무가설로 검정하여, 채택되면 $\mu \geq 160$가 채택되는 것으로 간주하고, 반대로 기각되면 $\mu \geq 160$가 기각된 것으로 간주하면 된다. 이와 마찬가지로 H_0 : $\mu \leq 160$, H_a : $\mu > 160$ 등으로 가설설정을 하는 경우도 있다. 이때에도 $\mu \leq 160$의 가장 보수적인 값 $\mu = 160$을 귀무가설인 것처럼 검정하여, 그 결과 $\mu = 160$이 채택되면 $\mu \leq 160$가 채택된 것으로 간주한다.

유의수준의 결정

유의수준의 결정은 연구자의 연구목적, 주관적인 판단 등에 따라 달라지지만 대체로 0.01, 0.05, 0.10 등으로 정하는 것이 보통이다. 실제 의사결정을 할 때에는 의사결정에 오류를 범함으로써 발생할 수 있는 손실을 고려하여 유의수준을 결정해야 한다. 예를 들어 의약품의 성분용량을 검정할 때에는 사람의 건강에 직접적인 영향을 미치는 만큼 엄격하게 하여야 하기 때문에, 귀무가설이 맞는데도 불구하고 기각할 오류인 α-오류, 즉 유의수준을 크게 하여 보수적으로 검정함으로써 불량품이 발생할 위험을 줄여야 할 것이다.

채택영역과 기각영역 : 임곗값

이미 결정된 유의수준(significance level)을 충족시키는 임곗값은 $\bar{X}$로 표시할 수도 있으며, 또한 $\bar{X}$에 대응하는 Z값으로 표시할 수도 있다. 예를 들어 유의수준 5% 수준에서 양측검정을 하고자 한다면 "표본의 평균 $\bar{X}$가 170 이상 또는 150 이하일 때 모집단 평균이 160이라는 귀무가설을 기각한다"는 기준을 세울 수도 있으며, "표본의 평균 $\bar{X}$에 대응하는 Z값이 +1.96 이상 또는 −1.96 이하이면 모집단 평균에 대한 귀무가설을 기각한다" 등의 기준도 세울 수 있다.

이 두 가지 방법은 동일한 것으로, 어느 방법을 사용해도 동일한 검정결과를 얻을 수 있다. 그러나 대체로 표준정규분포를 기준으로 하는 Z값을 이용하는 것이 편리하기 때문에 대부분 Z값을 임곗값으로 사용하여 귀무가설의 채택영역과 기각영역을 정한다.

양측검정에서의 임겟값

먼저 양측가설검정에서 임겟값이 어떻게 결정되는가를 살펴보자. 유의수준이 α일 때, 양측검정에서는 오른쪽의 임겟값 Z는 $Z_{\alpha/2}$가 되며, 왼쪽의 임겟값 Z의 값은 $-Z_{\alpha/2}$가 된다. 이를 그림으로 나타내면 [그림 11-1]과 같다. [그림 11-1]은 유의수준 α가 0.05인 것을 예로 들었으므로, $-Z_{0.025}$는 -1.96이며, $Z_{0.025}$는 1.96이다.

| 그림 11-1 | 임겟값의 결정 : 양측검정

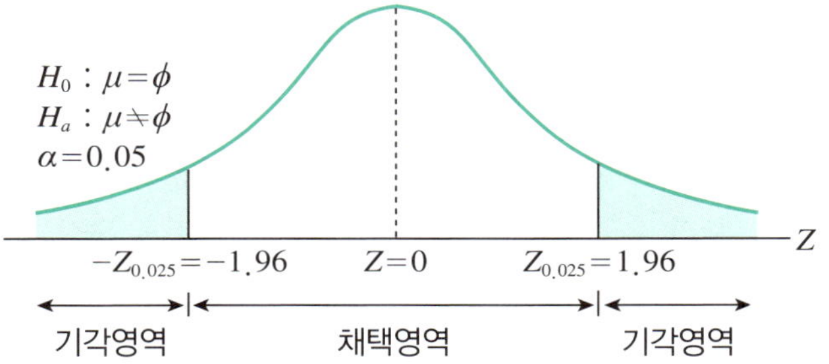

단측검정에서의 임겟값

단측검정에서 임겟값을 Z로 표시할 때, 유의수준이 α이면 임겟값은 대립가설에 따라 $-Z_\alpha$가 되거나, Z_α가 된다. 즉, 대립가설이 $\mu<\phi$면 $-Z_\alpha$가 임겟값이 되며, $\mu>\phi$가 대립가설이 될 때에는 Z_α가 임겟값이 된다. 이를 그림으로 나타내면 [그림 11-2]와 같다. [그림 11-2]는 $\alpha=0.05$인 경우를 예로 들었다. 오른쪽 단측검정인지 또는 왼쪽 단측검정인지에 따라 $-Z_{0.05}=-1.64$가 되거나 $Z_{0.05}=1.64$가 된다.

| 그림 11-2 | 임겟값의 결정 : 단측검정

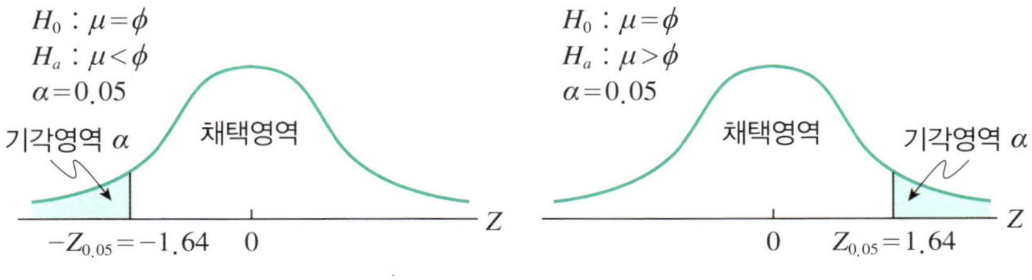

〈표 11-1〉은 유의수준에 따라 임곗값이 어떻게 달라지는가를 나타내었다.

표 11-1 임곗값과 유의수준

α	양측검정		단측검정	
	$-Z_{\alpha/2}$	$Z_{\alpha/2}$	$-Z_{\alpha}$	Z_{α}
0.01	−2.57	2.57	−2.33	2.33
0.05	−1.96	1.96	−1.64	1.64
0.10	−1.64	1.64	−1.28	1.28

통계량의 계산과 임곗값과의 비교

임곗값이 결정되면, 표본에서 계산한 통계량이 기각영역에 속하는지 채택영역에 속하는지를 결정해야 한다. 앞에서 말했듯이 임곗값은 $\bar{X}$를 사용해 표시할 수도 있지만, Z−통계량으로 나타내는 것이 더욱 편리하다. 그러므로 표본에서 얻은 통계량 $\bar{X}$도 Z−통계량으로 바꾸어야 비교가 가능하다. 표본을 기초로 계산된 임곗값을 비교해서, Z−통계량이 기각영역 안에 있으면 H_0를 기각하고, 채택영역 안에 있으면 H_0를 채택한다.

Z−통계량

$$Z = \frac{\bar{X} - \mu}{\sigma_{\bar{X}}} \quad (11\cdot1)$$

P−값과의 비교

임계값 대신 표본에서 계산한 통계량을 이용하여 P−값을 계산하여 유의수준 α와 비교하는 방법도 있다. 10장에서 언급했듯이, 통계량으로 계산된 P−값이 유의수준보다 작으면 귀무가설 H_0를 기각하게 된다.

결과의 해석

계산된 통계량과 임곗값을 비교한 다음 연구자는 H_0를 기각하거나 채택하게 된다. 그러나 기각이나 채택 여부 자체보다 더 중요한 것은 이에 대한 해석이다. 즉, 최종적으로 귀무가설을 기각하거나 채택하는 것이 무엇을 의미하는가를 해석해야 한다. 예를 들어 우리나라 여성의 평균 키가 160cm라고 할 수 있는가에 대한 가설을 검정할 때 귀무가설을 $H_0 : \mu=160$cm, 대립가설은 $H_a : \mu \fallingdotseq$ 160cm라고 한다. 그다음 계산된 통계량이 임곗값보다 크면 "귀무가설을 기각한다"라고 하기보다는 "귀무가설을 기각하므로 우리나라 여성의 평균키가 160cm라고 할 수 없다"라는 해석을 해야만 연구자의 임무를 다하는 것이 된다.

모집단의 분산을 알고 있을 때

다음의 예제를 통해 [예제 1]과 같이 모집단의 분산을 알고 있는 경우의 가설검정을 설명한다.

【예제 3】 어떤 제조업체가 파이어누들이라는 라면을 해외에 수출하고 있다. 이 라면의 무게는 평균 160그램이며, 정규분포를 따른다는 것이 알려져 있다. 그러나 해외에서는 라면의 무게가 160그램이 아니라는 불평이 들어오고 있다. 회사측에서는 이를 확인하기 위해 100개의 라면을 표본으로 뽑아 평균을 조사하여 본 결과, $\bar{X}=155$그램이었다. 모집단의 표준편차가 30그램이라는 것을 과거의 경험으로 알고 있다고 하자. 유의수준을 $\alpha=0.05$라 하면, 위의 결과로부터 이 회사 라면의 평균무게가 160그램이 아니라고 말할 수 있겠는가?

위의 [예제 3]에서 라면 무게의 분포가 정규분포이므로 $n=100$일 때의 표집분포도 정규분포며, $\mu_{\bar{X}}=\mu$이고 $\sigma_{\bar{X}}=\sigma/\sqrt{n}$다. 즉, $\mu_{\bar{X}}=160$이고 $\sigma_{\bar{X}}=30/\sqrt{100}=3$이다. 이 표집분포를 그림으로 그려보면 [그림 11-3]과 같다.

이 표집분포를 염두에 두고 양측검정과 단측검정의 두 가지로 [예제 3]에 대한 가설검정을 해 보자.

| 그림 11-3 | 표집분포의 표준편차

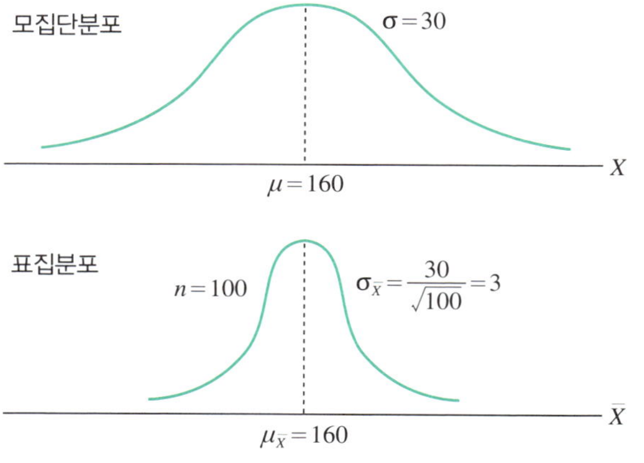

양측검정

① $H_0 : \mu=160$

$H_a : \mu\neq160$

② $\alpha=0.05$

③ 채택영역 : $-1.96\leq Z\leq1.96$

기각영역 : $Z>1.96$ 또는 $Z<-1.96$

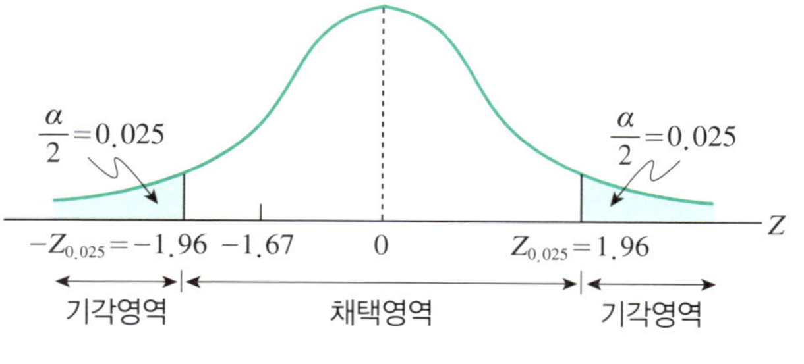

④ $\overline{X}=155$에 해당하는 Z값을 계산하면 다음과 같다.

$$Z=\frac{\overline{X}-\mu}{\sigma_{\overline{X}}}=\frac{155-160}{3}=-1.667$$

$Z=-1.667$은 채택영역 안에 있으므로 H_0를 기각할 수 없다.

⑤ $\alpha=0.05$ 수준에서 라면의 평균 무게가 160그램이라는 기존의 주장을 기각할 수 없다.

단측검정

[예제 3]에서 다른 조건은 같고 라면의 내용량이 부족하다는 불평이 들어온다고 하자. 이를 검정하기 위해서는 단측검정을 해야 하는데 이의 순서는 다음과 같다.

① H_0 : $\mu=160$

H_a : $\mu<160$

② $\alpha=0.05$

③ 채택영역 : $Z\geq-1.64$

기각영역 : $Z<-1.64$

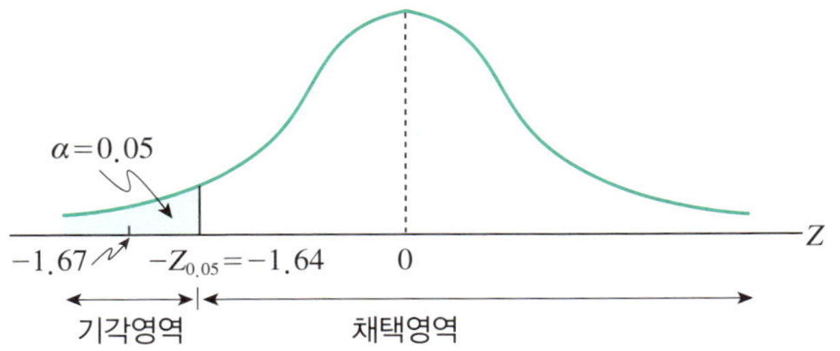

④ $\overline{X}=155$에 해당하는 Z값을 계산하면 다음과 같다.

$$Z=\frac{\overline{X}-\mu}{\sigma_{\overline{X}}}=\frac{155-160}{3}=-1.667$$

$Z=-1.667$은 기각영역 안에 있으므로 H_0는 기각된다.

⑤ 양측검정의 결과와는 달리 라면의 내용량이 160그램이라고 고객들에게 주장할 수 없다.

모집단의 분산을 모를 때

t-분포와 임곗값

모집단 평균에 대하여 확신을 갖지 못하기 때문에 이에 대한 가설을 검정하는 상황에서, 모집단의 분산을 알고 있는 경우는 매우 드물다. 모집단 평균을 알아야 그 모집단의 분산을 계산할 수 있기 때문이다. 이러한 상황에서는 모집단의 분산 또는 표준편차를 추정하여야 하는데, 이때에는 표본에서 구한 추정량인 S^2 또는 S를 σ^2 또는 σ 대신 이용한다. 이처럼 모집단의 표준편차 σ를 모르는 상황에서 표본의 표준편차 S를 σ 대신 사용할 때에는 t값을 이용하여 가설검정을 하게 된다. 이때 통계량 t는 자유도 $n-1$의 t-분포를 이룬다는 것은 제9장에서 설명하였다.

t-분포를 이용하여 가설검정을 할 때에는 앞에서 설명하였던 내용 중에서 임곗값을 결정할 때 Z값 대신 t값을 이용한다는 점만이 다르다. 즉, 유의수준 α로 양측검정을 할 때의 왼쪽 임곗값은 $-t_{\alpha/2,\,n-1}$, 오른쪽은 $t_{\alpha/2,\,n-1}$이 된다. 예를 들어 [그림 11-4]에서와 같이 $\alpha=0.1$이고 자유도가 9이면, 임곗값은 〈표 11-2〉에서 $t=\pm 1.833$이다. 그리고 단측검정에 있어서는 대립가설이 $\mu<q$인지 $\mu>q$인지에 따라 임곗값은 $-t_{\alpha,\,n-1}$ 또는 $t_{\alpha,\,n-1}$이 된다. $\alpha=0.1$이고, 자유도가 9일 때의 단측검정의 임곗값은 [그림 11-5]와 같이 $t=1.383$ 또는 $t=-1.383$이다.

| 그림 11-4 | t의 임곗값 : 양측검정

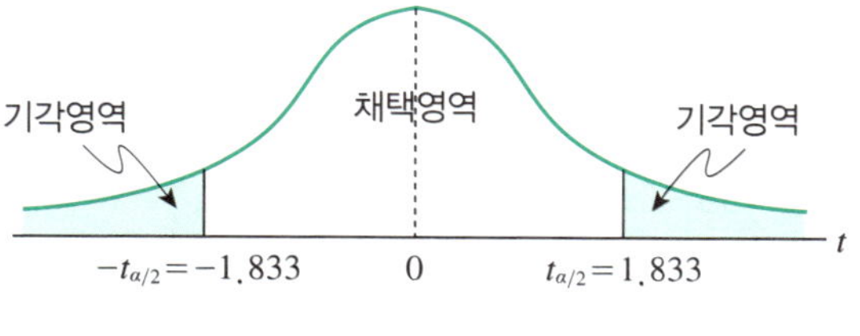

| 그림 11-5 | t의 임곗값 : 단측검정

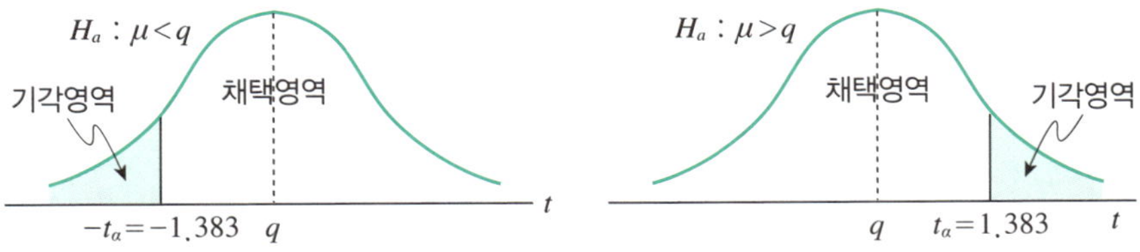

표 11-2 t-분포표의 일부분

자유도(df)	α				
	.4	.25	.1	.05	.025
1	0.325	1.000	3.078	6.314	12.706
2	0.289	0.816	1.886	2.920	4.303
3	0.277	0.765	1.638	2.353	3.182
4	0.271	0.741	1.533	2.132	2.776
5	0.267	0.727	1.476	2.015	2.571
6	0.265	0.718	1.440	1.943	2.447
7	0.263	0.711	1.415	1.895	2.365
8	0.262	0.706	1.397	1.860	2.306
9	0.261	0.703	1.383	1.833	2.262
10	0.260	0.700	1.372	1.812	2.228
11	0.260	0.697	1.363	1.796	2.201
12	0.259	0.695	1.356	1.782	2.179
13	0.259	0.694	1.350	1.771	2.160
14	0.258	0.692	1.345	1.761	2.145

t-통계량의 계산

t-통계량을 계산하는 방법은 제9장에서 이미 언급되었지만, 여기서 다시 간단하게 설명해 보자. 유의수준에 따라 임곗값이 결정되면 표본에서 계산한 통계값들이 채택영역에 들어가는지 기각영역에 들어가는지를 결정해야 한다. 임곗값을 t값으로 결정하였으므로, 표본에서 얻은 통계량도 임곗값과 쉽게 비교할 수 있도록 t값으로 나타내어야 한다. 이렇게 표본에서 얻은 통계량을 t값으로 변환한 것을 계산된 t값(computed t-value)이라 부르며 식 11·2와 같이 계산된다.

t-통계량

$$t=\frac{\overline{X}-\mu}{S_{\overline{X}}} \qquad (11\cdot2)$$

계산된 t값이 기각영역 안에 있으면 H_0를 기각하며, 채택영역 안에 있으면 H_0를 받아들인다.

t-검정의 예

어느 대기업에서는 사원들의 이직률이 높아 평균 재직기간이 $\mu=20$개월이라고 알려져 있다. 실제로 그러한지를 알아보기 위해 해당 기업에서 이직한 사원 10명을 뽑아 재직기간을 조사해 보았더니 다음 〈표 11-3〉과 같았다. 유의수준 $\alpha=0.05$ 수준에서, 평균 재직기간은 20개월이 아니라는 양측검정을 수행하라. 이어서 평균 재직기간은 20개월보다는 길다는 단측검정도 수행하라. 해당 대기업 사원의 재직기간은 개월로 표시하여 정규분포를 이룬다고 가정한다.

표 11-3 10명의 재직기간

사원	재직기간(X_i)	$X_i-\overline{X}$	$(X_i-\overline{X})^2$
A	16	−7	49
B	28	5	25
C	20	−3	9
D	34	11	121
E	22	−1	1
F	18	−5	25
G	30	7	49
H	22	−1	1
I	25	2	4
J	15	−8	64
합계	230(개월)		348

$$\bar{X}=\frac{\sum X_i}{n}=\frac{230}{10}=23$$

$$S=\sqrt{\frac{\sum(X_i-\bar{X})^2}{n-1}}=\sqrt{\frac{348}{9}}=6.218$$

$$S_{\bar{X}}=\frac{S}{\sqrt{n}}=\frac{6.218}{\sqrt{10}}=1.966$$

양측검정

① $H_0 : \mu=20$

$H_a : \mu\neq 20$

② $\alpha=0.05$

③ $\alpha/2=0.025$고 자유도 $n-1=9$일 때 t-분포표를 보면,

채택영역 : $-2.262\leq t\leq 2.262$

기각영역 : $t>2.262$ 또는 $t<-2.262$

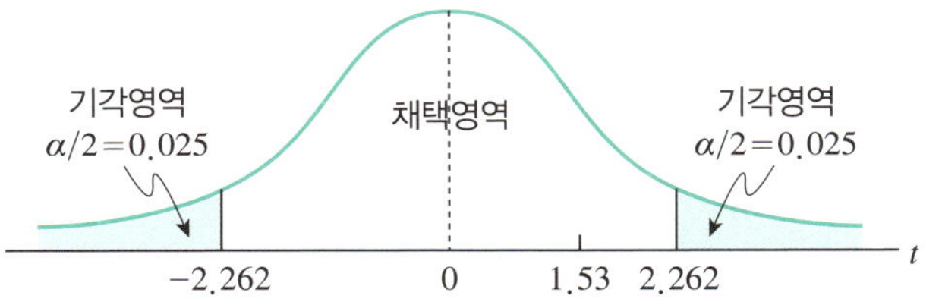

④ $\bar{X}=23$에 해당하는 t값을 계산하면,

$$t=\frac{\bar{X}-\mu}{S_{\bar{X}}}=\frac{23-20}{1.966}=1.526$$

$t=1.526$은 채택영역 안에 있으므로 $\alpha=0.05$ 수준에서 귀무가설을 기각할 수 없다.

⑤ 귀무가설을 기각할 수 없으므로, 해당 대기업 사원의 평균 재직기간이 이 표본의 결과로 본다면 $\mu=20$개월인 것으로 볼 수밖에 없다.

단측검정

① $H_0 : \mu=20$

$H_a : \mu>20$

② $\alpha=0.05$

③ $\alpha=0.05$고 자유도 $n-1=9$일 때 t-분포표를 보면,

채택영역 : $t \leq 1.833$

기각영역 : $t > 1.833$

④ $\bar{X}=23$에 해당하는 t값을 계산하면,

$$t=\frac{\bar{X}-\mu}{S_{\bar{X}}}=\frac{23-20}{1.966}=1.526$$

$t=1.526$은 채택영역 안에 있으므로 귀무가설을 기각할 수 없다.

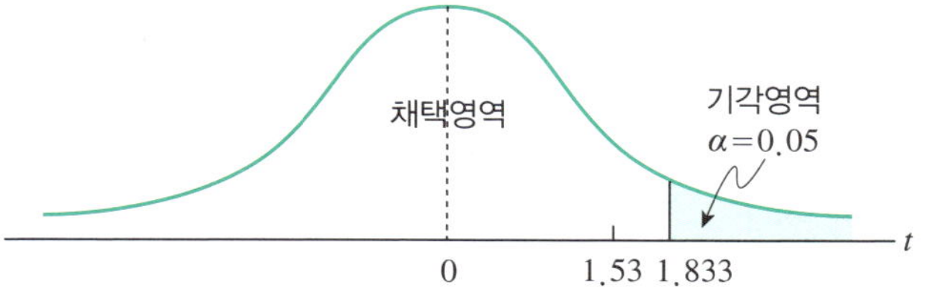

⑤ 귀무가설을 기각할 수 없으므로, 해당 대기업 사원의 평균 재직기간이 20개월보다 길다고 할 수 없다.

t-분포와 Z-분포와의 관계

모집단분포가 정규분포를 이루며, 모집단의 분산을 알고 있을 때에는 Z-분포를 이용하여 가설검정을 하며, 모집단분포가 정규분포이긴 하지만 분산을 모르고 있을 경우에는 t-분포로써 가설검정을 한다는 것을 위에서 설명하였다. 그러나 제9장 통계적 추정에서도 설명했듯이 모집단 분산을 알기 위하여 표본을 뽑을 때 그 표본의 크기가 크면, 모집단 분산과 표본에서 뽑은 분산 간의 차이가 작기 때문에 t-통계량을 사용하거나 Z-통계량을 사용하거나 별 차이가

없다.

부록의 t-분포표와 Z-분포표를 비교해 보자. $\alpha=0.05$고 양측검정일 경우 표본의 수가 121개면 Z값은 표본크기와 관계없이 ±1.96이 임곗값이 되며, t값의 경우는 자유도 120에서 ±1.98이 임곗값이 되어 Z값과 별 차이가 없다. 통상적으로 표본의 크기 n이 30을 넘는 경우에는 t값을 사용할 필요없이 Z값으로 계산하여도 큰 차이는 없다.

지금까지의 내용을 다시 한번 정리해 보자. 모집단이 정규분포이고 분산을 알고 있을 때에는 Z-분포를 사용하고, 모집단이 정규분포이긴 하지만 분산을 모를 때에는 t-분포를 사용한다. 그러나 모집단이 정규분포가 아니더라도 표본의 크기가 크면 그 표집분포는 중심극한정리에 의해서 정규분포가 되므로, 표본의 크기가 크면 t와 Z 두 분포의 차이가 없어져 편의상 Z-분포를 사용한다.

이에 대하여는 이미 제9장에서 지적하였지만 혼동을 하는 경우가 많으므로 다시 〈표 11-4〉에 정리하였다.

표 11-4 Z-분포와 t-분포의 사용

모집단의 분산을 알고 있을 때	표본이 클 때	표본이 작을 때
모집단이 정규분포	Z-분포	Z-분포
모집단이 비정규분포	Z-분포	–
모집단의 분산을 모를 때	**표본이 클 때**	**표본이 작을 때**
모집단이 정규분포	Z-분포	t-분포
모집단이 비정규분포	Z-분포	–

참고로 〈표 11-4〉에서 보듯이, 모집단이 비정규분포며 표본이 작을 때에는 모집단의 분산을 알고 있거나 모르고 있거나 간에 적절한 검정통계량이 없다는 점에 유의해야 한다. 이러한 경우에도 여전히 통계적 검정을 하기 원한다면 제16장에서 설명하게 될 비모수통계를 사용한다.

제2절 모집단 비율에 관한 가설검정

모집단 평균에 대한 가설검정이 주된 내용이지만, 모집단의 비율에 대한 가설검정도 자주 사용된다. 선거 때 모 정당의 지지율이 총투표수의 40%일 것이라고 가정한다든지, 또는 차기 서울시장으로 어떤 정치인이 유력하다든지 하는 것이 바로 모집단의 비율과 관계된 가설들이다.

이미 제8장에서 비율의 표집분포에 관해 설명하였듯이 표본비율 p의 표집분포의 표준편차는 다음과 같다.

p의 표집분포의 표준편차

$$\sigma_p = \sqrt{\pi(1-\pi)/n} \qquad (11\cdot3)$$

비율의 표집분포는 $n\pi > 5$, 그리고 $n(1-\pi) \geq 5$일 때 정규분포와 근사한 것으로 볼 수 있다. 따라서 이러한 조건을 만족하는 경우, 표본비율 p에 대응하는 계산된 Z값은 식 11·4와 같이 얻을 수 있다.

p에 대응하는 Z값

$$Z = \frac{p-\pi}{\sqrt{\pi(1-\pi)/n}} \qquad (11\cdot4)$$

【예제 4】 동전이 비정상적인가를 검정하기 위하여 100번을 던져 본 결과, 앞면이 40번 나왔으며, 뒷면이 60번 나왔다. 이 동전이 비정상인가를 $\alpha = 0.05$로써 검정하라.

정상적인 동전을 던질 때, 앞면이 나올 확률은 50%여야 하므로, $\pi=0.5$ 이고 표본에서의 성공비율 $p=0.4$다.

① $H_0 : \pi=0.5$
  $H_a : \pi \neq 0.5$
② $\alpha=0.05$
③ 채택영역 : $-1.96 \leq Z \leq 1.96$
  기각영역 : $Z>1.96$ 또는 $Z<-1.96$

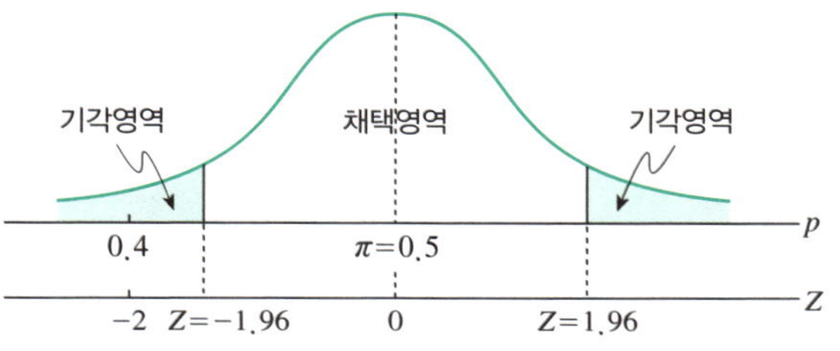

④ 표본의 결과인 $p=0.4$를 Z값으로 계산하면 다음과 같다.

$$\sigma_p=\sqrt{\frac{0.5\times 0.5}{100}}=0.05$$

$$Z=\frac{p-\pi}{\sigma_p}=\frac{0.4-0.5}{0.05}=-2$$

  $Z=-2$는 기각영역에 있으므로 귀무가설을 기각한다.
⑤ 따라서 동전이 정상이라고는 할 수 없다.

【예제 5】 통신사 간 고객 유치 경쟁이 치열하다. 일반적으로 약정기간이 종료되면 타 통신사로 이동하는 고객의 비율은 60%라고 알려져 있다. 그런데 A사에서는 B사의 서비스를 이용하였던 고객 중에서 약정기간이 종료되면 60%보다 더 많은 고객들이 타사로 이동한다는 주장을 하고 있다. 이러

한 A사의 주장을 실증적으로 조사하기 위하여, B사가 자사의 고객 중 500명을 대상으로 조사해 본 결과, 315명이 타사로 이동하였다. 이러한 사실은 A사의 주장에 충분한 증거가 되는 것인가? 유의수준 $\alpha=0.01$에서 A사의 주장을 가설검정하라.

B사의 고객 중 약정기간 종료 후 타사로 이동한 고객의 비율을 π라고 하자. 그러면 $\pi=0.6$이라고 알려져 있으며 $n=500$으로 $n\pi\geq5$, $n(1-\pi)\geq5$를 만족하므로, Z를 이용하여 가설검정한다.

① H_0 : $\pi\leq0.6$
　H_a : $\pi>0.6$
② $\alpha=0.01$
③ 채택영역 : $Z\leq2.33$
　기각영역 : $Z>2.33$

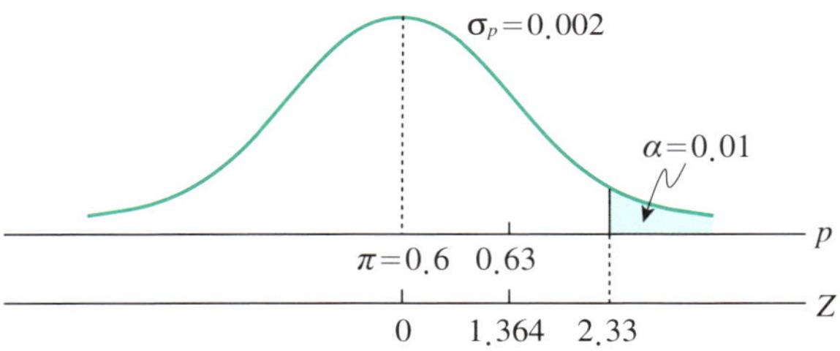

④ 표본의 성공비율 $p=\dfrac{315}{500}=0.63$

$$\sigma_p=\sqrt{\pi(1-\pi)/n}=\sqrt{(0.4)(0.6)/500}=0.022$$

$p=0.63$에 해당하는 Z값은 다음과 같다.

$$Z=\frac{p-\pi}{\sigma_p}=\frac{0.63-0.60}{0.022}=1.364$$

$Z=1.364$는 채택영역 안에 있으므로 귀무가설을 기각할 수 없다.

⑤ A회사의 주장을 반박하기에 충분치 못하다.

제3절 모집단 분산에 관한 가설검정

제8장에서 설명한 χ^2-분포를 이용하여 정규분포를 이루는 단일모집단의 분산에 관한 가설검정을 할 수 있다. 분산에 대한 가설검정도 평균에 대한 가설검정과 마찬가지로, 계산된 통계량이 표집분포에서 채택영역에 속하는지 또는 기각영역에 속하는지를 알아서 귀무가설을 채택하기도 하고 거부하기도 한다. 만일 표본의 자료에서 계산된 χ^2값이 χ^2-분포의 양 끝에 있다면, 그 표본이 귀무가설에서 설정한 모집단에서 뽑혔다고 볼 수 없기 때문에 귀무가설을 기각한다.

χ^2-분포와 임곗값

가설검정을 하기 위해서는 유의수준에 따른 χ^2의 임곗값이 필요하다. χ^2-분포표에는 유의수준에 따라 달라지는 χ^2의 임곗값들이 나와 있다. 다음의 〈표 11-5〉에 χ^2-분포표의 일부를 적어 놓았다. 자세한 표는 이 책의 [부록 4]에 실려 있다.

χ^2-분포표에서는 왼쪽 단측검정일 때는 다음의 [그림 11-6]의 (a)의 χ_α값을, 그리고 오른쪽 단측검정일 때는 (b)의 $\chi_{1-\alpha}$의 값을 임곗값으로 설정하게 된다.

〈표 11-5〉에서 가운데 줄을 중심으로 왼쪽에 있는 임곗값들은 α가 0.01, 0.025, 0.05, 0.10인 경우, 즉 왼쪽 단측검정에 필요한 임곗값이며, 오른쪽의 α가 0.90, 0.95, 0.975, 0.99인 경우는 오른쪽 단측검정에 필요한 임곗값이다.

| 그림 11-6 | χ^2–분포표에서의 임곗값

(a) 왼쪽 단측검정

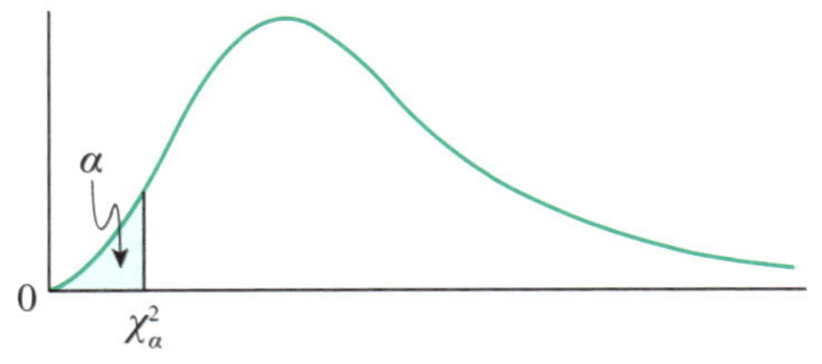

(b) 오른쪽 단측검정

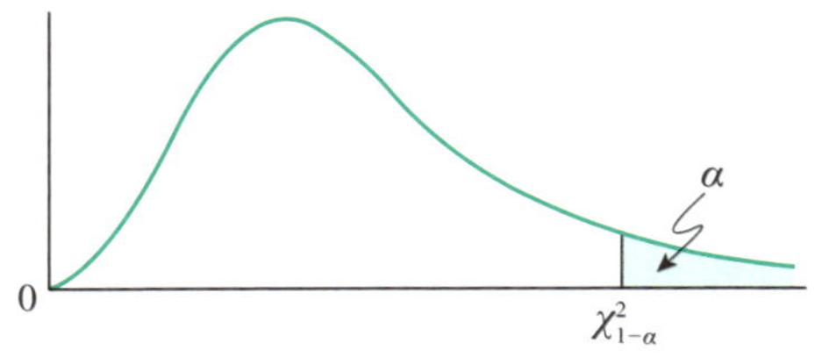

표 11-5 자유도(df)와 유의수준(α)에 따른 χ^2값

df \ α	왼쪽 임곗값				오른쪽 임곗값			
	0.01	0.025	0.05	0.10	0.90	0.95	0.975	0.99
1	.00016	.00098	.004	.016	2.71	3.84	5.02	6.63
2	.02	.05	.10	.21	4.61	5.99	7.38	9.21
3	.11	.22	.35	.58	6.25	7.81	9.35	11.34
4	.30	.48	.71	1.06	7.78	9.49	11.14	13.28
5	.55	.83	1.15	1.61	9.24	11.07	12.83	15.09
6	.87	1.24	1.64	2.20	10.64	12.59	14.45	16.81
7	1.24	1.69	2.17	2.83	12.02	14.07	16.01	18.48
8	1.65	2.18	2.73	3.49	13.36	15.51	17.53	20.09
9	2.09	2.70	3.33	4.17	14.68	16.92	19.02	21.67
10	2.56	3.25	3.94	4.87	15.99	18.31	20.48	23.21

【예제 6】 어떤 모집단의 분산은 0.002다. 이 모집단으로부터 $n=11$인 표본을 뽑았을 때, 이 표본의 분산 S^2이 0.0032보다 클 확률은 얼마인가?

오른쪽 단측검정을 하기 위하여 0.0032에 해당하는 χ^2값을 구하여 보면 된다. n이 11이므로 자유도는 $11-1=10$이다.

$$\chi^2_{10} = \frac{10 \times 0.0032}{0.002} = 16$$

그러므로 예제에서 표본분산이 0.0032보다 클 확률은 χ^2_{10}이 16보다 클 확률과 같다.

$$P(S^2 \geq 0.0032) = P(\chi^2_{10} \geq 16)$$

χ^2_{10}이 16보다 클 가능성은 〈표 11−5〉에서 보면 약 10%라고 할 수 있다. 자유도 10, $\sigma = 10\%$에서 χ^2값은 15.99이기 때문이다. 이를 그림으로 그려보면 [그림 11−7]과 같다.

| 그림 11-7 | S^2과 χ^2의 관계

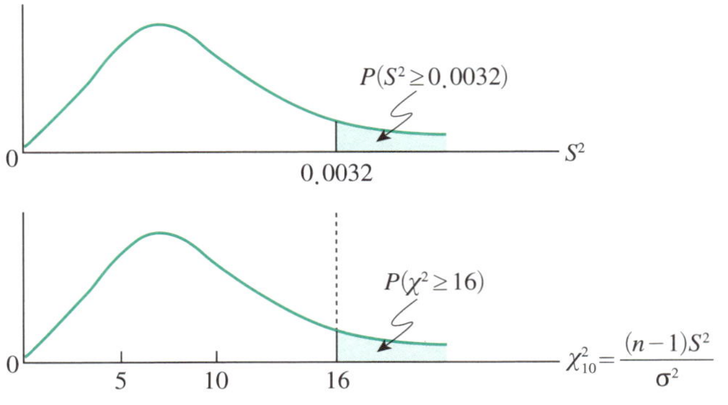

양측검정

분산에 대한 가설검정에 있어서도 이미 설명한 모집단 평균에 대한 가설검정에서와 마찬가지로 양측검정(two−tailed test)과 단측검정(one−tailed test)을 할 수 있으며 그 절차도 동일하다.

먼저 양측검정을 설명하면, 양측검정에 있어서 귀무가설과 대립가설은 다음과 같다. q는 임의의 수치를 나타낸다.

$$H_0 : \sigma^2 = q$$
$$H_a : \sigma^2 \neq q$$

귀무가설을 채택할 수 있는 의사결정기준은 유의수준 α에 따라 다르나, 일정한 α수준에 따른 채택영역과 기각영역은 다음과 같이 표시할 수 있다.

양측검정의 경우

채택영역 $\chi^2_{\alpha/2} \leq \frac{(n-1) \cdot S^2}{\sigma^2} \leq \chi^2_{1-\alpha/2}$

기각영역 $\chi^2_{\alpha/2} > \frac{(n-1) \cdot S^2}{\sigma^2}$

또는 $\chi^2_{1-\alpha/2} < \frac{(n-1) \cdot S^2}{\sigma^2}$

표 11-6 χ^2-분포표의 일부

df \ α	왼쪽 임곗값				오른쪽 임곗값			
	0.01	0.025	0.05	0.10	0.90	0.95	0.975	0.99
25	11.52	13.11	14.61	16.47	34.38	37.65	40.64	44.31
26	12.19	13.84	15.37	17.29	35.56	38.88	41.92	45.64
27	12.87	14.57	16.15	18.11	36.74	40.11	43.19	46.96
28	13.56	15.30	16.92	18.93	37.91	41.33	44.46	48.27
29	14.25	16.04	17.70	19.76	39.08	42.55	45.72	49.58
30	14.95	16.79	18.49	20.59	40.25	43.77	46.97	50.89
40	22.16	24.43	26.50	29.05	51.80	55.75	59.34	63.69
50	29.70	32.35	34.76	37.68	63.16	67.50	71.42	76.15
60	37.48	40.48	43.18	46.45	74.39	79.08	83.29	88.37

【**예제 7**】 어느 연구소에서 발표한 바에 의하면 우리나라 중소기업의 종업원 임금은 어느 정도 안정되어 있어 시간당 임금의 표준편차 σ가 500원이라고 한다. 그러나 많은 종업원들은 임금격차가 너무 심하기 때문에 표준편

차가 이보다 훨씬 클 것이라고 생각하며, 또 어떤 사람은 전국의 중소기업의 임금수준은 대동소이하여 표준편차가 더 작을 것이라 생각하고 있다. 이를 검정하기 위하여 51명을 무작위(random)로 뽑아 그들의 시간당 임금을 조사하여 본 결과 표준편차가 700원이었다. 종업원 임금은 정규분포를 이룬다고 가정하고 연구소의 발표를 $\alpha=0.10$에서 검정하라(표준편차 $\sigma=500$은 분산으로 나타내면 $\sigma^2=250{,}000$이다.).

① H_0 : $\sigma^2=250{,}000$

H_a : $\sigma^2 \neq 250{,}000$

② $\alpha=0.10$(양측검정)

③ 채택영역 : $34.76 \leq \chi^2 \leq 67.50$(〈표 11-6〉 참조)

기각영역 : $\chi^2>67.50$ 또는 $\chi^2<34.76$

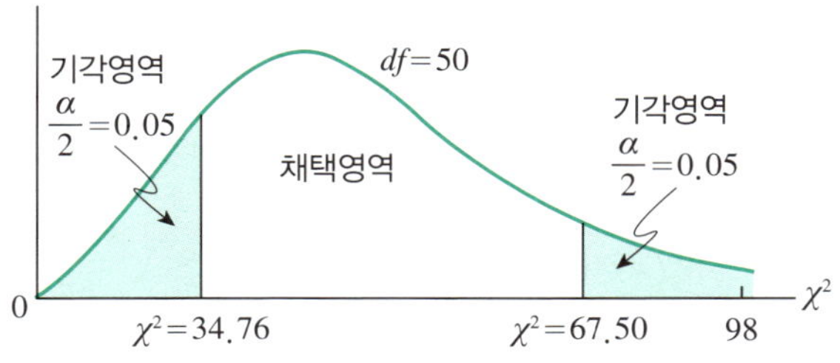

④ $\chi^2=\dfrac{(n-1)\cdot S^2}{\sigma^2}=\dfrac{50\times 490{,}000}{250{,}000}=98$

$\chi^2=98$은 임곗값인 67.50보다 크므로 H_0를 기각한다.

⑤ 시간당 임금의 표준편차가 500원이라는 발표를 $\alpha=0.10$에서 받아들일 수 없다.

단측검정

단측검정에 있어서 가설의 설정은 다음과 같다.

H_0 : $\sigma^2 = q$

H_a : $\sigma^2 > q$ 또는 $\sigma^2 < q$

귀무가설을 채택하는 영역과 기각하는 영역은 α에 따라 다르며, 대립가설이 $\sigma^2 > q$이냐 $\sigma^2 < q$이냐에 따라서 달라진다. 대립가설이 $\sigma^2 > q$일 때 α에 따른 의사결정기준은 다음과 같다.

단측검정의 경우

채택영역 $\chi^2_{1-\alpha} \geq \dfrac{(n-1) \cdot S^2}{\sigma^2}$

기각영역 $\chi^2_{1-\alpha} < \dfrac{(n-1) \cdot S^2}{\sigma^2}$

대립가설이 $\sigma^2 < q$일 때의 채택영역과 기각영역은 대립가설이 $\sigma^2 > q$일 때의 반대가 된다. 따라서 채택영역과 기각영역은 다음과 같이 표현된다.

채택영역 : $\chi^2_{\alpha} \leq \dfrac{(n-1) \cdot S^2}{\sigma^2}$

기각영역 : $\chi^2_{\alpha} > \dfrac{(n-1) \cdot S^2}{\sigma^2}$

【예제 8】 어느 고등학교에서는 문·이과 통합 이후 이전보다 학생들의 성적이 고르지 않다고 주장하고 있다. 통합 전의 성적의 분산은 $\sigma^2 = 60$이라고 하며, 교육부에서는 지금도 전과 마찬가지일 것이라는 주장이다. 한 연구자는 교육부의 주장을 검정하기 위하여 61명을 선택하여 그 표본의 분산을 계산하여 본 결과 $S^2 = 70$이었다. 통합 이후 성적의 분산이 상승하였는지를 $\alpha = 0.10$에서 검정하려 한다. 고등학교의 성적분포는 정규분포라고 가정한다.

① H_0 : $\sigma^2=60$

H_a : $\sigma^2>60$

② $\alpha=0.10$(오른쪽 단측검정)

③ $df=61-1=60$에서 $\chi^2_{0.90}=74.39$가 의사결정기준이므로

채택영역 : $\chi^2 \le 74.39$

기각영역 : $\chi^2 > 74.39$이다.

$$\chi^2=\frac{(n-1)\cdot S^2}{\sigma^2}=\frac{(61-1)\times 70}{60}=70$$

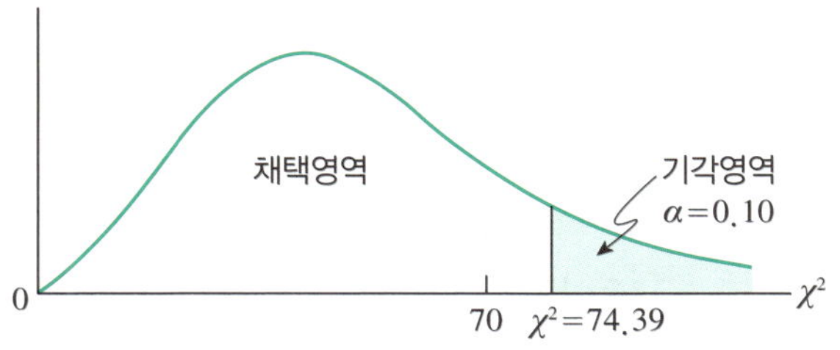

④ $\chi^2=70$은 임곗값 74.39보다 작으므로 H_0를 기각할 수 없다.

⑤ 통합 이후 성적의 분산이 상승하였다고 볼 수는 없다.

연습문제

11.1 어느 대학에 다니고 있는 학생들의 평균 IQ가 110이고 표준편차는 20이라고 한다. 100명의 학생을 뽑아서 IQ검사를 하였더니 평균이 105였다. 학생들의 평균 IQ가 110이 아니라는 주장을 $\alpha=0.02$에서 검정하라.

11.2 작년까지는 서울시에 있는 초등학교 교사들의 평균 월수입이 약 270만 원이었다고 한다. 올해에는 그보다 높을 것이라고 생각하여 임의로 50명을 골라

평균과 표준편차를 알아보았더니 $\overline{X}=276$만 원, $S=65$만 원이었다. 평균 월수입이 270만 원 이상일 것이라는 대립가설을 $\alpha=0.05$에서 받아들일 수 있는가?

11.3 형광등을 제조하는 회사의 형광등 중에서 50개를 뽑아 수명을 조사한 결과 평균 1,570시간이고 표준편차는 120시간이었다. 모집단 형광등의 평균 수명을 μ라 하면, $H_0: \mu=1,600$(시간), $H_\alpha: \mu \neq 1,600$(시간)을 $\alpha=0.05$ 수준에서 검정하라.

11.4 문제 11.3에서 대립가설 H_α를 $\mu<1,600$이라고 했을 때 같은 유의수준 $\alpha=0.05$에서 검정하라.

11.5 휴대폰에 부착하는 액정필름을 만드는 기계가 정상적으로 작동하고 있는지를 조사하기 위해 임의로 10개의 액정필름을 뽑아 보았더니 두께의 평균이 0.053cm였고 표준편차는 0.003cm였다. 그런데 종전에는 액정필름 두께의 평균이 0.053cm였고 분포의 모양은 정규분포를 이루었다고 한다. 이 기계가 정상적으로 작동하고 있는지를 유의수준 5%로 검정하라.

11.6 한 포장지회사에서 만들어 낸 포장용 노끈을 10개 뽑아서 그 노끈들이 얼마만한 힘까지 견디나 재어 보았더니 평균이 7,750파운드고 표준편차가 125파운드였다. 회사 측에서는 평균 8,000파운드의 힘까지 견딜 수 있다고 주장한다. 모집단의 노끈이 견디는 힘의 분포가 정규분포라 가정하고 이 회사의 주장이 틀렸는지를 $\alpha=0.01$ 수준에서 검정하라.

11.7 어느 전구회사에서 생산한 전구의 수명은 평균 1,120시간이고 표준편차는 125시간인 정규분포를 따른다고 한다. 전구의 평균 수명이 줄었는지를 알아보기 위해 임의로 8개의 전구를 선택하여 조사한 결과 평균 수명이 1,070시간이었다. 5%의 유의수준에서 전구의 평균 수명이 줄었는지를 검정하라.

11.8 어느 통계학 교수가 이번 통계학 성적의 평균이 80점이라고 발표하였다. 학생들이 과연 그러한가를 알아보기 위하여 20명을 추출하여 성적을 알아보았더니 그 결과가 다음과 같았다.

학생	1	2	3	4	5	6	7	8	9	10	11	12	13	14	15	16	17	18	19	20
점수	94	75	89	61	74	78	81	56	72	80	74	68	71	84	85	71	62	79	82	85

학생들의 통계학 성적이 정규분포를 따른다고 할 때, 교수가 발표한 평균점수가 과연 80점인지 여부를 $\alpha=0.05$의 유의수준에서 검정하라.

11.9 페인트가 건조되는 데에는 평균 85초가 걸린다고 한다. 이 페인트를 생산하고 있는 한 회사는 페인트 건조시간을 줄이기 위해 새로운 제조공법을 개발하였다. 새로운 공법에 의해 생산된 페인트의 건조시간을 10회에 걸쳐 측정한 결과 평균이 80초, 표준편차는 5초로 나타났다. 페인트가 건조되는 시간이 정규분포를 따른다고 할 때 과연 새로운 공법이 효과가 있는지를 $\alpha=0.05$의 유의수준에서 검정하라.

11.10 전체 주식시장의 평균 배당률은 11.6%이고 표준편차는 2.9%라고 알려져 있다. 15개의 주식회사를 표본추출하여 배당률을 조사한 결과 평균이 10.5%였다. 그렇다면 전체 주식시장의 평균 배당률은 낮아졌다고 할 수 있는가를 1%의 유의수준에서 검정하라. (금융기관의 배당률은 정규분포를 따른다고 가정한다.)

11.11 에어프라이어를 생산하고 있는 한 회사는 이번에 새로운 기술을 사용해 신형 에어프라이어를 개발하였다. 작동을 시작하고 최고 온도까지 도달하는 데 걸리는 '가열시간'은 60초가 되도록 설정되었다. 생산된 에어프라이어 중에서 100개를 추출하여 가열시간을 측정해 본 결과, 평균은 68초, 표준편차는 8초였다. 설정된 가열시간이 정상대로 작동하고 있지 않은지를 유의수준 $\alpha=0.1$에서 검정하라.

11.12 어느 대학의 계산과학연구소에서는 학생들을 위해 클라우드 컴퓨팅 환경을 제공한다. 그러나 항상 서버가 부족하다고 한다. 연구소에서는 학생들의 이용시간이 너무 길어서 그런 현상이 발생하며 근거로써 학생들의 1회 이용시간을 발표하였는데 평균 120분이었다. 반면, 학생들은 서버의 절대 용량이 부족하다고 주장하며 서버 이용시간도 그리 길지 않다고 주장한다. 이에 연구소측과 학생측은 공동으로 다시 사용시간을 측정하였다. 10명의 학생을 추출하여 서버 사용시간을 비교해 본 결과 다음과 같았다(학생들의 서버 사용시간은 정규분포를 따른다고 가정한다.). 학생들의 평균 서버 사용시간은 120분보다 작다고 할 수 있는가? $\alpha=0.05$의 유의수준에서 검정하라.

학생	1	2	3	4	5	6	7	8	9	10
사용시간	90	115	150	105	140	85	95	125	100	95

11.13 어느 우유회사는 새로 출시하는 저지방 우유가 100ml당 열량을 50kcal 이하로 낮춰 다이어트에 효과가 있다고 홍보하고 있다. 이제까지의 경험으로 보면 우유 100ml당 열량에 대한 표준편차는 3kcal다. 이 회사는 생산되는 우유의 일부를 표본추출하여 우유 100ml당 열량이 50kcal를 초과하면 제품의 생산을 중단한다는 방침이다(유의수준 $\alpha=0.05$).

① 이 회사의 방침을 반영하는 귀무가설과 대립가설을 설정하라.

② 출고할 제품 중 64개를 추출하여 100ml당 열량을 측정하였더니 50.5 kcal였다. 생산을 중단하여야 할 것인가?

③ 36개의 표본을 추출할 경우 생산이 허용되는 최대 평균 열량은 얼마인가?

11.14 우리나라 전체 고등학생 중 35%가 안경을 쓴다고 알려져 있다. 어느 고등학교 전체 학생 1,500명 중 안경 쓴 학생이 495명이었다. 위의 조사를 근거로 우리나라 전체 고등학생의 안경 쓴 비율이 35%가 아니라는 가설을 5%의 유의수준으로 검정하라.

11.15 한 시멘트회사의 기획부장은 자사제품의 시장점유율이 45% 정도나 되므로 더 이상의 공장 확충은 무의미하다고 주장한다. 반면 공장장은 시장점유율이 45%보다 훨씬 작다고 주장하며 공장 확충을 요구하고 있다. 80개의 건재상을 조사하여 보았더니 34곳이 자사제품을 취급하고 있었다. 보통 건재상에서는 연말에 시멘트 재고가 거의 없다고 한다. 공장장의 주장이 옳은지를 5%의 유의수준에서 검정하라.

11.16 모집단이 3, 4, 5, 8로 구성되어 있다.

① 모집단의 분산을 구하라.

② $n=2$인 표본을 복원추출의 방법으로 뽑았을 때, 표본분산의 확률분포표를 작성하고 그 분포도를 막대그래프로 그려라.

③ 가능한 모든 표본분산의 평균이 모집단의 분산과 같다는 것, 즉 $E(S^2)=\sigma^2$인 것을 ②의 확률분포표를 이용하여 증명하라.

11.17 지금까지의 자료로 보아 프리미어리그 이적시장을 통해 팀을 옮긴 선수들의 이적료에 대한 표준편차는 30억 원이었다. 올해는 선수들 몸값의 인상으로 선수들 간 이적료의 표준편차가 더 클 것이라고 한다. 실제로 그러한가를 알아보기 위해 올해 프리미어리그 이적시장을 통해 팀을 옮긴 선수 중 50명을 뽑아 그들의 이적료에 대한 표준편차를 구했더니 $S=32$억 원이었다. 올해 표준편차가 더 커졌는지에 대해 $\alpha=0.05$ 수준에서 검정하라.

11.18 어느 고등학교에서 수학시험을 보았다. 과연 학생들의 성적에 차이가 많이 나는지 알아보기 위해 학생 20명을 뽑아 성적의 분산을 계산하여 보았더니 169였다. 보통 성적의 분산이 100 이내면 실력이 고르다고 한다. 학생들의 수학성적에 차이가 많이 나고 있는지를 $\alpha=0.01$의 유의수준에서 검정하라.

11.19 시멘트를 생산하는 공장에서 시멘트 한 포대의 무게가 40㎏을 유지하도록 품질관리활동을 벌이고 있는데, 적어도 40㎏을 중심으로 분산이 0.25 이내에 있어야 합격판정을 받는다. 한 라인에서 10포대의 시멘트를 추출하여 무게를 재어보았더니 다음과 같았다.

	1	2	3	4	5	6	7	8	9	10
무게(kg)	40.3	39.6	39.2	41.1	40.8	39.5	39.1	40.7	40.2	39.5

과연 이 라인은 품질관리활동을 제대로 하고 있는지 5%의 유의수준으로 검정하라.

Chapter 12

두 모집단의 비교에 관한 가설검정

앞에서 설명한 가설검정은 한 모집단의 특성들에 관한 것이었다. 예를 들면 어느 지역의 도시 근로자들의 월급이 평균 270만 원보다 많다고 했을 때 실제로 그러한가에 대한 가설검정을 하는 것이다. 그러나 한 모집단의 평균에 대한 가설검정 못지 않게 두 모집단의 평균에 대한 가설검정을 할 때가 많이 있다. 한 지역에서 표본으로 선정된 근로자들의 월급이 270만 원이고 다른 지역에서의 표본으로 선정된 근로자들의 월급이 280만 원이라고 할 때 두 지역의 근로자들의 월급이 차이가 난다고 볼 수 있는가 하는 것이다. 즉, 두 지역에서 계산된 표본들의 월급 차이는 10만 원이지만 이러한 차이는 모집단 자체가 서로 다르기 때문에 생기는 차이인지 또는 단순한 표본선정에서 생길 수 있는 오차 때문인지를 알아보는 것이다.

이 장에서는 두 모집단의 평균과 관련된 가설검정을 먼저 설명하고 이어서 두 모집단의 비율 및 분산에 관련된 가설검정을 차례로 설명하겠다. 두 모집단의 평균과 비율 그리고 분산에 관련된 가설검정의 기본 개념은 제11장에서 설명한 내용과 거의 동일하며, 단지 세부적인 계산 절차만 다르다.

제1절 두 모집단 평균의 차이에 관한 가설검정

$(\bar{X}_1-\bar{X}_2)$의 표집분포

앞선 제8장의 4절에서는 단일모집단의 평균에 대한 표집분포를 다루었다. 이 절에서는 두 모집단으로부터 뽑힌 두 표본평균의 차이에 관한 표집분포를 분석한다. 먼저 첫 번째 모집단에서 뽑힌 모든 표본들의 평균을 각각 $\bar{X}_{11}$, $\bar{X}_{12}$, …, $\bar{X}_{1i}$라 하고, 두 번째 모집단에서 뽑힌 모든 표본들의 평균을 각각 $\bar{X}_{21}$, $\bar{X}_{22}$, …, $\bar{X}_{2i}$라 표시한다. 그러나 각 모집단에서 뽑힌 표본들의 순서에 상관없이 단지 첫 번째 모집단에서 뽑힌 것인지 또는 두 번째 모집단에서 뽑힌 것인지만을 나타낼 때는 편의상 각각 $\bar{X}_1$, $\bar{X}_2$로 표시한다. 따라서 $(\bar{X}_1-\bar{X}_2)$의 표집분포라 함은 첫 번째 모집단에서 뽑힐 수 있는 표본들과 두 번째 모집단에서 뽑힐 수 있는 표본들의 평균차에 대한 표집분포를 말한다.

$(\bar{X}_1-\bar{X}_2)$의 표집분포 예

두 모집단 평균의 차를 추정하기 위해서는 두 모집단으로부터 뽑힐 수 있는 모든 표본들의 평균의 차가 어떤 분포를 이루는가를 먼저 알아야 한다. 이 표집분포가 어떤 것인지 간단한 예를 통해 살펴보자.

어느 회사의 인사팀과 총무팀 직원이 각각 2명 있으며, 이들의 연령은 각각 아래의 표와 같다.

부서 / 직원	인사팀	총무팀
1	20	20
2	26	24

각 팀별로 여직원을 두 명 뽑을 때 두 팀에서 뽑힐 수 있는 선택가능한 표본들은 다음과 같다(복원추출을 한 것이다.).

모집단 I (인사팀)	모집단 II (총무팀)
① 20, 20 : $\bar{X}_{11}=20$	① 20, 20 : $\bar{X}_{21}=20$
② 20, 26 : $\bar{X}_{12}=23$	② 20, 24 : $\bar{X}_{22}=22$
③ 26, 20 : $\bar{X}_{13}=23$	③ 24, 20 : $\bar{X}_{23}=22$
④ 26, 26 : $\bar{X}_{14}=26$	④ 24, 24 : $\bar{X}_{24}=24$

위에서는 각 팀에서 복원추출할 때 뽑힐 수 있는 표본들을 모두 적었다. 이 경우에는 인사팀에서 네 가지 표본, 그리고 총무팀에서 네 가지 표본이 뽑힐 수 있다. 그러나 두 모집단에서 뽑힌 모든 표본평균들 간의 차이를 보면 〈표 12-1〉과 같이 $4\times4=16$가지가 될 것이다. 바로 이 다양한 값들이 $\bar{X}_1-\bar{X}_2$의 표집분포 값들이다.

표 12-1 인사팀과 총무팀의 직원의 연령차

$\bar{X}_{11}-\bar{X}_{21}=0$,	$\bar{X}_{11}-\bar{X}_{22}=-2$,	$\bar{X}_{11}-\bar{X}_{23}=-2$,	$\bar{X}_{11}-\bar{X}_{24}=-4$,
$\bar{X}_{12}-\bar{X}_{21}=3$,	$\bar{X}_{12}-\bar{X}_{22}=1$,	$\bar{X}_{12}-\bar{X}_{23}=1$,	$\bar{X}_{12}-\bar{X}_{24}=-1$,
$\bar{X}_{13}-\bar{X}_{21}=3$,	$\bar{X}_{13}-\bar{X}_{22}=1$,	$\bar{X}_{13}-\bar{X}_{23}=1$,	$\bar{X}_{13}-\bar{X}_{24}=-1$,
$\bar{X}_{14}-\bar{X}_{21}=6$,	$\bar{X}_{14}-\bar{X}_{22}=4$,	$\bar{X}_{14}-\bar{X}_{23}=4$,	$\bar{X}_{14}-\bar{X}_{24}=2$

만일 인사팀의 직원이 5명, 총무팀의 직원이 10명이라면, 복원추출해서 두 사람씩 뽑힐 수 있는 표본은 인사팀에서 $5\times5=25$개 그리고 총무팀에서 $10\times10=100$개, 그러므로 차이를 계산할 때 가능한 표본의 조합은 $25\times100=2{,}500$개가 될 것이다.

$(\bar{X}_1-\bar{X}_2)$분포의 평균과 표준편차

두 모집단에서 뽑힌 모든 표본평균들 간의 차이 분포에서 평균을 μ_d, 분산을 σ_d^2이라 하면 평균과 분산은 식 12·1과 식 12·2와 같다.

$(\overline{X}_1-\overline{X}_2)$의 표집분포

평균 $\mu_d=\mu_1-\mu_2$ (12·1)

분산 $\sigma_d^2=\dfrac{\sigma_1^2}{n_1}+\dfrac{\sigma_2^2}{n_2}$ (12·2)[01]

식 12·2는 두 모집단이 서로 독립적이란 가정하에서 계산된 것이다. 그리고 두 모집단 평균차의 표집분포는 다음과 같은 성질을 가지고 있다.

① 두 모집단의 분포가 정규분포이면, 평균차의 표집분포도 정규분포를 이룬다.

② 두 모집단의 분포가 정규분포가 아닐지라도, 표본의 크기, 즉 식 12·2에서 n_1과 n_2가 크면 $(\overline{X}_1-\overline{X}_2)$의 분포는 근사적으로 정규분포가 된다. 이는 제8장에서 설명한 중심극한정리 때문이다.

앞에서 설명한 어느 회사의 인사팀과 총무팀의 예를 보면, 인사팀 직원의 평균 나이 $\mu_1=23$이며, 총무팀 직원의 평균 나이 $\mu_2=22$이므로 $\mu_d=\mu_1-\mu_2=1$이 된다. 이는 〈표 12-1〉의 계산된 차이를 모두 다 더하여 16으로 나누어도 마찬가지다. 그리고 인사팀 직원 나이의 분산(복원추출)은 9며, 총무팀 직원 나이의 분산은 4다. 두 모집단의 표본들이 서로 독립적이라면, 〈표 12-1〉로부터 직접 평균차의 분산을 구하지 않고도 식 12 · 2를 이용하여 두 모집단 평균차의 분산은 6.5라는 것을 쉽게 계산할 수 있다.

$$\sigma_d^2=\frac{9}{2}+\frac{4}{2}=6.5$$

01 $\sigma_d^2=\mathrm{Var}(\overline{X}_1-\overline{X}_2)$
$=\sigma_{\overline{X}_1}^2+\sigma_{\overline{X}_2}^2-2\mathrm{Cov}(\overline{X}_1, \overline{X}_2)$
$=\sigma_{\overline{X}_1}^2+\sigma_{\overline{X}_2}^2$($\because$ 두 표본이 독립적이면 $\mathrm{Cov}(\overline{X}_1, \overline{X}_2)=0$)
$=\dfrac{\sigma_1^2}{n_1}+\dfrac{\sigma_2^2}{n_2}$

【예제 1】 연희고등학교 3학년 학생 400명과 잠실고등학교 3학년 학생 900명이 동일한 문제로 수학 모의고사를 보았는데 각각 $\mu_1=80$, $\mu_2=80$이었다. 그리고 두 학교의 분산은 동일하게 200이라는 것을 알고 있다. 이때 연희고등학교와 잠실고등학교에서 4명씩 선택하여 평균을 계산하고 두 평균의 차를 계산한다고 하자. 각 학교의 점수분포는 정규분포이고 서로 독립적이라고 한다.

두 학교에서 뽑힌 표본학생의 점수차 분포는 $(\bar{X}_1-\bar{X}_2)$의 표집분포이다. 이 표집분포의 평균은 다음과 같다.

$$\mu_d=\mu_1-\mu_2=80-80=0$$

〈표 12-1〉과 같이 모든 표본들의 평균차를 계산하지 않아도 식 12·1을 이용하면 간단히 $\mu_d=0$이라는 것을 알 수 있다. 또 $(\bar{X}_1-\bar{X}_2)$분포의 분산과 표준편차는 식 12·2를 이용하면 쉽게 계산된다.

$$\sigma_d^2=\frac{200}{4}+\frac{200}{4}=100$$

$$\sigma_d=\sqrt{100}=10(\text{점})$$

$(\bar{X}_1-\bar{X}_2)$분포에서 Z값

[예제 1]로부터 $(\bar{X}_1-\bar{X}_2)$의 표집분포를 그려보면 다음의 [그림 12-1]과 같다.

두 학교의 평균차의 표집분포가 정규분포라는 특성으로부터 특정 $(\bar{X}_1-\bar{X}_2)$의 값에 대응하는 Z값은 다음과 같이 계산된다.

$(\bar{X}_1-\bar{X}_2)$의 Z-통계량

$$Z=\frac{(\bar{X}_1-\bar{X}_2)-(\mu_1-\mu_2)}{\sigma_d} \quad (12\cdot3)$$

| 그림 12-1 | 두 학교 학생들의 평균차의 표집분포

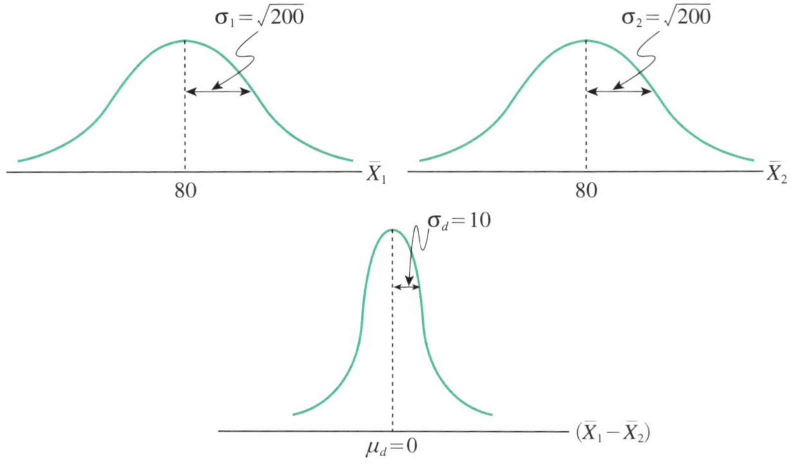

【예제 2】 [예제 1]에서 4명씩 뽑아서 평균을 냈을 때, 연희고등학교 학생의 평균이 잠실고등학교 학생의 평균보다 5점 이상 높을 가능성은 얼마인가?

이 문제를 풀기 위하여 두 표본의 평균차의 분포를 그려서, $(\bar{X}_1-\bar{X}_2)=5$에 해당하는 Z값을 구해 보면 다음과 같다.

$$Z=\frac{5-0}{10}=0.5$$

$$P(Z\geq0.5)=30.85(\%)$$

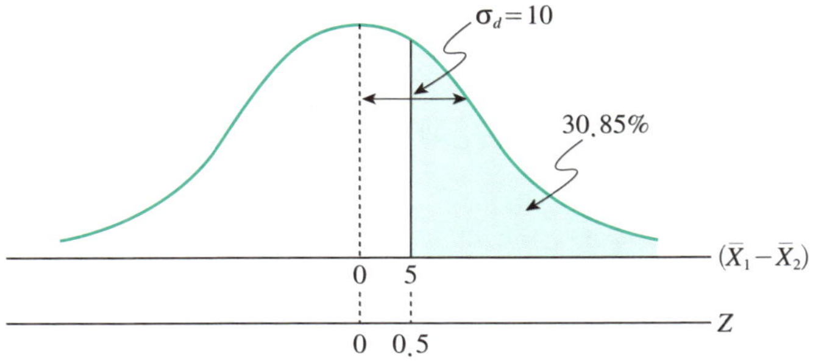

위의 예에서는 표본크기 n_1과 n_2가 같았지만, n_1과 n_2가 다른 경우에도 마찬가지로 식 12·2를 이용할 수 있다.

두 모집단 평균의 차이에 관한 가설설정

두 모집단의 평균과 관련된 가설검정은 두 모집단의 평균차에 대한 것이 대부분이다. 예를 들면 A지역과 B지역의 소득수준에 차이가 있는지를 알아보기 위해서 두 지역에서 각각 표본을 뽑아 그 결과를 분석하여 "두 지역의 소득수준에 차이가 있다" 또는 "소득 차이가 없다"라는 가설을 검정하는 것이 두 모집단 평균과 관련된 가설검정이다.

두 모집단 평균에 관한 가설을 검정할 때, 가설설정 방식은 연구목적에 따라 조금씩 달라진다. 다음 예를 보면서 적절한 귀무가설과 대립가설을 설정하여 보자.

【예제 3】 서울시민 25명을 표본으로 뽑아 그들의 월수입을 조사해 본 결과 평균이 270만 원이었으며, 대구시민을 상대로 36명의 표본을 뽑아보았더니 그들의 월평균 수입이 260만 원이었다. 전체적으로 볼 때, 서울시민의 월평균 수입과 대구시민의 월평균 수입이 같다고 할 수 있을까?

서울시민의 평균 수입을 μ_1이라고 하고, 대구시민의 평균 수입을 μ_2라고 하면 두 모집단의 평균이 같다는 것은 $\mu_1=\mu_2$로 나타낸다. 평균 수입이 다르다는 것은 $\mu_1 \neq \mu_2$가 되므로, 다음과 같이 귀무가설과 대립가설을 설정할 수 있다.

$$H_0 : \mu_1=\mu_2 \quad \text{또는} \quad \mu_1-\mu_2=0$$
$$H_0 : \mu_1 \neq \mu_2 \quad \text{또는} \quad \mu_1-\mu_2 \neq 0$$

[예제 3]은 두 모집단의 평균인 μ_1과 μ_2가 서로 다를 경우에 대한 가설검정이므로 양측검정이 된다. 만일 μ_1과 μ_2가 서로 다를 뿐만 아니라 어느 한쪽이 더 크다는 가설을 검정하려면 단측검정을 해야 한다. 예를 들어보자.

【예제 4】 아침 식사를 하는 학생이 아침 식사를 거르는 학생에 비해 학습 능률이 더 높다는 주장이 있다. 이 주장이 사실이라고 할 수 있는가?

μ_1을 아침 식사를 하는 학생들의 평균 점수라 하고, μ_2를 아침 식사를 거르는 학생들의 평균 점수라 하면, 귀무가설과 대립가설을 다음과 같이 설정할 수 있다.

$$H_0 : \mu_1-\mu_2=0$$
$$H_a : \mu_1-\mu_2>0$$

【예제 5】 해외 유학을 위한 영어시험에서는 대체로 자연계 졸업생이 인문계 졸업생보다 시험점수가 낮은 편이다. 실제로 두 집단의 점수에 차이가 있는지를 알아보기 위하여 시험을 치른 자연계(μ_1)와 인문계(μ_2) 졸업생들 중에서 각각 표본을 뽑아 평균 점수를 비교하려고 한다.

이때의 가설은 다음과 같이 설정한다.

$$H_0 : \mu_1 = \mu_2 \quad \text{또는} \quad \mu_1 - \mu_2 = 0$$
$$H_a : \mu_1 < \mu_2 \quad \text{또는} \quad \mu_1 - \mu_2 < 0$$

두 모집단 평균의 차이에 관한 가설검정

두 모집단 평균의 차이에 대해 가설을 검정할 때에는 두 모집단의 분산인 σ_1^2과 σ_2^2을 알고 있는지의 여부와 표본의 크기가 대표본인가 소표본인가에 따라서 검정하는 방법이 조금씩 달라진다.

모집단의 분산을 알고 있을 때

대표본의 경우

한 모집단으로부터 뽑은 표본의 크기가 n_1, 평균이 $\overline{X}_1$이고, 다른 모집단으로부터 뽑은 표본의 크기가 n_2, 평균이 $\overline{X}_2$라고 하자. 이때 두 표본의 평균차, 즉 $(\overline{X}_1 - \overline{X}_2)$분포의 표준편차를 σ_d라 하면, σ_d는 다음과 같이 계산된다.

$(\overline{X}_1 - \overline{X}_2)$분포의 표준편차(모집단의 분산을 알고 있을 때)

$$\sigma_d = \sqrt{\frac{\sigma_1^2}{n_1} + \frac{\sigma_2^2}{n_2}} \qquad (12\cdot4)$$

n_1과 n_2의 크기가 클 때에는 두 모집단이 정규분포인가의 여부와 관계없이 $(\overline{X}_1 - \overline{X}_2)$의 표집분포는 정규분포를 따른다.

실제로 두 모집단에서 뽑힌 표본의 평균인 $\overline{X}_1$과 $\overline{X}_2$를 기초로 하여 두 모집단 평균의 차를 검정하기 위한 통계량 Z는 다음과 같이 구한다.

두 모집단 평균의 차이를 검정하기 위한 Z-통계량
(두 모집단의 분산을 알고 있을 때)

$$Z=\frac{(\overline{X}_1-\overline{X}_2)-(\mu_1-\mu_2)}{\sqrt{\frac{\sigma_1^2}{n_1}+\frac{\sigma_2^2}{n_2}}} \tag{12·5}$$

【예제 6】 최근 국내에서 늘어가는 다문화가정에서 자란 아이와 일반가정에서 자란 아이의 한국어 어휘능력에 차이가 있는지를 알아보기 위해 어휘능력시험을 치러 결과를 알아보았더니 다음과 같았다. 이 어휘검사의 표준편차는 두 집단 모두 $\sigma=5$로 가정한다. 두 집단 아이들의 어휘검사의 결과에 차이가 있는지 $\alpha=0.05$의 유의수준에서 검정하라.

다문화가정	일반가정
$n_1=50$	$n_2=50$
$\overline{X}_1=83$	$\overline{X}_2=86$

위의 문제를 양측검정하여 보자.
$(\overline{X}_1-\overline{X}_2)$분포의 표준편차를 σ_d라 하면, $\sigma_d=1$이 된다.

$$\sigma_d=\sqrt{\frac{\sigma_1^2}{n_1}+\frac{\sigma_2^2}{n_2}}=\sqrt{\frac{25}{50}+\frac{25}{50}}=1$$

① H_0 : $\mu_1=\mu_2$
   H_a : $\mu_1\neq\mu_2$
② $\alpha=0.05$
③ 채택영역 : $-1.96\leq Z\leq 1.96$
   기각영역 : $Z>1.96$ 또는 $Z<-1.96$

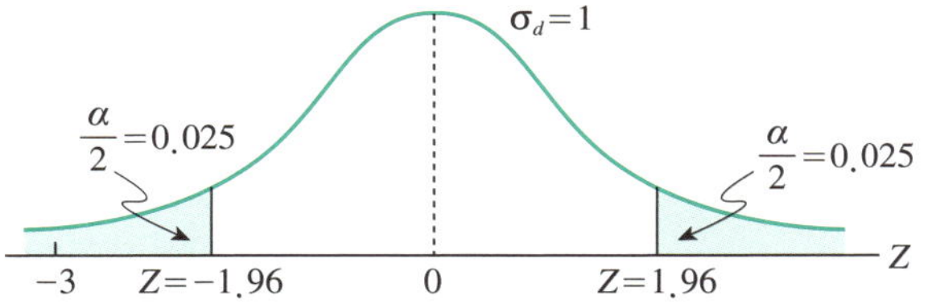

④ 표본의 결과로부터 계산된 Z값은 다음과 같다.

$$Z=\frac{(\overline{X}_1-\overline{X}_2)-(\mu_1-\mu_2)}{\sigma_d}=\frac{-3-0}{1}=-3.0$$

계산된 Z값은 임곗값인 -1.96보다 작으므로 귀무가설을 기각한다.

⑤ $\alpha=0.05$에서 두 집단 아이들의 어휘검사 점수가 같다고 말할 수 없다.

소표본의 경우

이번에는 표본의 크기가 작은 경우에 두 모집단 평균의 차에 대한 가설검정에 대해 알아보자. 앞에서 말한 바와 같이 모집단이 정규분포일 때에는 표본의 크기가 작아도 차의 표집분포는 정규분포가 되므로, 모집단의 분산을 알고 있으면 Z-분포를 이용할 수 있다. 그러나 모집단이 정규분포가 아닐 때에는 모집단의 분산을 알고 있다고 하더라도 소표본인 경우에는 Z-분포를 이용할 수 없다. 즉, 소표본인 경우에는 두 모집단의 분포가 정규분포를 이룬다는 가정하에서만 두 모집단의 평균차에 대한 가설검정이 가능하다.

【예제 7】 어느 회사에서 직무교육을 10명에게 실시하였다. 그들이 교육을 받은 후 제품 A를 하나 생산하는 데 평균 12.1시간이 걸렸으며, 교육을 받지 않은 직원 16명을 대상으로 조사하여 본 결과 제품 A를 생산하는 데 평균 14.2시간이 걸렸다. 이 결과로부터 직무교육이 효과가 있다고 볼 수 있는가? 각 집단의 표준편차는 4시간으로 같다고 하고 $\alpha=0.05$며, 두 모집단 모두 정규분포를 이룬다고 가정한다.

교육을 받은 직원	교육을 받지 않은 직원
$n_1=10$	$n_2=16$
$\bar{X}_1=12.1$	$\bar{X}_2=14.2$

$$\sigma_1=\sigma_2=4$$

이때 $(\bar{X}_1-\bar{X}_2)$분포의 표준편차 σ_d는 다음과 같이 계산된다.

$$\sigma_d=\sqrt{\frac{\sigma_1^2}{n_1}+\frac{\sigma_2^2}{n_2}}$$

$$=\sqrt{\frac{16}{10}+\frac{16}{16}}=\sqrt{2.60}=1.612$$

교육받은 집단의 능률이 더 높을 것이라는 입장을 갖고 가설검정을 한다면 단측검정을 한다. 두 집단이 정규분포이며, 모집단의 표준편차를 알고 있으므로 Z-분포로써 가설검정을 한다.

① H_0 : $\mu_1=\mu_2$ 또는 $\mu_1-\mu_2=0$

H_a : $\mu_1<\mu_2$ 또는 $\mu_1-\mu_2<0$

② $\alpha=0.05$

③ 채택영역 : $Z\geq-1.64$

기각영역 : $Z<-1.64$

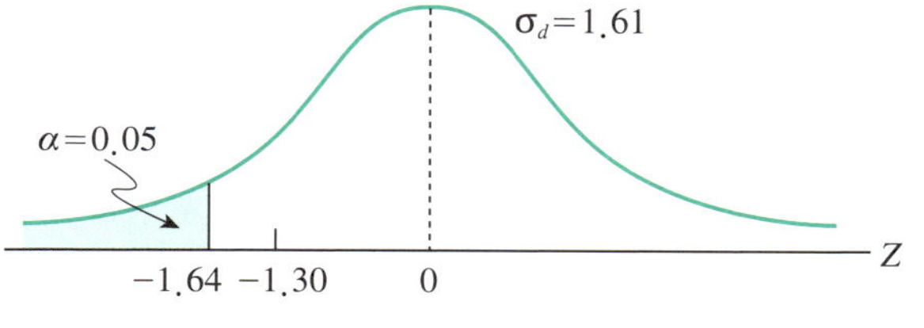

④ 표본의 결과를 Z값으로 계산하면 다음과 같다.

$$Z=\frac{(\bar{X}_1-\bar{X}_2)-(\mu_1-\mu_2)}{\sigma_d}=\frac{-2.1-0}{1.612}=-1.303$$

-1.303은 채택영역에 들어가므로 귀무가설을 기각할 수 없다.

⑤ 직무교육의 결과가 $\alpha=0.05$(단측검정)에서 효과가 있다고 할 수 없다.

두 모집단의 분산을 모르고 있을 때

두 모집단의 분포가 각각 정규분포를 이룬다면 두 표본의 평균차, 즉 $(\bar{X}_1-\bar{X}_2)$의 분포도 정규분포를 이루며, 두 모집단의 분포가 정규분포가 아니더라도 표본의 크기가 충분히 크면 중심극한정리에 의해서 $(\bar{X}_1-\bar{X}_2)$의 분포는 정규분포에 가까워지므로, 정규분포를 이용하여 두 모집단 평균의 차에 대한 가설검정을 할 수 있다. 그러나 두 모집단의 분포가 정규분포를 이루더라도 모집단의 분산을 모르고 표본의 크기도 작을 때에는 t-분포를 이용해서 평균의 차에 대한 가설검정을 하여야 한다.

대표본의 경우

두 모집단의 분포가 정규분포인 경우는 물론이고, 정규분포가 아니더라도 표본이 충분히 크면, 중심극한정리에 의해 $(\bar{X}_1-\bar{X}_2)$의 표집분포는 정규분포에 가까워지므로, 식 12·4에서의 σ_1^2과 σ_2^2의 추정값으로서 S_1^2, S_2^2을 그대로 사용할 수 있다. 즉, 두 모집단에서 뽑힌 표본의 분산을 각각 S_1^2, S_2^2이라고 하고 $(\bar{X}_1-\bar{X}_2)$분포의 표준편차를 S_d라 하면, S_d는 다음과 같이 계산된다.

$(\bar{X}_1-\bar{X}_2)$분포의 표준편차(두 모집단의 분산을 모르고 대표본인 경우)

$$S_d=\sqrt{\frac{S_1^2}{n_1}+\frac{S_2^2}{n_2}} \qquad (12\cdot6)$$

이때 S_d를 이용하여 가설검정하기 위한 Z-통계량은 다음과 같다.

두 모집단 평균의 차이를 검정하기 위한 Z–통계량
(두 모집단의 분산을 모르고 대표본인 경우)

$$Z=\frac{(\bar{X}_1-\bar{X}_2)-(\mu_1-\mu_2)}{\sqrt{\frac{S_1^2}{n_1}+\frac{S_2^2}{n_2}}} \qquad (12\cdot7)$$

【예제 8】 B회사 대표는 A회사에서 만드는 전구의 평균 수명이 B회사 전구의 평균 수명보다 더 짧다고 주장한다. 이를 확인해 보기 위하여 A전구회사에서 169개의 표본을 뽑아 평균 수명을 조사했더니 1,300시간이었고 표준편차는 130시간이었다. B회사에서는 144개를 뽑았는데 표본의 평균 수명은 1,400시간이었고 표준편차는 120시간이었다. A회사의 전체 전구의 평균 수명이 B회사 전구보다 더 길다는 것을 $\alpha=0.05$에서 검정하라.

A회사	B회사
$\bar{X}_1=1,300$	$\bar{X}_2=1,400$
$S_1=130$	$S_2=120$
$n_1=169$	$n_2=144$

$$S_d=\sqrt{\frac{S_1^2}{n_1}+\frac{S_2^2}{n_2}}$$

$$=\sqrt{\frac{130^2}{169}+\frac{120^2}{144}}=\sqrt{200}=14.142$$

① $H_0: \mu_1-\mu_2=0$
   $H_a: \mu_1-\mu_2<0$

② $\alpha=0.05$

③ 채택영역 : $Z\geq-1.64$
   기각영역 : $Z<-1.64$

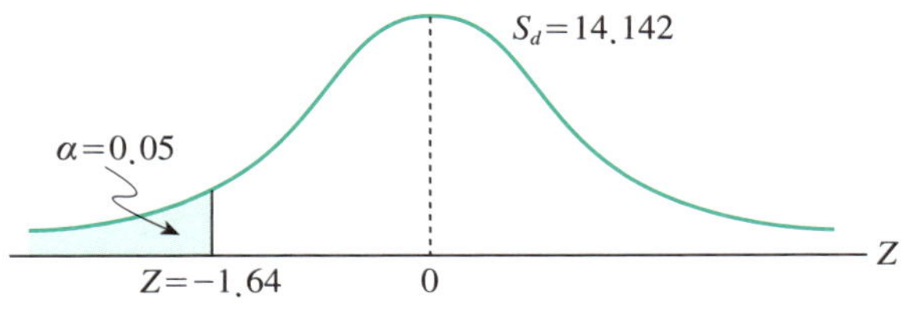

④ 표본의 결과로부터 계산된 Z값은 다음과 같다.

$$Z=\frac{(\overline{X}_1-\overline{X}_2)-(\mu_1-\mu_2)}{S_d}=\frac{(1,300-1,400)-0}{14.142}=-7.07$$

$Z=-7.07$은 기각영역에 포함되므로 귀무가설을 기각한다.

⑤ $\alpha=0.05$에서 A회사가 만든 전구의 평균 수명이 B회사의 것보다 더 짧다고 할 수 있다.

소표본의 경우

두 모집단의 표준편차 σ_1과 σ_2를 모를 때 대표본의 경우에는 두 모집단이 정규분포가 아니더라도 중심극한정리에 의해서 표본평균의 차의 표집분포는 정규분포에 접근한다. 그러나 중심극한정리를 적용할 수 없는 소표본의 경우에는 정규분포를 이루지 못하므로 식 12·7과 같은 Z-통계량을 구할 수가 없다.

따라서 모집단의 분산을 모르는 소표본의 경우에는 $(\overline{X}_1-\overline{X}_2)$분포의 표준편차 S_d는 식 12·8에 의해 계산된다. 이때 다음과 같은 가정이 필요하다. 첫째, 두 개의 모집단이 모두 정규분포이다. 둘째, 두 모집단의 분산이 서로 동일($\sigma_1^2=\sigma_2^2$)하다는 것이다. 두 모집단 평균의 차를 검정하기 위한 t-통계량은 식 12·9와 같다.

$(\overline{X}_1-\overline{X}_2)$분포의 표준편차(모집단의 분산을 모르고 소표본인 경우)

$$S_d=S_p\sqrt{\frac{1}{n_1}+\frac{1}{n_2}} \qquad (12\cdot8)$$

$$단,\ S_p=\sqrt{\frac{(n_1-1)S_1^2+(n_2-1)S_2^2}{n_1+n_2-2}}$$

두 모집단 평균의 차이를 검정하기 위한 t-통계량
(모집단의 분산을 모르고 소표본인 경우)

$$t=\frac{(\overline{X}_1-\overline{X}_2)-(\mu_1-\mu_2)}{S_p\sqrt{\frac{1}{n_1}+\frac{1}{n_2}}} \qquad [12\cdot9]$$

식 12·8에서의 S_p는 표준편차의 통합추정값(pooled estimate of standard deviation)이라고 부른다. 모집단의 분산을 모르는 소표본의 경우 $\sigma_1^2=\sigma_2^2$의 가정을 도입하였으므로, 우리가 가지고 있는 표본분산 S_1^2과 S_2^2을 자유도에 따라 가중평균한 값으로 S_p^2을 구하는 것이다. 즉, 각 표본의 크기를 n_1, n_2라 하면 각 표본분산의 자유도는 (n_1-1)과 (n_2-1)이며 총 자유도는 $(n_1-1)+(n_2-1)=n_1+n_2-2$이므로 가중평균값인 S_p^2은 다음과 같이 계산한다.

$$S_p^2=\frac{n_1-1}{n_1+n_2-2}S_1^2+\frac{n_2-1}{n_1+n_2-2}S_2^2$$

$$=\frac{(n_1-1)S_1^2+(n_2-1)S_2^2}{n_1+n_2-2}$$

$$S_p=\sqrt{\frac{(n_1-1)S_1^2+(n_2-1)S_2^2}{n_1+n_2-2}}$$

예제를 통해 식 12·8과 식 12·9를 이용하는 가설검정을 살펴보자.

【예제 9】 두 가지 종류의 암기법이 서로 차이가 있는지 알아보기 위하여, 두 집단의 어린아이에게 각각의 방법으로 외국어 단어를 가르친 다음, 암기

하고 있는 단어가 몇 개인가 알아보았더니 다음과 같았다.

암기법 A : 5, 2, 4, 7, 4, 4, 8, 3, 7, 6 ($n_1=10$)
암기법 B : 6, 5, 4, 9, 4, 6, 8, 5, 6, 7 ($n_1=10$)

위의 자료를 기초로 하여 두 암기법의 효과가 서로 차이가 있는지를 유의수준 $\alpha=0.1$에서 검정하라. 두 모집단의 분포는 정규분포임을 가정한다.

먼저 위의 가설검정을 위해 필요한 $\bar{X}_1$, $\bar{X}_2$, S_1^2, S_2^2, 그리고 S_p를 계산하면 다음과 같다.

표 12-2 암기법 A로 가르친 결과

어린이	단어수(X_1)	$(X_1-\bar{X}_1)^2$
A	5	0
B	2	9
C	4	1
D	7	4
E	4	1
F	4	1
G	8	9
H	3	4
I	7	4
J	6	1
합계	50	34

표 12-3 암기법 B로 가르친 결과

어린이	단어수(X_2)	$(X_2-\bar{X}_2)^2$
K	6	0
L	5	1
M	4	4
N	9	9
O	4	4
P	6	0
Q	8	4
R	5	1
S	6	0
T	7	1
합계	60	24

$$\bar{X}_1=\frac{\Sigma X_1}{n_1}=\frac{50}{10}=5.0 \qquad \bar{X}_2=\frac{\Sigma X_2}{n_2}=\frac{60}{10}=6.0$$

$$S_1^2=\frac{\Sigma(X_1-\bar{X}_1)^2}{n_1-1}=\frac{34}{9}=3.778 \qquad S_2^2=\frac{\Sigma(X_2-\bar{X}_2)^2}{n_2-1}=\frac{24}{9}=2.667$$

$$S_d=\sqrt{\frac{(n_1-1)S_1^2+(n_2-1)S_2^2}{n_1+n_2-2}}$$

$$=\sqrt{\frac{9\times3.778+9\times2.667}{10+10-2}}=\sqrt{\frac{34.002+24.003}{18}}=1.795$$

$$S_d = S_p\sqrt{\frac{1}{n_1}+\frac{1}{n_2}}$$

$$= 1.795 \times \sqrt{\frac{1}{10}+\frac{1}{10}} = 0.803$$

위의 수치들을 이용하여 가설검정을 한다.

① $H_0 : \mu_1 = \mu_2$

$H_a : \mu_1 \neq \mu_2$

② $\alpha = 0.10$(양측검정)

③ $df : n_1 + n_2 - 2 = 18$, $\alpha = 0.10$에서 양측검정이므로 $\alpha = 0.05$에 해당되는 t값은 ± 1.734다. 그러므로

채택영역 : $-1.734 \leq t \leq 1.734$

기각영역 : $t > 1.734$ 또는 $t < -1.734$

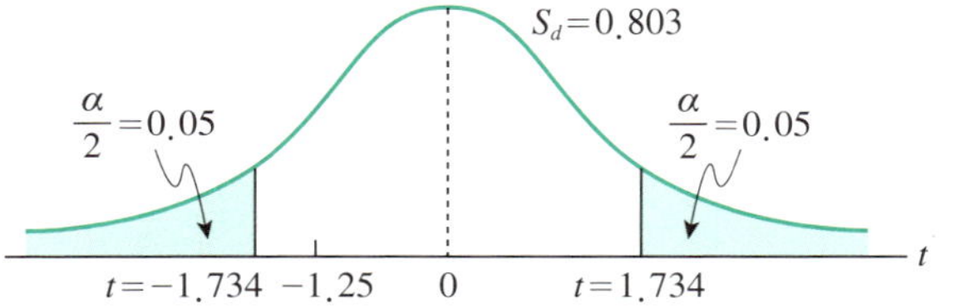

④ 표본의 결과를 통해 얻은 t값은 다음과 같다.

$$t = \frac{(\overline{X}_1 - \overline{X}_2) - (\mu_1 - \mu_2)}{S_d}$$

$$= \frac{(5-6) - 0}{0.803} = -1.245$$

$t = -1.245$는 $-1.734 \leq t \leq 1.734$ 사이에 있으므로 귀무가설을 기각할 수 없다.

⑤ 귀무가설이 채택된다는 것은 $\alpha = 0.10$ 수준에서 두 암기법의 교육효과에는 차이가 없다는 것을 의미한다.

짝을 이룬 표본의 차이에 관한 가설검정

이제까지는 서로 다른 두 개의 모집단에서 뽑은 표본평균의 차이에 대한 가설검정을 설명하였다. 이와는 달리 하나의 모집단으로부터 표본을 뽑은 후 그 표본으로부터 쌍으로 된 관찰값들(paired sample)을 뽑아서 이들 간 차이에 대한 가설검정을 해야 할 경우가 있다. 예를 들어 어느 회사에서 직무교육이 근로자의 능률향상에 효과가 있는지를 알고 싶다고 하자. 이를 위해 16명의 근로자를 뽑아서 직무교육을 하기 전과 후의 작업능률의 점수를 알아보았더니 〈표 12-4〉와 같았다. 이 조사결과로써 교육 전과 교육 후의 능률이 같다고 할 수 있을까? 모집단에서의 차이의 분포는 평균이 μ_d이고 표준편차가 σ_d인 정규분포라 가정하고, 짝을 이룬 표본의 평균차이에 대한 표집분포는 다음과 같다.

짝을 이룬 표본의 평균차이($\bar{D}$)에 대한 표집분포

평균 $$\mu_{\bar{D}}=\mu_d \tag{12·10}$$

표준편차 $$\sigma_{\bar{D}}=\frac{\sigma_d}{\sqrt{n}} \tag{12·11}$$

만약 σ_d를 알지 못한다면 표본에서 계산된 차이의 표준편차 S_d를 대신 사용한다. 여기서 $S_d=\sqrt{\frac{\sum(D_i-\bar{D})^2}{n-1}}$이다.

먼저 차이의 평균과 표준편차를 계산하여 보자.

$$\bar{D}=\frac{\sum(X_1-X_2)}{n}=\frac{\sum D_i}{n}=\frac{16}{16}=1$$

$$S_d=\sqrt{\frac{\sum(D_i-\bar{D})^2}{n-1}}=\sqrt{\frac{442}{15}}=\sqrt{29.67}=5.428$$

표 12-4 직무교육 전과 후의 작업능률점수

직원	교육 후(X_1)	교육 전(X_2)	차이($D_i=X_1-X_2$)	$D_i-\bar{D}$	$(D_i-\bar{D})^2$
A	80	75	5	4	16
B	90	83	7	6	36
C	92	96	−4	−5	25
D	75	77	−2	−3	9
E	86	81	5	4	16
F	90	90	0	−1	1
G	81	82	−1	−2	4
H	70	67	3	2	4
I	89	94	−5	−6	36
J	88	85	3	2	4
K	82	78	4	3	9
L	79	82	−3	−4	16
M	91	96	−5	−6	36
N	90	80	10	9	81
O	78	87	−9	−10	100
P	89	81	9	7	49
합계			16		442

〈표 12-4〉에서 짝지어진 표본의 평균차이($\bar{D}$)에 대한 표집분포의 평균과 표준편차는 식 12·10 및 식 12·11과 같고, D_i는 X_1-X_2를 나타낸다.

짝을 이룬 표본의 차이를 검정하기 위한 t-통계량

$$t=\frac{\bar{D}-(\mu_1-\mu_2)}{S_d/\sqrt{n}} \tag{12·12}$$

위의 수치를 이용하여 $\alpha=0.05$에서 교육 전과 교육 후의 능률이 같다는 가설을 검정하여 보자.

① $H_0 : \mu_1=\mu_2$

$H_a : \mu_1 \neq \mu_2$

② $\alpha=0.05$

③ 자유도 df : $16-1=15$, $\alpha=0.05$일 때 양측검정이므로

채택영역 : $-2.131\leq t\leq 2.131$

기각영역 : $t>2.131$ 또는 $t<-2.131$

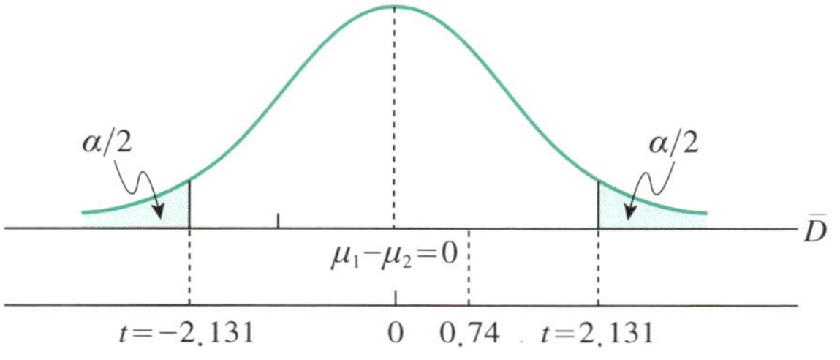

④ 표본의 결과로부터 계산된 t값은 다음과 같다.

$$t=\frac{\bar{D}-(\mu_1-\mu_2)}{S_d/\sqrt{n}}$$

$$=\frac{1-0}{5.428/\sqrt{16}}=0.737$$

계산된 t값 0.737은 $-2.131\leq t\leq 2.131$안에 포함되어 있으므로 귀무가설을 기각할 수 없다.

⑤ $\alpha=0.05$에서 직무교육은 능률향상에 효과가 있다고 할 수 없다.

위의 예에서는 두 모집단에서 뽑힌 표본의 차에 대한 가설검정 때와는 달리 자유도가 $n-1$이었다. 그 이유는 겉으로 보기에는 $\mu_1-\mu_2$에 대한 가설검정 같지만 실제로는 크기가 n인 하나의 표본을 가지고 모집단 D에 대한 가설검정을 한 것이기 때문이다.

제2절 두 모집단 비율의 차이에 관한 가설검정

단일모집단의 비율값에 대한 가설검정은 제11장 2절에서 살펴본 바 있다. 여기서는 두 모집단의 성공비율에 차이가 있는지에 대한 검정이다. 두 모집단의 비율의 차이에 대한 가설검정의 방법을 순서대로 적어보자.

① 두 표본으로부터 비율 p_1과 p_2를 산출한다.

② 두 표본의 모집단의 비율이 같다고 가정을 하면, 이 추정비율($\hat{\pi}$)은 다음과 같이 표본비율로부터 가중평균으로 어림할 수 있다.

$$\hat{\pi}=\frac{n_1p_1+n_2p_2}{n_1+n_2}$$

③ 두 비율 차이의 표준편차를 다음과 같이 계산한다.

$$\sigma_d=\sqrt{\frac{\hat{\pi}(1-\hat{\pi})}{n_1}+\frac{\hat{\pi}(1-\hat{\pi})}{n_2}}=\sqrt{\frac{\hat{\pi}(1-\hat{\pi})(n_1+n_2)}{n_1n_2}}$$

④ 표본에서 얻은 통계량을 Z값으로 표준화시켜 계산하면 식 12·13과 같다.

⑤ 계산된 Z값을 임곗값과 비교하여 의사결정을 한다.

(p_1-p_2)를 검정하기 위해 계산된 Z값

$$Z=\frac{(p_1-p_2)-(\pi_1-\pi_2)}{\sigma_d} \tag{12·13}$$

【예제 10】 통신사 간 고객 유치 경쟁이 치열하다. 일반적으로 약정기간이 종료되면 타 통신사로 이동하는 고객이 발생한다. 이동하는 고객의 숫자에 대한 표본조사를 해 보았더니, A사 고객 500명 중 215명이 타 통신사로 이

동하였고, B사 고객 400명 중 192명이 타 통신사로 이동하였다. 타 통신사로 이동하는 비율은 A와 B사 간에 차이가 있다고 볼 수 있는지 유의수준 $\alpha=0.01$에서 가설검정하라.

가설검정에서 필요한 자료를 적어보면 다음과 같다.

$$n_1=500 \qquad n_2=400$$
$$X_1=215 \qquad X_2=192$$
$$p_1=0.43 \qquad p_2=0.48$$

위의 결과를 가지고 가설검정을 하면 다음과 같다.

① H_0 : $\pi_1=\pi_2$

H_a : $\pi_1 \neq \pi_2$

② $\alpha=0.01$

③ 채택영역 : $-2.57 \leq Z \leq 2.57$

기각영역 : $Z>2.57$ 또는 $Z<-2.57$

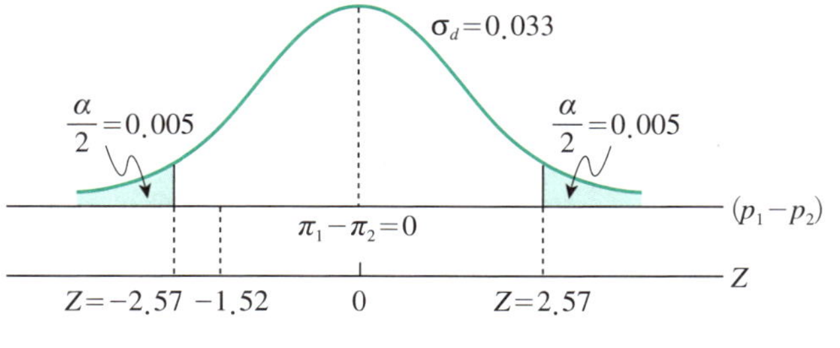

④ 모집단의 비율 π를 추정하기 위하여 가중평균을 내어, 이로부터 σ_d를 구하면 다음과 같다.

$$\hat{\pi}=\frac{n_1p_1+n_2p_2}{n_1+n_2}=\frac{215+192}{500+400}=0.45$$

$$\sigma_d = \sqrt{\frac{\hat{\pi}(1-\hat{\pi})(n_1+n_2)}{n_1 n_2}} = \sqrt{\frac{0.45 \times 0.55 \times 900}{200,000}} = 0.033$$

따라서 계산된 Z값은 다음과 같다.

$$Z = \frac{(p_1 - p_2) - (\pi_1 - \pi_2)}{\sigma_d} = \frac{(0.43 - 0.48) - 0}{0.033} = -1.515$$

$Z = -1.515$는 채택영역 안에 있으므로 귀무가설을 기각할 수 없다.

⑤ 타 통신사로 이동하는 비율은 A사와 B사 간에 차이가 있다고 볼 수 없다.

제3절 두 모집단 분산의 차이에 관한 가설검정

앞서 제11장 3절에서는 단일모집단 분산에 관한 가설검정을 설명하였으나, 두 모집단의 분산을 비교하기 위한 가설검정도 필요할 때가 있다. 그 예를 들어 보자.

우리나라와 대만의 1인당 개인소득이 비슷하다는 통계가 발표되었다. 이에 대해 어떤 학생이 우리나라는 빈부의 차이가 커서, 개인소득의 분산을 보면 그 수치가 매우 크며, 대만에서는 부의 분배가 잘되어, 서로의 소득격차가 작기 때문에 국민의 개인소득의 분산이 작을 것이라는 주장을 한다고 하자. 이를 검정하기 위해서는 두 나라의 소득분포가 모두 정규분포를 이룰 것이라는 가정하에 두 모집단으로부터 각각 표본을 추출하여 분산 또는 표준편차를 계산하여 비교하는 방법을 택하면 된다. 두 개의 분산을 비교하여 가설을 검정할 때에는 F-분포를 사용하게 되므로, 먼저 F-분포에 대하여 간단하게 설명한다.

F−분포

F−분포는 1920년대 R.A. Fisher에 의해서 규정된 분포로 그를 기념하기 위하여 후에 F−분포라고 하였다. F−분포는 제13장에서 설명하게 될 두 개 이상의 평균차를 검정하는 분산분석방법이나 두 분산의 차이를 검정하는 경우에 적용되는 등 상당히 광범위하게 사용되는 분포이다.

F−분포는 각각의 자유도로 나누어진 두 개의 χ^2−분포의 비율로 이루어지며, 다음과 같이 표시할 수 있다.

F−분포

$$F(n_1-1,\ n_2-1)=\frac{\chi_1^2/(n_1-1)}{\chi_2^2/(n_2-1)}=\frac{S_1^2}{S_2^2} \qquad (12\cdot14)$$

F값은 언제나 양의 값을 갖게 되는데 그 이유는 S_1^2과 S_2^2이 모두 양수이기 때문이다. F−분포는 S_1^2의 자유도 (n_1-1)과 S_2^2의 자유도 (n_2-1)에 따라서 그 모양이 달라진다. 분자의 자유도와 분모의 자유도에 따라 달라지는 F−분포의 모양을 몇 가지 그려보면 [그림 12−2]와 같다. F−분포는 n_1, n_2가 크면 정규분포에 근사한다.

| 그림 12-2 | 분자와 분모의 자유도에 따른 F−분포의 모양

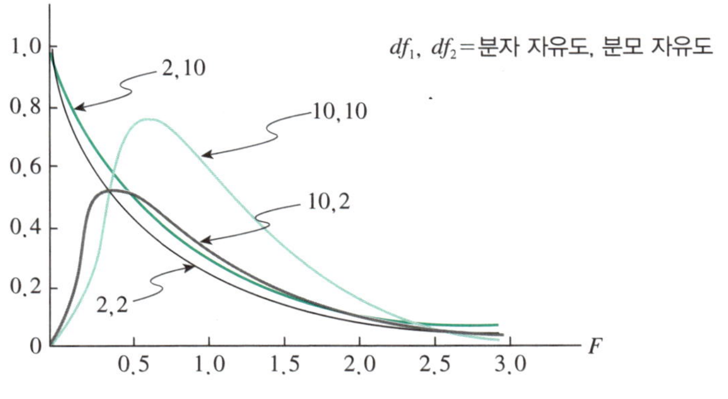

F값은 두 분산의 비율로 계산이 되기 때문에, S_1^2과 S_2^2이 비슷하면 F값은 1에 가까워진다. 그러나 두 표본의 분산으로부터 계산된 F값이 F-분포표의 임곗값보다 매우 크다면, 이 표본들은 분산 σ^2이 서로 다른 모집단에서 뽑혔다고 할 수 있다. F-분포는 위에서 말한 바와 같이 두 개의 자유도에 의해 결정되는 확률분포이므로 두 모집단에서 뽑힌 표본의 크기 n_1과 n_2에 따라 가설검정의 임곗값이 달라진다.

가설의 설정과 임곗값의 결정

가설의 설정

두 모집단의 분산을 비교하기 위한 가설검정에서도 양측검정이나 단측검정을 할 수 있다. 그러나 이 경우에는 작은 수치를 가진 표본분산을 분모로 하여 F값은 항상 1보다 크므로 F검정에서는 단측검정을 하는 것이 보통이다.

따라서 단측검정에서의 귀무가설과 대립가설은 다음과 같다.

$$H_0 : \sigma_1^2 = \sigma_2^2$$
$$H_a : \sigma_1^2 < \sigma_2^2 \ \text{또는} \ \sigma_1^2 > \sigma_2^2$$

임곗값의 결정

가설의 유형과 유의수준이 결정되면, 이에 따라 채택영역과 기각영역을 결정할 임곗값을 찾아야 한다. F의 임곗값은 두 자유도 df_1과 df_2에 따라, 또 유의수준에 따라 달라지므로 매우 많은 표를 필요로 한다. 따라서 표가 매우 복잡해지므로 보통 흔히 쓰이는 유의수준인 $\alpha=0.05$와 $\alpha=0.01$ 등의 표만을 제시한다. 다음의 〈표 12-5〉는 [부록 5]에 있는 F-분포표의 일부인 $\alpha=0.05$의 표를 나타낸 것이다.

〈표 12-5〉를 이용하여 임곗값을 결정하는 예를 들어보자. $n_1=10$, $n_2=12$의 표본을 뽑아, 이들 두 표본으로부터 S_1^2과 S_2^2을 계산하였다. 이를 근거로 두 모집단의 분산이 동일한가를 알아보려고 한다. $\alpha=0.05$라고 하면 $df_1=10-1=9$,

$df_2 = 12 - 1 = 11$이므로, 단측검정에서의 임곗값에 해당하는 F값은 2.90이다. 이를 그림으로 그려보면 다음의 [그림 12-3]과 같다.

표 12-5 F−분포표($\alpha = 0.05$)

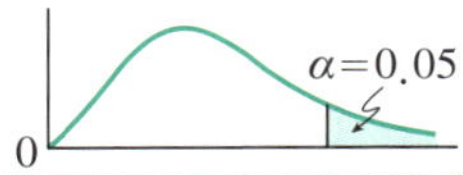

df_2 \ df_1	분자의 자유도(df_1)									
	1	2	3	4	5	6	7	8	9	10
1	161	200	216	225	230	234	237	239	241	242
2	18.5	19.0	19.2	19.2	19.3	19.3	19.4	19.4	19.4	19.4
3	10.1	9.55	9.28	9.12	9.01	8.94	8.89	8.85	8.81	8.79
4	7.71	6.94	6.59	6.39	6.26	6.16	6.09	6.04	6.00	5.96
5	6.61	5.79	5.41	5.19	5.05	4.95	4.88	4.82	4.77	4.74
분모의 자유도(df_2) 6	5.99	5.14	4.76	4.53	4.39	4.28	4.21	4.15	4.10	4.06
7	5.59	4.74	4.35	4.12	3.97	3.87	3.79	3.73	3.68	3.64
8	5.32	4.46	4.07	3.84	3.69	3.58	3.50	3.44	3.39	3.35
9	5.12	4.26	3.86	3.63	3.48	3.37	3.29	3.23	3.18	3.14
10	4.96	4.10	3.71	3.48	3.33	3.22	3.14	3.07	3.02	2.98
11	4.84	3.98	3.59	3.39	3.20	3.09	3.01	2.95	2.90	2.85
12	4.75	3.89	3.49	3.26	3.11	3.00	2.91	2.85	2.80	2.75
13	4.67	3.81	3.41	3.18	3.03	2.92	2.83	2.77	2.71	2.67
14	4.60	3.74	3.34	3.11	2.96	2.85	2.76	2.70	2.65	2.60
15	4.54	3.68	3.29	3.06	2.90	2.79	2.71	2.64	2.59	2.54

| 그림 12-3 | 단측검정에서 $df_1 = 9$, $df_2 = 11$일 때 $\alpha = 0.05$의 임곗값

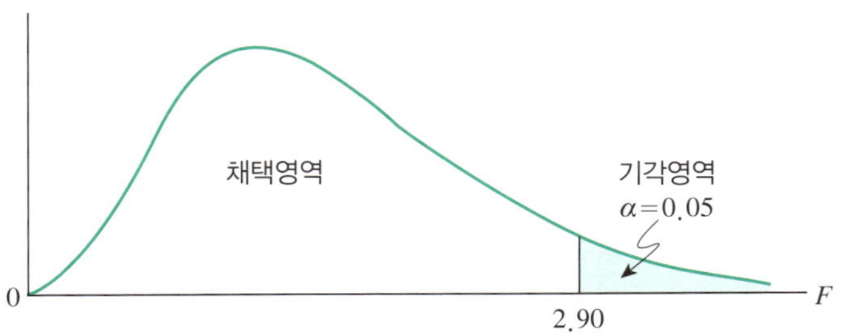

앞에서 두 모집단 분산에 대한 가설검정을 할 때 F−통계량을 구하려면 항상 작은 수치의 분산을 분모로 놓는다고 했다. 그럴 경우 F값은 항상 1보다 크므로 F−검정에서는 단측검정을 한다.

F-검정의 예

【예제 11】 영도중학교에서 1학년 학생들 성적의 차이가 2학년이 되면 더 커질 것이라는 판단하에 실제로 그러한가를 알아보려고 한다. 두 학년의 성적분포는 정규분포라고 가정을 하였다. 1학년에서 7명을 뽑고 2학년에서 9명을 뽑아서 각각의 성적의 분산을 조사하여 본 결과 1학년의 분산은 9.0이었으며, 2학년의 분산은 19.8이었다. 2학년이 되면 성적의 분산이 더 크다고 할 수 있을까? $\alpha=0.05$로 검정하라.

① H_0 : $\sigma_1^2=\sigma_2^2$
H_a : $\sigma_1^2<\sigma_2^2$

② $\alpha=0.05$

③ 2학년의 표본분산이 더 크므로, F-통계량의 분자에 해당된다. 따라서 분자의 자유도는 $9-1=8$이고, 분모의 자유도는 $7-1=6$이다. $F_{8,6}$에서 $\alpha=0.05$에 해당하는 의사결정의 임곗값은 $F=4.15$이므로
채택영역 : $F\leq 4.15$
기각영역 : $F>4.15$가 된다.

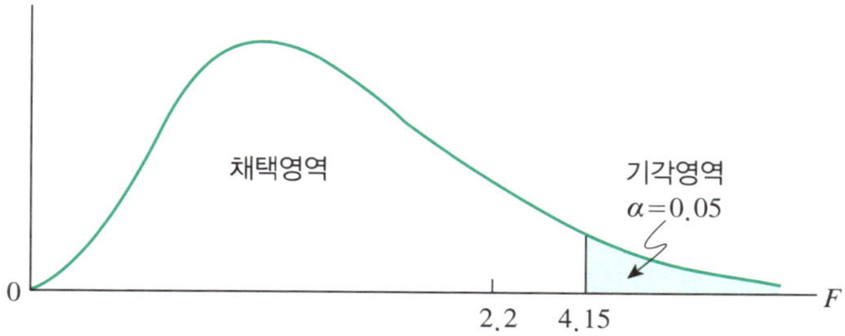

④ $F=\dfrac{19.8}{9}=2.2$
$F=2.2$는 채택영역 안에 있으므로 귀무가설을 기각할 수 없다.

⑤ 2학년 학생의 성적의 분산은 1학년 학생의 성적의 분산보다 크다고 할 수 없다.

연습문제

12.1 학교의 주변환경이 학습에 어떤 영향을 미치는가 알아보기 위해서 다음과 같은 실험을 했다. 같은 학년에서 성적이 비슷한 두 반을 골라, 한 반(A)은 평일과 같은 조건하에서 수업을 한 다음 검사를 치르고 다른 한 반(B)은 운동장에서 시합이 벌어지고 있는 날 수업을 한 다음 검사를 치렀더니 다음과 같은 결과를 얻었다. (두 모집단의 표준편차는 같다고 가정한다.)

A	$n_1=49$	$\bar{X}_1=80$	$S_1=28$
B	$n_2=64$	$\bar{X}_2=85$	$S_2=24$

두 실험조건이 학습에 영향을 미쳤는지 아닌지를 $\alpha=0.01$의 유의수준에서 검정하라.

12.2 어느 고등학교에서 사교육의 효과 여부를 알아보기 위해 사교육을 받고 있는 학생들 중에서 50명의 수학 점수를 알아보았더니 평균 85점, 표준편차 5점이었고, 사교육을 받고 있지 않은 학생들 중에서 64명을 뽑아 수학 점수를 알아보았더니 평균 80점, 표준편차 8점이었다. 사교육을 받고 있는 학생들의 평균 수학 점수가 더 높다는 가설을 $\alpha=0.10$의 유의수준에서 검정하라. (두 모집단의 표준편차는 같다고 가정한다.)

12.3 A지역에서 임의로 300명을 뽑고 B지역에서 임의로 200명을 뽑아서 어느 특정 후보에 대한 지지율을 조사하였더니, 각각 56%와 48%였다. 5%의 유의수준에서 ① 두 지역 간의 특정 후보에 대한 지지율에 차이가 있다, ② A지역에서 그 특정 후보자의 지지율이 더 높다는 가설들을 검정하라.

12.4 환자의 수가 각각 100명씩인 A, B 두 표본이 있다. 어떤 혈청을 A표본의 환자에게는 투여하고 B표본의 환자에게는 투여하지 않았다. 일정한 기간 후에 A표본에서는 75명이, B표본에서는 65명의 환자가 회복되었다. 혈청이 환자

의 회복을 도왔는지를 5%와 10%의 유의수준에서 검정하라.

12.5 A중학교의 학생 중에서 16명을 뽑아 조사한 결과 IQ의 평균이 107이고 표준편차는 10이었다. B중학교의 학생 중에서 뽑은 14명의 IQ의 평균은 112고 표준편차는 8이었다. $\sigma_1 = \sigma_2$를 가정하고 1%의 유의수준에서 두 학교 학생들의 평균 IQ에 차이가 있는지를 검정하라. (IQ는 정규분포를 따른다고 가정하라.)

12.6 같은 심리학 시험을 치른 A반의 학생 중에서 12명을 임의로 뽑아 평균 점수를 알아보니 78점이었고 표준편차는 6점이었다. 또한 B반 학생 중에서 15명을 뽑아 조사한 결과 평균 점수는 74점, 표준편차는 8점이었다. $\sigma_1 = \sigma_2$라 하면 5%의 유의수준에서 A반의 학생이 B반의 학생보다 더 높은 평균 점수를 보이는지 검정하라. (시험점수는 정규분포를 따른다고 가정하라.)

12.7 어느 대학에서 인문계 학생들과 이공계 학생들의 영어 실력에 차이가 있는가를 알아보기 위하여 시험을 치렀더니 다음과 같은 결과가 나왔다. (두 모집단은 각각 정규분포를 따르고 표준편차는 같다고 가정한다.)

인문계	84	71	95	80	82	85	79	64($n_1 = 8$)	
이공계	75	80	74	62	74	90	77	68	75($n_2 = 9$)

두 그룹의 학생들의 평균 영어 실력에 차이가 있는지를 $\alpha = 0.10$의 유의수준에서 검정하라.

12.8 도시의 고등학생과 농촌의 고등학생 중에서 각각 40명, 50명의 표본을 뽑아 한 달 용돈을 조사한 결과가 다음과 같을 때 도시와 농촌의 고등학생 간 평균 용돈의 차이가 있는가를 $\alpha = 0.01$의 유의수준에서 검정하라.

	평균 용돈액	모집단의 표준편차	표본 수
도시	30,000	12,000	40
농촌	22,000	4,000	50

12.9 A사의 스마트폰 이용자 30명과 B사의 스마트폰 이용자 55명이 애플리케이션을 다운받는 데 걸리는 시간을 조사해 보았더니 평균이 각각 7초와 5초였다. 이제까지 경험으로 전체 A, B사 스마트폰의 다운로드 시간의 분산은 2초로 똑같다는 것을 알고 있다. 과연 B사 스마트폰의 평균 다운로드 속도가 더 빠르다고 판단해도 되는지를 $\alpha=0.05$ 수준에서 검정하라.

12.10 새로운 교육방식이 초등학교 저학년 학생들의 받아쓰기 실력을 향상시킨다고 한다. 이를 확인하기 위해 무작위로 두 학급을 추출하여 각각 새로운 방식과 기존의 방식으로 교육한 후 시험을 본 결과가 다음과 같다.

	새로운 방식	기존의 방식
평균	74	66
표준편차	16	12
표본 수	62	60

과연 새로운 교육방식이 효과가 있는지를 5%의 유의수준에서 검정하라. (단, 모집단의 분산은 같다고 가정한다.)

12.11 완구를 수출하는 두 제조회사의 제품을 각각 6개, 10개씩 표본추출하여 수출에 필요한 종합검사를 한 결과가 다음과 같았다.

A회사	90	84	77	79	83	82				
B회사	94	92	85	75	90	80	95	79	90	85

① 수출가격을 보니 B회사의 제품이 다소 비싼 것을 알았다. 그렇다면 B회사 제품의 종합검사 결과가 A회사의 결과보다 평균적으로 더 높은지를 5%의 유의수준에서 검정하라.

② 위의 검정이 타당한 것이 되려면 어떠한 가정들이 필요한지 설명하라.

12.12 K서점에서는 매출 증대를 위해 두 가지 쿠폰의 발행을 계획하고 있다. 이 K서점은 두 군데에 점포를 가지고 있는데, 두 곳 모두 외부 상황이 비슷하다고 한다. 10회에 걸쳐 서로 다른 두 가지 쿠폰을 두 점포에 각각 배당하여

매출량을 측정한 결과가 다음과 같았다($\alpha=0.01$).

	1	2	3	4	5	6	7	8	9	10
A쿠폰	115	120	102	133	125	119	108	119	126	124
B쿠폰	107	114	110	129	131	121	105	110	118	117

A쿠폰이 더 효과가 있는지 두 모집단의 표본의 평균의 차에 대한 가설로써 검정하라.

12.13 한 도시에서 200가구를 뽑고 어떤 농촌지역에서 150가구를 뽑아 자녀를 셋 이상 둔 가구 수를 알아보았더니 각각 45가구, 42가구였다. 과연 농촌지역에서 자녀를 더 많이 둔다고 할 수 있는가를 $\alpha=0.05$에서 검정하라.

12.14 그룹 A, B에게 사고력에 대한 검사를 실시했다. A그룹 학생들에게는 매 문항에 답을 할 때마다 틀렸는지 또는 맞았는지를 알려주고, B그룹에게는 검사가 끝날 때까지 알려주지 않았다. 두 그룹의 검사결과는 다음과 같았다.

A	10	14	9	11	15	12	18	22	17	16
B	8	11	12	9	12	20	19	23	25	15

그룹 A의 분산이 더 큰가를 $\alpha=0.05$에서 검정하라.

12.15 어느 커피음료회사에서는 캔음료를 C와 D 공장에서 생산하고 있다. C공장은 D공장보다 용량 관리를 더 잘하고 있다고 주장하고 있는데, 이를 검정하기 위하여 C공장의 캔음료 10병과 D공장의 캔음료 10병을 추출하여 용량의 분산을 조사하였더니 각각 18, 20이었다. 두 공장에서 생산되는 캔음료의 용량은 정규분포를 이룬다고 가정할 때, 과연 C공장의 주장이 옳은지를 $\alpha=0.05$에서 검정하라.

12.16 A국가에서 25가구, B국가에서 30가구를 임의로 선정하여 조사한 결과에 따르면 작년 한해 A국가의 국민 1인당 부채가 1,500만 원, 표준편차가 40만 원이고, B국가의 국민 1인당 부채는 1,600만 원에 표준편차가 80만 원

이었다. 두 국가의 국민 1인당 부채가 정규분포를 이룬다고 가정했을 때 1%의 유의수준에서 A국가의 국민 1인당 부채의 분산이 더 작다고 할 수 있는지 검정하라.

Chapter 13

분산분석

앞에서 우리는 두 모집단의 평균을 비교하기 위해 Z-검정과 t-검정을 사용하였다. 그러나 일상생활에서나 학문적인 연구에서 여러 모집단의 평균을 동시에 비교해야 할 경우가 많이 있다. 예를 들면 화장품의 판매촉진을 위하여 광고매체인 신문, 라디오, 텔레비전을 이용할 때 각각의 광고효과가 차이가 있는가를 알아보고자 하는 경우 등이다. 세 매체 간 광고효과의 차이를 비교하기 위하여 t-검정이나 Z-검정을 2개씩 짝을 이루어 한다고 하면 ${}_3C_2=3$번의 검정을 해야 한다. 만일 개별적으로 광고지를 우편으로 보내는 '개별광고'의 방법까지 추가한다면 ${}_4C_2=6$번의 비교를 해야 할 것이다.

이렇게 세 집단 이상을 비교할 때 t-검정이나 Z-검정을 사용하면 번거로울 뿐만 아니라 또 다른 문제가 생긴다. 즉, 두 집단을 여러 번 비교하게 되면 귀무가설이 맞는데도 불구하고 잘못 기각하는 위험률인 α가 커진다. 예를 들어 네 집단을 비교하여 생기는 가설검정의 오류가 $\alpha=0.05$가 되기를 원할 때, t-검정을 하면 여섯 번을 비교해야 하므로 $\alpha=1-(1-\alpha)^6=1-(1-0.05)^6=0.265$가 된다. 이것은 $\alpha=0.05$의 유의수준에서 6개의 독립된 t-검정을 할 때 최소 1회 이상 α오류를 범할 확률은 결과적으로 26.5%가 된다는 것을 의미한다.

이렇게 여러 모집단 평균을 동시에 비교하는 데 사용되는 통계적 연구방법이 분산분석(analysis of variance)이며 간단히 ANOVA라고도 한다.

제1절 분산분석의 기본개념

분산분석은 F-분포를 처음으로 개발한 영국의 통계학자인 피셔(R. A. Fisher, 1890~1962)에 의해 소개되었다. 이 분석방법은 미리 정해진 오류를 유지하면서 3개 이상의 모집단 평균이 서로 같은지 여부를 검증할 수 있게 해 준다.

분산분석은 독립변수를 몇 개의 수준 또는 범주로 나누고 각 범주에 따라 나누어진 집단 간의 평균차이를 검정하는 것이다. 분산분석에서는 독립변수를 '요인'(factor), 범주는 '수준'(level)이라 부르기도 한다. 독립변수의 수준에 따라 나누어진 각 집단의 평균 간의 차이가 통계적으로 유의한지를 검정하는 것이므로 t-검정을 확대한 것이라고 볼 수 있다. 그러나 분산분석이 t-검정과 다른 점은, t-검정은 집단들의 평균차이를 비교하는 반면에, 분산분석은 집단의 평균들의 분산을 사용하여 비교한다는 것이다.

일원분산분석과 이원분산분석

독립변수가 하나일 때, 예를 들면 '광고매체'라는 하나의 독립변수를 여러 개의 수준(신문, 라디오, TV, SNS 광고)으로 나누어 광고매체들 간의 광고효과가 차이가 있는가를 알아보는 경우를 일원분산분석(一元分散分析, one-way analysis of variance)이라 한다. 만일 광고매체뿐만 아니라 소비자의 나이도 광고효과에 어떤 영향을 주는지 알고 싶다고 하자. 이때 '광고매체'와 '소비자의 나이'는 두 개의 독립변수가 되어 이원분산분석(二元分散分析, two-way analysis of variance)이 된다.

분산분석에서는 독립변수를 요인이라 부르기도 하므로 일원분산분석은 단일요인실험(single-factor experiment), 이원분산분석은 이요인실험(two-factor experiment)이라 불리기도 한다. 독립변수가 3개 이상일 때는 다원분산분석(多元分散分析)이라고 하는데, 다원분산분석은 계산만 복잡할 뿐 기본개념은 이원분산분석과 같으므로 이 책에서는 이원분산분석까지만 다룬다.

분산분석의 예

분산분석의 개념을 명확히 하기 위해 다음의 예를 들어보자.

【예제 1】 어느 회사에서는 세 개의 서로 다른 기계를 사용하여 제품을 생산하고 있는데, 각각의 기계가 1시간에 생산하는 제품의 양을 다섯 차례 관찰하여 적은 결과가 〈표 13-1〉에 나타나 있다.

표 13-1 세 기계의 생산량 (I)

기계	각 기계의 생산량					$\bar{X}_i$
1	47	53	49	50	46	49
2	55	54	58	61	52	56
3	54	50	51	51	49	51

〈표 13-1〉에서 보면 기계 1을 1시간씩 다섯 번 조사한 결과 시간당 생산량은 각각 47, 53, 49, 50, 46이었으며, 평균은 49이다. 그리고 같은 방법으로 측정한 기계 2의 평균은 56, 기계 3의 평균은 51이다. 이때 다섯 번의 표본생산량에 기초하여 세 기계의 평균 생산량은 동일하다고 볼 수 있는가? 이와 같은 문제에 대한 답을 제시하는 것이 분산분석이다.

이 예의 귀무가설은 "세 기계의 평균 생산량이 모두 동일하다"이며, 대립가설은 "평균 생산량이 모두 동일하지는 않다"가 된다. 즉 μ_1을 기계 1의 평균 생산량, μ_2를 기계 2의 평균 생산량, μ_3를 기계 3의 평균 생산량이라고 한다면, 귀무가설과 대립가설은 다음과 같다.

분산분석의 가설설정

$H_0 : \mu_1 = \mu_2 = \mu_3$

H_a : 모든 평균이 동일하지는 않다.
(즉, 평균이 서로 다른 기계가 있다.)

귀무가설이 기각된다면 표본생산량들이 뽑혀 나온 각 모집단의 평균이 모두 같지는 않음을 말한다. 그러나 세 집단 중에서 어느 집단이 서로 다른지는 알 수 없다. 다시 말하면 대립가설은 "$\mu_1 \fallingdotseq \mu_2 \fallingdotseq \mu_3$"가 아니다.

분산분석은 위의 가설을 검정하기 위해 생산량의 변동 또는 분산을 요인의 수준차이에 기인한 부분과 우연 또는 오차에 의한 부분으로 분해한 다음, 전자가 후자보다 충분히 클 때 요인의 수준에 따라 집단 간 차이가 있는 것으로 판단한다. 이를 이해하기 위해 이번에는 〈표 13-1〉과는 약간 다른 경우를 생각해 보자.

〈표 13-2〉와 〈표 13-3〉을 비교해 보면, 세 기계에서 만들어진 생산량의 평균은 같지만 1시간마다 조사한 개별 생산량은 다르게 나타나고 있다. 〈표 13-2〉는 1시간마다의 생산량에 차이가 많다. 그러나 〈표 13-3〉을 보면 매 시간의 생산량이 상당히 고르게 나타나 있다. 이 두 개의 표를 비교해 보면 세 기계의 생산량의 평균이 서로 차이가 있는지(또는 없는지)는 단순히 기계 1, 2, 3에서 얻은 평균만으로 단정할 수는 없다고 생각할 것이다. 평균 생산량은 49, 56, 51로 동일하더라도 만일 조사결과가 〈표 13-3〉과 같이 나타났다면 세 기계의 차이는 분명히 존재한다고 볼 수 있으며, 따라서 귀무가설은 기각될 것이 분명하다. 왜냐하면 〈표 13-3〉에서 나타난 세 기계의 평균 생산량 $\bar{X}_i$들의 차이는 우연이라고 볼 수가 없기 때문이다.

표 13-2 세 기계의 생산량 (Ⅱ)

기계	각 기계의 생산량					$\bar{X}_i$
1	57	32	53	38	65	49
2	36	49	64	71	60	56
3	57	69	48	36	45	51

표 13-3 세 기계의 생산량 (Ⅲ)

기계	각 기계의 생산량					$\bar{X}_i$
1	48	49	49	49	50	49
2	56	55	56	57	56	56
3	50	51	51	52	51	51

그러나 만일 〈표 13-2〉와 같은 결과가 나타났다면 $\overline{X}_i$들의 차이는 우연에 의하여 발생했다고 볼 수 있다. 동일한 성능의 기계라 할지라도 생산량의 기복이 심하다면 세 기계의 생산량의 평균차이는 얼마든지 발생할 수 있기 때문이다.

분산분석의 기본가정

분산분석은 세 집단 이상을 비교하는 방법이므로 두 집단 비교를 확산시킨 것이라고 말할 수 있다. 따라서 분산분석을 할 때는 두 집단 비교를 위한 Z-검정과 t-검정을 실시할 때와 동일한 가정을 한다. 분산분석을 위한 기본가정은 다음과 같다.

가정 1 각 집단에 해당되는 모집단의 분포가 정규분포이다.
가정 2 각 집단에 해당되는 모집단의 분산이 같다.
가정 3 각 모집단 내에서의 오차와 모집단 간의 오차는 서로 독립적이다.

"각 집단에 해당되는 모집단"이란 독립변수를 서로 다르게 처리한 집단의 모집단을 뜻한다. 예를 들어 한 회사에서 직무교육을 실시한 집단과 실시하지 않은 집단이 있다고 하자. 한 집단은 "직무교육"이라는 독립변수를 실시한 전체 모집단에서 뽑힌 표본집단으로 간주할 수 있고, 다른 집단은 직무교육을 실시하지 않은 전체 모집단에서 뽑힌 표본집단이 된다. 위에서 말한 가정은 표본집단에 해당되는 가정이 아니라 모집단에 대한 가정을 말한다.

세 가지 가정을 충족시키기 위해서는 각 관찰값들이 독립적으로 뽑혀야 하며, 각 모집단의 분산은 같고 정규분포를 이루어야 한다. 만약 표본의 크기가 작고 정규분포와 분산에 대한 가정이 충족되지 않으면 제16장에서 설명할 비모수통계를 사용하여야 한다. 두 모집단의 분산이 같은지를 알아보기 위해서는 제12장의 두 모집단 분산에 대한 가설검정에서 사용한 F-검정을 실시하면 된다.

제2절 일원분산분석

자료의 구성

분산분석을 하기 위해 계산을 하려면 자료가 어떻게 구성되어 있고 각 자료가 어떻게 표시되어 있는지를 알아야 한다. 일원분산분석은 하나의 독립변수가 여러 개의 수준으로 나누어져 있고, 각 수준에 해당되는 집단마다 여러 관찰값들이 포함되어 있는 자료를 분석하는 것이다.

관찰값은 X_{ij}로 표시되는데 두 개의 하위부호 중에서 i는 한 집단 내에서의 위치를 나타내고, j는 몇 번째의 집단인지를 나타낸다. 예를 들어 X_{23}은 3번째 집단의 2번째 관찰값을 말한다. 일반적으로 말해서 X_{ij}는 j번째 집단의 i번째 관찰값을 나타낸다.

표 13-4 일원분산분석의 자료구성

관찰번호 \ 집단	집단 1	집단 2	…	집단 j	
1	X_{11}	X_{12}	…	X_{1j}	
2	X_{21}	X_{22}	…	X_{2j}	
3	X_{31}	X_{32}	…	X_{3j}	
⋮	⋮	⋮	…	⋮	
i	X_{i1}	X_{i2}	…	X_{ij}	
	$\bar{X}_1$	$\bar{X}_2$	…	$\bar{X}_j$	$\bar{X}$

$\bar{X}$: 전체 평균
$\bar{X}_j$: j번째 집단의 평균
X_{ij} : j번째 집단의 i번째 관찰값

관찰값의 모형

관찰값을 X_{ij}라 하면 X_{ij}는 다음과 같은 요소로 구성되어 있다.

일원분산분석에서 관찰값의 모형

$$X_{ij}=\mu+\alpha_j+\varepsilon_{ij} \quad (13\cdot1)$$

μ : 전체 평균
α_j : j번째 집단의 영향
ε_{ij} : j번째 집단에 있는 관찰값 i의 우연적 오차

각 관찰값은 전체 평균 μ와, 수준이 다른 집단에 있기 때문에 생기는 전체 평균과의 차이 α_j, 그리고 각 집단에 있는 관찰값 i의 개인차 또는 오차 ε_{ij}로 이루어져 있음을 알 수 있다. 식 13·1은 하나의 모형이며 이를 실제 연구에서 얻을 수 있는 통계량으로 표현하면 다음과 같다.

$$X_{ij}=\overline{X}+(\overline{X}_j-\overline{X})+(X_{ij}-\overline{X}_j) \quad (13\cdot2)$$

$(\overline{X}_j-\overline{X})$: j번째 집단의 평균과 전체 평균 간의 차이
$(X_{ij}-\overline{X}_j)$: 각 관찰값과 각 집단 평균 간의 차이

식 13·2에서 $\overline{X}$를 왼쪽 항으로 옮겨 다음과 같이 변형시킬 수 있다.

$$(X_{ij}-\overline{X})=(\overline{X}_j-\overline{X})+(X_{ij}-\overline{X}_j) \quad (13\cdot3)$$

식 13·3에서 왼쪽 식과 오른쪽 식을 각각 제곱하여 전체 관찰 수만큼 합하면 식 13·4가 된다. 여기서 'ΣΣ'의 표시는 관찰값을 합할 때 i에 해당되는 모든 관찰값과 j에 해당되는 모든 관찰값을 다 합한다는 것을 의미한다.

$$\Sigma\Sigma(X_{ij}-\overline{X})^2=\Sigma\Sigma(\overline{X}_j-\overline{X})^2+\Sigma\Sigma(X_{ij}-\overline{X}_j)^2 \quad (13\cdot4)$$[01]

01 $\Sigma\Sigma(X_{ij}-\overline{X})^2=\Sigma\Sigma[(X_{ij}-\overline{X}_j)+(\overline{X}_j-\overline{X})]^2$의 오른쪽 항을 풀어보면 다음과 같다.

$$\Sigma\Sigma(X_{ij}-\overline{X}_j)^2+2\Sigma\Sigma(X_{ij}-\overline{X}_j)(\overline{X}_j-\overline{X})+\Sigma\Sigma(\overline{X}_j-\overline{X})^2$$

$\Sigma(X_{ij}-\overline{X}_j)=0$이므로,

$$\Sigma\Sigma(X_{ij}-\overline{X}_j)(\overline{X}_j-\overline{X})=\Sigma(\overline{X}_j-\overline{X})[\Sigma(X_{ij}-\overline{X}_j)]=\Sigma(\overline{X}_j-\overline{X})\cdot 0=0$$

위의 식에서 오른쪽 항의 $\Sigma\Sigma(\bar{X}_j-\bar{X})^2$을 집단 간 제곱합(sum of squares between groups: *SSB*)이라 하며, $\Sigma\Sigma(X_{ij}-\bar{X}_j)^2$은 집단 내 제곱합(sum of squares within groups: *SSW*), 그리고 왼쪽 항의 $\Sigma\Sigma(X_{ij}-\bar{X})^2$은 총제곱합(total sum of squares: *SST*)이라 하는데, 총제곱합은 집단 내 제곱합과 집단 간 제곱합의 합과 같다.

【예제 2】 어느 청량음료회사에서 맛은 같고, 색깔은 무색, 분홍색, 오렌지색, 초록색으로 하여 음료수를 제조 · 판매하고 있다. 음료수 색깔이 음료수 판매량과 관계가 있는가를 알아보기 위하여, 인구가 비슷한 도시 여섯 곳을 선택하여 각각의 판매량을 조사하였더니 〈표 13-5〉와 같았다.

표 13-5 음료수 판매량과 색깔

(단위 : 만 병)

도시 \ 색깔	무색(1)	분홍색(2)	오렌지색(3)	초록색(4)	합계
1	26	31	27	30	
2	28	28	25	29	
3	25	30	28	32	
4	29	27	24	31	
5	27	29	26	32	
6	27	29	26	32	
합계	162	174	156	186	678
평균	$\bar{X}_1=27$	$\bar{X}_2=29$	$\bar{X}_3=26$	$\bar{X}_4=31$	$\bar{X}=28.25$

음료수 색깔은 독립변수에 해당되며 여기서는 독립변수를 네 개의 범주로 나누었다. 판매량은 종속변수에 해당되며, 각 집단의 관찰값은 여섯 개 지역에서의 음료수 색깔에 따른 판매량이 된다.

판매량의 차이를 색깔로 설명할 수 있을까? 만일 색깔이 판매량에 영향을 미치는 요인이라면 색깔별 판매량의 평균은 동일하지 않을 것이다. 이러한 사실

따라서 위의 식은 다음과 같이 표시된다.

$$\Sigma\Sigma(X_{ij}-\bar{X})^2=\Sigma\Sigma(X_{ij}-\bar{X}_j)^2+\Sigma\Sigma(\bar{X}_j-\bar{X})^2$$

을 규명하기 위해 먼저 귀무가설과 대립가설을 설정하여 보자.

H_0 : μ_1(무색)$=\mu_2$(분홍색)$=\mu_3$(오렌지색)$=\mu_4$(초록색)
H_a : 적어도 어느 하나는 다르다.

제곱합

종속변수의 총분산을 총제곱합(total sum of squares: SST)이라 하는데, 총제곱합은 모든 표본자료의 각 관찰값에서 전체 표본의 평균을 뺀 것을 제곱해서 합한 것이다.

총제곱합

$$SST=\sum\sum(X_{ij}-\overline{X})^2 \tag{13.5}$$

[예제 2]에서 총제곱합 SST는 다음과 같다.

$$\begin{aligned} SST&=\sum\sum(X_{ij}-\overline{X})^2 \\ &=(26-28.25)^2+(28-28.25)^2+\cdots+(32-28.25)^2+(32-28.25)^2 \\ &=126.5 \end{aligned}$$

집단 간 제곱합(sum of squares between groups: SSB)은 음료수 색깔이라는 요인에 의해 설명되는 부분이다. 이는 각 집단 평균값과 전체 평균 간 차이의 제곱합이며, 이때 각 집단의 관찰 수(n_i)만큼 곱해 주어야 한다.

집단 간 제곱합

$$SSB=\sum n_i(\overline{X}_j-\overline{X})^2 \tag{13.6}$$

[예제 2]에서 집단 간 제곱합 SSB는 다음과 같다.

$$SSB = \sum n_i(\overline{X}_j - \overline{X})^2$$
$$= 6(27-28.25)^2 + 6(29-28.25)^2 + 6(26-28.25)^2 + 6(31-28.25)^2 = 88.5$$

총제곱합 중에서 색깔이란 변수로도 설명되지 않는 부분을 집단 내 제곱합(sum of squares within group: SSW)이라고 하는데, 이는 각 집단 내 개별 관찰값 i의 우연적 오차를 말한다.

집단 내 제곱합 SSW는 각 집단에 있는 관찰값들과 그 집단의 평균 $\overline{X}_j$ 간의 차이를 제곱하여 모두 합한 것이다.

집단 내 제곱합

$$SSW = \sum\sum(X_{ij} - \overline{X}_j)^2 \qquad (13\cdot7)$$

[예제 2]에서 집단 내 제곱합 SSW는 다음과 같다.

$$SSW = \sum\sum(X_{ij} - \overline{X}_j)^2$$

SSW는 다음 식을 모두 합한 것과 같다.

$$\sum(X_{i1} - \overline{X}_1)^2 = (26-27)^2 + \cdots + (27-27)^2 = 10$$
$$\sum(X_{i2} - \overline{X}_2)^2 = (31-29)^2 + \cdots + (29-29)^2 = 10$$
$$\sum(X_{i3} - \overline{X}_3)^2 = (27-26)^2 + \cdots + (26-26)^2 = 10$$
$$\sum(X_{i4} - \overline{X}_4)^2 = (30-31)^2 + \cdots + (32-31)^2 = 8$$
$$SSW = 10 + 10 + 10 + 8 = 38$$

총제곱합은 집단 간 제곱합과 집단 내 제곱합으로 구성되어 있으며, 각각의 자유도는 다음과 같다.

제곱합 : $SST = SSB + SSW$

자유도 : $N - 1 = (J - 1) + (N - J)$

분산분석의 계산절차를 보여주기 위하여 SST, SSB, SSW를 모두 계산하였지만, 이들 중 두 개만 계산하여도 된다. 예를 들면 SST와 SSB만을 구한 다음, $SSW = SST - SSB$의 방식으로 구할 수 있다.

평균제곱

분산분석을 하기 위해서는 제곱합으로 계산된 SSB와 SSW를 자유도로 나누어 평균제곱(mean squares)을 구해야 한다. 이 개념은 제곱합을 관찰 수로 나눈다는 점에서 '분산'과 유사한 개념이다. 만일 집단의 수는 적고 각 집단의 대상자 수가 아주 많을 때 집단 내 분산(SSW)은 집단 간 분산(SSB)에 비해 아주 커질 것이다. 이런 경우 집단 간 분산과 집단 내 분산을 각각의 자유도로 나누어 주면 분산의 정도에 대해 표준화된 수치가 나온다.

집단 간 제곱합을 자유도로 나눈 것을 집단 간 평균제곱(mean squares between groups: MSB)이라 하며, 집단 내 제곱합을 자유도로 나눈 것을 집단 내 평균제곱(mean squares within group: MSW)이라 한다. 집단의 수를 J개라 하면 평균제곱을 구하는 식은 다음과 같다.

평균제곱

집단 간 $$MSB = \frac{SSB}{J - 1} \qquad (13 \cdot 8)$$

집단 내 $$MSW = \frac{SSW}{N - J} \qquad (13 \cdot 9)$$

[예제 2]에서 평균제곱은 아래와 같다.

$$MSB = \frac{SSB}{J-1} = \frac{88.5}{3} = 29.5$$

$$MSW = \frac{SSW}{N-J} = \frac{38}{20} = 1.9$$

F−통계량

분산분석은 두 종류의 분산, 즉 집단 간 분산과 집단 내 분산 간의 비율을 구하는 방식으로 F−검정을 한다. 만일 집단 간 분산이 집단 내 분산에 비해 그 비율이 크면 집단에 따른 차이가 크다는 것을 의미한다. 즉 독립변수를 몇 개의 수준으로 나누어 그 차이를 알아내는 것이 의미 있다는 것을 말한다.

F−검정을 하기 위한 통계량은 다음과 같이 구한다.

분산분석에서 *F*−통계량

$$F_{J-1,\ N-J} = \frac{MSB}{MSW} \quad (13\cdot10)$$

F−통계량에서 분자의 자유도(df_1)는 $J-1$이 되며, 분모의 자유도(df_2)는 $N-J$가 된다. 청량음료의 예에서 F값을 계산하면 다음과 같다.

$$F = \frac{29.5}{1.9} = 15.526$$

분산분석표와 가설검정

지금까지 설명한 분산분석의 과정을 간단하게 표로 만들어 볼 수 있는데, 이를 분산분석표(ANOVA table)라고 한다. 일원분산분석에서의 분산분석표를 예로 들면 다음의 〈표 13−6〉과 같다.

맨 오른쪽에 있는 F값은 집단 간 분산 MSB를 집단 내 분산 MSW로 나눈 것이다. 이 F값은 각 집단이 정규분포인 모집단에서 추출되었으며, 각 모집단의 분산은 동일하다는 가정하에서 계산된 것이다.

표 13-6 분산분석표

분산원	제곱합	자유도	평균제곱	F값
집단 간	$SSB=\Sigma n_i(\bar{X}_j-\bar{X})^2$	$J-1$	$MSB=\dfrac{SSB}{J-1}$	$\dfrac{MSB}{MSW}$
집단 내	$SSW=\Sigma\Sigma(X_{ij}-\bar{X}_j)^2$	$N-J$	$MSW=\dfrac{SSW}{N-J}$	
합계	$SST=\Sigma\Sigma(X_{ij}-\bar{X})^2$	$N-1$		

청량음료의 예를 가지고 〈표 13-6〉에 따라 분산분석표를 만들어 보면 〈표 13-7〉과 같다.

표 13-7 청량음료와 색깔의 분산분석표

분산원	제곱합	자유도	평균제곱	F값
집단 간	88.5	3	29.5	15.526
집단 내	38.0	20	1.9	
합계	126.5	23		

위의 분산분석표를 이용하여 가설검정을 해 보자.

① H_0 : μ_1(무색)$=\mu_2$(분홍색)$=\mu_3$(오렌지색)$=\mu_4$(초록색)

H_a : 색깔에 따라서 판매량이 다를 수 있다.

② $\alpha=0.05$

③ 임곗값 $F_{3,20}=3.10$

채택영역 : $F\leq3.10$, 기각영역 : $F>3.10$

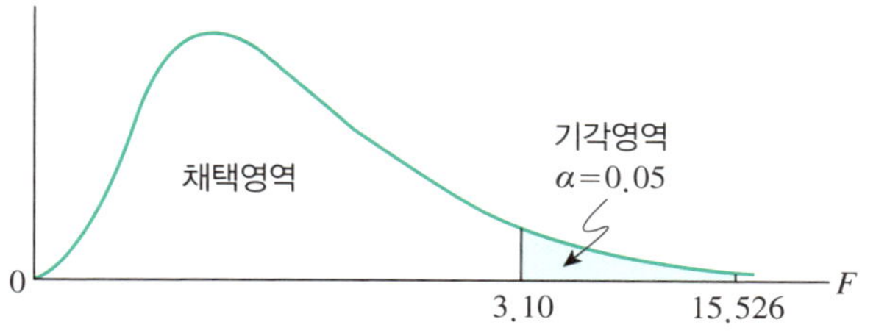

④ 계산된 F값은 〈표 13-7〉에서 15.526이다.

⑤ 계산된 F값이 $\alpha=0.05$에서 기각영역에 있으므로 귀무가설을 기각한다. 즉, 청량음료의 색깔에 따라 판매량이 다르다.

관계에 대한 설명력 η^2

분산분석 결과 F값이 유의하다는 것은 집단 간의 차이가 오차의 정도를 넘어설 만큼 크다는 것을 의미한다. 그러나 집단 간 차이(독립변수의 영향) 때문에 생기는 분산이 총분산(종속변수)을 얼마나 설명하는가를 알려주지는 못한다. 독립변수의 설명력을 알기 위해서 자주 사용하는 지수로 η^2(에타 제곱)이 있다.

η^2은 종속변수에 대한 독립변수의 설명력을 말해 준다. '상관비'(correlation ratio)라고 하는 η^2은 분산분석에서는 SSB와 SST의 비율로서 독립변수에 의해 설명될 수 있는 분산과 총분산 간의 비율을 나타내는 지수다. 분산분석의 제곱합을 이용하여 η^2을 정의하면 다음과 같다.

독립변수의 설명력 η^2

$$\eta^2=\frac{SSB}{SST} \tag{13·11}$$

독립변수가 유의한 설명력을 지닌 것으로 나타난 [예제 2]의 음료수 색깔에서 〈표 13-7〉을 이용하여 η^2을 계산하면 다음과 같다.

$$\eta^2=\frac{SSB}{SST}=\frac{88.5}{126.5}=0.70$$

'색깔의 종류'라는 독립변수가 종속변수인 '판매량'의 분산을 약 70% 설명한다는 것을 알 수 있다.

개별집단 평균차에 대한 사후검정

앞에서 우리는 분산분석을 실시하여 여러 집단 간의 차이에 대한 검정을 하였다. 분산분석에서 귀무가설을 받아들였을 때는 여러 집단 간의 평균이 같다는 것을 의미하므로 더 이상의 검정이 필요없게 된다. 그러나 만일 귀무가설을 기각하여 여러 집단 간에 차이가 있는 것으로 나타났다고 하자. 이럴 경우 모든 집단 간에 차이가 있을 수도 있지만, 때로는 특정 집단 간에만 차이가 있을 수 있다. 그중에서 어느 집단들 간에 차이가 있는지를 알기 원한다면 다음 단계의 통계적 비교를 해야 한다. 이러한 방법을 사후비교(post hoc comparison)라고 한다. 왜냐하면 분산분석의 결과 여러 집단 간의 차이가 있다는 것을 알고 난 후에 실시하기 때문이다. 사후비교방법은 미리 정한 α-오류의 수준을 그대로 유지하면서 어떤 쌍의 평균차이가 유의한지를 알게 해 준다.

사후비교방법에는 여러 가지가 있지만, 여기서는 자주 사용되면서도 가장 간단한 방법인 Tukey 방법만을 소개한다. Tukey검정을 흔히 '진실로 유의 있는 차의 검정'(Tukey's Honestly Significant Difference)방법이라고 부르며 간단히 Tukey의 *HSD*라고도 한다. Tukey 방법은 모든 집단의 관찰치 수가 같고 모든 집단 간의 평균값들을 1 대 1로 비교할 경우 다른 사후비교방법들보다 통계적 검정력이 강하다.

이 방법을 사용하기 위해서는 먼저 귀무가설을 기각할 수 있는 임곗값을 결정해야 한다. 두 표본평균값들 간의 차이가 임곗값보다 더 크면 두 집단의 평균이 같다는 귀무가설은 기각된다. Tukey의 *HSD* 방법은 대체로 5%나 1%의 유의수준을 사용하여 양측검정을 한다. *HSD*의 임곗값은 다음 공식으로 결정된다.

Tukey검정을 위한 *HSD* 임곗값

$$HSD = q\sqrt{\frac{MSW}{n}} \quad (13 \cdot 12)$$

MSW : 집단 내 평균제곱
n : 각 집단 내 사례 수
q : α수준과 *MSW*의 *df*, 집단의 수 *k*에 의한 통곗값(부록 6)

음료수의 색깔에 관한 분산분석의 예를 통해 Tukey 방법을 사용하여 사후비교해 보자. 이 예에서는 여러 집단들 간의 평균이 같다는 귀무가설을 기각했기 때문에 각 집단의 표본평균값들 간의 차이를 검정할 수 있다.

【예제 3】 앞에서 음료수 색깔과 판매량의 예를 보면 음료수 색깔이 판매량에 영향을 끼친다고 하였다. 네 종류 중에서 어느 것이 서로 차이가 나는지 $\alpha=0.05$ 수준에서 검정하라.

먼저 [부록 6]을 보면, $\alpha=0.05$, *MSW*의 자유도는 20, 집단의 수는 $k=4$에서 q값은 3.96이라는 것을 알 수 있다. 또한 [예제 2]에서 집단 내 평균제곱 $MSW=1.9$라는 것을 이미 알고 있다. 이를 바탕으로 *HSD*의 임곗값을 구하면 다음과 같다.

$$HSD = 3.96 \times \sqrt{\frac{1.9}{6}} = 2.228$$

이제 표본평균값들 간의 모든 가능한 쌍들에 대한 차이를 나열해 보자. 〈표 13-8〉의 각 칸에 있는 수치는 평균값들 간의 차이를 나타낸다.

표 13-8 평균값들의 차이

평균치	(무색) $\bar{X}_1=27$	(분홍색) $\bar{X}_2=29$	(오렌지색) $\bar{X}_3=26$	(초록색) $\bar{X}_4=31$
$\bar{X}_1=27$	0	−2	1	-4^*
$\bar{X}_2=29$		0	3^*	−2
$\bar{X}_3=26$			0	-5^*
$\bar{X}_4=31$				0

* 유의한 차가 있는 평균값들.

절댓값 기준으로 *HSD*의 임곗값 2.228 이상인 각 쌍의 평균에 대한 차이를 살펴보면 다음과 같다.

$(\bar{X}_1-\bar{X}_4)=-4$: 무색과 초록색
$(\bar{X}_3-\bar{X}_4)=-5$: 오렌지색과 초록색
$(\bar{X}_2-\bar{X}_3)=3$: 분홍색과 오렌지색

따라서 위의 세 쌍의 평균 판매량 간의 차이만이 $\alpha=0.05$에서 유의하다는 것을 알 수 있다.

사후비교는 사전의 이론적 배경에 의해서가 아니라, F−검정 결과 유의한 차이가 있을 때 그 차이가 어떤 집단의 평균에서 비롯되었는지를 알기 원할 때 실시한다. 우리가 여러 집단들을 비교할 때, 때로는 전반적인 질문에 답하는 것보다 특정한 집단평균값들 간의 차이에 더 관심을 가질 때가 있는데 이런 경우에 사후비교가 유용하다.

제3절 이원분산분석

기본개념

주효과와 상호작용효과

이원분산분석은 두 개의 독립변수 중 어느 변수가 반응변수의 평균차이를 발생시키는지 그리고 두 변수의 상호작용은 어떠한지 등을 알아본다.

예를 들어 어느 회사에서 새로운 상품의 인지도를 높이기 위해 TV, 신문 그리고 SNS를 통한 세 가지 광고방법 중에서 어느 방법이 더 효과적인지를 알아보려고 한다. 그러나 마케팅팀에서는 TV광고는 어린이에게 효과가 있고, SNS 광고는 청소년, 그리고 신문광고는 중년 내지 장년층에게 효과가 있을 것이라고 주장한다. 만일 세 방법 중 어느 한 방법만 사용하면 특정 대상에게는 관심을 높일 수 있지만, 다른 대상층에게는 아무런 효과를 가져올 수 없다는 것이다. 따라서 세 가지 광고방법에 의한 효과를 알기 위해서는 대상자의 연령층이라는 또 다른 변수와 함께 그 효과를 분석해야 한다. 결국 이 경우에는 독립변수가 '광고방법'과 '연령층'으로 두 개인데, 두 변수의 효과를 알아보는 것을 주효과(main effect)분석이라고 한다.

이원분산분석은 이렇게 두 변수의 영향을 동시에 분석한다는 편리함 외에 두 개의 주효과 간의 상호작용효과(interaction effect)를 알아볼 수 있다는 장점도 있다. 만일 두 변수의 효과를 알아보기 위해 일원분산분석을 두 번 한다고 해도 상호작용효과는 알 수 없다.

상호작용효과의 예

상호작용효과를 쉽게 이해하기 위해 다른 예를 들어보자. 결혼만족도가 교육수준에 따라 어떻게 차이가 나는지를 알기 원한다고 하자. 어떤 연구에서 교육수준이 높을수록 결혼만족도가 낮다는 분석결과가 나왔다. 그런데 다른 연구자는 이러한 결과가 성별에 따라 달라질 수 있다고 생각하여 연구계획을 달리 하였다. 즉, 교육수준과 성별을 모두 적용하였을 때 결혼만족도가 어떻게 달라지는가 하는 연구다. 이 경우에 '만족도'는 교육수준, 성별 그리고 교육수준과 성별 간의 상호작용에 따라 달라질 것이다. 상호작용을 다시 말하면, 여자의 경우에는 교육수준이 높을수록 결혼만족도가 낮으며 남자의 경우에는 교육수준이 높을수록 결혼만족도가 높다면, 이것은 성별에 따라 교육수준이란 독립변수의 역할이 달라진다는 것을 의미한다.

결혼만족도를 알아보기 위해 여러 문항으로 구성된 검사지를 실시한 결과 다음과 같은 점수가 나왔다고 하자. 표 안의 숫자는 만족도에 대한 각 집단의 평균 점수다.

| 그림 13-1 | 상호작용이 있는 경우

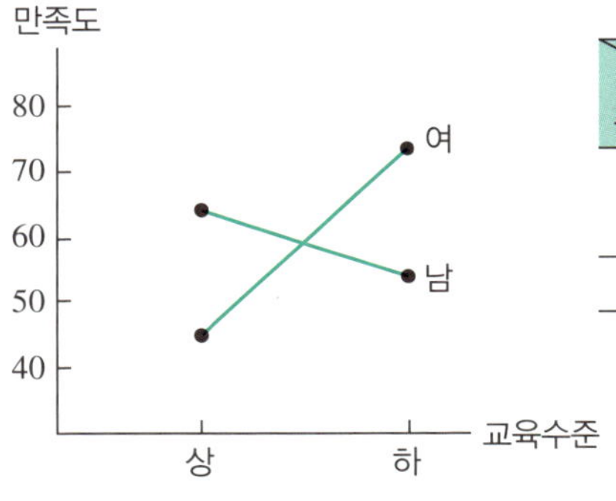

교육수준 / 성별	상	하	평균
남	65	55	60
여	45	75	60
평균	55	65	60

위의 표를 보면 교육수준을 고려하지 않고 남녀의 결혼만족도를 보면 둘 다 60점으로 똑같은 정도의 만족도를 갖는다. 또 다른 변수인 교육수준을 보면 교육을 많이 받은 사람의 만족도는 55인 데 비해 교육수준이 낮은 사람의 만족도는 65로 높게 나왔다. 따라서 두 변수 중 교육수준만이 '결혼만족도'라는 종속변수에 영향을 끼치는 것으로 나타났다. 그러나 [그림 13-1]을 보면 이러한 결론이 충분하지 않다는 것을 알 수 있다. 남자의 경우에는 교육수준이 낮을 때 만족도가 낮지만 여자의 경우에는 교육수준이 높을 때 오히려 만족도가 낮다는 것을 알 수 있다. 이러한 경우, 즉 한 독립변수가 다른 독립변수의 수준에 따라 다르게 작용하므로 상호작용의 효과가 있다는 것을 알 수 있다.

상호작용이 있는지를 쉽게 알기 위해서는 두 변수에 의한 평균값의 차를 구해 본다. 성별에 따라 교육수준을 비교해 보면 (65−55)=10, (45−75)=−30이며, 교육수준에 따라 성별을 비교해 보면 (65−45)=20, (55−75)=−20이다. 상호작용이 있는 경우에는 한 독립변수의 수준에 따라 다른 변수의 평균값의 차의 부호가 서로 다르다. 또한 상호작용이 있는 경우 그림을 그려보면 두 선의 방향이 서로 다르거나 교차한다.

이원분산분석의 전개과정

자료의 구성

이원분산분석은 두 개의 독립변수가 있다. 이 두 개의 독립변수는 또 다시 몇 개의 수준으로 나누어진다. 첫 번째 독립변수를 A라 하고 나누어진 수준의 개수를 J라 하자. 그리고 두 번째 독립변수를 B라 하고 나누어진 수준의 개수를 K라 하자. 관찰값은 X_{ijk}로 표시하는데, i는 집단 내의 위치를 나타내고, j는 첫 번째 독립변수의 수준을, 그리고 k는 두 번째 독립변수의 수준을 나타낸다. 예를

표 13-9 이원분산분석의 자료의 구성

B \ A	A_1	A_2	A_3	$\bar{X}_{\cdot k}$
B_1	X_{111} X_{211} X_{311}	X_{121} X_{221} X_{321}	X_{131} X_{231} X_{331}	$\bar{X}_{\cdot 1}$
$\bar{X}_{jk}$	$\bar{X}_{11}$	$\bar{X}_{21}$	$\bar{X}_{31}$	
B_2	X_{112} X_{212} X_{312}	X_{122} X_{222} X_{322}	X_{132} X_{232} X_{332}	$\bar{X}_{\cdot 2}$
$\bar{X}_{jk}$	$\bar{X}_{12}$	$\bar{X}_{22}$	$\bar{X}_{32}$	
$\bar{X}_{j\cdot}$	$\bar{X}_{1\cdot}$	$\bar{X}_{2\cdot}$	$\bar{X}_{3\cdot}$	$\bar{X}$

$\bar{X}$: 전체 평균
$\bar{X}_{j\cdot}$: 독립변수 A의 j수준에 있는 관찰값들의 평균
$\bar{X}_{\cdot k}$: 독립변수 B의 k수준에 있는 관찰값들의 평균
$\bar{X}_{jk}$: 독립변수 A의 j수준과 독립변수 B의 k수준에 있는 관찰값들의 평균

들어 X_{231}은 독립변수 A의 세 번째 수준과 독립변수 B의 첫 번째 수준에 해당되는 집단에서 두 번째 관찰값을 나타낸다.

앞의 〈표 13–9〉는 이원분산분석의 자료구성과 분석에 필요한 기호를 보여준다. 자료의 구성을 간단히 하기 위해 독립변수 A는 3개의 수준, 독립변수 B는 2개의 수준으로 나누어 구성해 본다.

관찰값의 모형

이원분산분석에서 관찰값 X_{ijk}는 다음과 같은 수리적 모형을 갖는다.

이원분산분석에서 관찰값의 모형

$$X_{ijk}=\mu+\alpha_j+\beta_k+(\alpha\beta)_{jk}+e_{ijk} \qquad (13\cdot13)$$

X_{ijk} : 독립변수 A의 j번째 수준과 독립변수 B의 k번째 수준의 영향을 받은 i번째 관찰값
μ : 전체 평균
α_j : 독립변수 A의 효과
β_k : 독립변수 B의 효과
$(\alpha\beta)_{jk}$: 두 독립변수 A, B의 상호작용효과
e_{ijk} : 관찰값 i의 개인차 혹은 오차

위의 모형은 실제연구에서 다음과 같은 통계량으로 표현된다.

$$X_{ijk}=\overline{X}+(\overline{X}_{j\cdot}-\overline{X})+(\overline{X}_{\cdot k}-\overline{X})+(\overline{X}_{jk}-\overline{X}_{j\cdot}-\overline{X}_{\cdot k}+\overline{X})+(X_{ijk}-\overline{X}_{jk}) \qquad (13\cdot14)$$

위의 식에서 전체 평균 $\overline{X}$를 왼쪽 항으로 옮기면 다음과 같다.

$$X_{ijk}-\overline{X}=(\overline{X}_{j\cdot}-\overline{X})+(\overline{X}_{\cdot k}-\overline{X})+(\overline{X}_{jk}-\overline{X}_{j\cdot}-\overline{X}_{\cdot k}+\overline{X})+(X_{ijk}-\overline{X}_{jk}) \qquad (13\cdot15)$$

$(X_{ijk}-\overline{X})$: 각 관찰값과 전체 평균 간의 차이
$(\overline{X}_{j\cdot}-\overline{X})$: 독립변수 A의 j수준의 영향
$(\overline{X}_{\cdot k}-\overline{X})$: 독립변수 B의 k수준의 영향
$(\overline{X}_{jk}-\overline{X}_{j\cdot}-\overline{X}_{\cdot k}+\overline{X})$: 독립변수 A의 j수준과 독립변수 B의 k수준의 상호작용영향
$(X_{ijk}-\overline{X}_{jk})$: 개인차 혹은 오차

위의 식은 식 13·4와 같은 방식으로 다음과 같이 제곱합으로 표현할 수 있다.

$$SST = SSA + SSB + SSAB + SSW$$

각 제곱합은 다음과 같이 계산한다.

$$SST = \Sigma\Sigma\Sigma(X_{ijk} - \overline{X})^2 = \Sigma\Sigma\Sigma X_{ijk}^2 - \frac{(\Sigma\Sigma\Sigma X_{ijk})^2}{JKn}$$
$$SSA = \Sigma\Sigma\Sigma(\overline{X}_{j\cdot} - \overline{X})^2 = \Sigma Kn(\overline{X}_{j\cdot} - \overline{X})^2$$
$$SSB = \Sigma\Sigma\Sigma(\overline{X}_{\cdot k} - \overline{X})^2 = \Sigma Jn(\overline{X}_{\cdot k} - \overline{X})^2$$
$$SSAB = \Sigma\Sigma n(\overline{X}_{jk} - \overline{X}_{j\cdot} - \overline{X}_{\cdot k} + \overline{X})^2$$
$$SSW = \Sigma\Sigma\Sigma(X_{ijk} - \overline{X}_{jk})^2$$

$\Sigma\Sigma\Sigma X_{ijk}^2$은 모든 관찰값의 제곱을 합한 것이며, $\Sigma\Sigma\Sigma X_{ijk}$는 모든 관찰값을 합한 것이다. n은 각 집단의 사례 수를 의미하므로 JKn은 전체 사례 수 N이 된다.

제곱합과 자유도

이원분산분석에서 제곱합과 자유도는 다음과 같은 관계를 갖는다.

이원분산분석에서 제곱합과 자유도

제곱합 $SST = SSA + SSB + SSAB + SSW$

자유도 $JKn - 1 = (J-1) + (K-1) + (J-1)(K-1) + JK(n-1)$ (13·16)

각 효과를 검정하기 위해 먼저 제곱합을 자유도로 나누어 평균제곱을 구하면 다음과 같다.

$$MSA = SSA/(J-1)$$
$$MSB = SSB/(K-1)$$
$$MSAB = SSAB/(J-1)(K-1)$$
$$MSW = SSW/JK(n-1)$$

각 효과의 유의도를 검정하기 위해서는 각 평균제곱을 오차의 평균제곱인 MSW로 나누어 F-검정을 한다.

표 13-10 이원분산분석표

분산원	제곱합	자유도	평균제곱	F값
A효과	SSA	$J-1$	$SSA/(J-1)$	MSA/MSW
B효과	SSB	$K-1$	$SSB/(K-1)$	MSB/MSW
AB상호작용	$SSAB$	$(J-1)(K-1)$	$SSAB/(J-1)(K-1)$	$MSAB/MSW$
집단 내	SSW	$N-JK$	$SSW/JK(n-1)$	
합계	SST	$N-1$		

이원분산분석의 예

【예제 4】 S전자는 근로자의 생산성을 높이는 데 어떤 직무교육방법이 효과적인지, 그리고 직무교육방법은 근로자의 숙련도에 따라 그 효과가 달라지는지에 대해 연구하였다. 연구대상으로 선출된 근로자들은 무작위로 각각의 집단에 배정되었다. 직무교육방법은 세 종류로 구분되었고, 숙련도는 두 수준으로 구분되었다. 직무교육의 결과로 나타난 생산량은 〈표 13-11〉과 같으며 직무교육방법을 독립변수 A, 숙련도를 독립변수 B라고 하였다.

표 13-11 직무교육방법과 숙련도에 의한 생산성

	A_1	A_2	A_3	$\bar{X}_{\cdot k}$
B_1	9 8 6 10 7	5 8 7 6 4	8 7 9 6 5	7
$\bar{X}_{jk}$	8	6	7	
B_2	3 4 6 5 2	4 5 2 5 4	7 9 6 5 8	5
$\bar{X}_{jk}$	4	4	7	$\Sigma\Sigma\Sigma X_{ijk}=180$
$\bar{X}_{j\cdot}$	6	5	7	$\bar{X}=6$
$\Sigma\Sigma X_{ij}^2$	420	276	510	$\Sigma\Sigma\Sigma X_{ijk}^2=1,206$

$$SST=\Sigma\Sigma\Sigma X_{ijk}^2-\frac{(\Sigma\Sigma\Sigma X_{ijk})^2}{JKn}=1,206-\frac{(180)^2}{30}=126$$

$$SSA=\Sigma Kn(\bar{X}_{j\cdot}-\bar{X})^2=10\times(6-6)^2+10\times(5-6)^2+10\times(7-6)^2=20$$

$$SSB=\Sigma Jn(\bar{X}_{\cdot k}-\bar{X})^2=15\times(7-6)^2+15\times(5-6)^2=30$$

$$\begin{aligned}SSAB&=\Sigma\Sigma n(\bar{X}_{jk}-\bar{X}_{j\cdot}-\bar{X}_{\cdot k}+\bar{X})^2\\&=5\times(8-6-7+6)^2+5\times(6-5-7+6)^2+5\times(7-7-7+6)^2\\&\quad+5\times(4-6-5+6)^2+5\times(4-5-5+6)^2+5(7-7-5+6)^2=20\end{aligned}$$

$$SSW=SST-SSA-SSB-SSAB=126-20-30-20=56$$

평균제곱

$$MSA=\frac{SSA}{J-1}=\frac{20}{2}=10 \qquad MSAB=\frac{SSAB}{(J-1)(K-1)}=\frac{20}{2}=10$$

$$MSB=\frac{SSB}{K-1}=\frac{30}{1}=30 \qquad MSW=\frac{SSW}{N-JK}=\frac{56}{24}=2.333$$

표 13-12 분산분석표

분산원	제곱합	자유도	평균제곱	F값
A효과	20	2	10	4.286
B효과	30	1	30	12.859
AB효과	20	2	10	4.286
집단 내	56	24	2.333	
합계	126	29		

독립변수 A효과에 관한 가설검정

① H_0 : $\alpha_j=0$ 또는 H_0 : 직무교육방법에 의한 평균 생산성 차이는 없다.
H_a : $\alpha_j\neq0$ 또는 H_a : 직무교육방법에 의한 평균 생산성 차이는 있다.

② $\alpha=0.05$

③ $F_{0.05(2,24)}$에서 임곗값은 3.40
채택영역 : $F\leq3.40$, 기각영역: $F>3.40$

④ 계산된 F값은 4.286이므로 H_0를 기각한다. 즉, 직무교육방법에 따라 평균 생산성에 차이가 있다.

독립변수 B효과에 관한 가설검정

① H_0 : $\beta_k=0$ 또는 H_0 : 숙련도에 의한 평균 생산성 차이는 없다.
H_a : $\beta_k\neq0$ 또는 H_a : 숙련도에 의한 평균 생산성 차이는 있다.

② $\alpha=0.05$

③ $F_{0.05(1,24)}$에서 임곗값은 4.26
채택영역 : $F\leq4.26$, 기각영역 : $F>4.26$

④ 계산된 F값은 12.859이므로 $\alpha=0.05$에서 H_0를 기각한다. 즉, 숙련도에 따라 평균 생산성에 차이가 있다.

독립변수 A, B의 상호작용효과에 관한 가설검정

① H_0 : $(\alpha\beta)_{jk}=0$ 또는 H_0 : 두 독립변수 간에는 상호작용이 없다.
H_a : $(\alpha\beta)_{jk}\neq0$ 또는 H_a : 두 독립변수 간에는 상호작용이 있다.

② $\alpha=0.05$

③ $F_{0.05(2,24)}$에서 임곗값은 3.40
채택영역 : $F \leq 3.40$, 기각영역 : $F > 3.40$

④ 계산된 F값은 $\alpha = 0.05$에서 4.286이므로 H_0를 기각한다. 즉, 직무교육방법과 숙련도 두 변수 간 상호작용이 있다. 숙련도에 따라 직무교육방법의 효과가 서로 다르다고 할 수 있다.

일원분산분석과 이원분산분석에서 오차의 비교

근로자의 생산성을 높이기 위해 세 가지 직무교육을 실시한 다음, 방법들 간에 차이가 있는지를 알아보는 것이 일원분산분석이다. 〈표 13-12〉에서 만일 근로자의 생산성을 직무교육방법(독립변수 A)의 차이만으로 그 영향을 설명한다면, 직무교육방법의 차이는 전체 분산에서 다음과 같은 비율(η^2)을 차지한다.

$$\text{독립변수 } A\text{의 설명력 : } \eta^2 = \frac{SSA}{SST} = \frac{20}{126} = 0.159$$

직무교육방법의 차이는 종속변수의 분산 중 15.9%를 설명해 준다. 그러면 나머지 84.1%의 분산은 어떠한 이유라고 설명할 수 있는가? 이것은 결국 오차에 의한 분산이라고 본다. 전체 분산이 정해져 있는 상황에서, 만일 생산량에 영향을 줄 수 있는 또 다른 독립변수를 발견해 낼 수 있다면 오차분산은 작아질 수 있다.

그러면 직무교육방법의 차이뿐만 아니라 근로자의 숙련도(독립변수 B)의 정도에 따라 생산성이 영향을 받는다고 한다면 전체 분산에서 숙련도라는 독립변수의 영향만큼 뺄 수 있다. 또한 두 독립변수 간의 상호작용까지 합하면 오차분산은 더욱 작아진다.

$$\text{독립변수 } B\text{의 설명력 : } \eta^2 = \frac{SSB}{SST} = \frac{30}{126} = = 0.238$$

$$\text{독립변수와 } A\text{와 } B\text{의 상호작용의 설명력 : } \eta^2 = \frac{SSAB}{SST} = \frac{20}{126} = 0.159$$

따라서 독립변수 *A*와 *B*, 그리고 *AB* 상호작용의 설명력은 다음과 같다.

$$\text{독립변수 } A,\ B,\ AB \text{ 상호작용의 설명력} : \eta^2 = \frac{SSA+SSB+SSAB}{SST} = \frac{70}{126} = 0.556$$

그러므로 오차분산의 비율은 다음과 같다.

$$\text{오차분산의 비율} : 1-0.556=0.444(44.4\%)$$

생산량을 설명할 수 있는 독립변수가 '직무교육방법' 하나일 때는 오차분산이 84.1%에 달하였지만 종속변수를 설명할 수 있는 독립변수가 하나 더 포함되고 따라서 상호작용 효과도 생겨나서 오차분산은 44.4%로 줄었다. 다시 말하면 종속변수의 변동 원인이 어디에서 비롯되는지를 더 잘 알게 되었다. 만일 '근무연한'과 '결혼 여부'에 따라 생산성이 달라진다는 이론적 근거가 있다면, 이들을 독립변수로 추가사용하여 오차를 줄일 수도 있다.

오차분산이 작아진다는 것은 또한 주효과의 영향을 검정하는 *F*−검정에서 분모의 값이 작아져서 *F*−검정의 결과가 유의한 것으로 나오게 하는 효과가 있다. [그림 13−2]는 [예제 2]에서 한 개의 독립변수(직무교육방법)만 있는 경우와 두 번째의 독립변수(숙련도)로 인한 오차분산의 감소를 보여준다.

| 그림 13-2 | 독립변수의 증가로 인한 오차분산의 감소

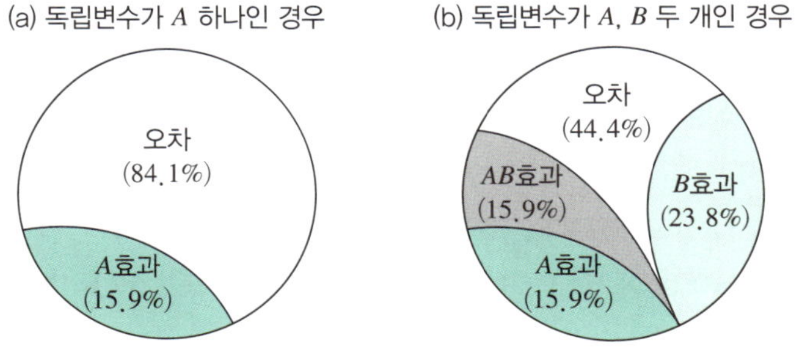

이원분산분석에서 개별집단에 대한 사후검정

일원분산분석에서와 같이 이원분산분석에서도 F-비율이 주효과에 대해 유의한 것으로 나타날 때 어떤 집단의 평균값으로 인해 귀무가설이 기각되었는지를 결정해야 하는 문제가 남는다. 이 경우에도 일원분산분석에서 사용한 것과 마찬가지로 Tukey 방법을 적용한다.

앞의 예에서 두 독립변수인 '직무교육방법'과 '숙련도' 모두 통계적으로 유의하였다. 그러나 숙련도는 2개의 수준밖에 없으므로 개별평균에 대한 사후검정을 다시 할 필요가 없다. 그러나 직무교육방법에 관해서는 3개의 평균값 중에서 어떤 쌍의 평균값들이 유의한 차이가 있는지 검정할 수 있다. 이때의 귀무가설은 다음과 같다.

$$H_{01} : \mu_{1.} = \mu_{2.}$$
$$H_{02} : \mu_{1.} = \mu_{3.}$$
$$H_{03} : \mu_{2.} = \mu_{3.}$$

이원분산분석에서 Tukey 방법에 의한 HSD는 다음과 같이 구한다.

이원분산분석에서 Tukey의 *HSD*

$$HSD = q\sqrt{\frac{MSW}{n'}} \qquad (13\cdot17)$$

MSW : 집단 내 평균제곱
n' : 해당 열(또는 행)의 대상자 수

집단의 수 $k=3$이고 MSW의 자유도는 24일 때, 통곗값 q의 임곗값은 [부록 6]에서 보면 $\alpha=0.05$에서 3.53이다. $n'=10$, $MSW=2.333$이므로 Tukey의 HSD는 다음과 같다.

$$HSD = 3.53 \times \sqrt{\frac{2.333}{10}} = 1.705$$

$$(\bar{X}_{1\cdot} - \bar{X}_{2\cdot}) = 1.0$$

$$(\bar{X}_{1\cdot} - \bar{X}_{3\cdot}) = -1.0$$

$$(\bar{X}_{2\cdot} - \bar{X}_{3\cdot}) = -2.0$$

직무교육방법 2와 3 두 집단의 평균차이 $(\bar{X}_{2\cdot} - \bar{X}_{3\cdot})$만이 유의수준 $\alpha=0.05$에서 절댓값으로 $HSD=1.705$보다 크므로 유의한 차이가 있다.

연습문제

13.1 A, B, C 세 자동차회사의 제품을 각각 7대씩 추출하여 휘발유 1*l*당 주행거리를 조사해 보았더니 다음과 같았다.

자동차 종류 \ 관찰 수	1	2	3	4	5	6	7
A	13.4	11.9	12.5	12.8	10.5	10.3	12.3
B	11.8	12.2	10.9	12.6	12.8	12.5	11.9
C	9.4	11.6	10.7	11.5	9.9	10.1	10.9

① 각 자동차회사별로 평균 주행거리와 분산을 구하라.

② 분산분석표(ANOVA table)를 작성하라.

③ 각 회사 제품의 평균 주행거리가 같은지 $\alpha=0.05$의 수준에서 검정하라. (필요한 가정사항은 모두 만족한다고 가정한다.)

④ 만일 자동차 종류에 따라 평균 주행거리가 다르다는 결론이 나오면 어느 회사의 자동차가 서로 다른지를 Tukey 방법에 의해 사후비교하라.

⑤ 독립변수(자동차 종류)의 설명력을 η^2으로 표시하라.

13.2 모델유형에 따라 광고효과에 차이가 있는지를 알기 위하여 스포츠 스타, 가수, 영화배우 모델에 따른 광고효과를 측정한 결과가 다음과 같다.

관찰 수 \ 유형	스포츠 스타	가수	영화배우
1	28	24	15
2	22	17	22
3	21	20	20
4	29	19	19
합계	100	80	76

① 분산분석표를 작성하라.

② H_0 : $\mu_1=\mu_2=\mu_3$를 $\alpha=0.05$의 수준에서 검정하라. (필요한 가정사항은 모두 만족한다고 가정한다.)

13.3 네 학과 전공학생들 간에 한 달 용돈에 차이가 있는지를 알기 위해 자료를 조사해 본 결과 다음과 같았다.

(단위 : 만 원)

통계학과	경영학과	수학과	심리학과
$\overline{X}_1=34.5$ $S_1^2=21.5$ $n_1=7$	$\overline{X}_2=45$ $S_2^2=19.31$ $n_2=10$	$\overline{X}_3=29.5$ $S_3^2=15.05$ $n_3=8$	$\overline{X}_4=40$ $S_4^2=25.10$ $n_4=7$

① 위의 자료를 가지고 분산분석표를 작성하라.

② 한 달 용돈이 같은지 $\alpha=0.05$의 수준에서 검정하라. (필요한 가정사항은 모두 만족한다고 가정한다.)

13.4 4개 집단의 평균들을 비교하기 위한 분산분석표가 다음과 같다.

분산원	제곱합	자유도	평균제곱	F값
집단 간			30.55	
집단 내		20		
합계	370			

① 모두 뽑힌 표본의 개수는 몇 개인가?

② 위의 분산분석표를 완성시켜라.

③ 각 집단들의 평균들이 같은지 $\alpha=0.01$의 수준에서 검정하라. (필요한 가정사항은 모두 만족한다고 가정한다.)

13.5 해외어학연수 비용이 어학원별로 차이가 있는지가 궁금하여 세 곳의 어학원을 통해 3개월간 해외어학연수를 하는 데 드는 비용을 조사한 결과가 다음과 같다.

(단위 : 만 원)

어학원 A	어학원 B	어학원 C
230	226	228
226	227	231
228	224	228
232	229	233
226	226	230
	230	230
	226	230
	225	232
	226	
	228	

① SST, SSB, SSW를 각각 구하라.

② 분산분석표를 작성하라.

③ 어학원별 해외어학연수 비용에 차이가 있는지 $\alpha=0.05$의 수준에서 검정하라. (필요한 가정사항은 모두 만족한다고 가정한다.)

13.6 취학 전 교육이 어린이의 사회성에 영향을 끼치는지, 그리고 그러한 영향이 나이에 따라 달라지는지를 알아보기 위해 다음과 같은 연구를 실시하였다. 취학 전 교육은 두 수준, 즉 교육을 받지 않은 경우와 받은 경우로 나누고, 어린이의 나이는 5살, 6살, 7살, 8살로 나누었다. 이 어린이들에게 사회성검사를 실시한 결과 다음과 같은 점수가 나왔다고 한다. 각 집단에 해당되는 어린이는 확률표집에 의해 뽑혔다고 가정한다. ('나이'를 독립변수 A, '취학 전 교육'을 독립변수 B로 표시하였다. 필요한 가정사항은 모두 만족한다고 가정

한다.)

B \ A	A_1	A_2	A_3	A_4
B_1	2	2	4	15
	6	7	8	12
	8	8	11	9
	10	8	5	10
	9	10	3	14
B_2	7	6	9	13
	9	9	14	12
	11	9	15	10
	9	7	10	6
	8	8	12	9

① 분산분석표를 작성하라.

② 나이가 사회성검사 점수에 끼치는 영향, 취학 전 교육 여부가 사회성검사 점수에 끼치는 영향, 그리고 두 변수 간의 상호작용을 $\alpha=0.05$의 수준에서 검정하라.

③ 두 독립변수와 상호작용의 설명력을 각각 η^2으로 표시하라.

④ 개별집단에 대한 Tukey 사후비교를 하라.

13.7 카페인을 섭취하는 시간에 따라 암기력에 차이가 있는지를 알아보기 위해 섭취 시간을 아침, 점심, 저녁의 3가지로 나누어 실험하였다. 49명의 피실험자를 임의로 7명씩 3그룹으로 나누어, 각각 다른 시간대에 섭취하도록 하여 암기력을 지수화하여 측정하였다. 그 결과를 기록한 분산분석표의 일부가 다음과 같을 때 (가)에 들어갈 수치는 무엇인가?

분산원	제곱합	자유도	평균제곱	F값
섭취시간	(가)			6
오차	920			
합계	1,160			

13.8 아래 분산분석표에 빠진 부분을 채워 넣어라.

분산원	제곱합	자유도	F값
처리 잔차	182.4	2 10	
합계	231.5		

13.9 어느 철강제조회사에서 제조 시 압력이 철의 강도에 미치는 영향을 조사하기 위해 압력을 세 가지 수준으로 나누어 총 15회를 임의로 처리한 후 강도를 측정하였다. 조사결과가 다음과 같을 때 분산분석표를 구하라.

$$\sum_{j=1}^{5} X_{1j}=5,\ \sum_{j=1}^{5} X_{2j}=10,\ \sum_{j=1}^{5} X_{3j}=15,\ \sum_{i=1}^{3}\sum_{j=1}^{5} X_{ij},\ \sum_{i=1}^{3}\sum_{j=1}^{5} X_{ij}^2=74$$

13.10 A회사는 목재공급업체로부터 목판을 공급받는다. 각 공급업체들이 제공하는 목판의 품질을 평가하기 위해 품질 평가를 각 2회씩 측정하여 다음의 결과를 얻었다. 다음의 결과를 바탕으로 6개의 공급업체가 제공하는 목판의 품질에 차이가 없다는 가설을 검정하기 위한 F값을 구하라.

$$\sum_{j=1}^{6} (\bar{X}_j-\bar{X})^2=36.6$$

$$\sum_{j=1}^{6}\sum_{i=1}^{2} (X_{ij}-\bar{X}_j)^2=82$$

13.11 리튬 전지를 생산하는 회사 A, B, C의 제품을 비교하고자 전지의 수명을 측정하였더니 그 결과가 다음과 같았다.

A	B	C
25	21	22
22	22	22
25	16	21
26	13	23

① 분산분석표(ANOVA table)를 작성하라. (필요한 가정사항은 모두 만족한다고 가정한다.)

② 리튬 전지 A, B, C의 수명이 같은지 $\alpha=0.05$의 수준에서 검정하라.

13.12 골프공의 제작 디자인에 따라 공이 날아가는 거리가 다른지 알아보고자 실험을 진행하였다. 그 결과는 다음과 같다.

A	B	C	D
69	72	60	67
75	74	64	71
70	78	65	79
66	68	55	71

① 골프공의 디자인에 따라 평균 비거리에 차이가 있는지 $\alpha=0.05$ 수준에서 검정하라. (필요한 가정사항은 모두 만족한다고 가정한다.)
② 만약 골프공의 디자인에 따라 평균 비거리가 다르다는 결론이 나오면 어느 골프공의 디자인의 성능이 다른지를 Tukey 방법으로 사후분석하라.
③ 독립변수(골프공 디자인)의 설명력을 η^2으로 표시하라.

13.13 어느 컴퓨터 학원에서 학생이 자격증을 취득하는 데 소요되는 일수에 학원 교육과 성별이 미치는 영향을 알아보고자 남녀 2명씩 조사하여 분석하였다. 그 결과가 아래의 분산분석표와 같을 때 F값을 채워 넣어라.

분산원	제곱합	자유도	평균제곱	F값
교육	47.2	2	23.6	
성별	161.3	1	161.3	
교호작용	10.2	2	5.1	
오차	42	6		
합계	260.7	11		

13.14 어떤 식물 종자의 성장력에는 온도(A)와 습도(B)가 주요하게 영향을 미친다고 한다. A와 B는 각각 세 가지 수준을 가지며, 두 요인의 9가지 조합별로 두 번씩 반복실험을 하여 성장 정도를 조사하였다. 각 요인에 대한 제곱합만을 조사하여 기록했을 때, 다음의 분산분석표를 완성하라.

분산원	제곱합	자유도	평균제곱	F값
온도(A)	50			
습도(B)	90			
AB 상호작용	80			
잔차	90			
합계	310			

13.15 어느 안마의자 회사는 신제품에 대한 만족도에 지역별, 연령대별 차이가 있는지 알아보고자 한다. 주요 판매 고객층이 주로 분포되어 있는 지역과 연령대를 선정하였으며, 각 연령대별로 2명씩 무작위로 추출하여 조사를 실시하였다. 그 결과는 다음과 같다.

	서울	대구	광주
30대	78 76	80 81	82 88
40대	81 80	80 87	85 90
50대	75 66	77 69	83 87

① 분산분석표를 작성하라.

② 지역이 만족도에 끼치는 영향, 연령대가 만족도에 끼치는 영향, 두 변수 간의 상호작용을 $\alpha=0.05$의 수준에서 검정하라. (필요한 가정사항은 모두 만족한다고 가정한다.)

Chapter 14

상관분석과 회귀분석의 기초

상관분석은 두 변수 간의 관계의 강도, 즉 두 변수가 얼마나 밀접하게 관련되어 있는지를 분석하는 것을 말한다. 그러나 때로는 관련성뿐만 아니라 독립변수에 따라 종속변수가 어떻게 변화하는가를 예측하기 원할 때가 있다. 회귀분석에서는 독립변수의 일정한 값에 대응되는 종속변수의 값을 예측하기 위하여 회귀방정식을 구한다. 상관분석에 의해 상관계수를 계산하고, 만일 상관계수가 높다면 두 변수 간의 관계를 회귀방정식으로 나타낸다. 따라서 회귀분석을 상관분석과 함께 사용한다면 변수들 간의 관련성에 대한 다양한 정보를 구할 수 있다.

상관분석과 회귀분석은 가장 많이 사용되는 연구방법이다. 이 장에서는 먼저 상관분석을 간략히 소개하고, 이 장의 나머지 부분에서 회귀분석의 개념 및 단순회귀분석모형, 그리고 가장 적절한 단순회귀방정식을 산출하는 방법에 대해 설명한다. 다음 장인 제15장에서는 단순회귀분석에서 자주 사용되는 통계적 추정방법과 다중회귀분석에 대해 설명한다.

제1절 상관분석

우리는 일상생활이나 학문적 연구 등 많은 경우에 둘 또는 그 이상의 변수들이 서로 어떤 관계를 가지고 있는지에 관심을 가지게 된다. 이 장에서는 두 변수 간의 관련성에 대해 다룬다. 예를 들어 IQ와 수능성적 간에는 어떤 관계가 있는가를 알아본다든지, 어느 제품의 수요가 그 제품의 가격 및 소비자들의 소득과 어떤 관계를 가지고 있는지를 알아보고자 하는 경우들이 그것이다. 이렇게 두 변수 간의 관계를 규명하고자 할 때 가장 자주 이용되는 통계적 방법이 상관분석(correlation analysis)과 회귀분석(regression analysis)이다. 변수 간의 관련성을 설명하기 위해서 상관분석을 사용하며, 한 변수로부터 다른 변수의 변화를 예측하기 위해서는 회귀분석을 사용한다. 두 방법은 서로 다르긴 하지만 함께 사용하는 것이 유용하므로 이 절에서는 상관분석에 대해 먼저 소개한다.

두 변수의 관계와 산포도

두 변수 간 관련성을 분석할 때는 먼저 산포도를 그려보는 것이 좋다. 산포도(散布圖, scatter plot)란 두 변수 간의 관계를 알아보기 위하여 두 변숫값을 나타내는 점을 도표에 나타낸 것이다. X축에 한 변수, Y축에 다른 변수를 설정하고, 각 변수의 값을 나타내는 점을 찍어 두 변수 간의 관계를 파악한다.

산포도를 그리는 것은 아주 중요하다. 두 변수 간의 관련성 및 예측에 대한 분석을 실시하기 전에 산포도를 그려보면 그 자료가 상관분석이나 회귀분석을 할 만한 자료인지 아닌지를 알 수 있다. 만일 분석할 만한 자료가 되지 못한다는 것을 알게 되면 시간과 노력의 낭비를 줄여줄 뿐만 아니라 자료를 잘못 해석하지 않게 해 준다.

예를 통해 산포도를 알아보자. 어느 조립공장에서는 기능공들의 기술훈련을 자체적으로 실시하고 있는데, 훈련시간이 늘어남에 따라 숙련도가 얼마나 향상되는지를 알아보려고 한다. 훈련시간별로 임의로 1명씩을 표본으로 뽑아 그들의 하루 생산성을 조사하여 다음과 같은 결과를 얻었다. 생산성은 하루 동안 조립하는 완제품의 수로 표시하였다.

〈표 14-1〉을 보면 기능공이 훈련받은 시간이 많을수록 기능공의 생산성이 증가하는 것을 알 수 있다. 〈표 14-1〉과 같이 자료가 간단할 때는 표만으로도 두 변수의 관계를 대략 짐작할 수 있다. 그러나 자료의 양이 많아지면 표만으로는 두 변수의 관계를 알기가 어렵다. 이때는 산포도를 이용하여 시각적으로 확인하는 것이 좋다.

표 14-1 훈련시간과 생산성

훈련시간(X_i)	생산성(Y_i)
10	40
20	45
30	50
40	65
50	70
60	70
70	80

[그림 14-1]은 〈표 14-1〉에서 예로 든 훈련시간과 생산성의 관계를 산포도로 나타낸 것이다. [그림 14-1]을 보면 훈련시간이 늘어남에 따라 생산성도 높아지고 있음을 〈표 14-1〉보다 더 잘 알 수 있다. 따라서 훈련시간과 생산성 사이에 밀접한 관계가 있음을 짐작할 수 있다.

| 그림 14-1 | 훈련시간과 생산성의 산포도

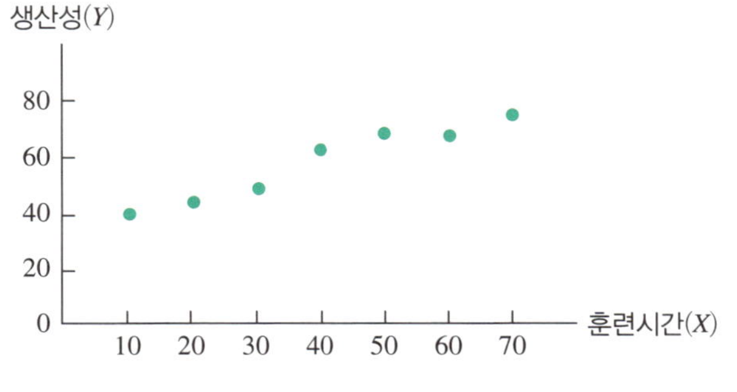

이처럼 산포도만으로도 두 변수 간의 관계를 대략적으로 파악할 수는 있다. 그러나 두 변수의 관계를 정확히 파악하기 위해서는 두 변수 간의 관련성의 정도를 구체적 수치인 계수(correlation coefficient)로 알아보는 상관분석과 두 변수 간의 함수적 관련성을 나타내는 회귀식(regression equation) 또는 예측식(prediction equation)을 구하는 회귀분석을 해야 한다.

공분산의 개념

상관분석을 하기 위해서는 먼저 공분산(共分散, covariance)에 대해 알아야 할 필요가 있다. 왜냐하면 상관분석이란 두 변수가 어떻게 함께 움직이는가를 알아보는 것인데, 공분산 역시 두 변수가 동시에 변하는 정도를 나타내기 때문이다. 이미 제5장 5절에서 공분산에 대해 설명하였지만, 변수 간 관련성에 대한 이해를 돕기 위해 여기에서 다시 한번 되풀이한다.

두 확률변수의 분포가 결합확률분포를 이룰 때 그 분포의 분산을 공분산이라 하며, 식 5·10에서 Cov(X, Y)로 나타낸 바 있다. 식 5·10과 같이 모집단의 분포를 아는 경우 기댓값을 사용하여 두 변수 X, Y 간의 공분산을 구하는 방법도 있지만 평균을 사용하여 다음과 같이 공분산을 구할 수도 있다.

X와 Y의 공분산

모집단 $$\sigma_{XY}=\frac{\sum(X_i-\mu_X)(Y_i-\mu_Y)}{n} \quad (14\cdot1)$$

표본 $$S_{XY}=\frac{\sum(X_i-\bar{X})(Y_i-\bar{Y})}{n-1} \quad (14\cdot2)$$

X변수가 증가할 때 Y변수도 증가하면, 즉 두 변수가 같은 방향으로 변화하면 공분산의 수치는 +가 된다. 만일 두 변수가 변화하는 방향이 서로 다르면 공분산은 −의 부호를 가진다. 이렇듯 공분산은 두 변수 간의 관계를 말해 주지만, 공분산은 두 변수의 측정단위에 따라서 커다란 차이가 나는 문제점이 있으므로

상대적인 강도(强度)를 나타내는 좋은 지표가 되지 못한다. 예를 들어 길이를 나타내는 두 변수 X와 Y의 공분산을 구할 때, 그 변수들이 센티미터(cm)로 표시되는 경우보다 미터(m)로 표시되는 경우 공분산의 절댓값은 훨씬 작아진다. 이러한 단위의 문제를 해결하기 위하여 두 변수의 상관관계를 알기 원할 때는 다음에서 보여주는 바와 같이 피어슨의 상관계수 r을 이용한다. 이는 S_{XY}를 각 변수의 표준편차 S_X와 S_Y의 곱으로 나누어서 변수의 단위를 표준화시키는 방식이다.

상관계수 r의 계산

두 변수 간 상관과 예측에 관한 통계적 분석방법은 영국의 유전학자인 갈톤(F. Galton, 1822~1911)에 의해 처음 제시되었다. 그 후 영국의 통계학자인 피어슨(K. Pearson, 1857~1936)은 이를 더욱 발전시켜 오늘날 흔히 사용하는 상관계수인 식 14·4를 제안하게 되었다.

피어슨이 제시한 상관계수 r은 두 변수 모두 등간 또는 비율 척도에 의해 측정된 연속변수에 사용된다. 또한 피어슨의 r은 정규분포를 따르는 두 변수 X와 Y가 일직선상에 놓여 있다는 선형성을 가정할 수 있을 때 사용된다.

식 14·4에서 보는 바와 같이 r_{XY}는 두 변수의 공분산(S_{XY})을 각 변수의 표준편차인 S_X와 S_Y의 곱으로 나누어 상관계수를 구하였다. 이렇듯 공분산 S_{XY}를 S_X와 S_Y의 곱으로 나누면 상관계수(correlation coefficient)는 $-1.0 \leq r \leq 1.0$의 범위에 있게 된다. 따라서 어떠한 단위의 측정값을 사용하여도 상관성에 대한 비교와 해석이 용이하다. 모집단의 상관계수는 ρ로 표시하고 표본의 상관계수는 r로 표시하며 계산식은 다음과 같다.

모집단과 표본의 상관계수

모집단 $$\rho_{XY} = \frac{\sigma_{XY}}{\sigma_X \sigma_Y} \quad (14\cdot3)$$

표본 $$r_{XY} = \frac{S_{XY}}{S_X S_Y} \quad (14\cdot4)$$

식 14·4를 보면, 변수 X, Y가 표준정규분포를 따를 때 S_X와 S_Y는 1이 되므로 공분산 S_{XY}만 남게 되어 예측변수가 1개인 경우 공분산 S_{XY}는 r과 같다는 것을 알 수 있다.

두 변수의 평균치 $\bar{X}$, $\bar{Y}$가 소수점이 나와서 반올림해야 하는 경우에는 반올림에 의한 계산오차가 발생할 수 있으므로 다음과 같이 변형하여 계산하면 편리하다.

상관계수 r_{XY}의 변형식[01]

$$r_{XY}=\frac{n\Sigma X_iY_i-\Sigma X_i\Sigma Y_i}{\sqrt{n\Sigma X_i^2-(\Sigma X_i)^2}\sqrt{n\Sigma Y_i^2-(\Sigma Y_i)^2}} \quad (14\cdot5)$$

〈표 14-1〉의 훈련시간과 생산성에 관한 예를 가지고 〈표 14-2〉에서 상관계수를 구해 보자.

01 $$r_{XY}=\frac{S_{XY}}{S_XS_Y}=\frac{\Sigma(X_i-\bar{X})(Y_i-\bar{Y})}{\sqrt{\Sigma(X_i-\bar{X})^2}\sqrt{\Sigma(Y_i-\bar{Y})^2}}$$

$$=\frac{\Sigma X_iY_i-\Sigma X_i\bar{Y}-\Sigma\bar{X}Y_i+\Sigma\bar{X}\bar{Y}}{\sqrt{[\Sigma X_i^2-2\Sigma X_i\bar{X}+\Sigma\bar{X}^2]}\sqrt{[\Sigma Y_i^2-2\Sigma Y_i\bar{Y}+\Sigma\bar{Y}^2]}}$$

$$=\frac{\Sigma X_iY_i-\bar{Y}n\bar{X}-\bar{X}n\bar{Y}+n\bar{X}\bar{Y}}{\sqrt{[\Sigma X_i^2-2n\bar{X}\bar{X}+n\bar{X}^2]}\sqrt{[\Sigma Y_i^2-2n\bar{Y}\bar{Y}+n\bar{Y}^2]}}$$

$$(\because\ \bar{X}=\frac{\Sigma X_i}{n},\ \Sigma X_i=n\bar{X},\ \Sigma Y_i=n\bar{Y})$$

$$=\frac{\Sigma X_iY_i-n\bar{X}\bar{Y}}{\sqrt{[\Sigma X_i^2-n\bar{X}^2]}\sqrt{[\Sigma Y_i^2-n\bar{Y}^2]}}$$

$$=\frac{n\Sigma X_iY_i-\Sigma X_i\Sigma Y_i}{\sqrt{n\Sigma X_i^2-(\Sigma X_i)^2}\sqrt{n\Sigma Y_i^2-(\Sigma Y_i)^2}}$$

표 14-2 상관계수를 구하는 계산과정

대상자	X_i	Y_i	X_i^2	Y_i^2	X_iY_i
1	10	40	100	1,600	400
2	20	45	400	2,025	900
3	30	50	900	2,500	1,500
4	40	65	1,600	4,225	2,600
5	50	70	2,500	4,900	3,500
6	60	70	3,600	4,900	4,200
7	70	80	4,900	6,400	5,600
합계	280 $\bar{X}=40$	420 $\bar{Y}=60$	14,000	26,550	18,700

$$
\begin{aligned}
r_{XY} &= \frac{n\Sigma X_iY_i - \Sigma X_i\Sigma Y_i}{\sqrt{n\Sigma X_i^2-(\Sigma X_i)^2}\sqrt{n\Sigma Y_i^2-(\Sigma Y_i)^2}} \\
&= \frac{7\times 18,700 - 280\times 420}{\sqrt{7\times 14,000-280^2}\times\sqrt{7\times 26,550-420^2}} \\
&= \frac{13,300}{\sqrt{19,600}\times\sqrt{9,450}} = 0.977
\end{aligned}
$$

상관계수가 0.977이므로, 훈련시간과 생산성 간의 선형관계가 상당히 높다고 볼 수 있다.

상관계수와 산포도의 모양

상관계수의 크기와 방향에 따라 산포도가 어떤 모양을 이루는지 살펴보면 다음과 같다.

첫째, [그림 14-2]의 (a)에서와 같이 모든 점들이 양의 기울기를 갖는 직선 위에 놓여 있을 경우 변수 X와 Y는 완전한 선형관계를 갖는다. 상관계수식은 $r_{XY}=S_{XY}/S_XS_Y$이므로 완전한 선형관계를 가질 때 공분산 S_{XY}의 값은 S_X와 S_Y를 곱한 값과 같으므로 $r=+1$이다. 반대로 (b)와 같이 모든 점들이 음의 기울기를

| 그림 14-2 | 상관관계의 여러 가지 모양

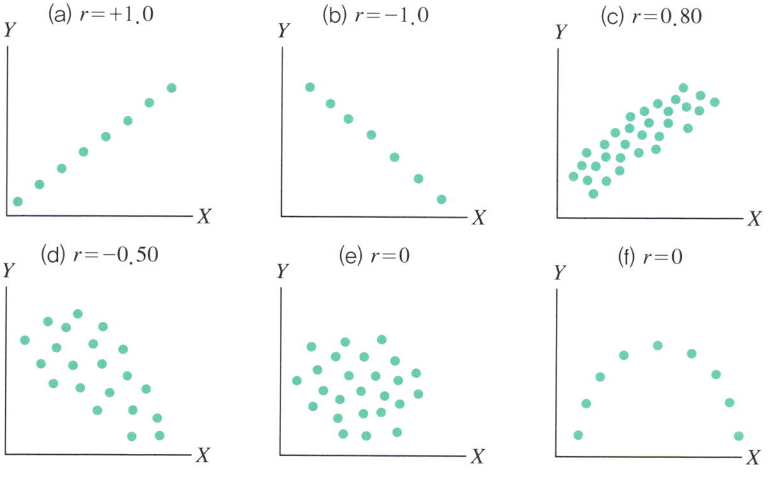

가진 직선 위에 놓여 있는 경우 $r=-1$이다.

둘째, (c)에서와 같이 $r=0.80$인 경우는 양의 기울기를 가지며, 측정값들이 비교적 일직선 주위에 모여 있고, (d)에서와 같이 $r=-0.50$에서는 음의 기울기를 갖고 측정값들이 상대적으로 퍼져 있다.

셋째, (e)는 측정값들의 분포가 원모양처럼 되어 있으며 이런 분포를 갖는 경우 상관계수의 값은 0이다. (f)는 두 변수가 곡선의 관계를 갖지만 피어슨의 r을 계산하면 아주 낮게 나와서 관계가 전혀 없는 것처럼 보인다. 그것은 피어슨의 r은 두 변수 간의 관계가 선형적이라는 가정하에 계산된 계수이기 때문이다.

결정계수

상관계수는 비율변수가 아니기 때문에 $r=0.60$이 $r=0.30$보다 두 배의 상관도를 갖는다고 말할 수는 없다. 또한 $r=0.40$과 $r=0.50$의 차이는 $r=0.60$과 $r=0.70$과의 차이와 같지 않기 때문에 등간변수도 아니다.

상관계수를 해석하는 또 다른 방법으로 상관계수의 제곱, 즉 결정계수 r^2을 사용하기도 한다. 결정계수는 예측변수가 종속변수를 예측(또는 설명)할 수 있는 비율을 말해 준다. $r=0.50$일 때 r^2은 0.25가 되며, 이런 경우 Y분산의 25%를 X가 설명(또는 예측)할 수 있다고 해석한다. 결정계수와 Y분산 간의 관계를 간단히 설명하면 다음과 같다.

결정계수와 Y분산 간의 관계

Y에 대한 X의 설명 부분 $= r_{XY}^2 S_Y^2$

Y에 대한 X의 설명되지 않는 부분 $= (1 - r_{XY}^2) S_Y^2$ (14·6)

만일 두 변수를 표준점수로 변환시키면 $S_Y^2=1$이 되므로 다음과 같이 표시할 수 있다.

Y에 대한 X의 설명 부분 $= r_{XY}^2$

Y에 대한 X의 설명되지 않는 부분 $= (1 - r_{XY}^2)$

[그림 14-3]은 $r=0.0$, $r=0.2$, $r=0.8$일 때 결정계수와 Y에 대한 분산의 관계를 보여주며, 원 안의 겹치는 부분은 X가 Y를 설명할 수 있는 비율을 나타낸다.

| 그림 14-3 | 결정계수와 Y분산과의 관계

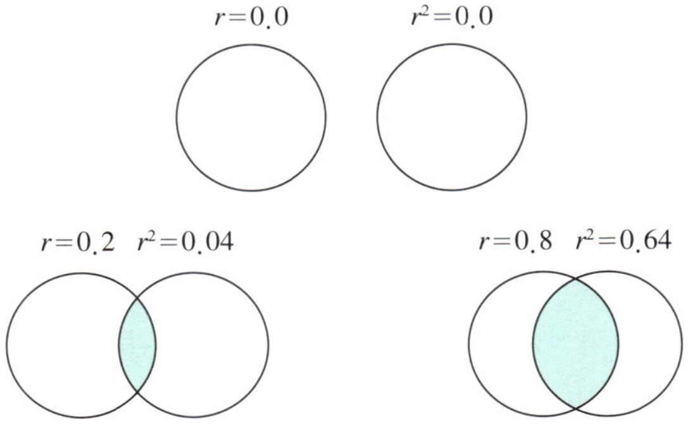

제2절 단순회귀분석

회귀분석의 개념

앞 절에서 살펴본 상관분석은 단순히 두 변수 간 선형관련성을 측정하는 데 그 의의가 있다. 이에 비해 제품의 가격에 따라 수요가 달라지는지, 금리가 상승하면 주가가 하락한다든지, 만약 달라진다면 얼마나 달라지는지 등과 같이 한 변수가 다른 변수에 미치는 영향을 알아보고자 하는 경우가 있다. 이때 사용되는 통계적 분석방법이 회귀분석이다. 회귀분석은 함수적 관계가 있을 것이라고 생각되는 두 변수의 관계를 실제 현상이나 자료를 통해 확인해 보거나 한 변수를 기초로 하여 다른 변수를 예측하는 데 유용하다. 이때 위에서 제품의 수요나 주가와 같이 다른 변수의 영향을 받는 변수를 종속변수(dependent variable)라 하고, 제품의 가격이나 금리와 같이 다른 변수에 영향을 주는 변수를 독립변수(independent variable) 혹은 설명변수라고 한다.

회귀분석에서 가장 간단한 것은 하나의 독립변수와 하나의 종속변수 사이의 관계를 분석하는 것인데, 이를 단순회귀분석(simple regression analysis)이라고 한다. 그러나 실제로는 여러 독립변수들이 종속변수에 어떤 영향을 미치는가를 파악해야 할 경우가 더 많다. 이런 경우의 회귀분석, 즉 하나의 종속변수와 여러 독립변수들 사이의 관계를 분석하는 것을 다중회귀분석(multiple regression analysis)이라 한다. 예를 들어 제품의 가격(1개의 독립변수)이 제품의 수요(종속변수)에 얼마만큼의 영향을 미치는가를 알고자 한다면 이는 단순회귀분석이 될 것이고, 제품의 가격과 소비자의 소득(2개의 독립변수)이 제품의 수요(종속변수)에 영향을 미치는가를 알고자 한다면 이는 다중회귀분석이 될 것이다.

이 장의 나머지 부분에서는 단순회귀식의 기초개념을 설명하고 다음 장인 제15장에서는 단순회귀식과 다중회귀식의 적합도를 검정하는 방법에 대해서 설명한다.

단순회귀모형과 단순회귀식

독립변수와 종속변수 간의 1차함수관계 또는 선형관계를 가정할 때, 회귀모형은 모집단의 경우 식 14·7과 같이 1차식의 확정적 함수관계를 나타내는 부분($\alpha+\beta X_i$)과 확률적 오차항(ε_i)을 결합한 형태로 나타낼 수 있다.

오차항에 대한 구체적인 가정은 본 절의 뒷부분에서 설명하기로 하고, 여기서는 간단히 오차항은 평균이 0이고 분산이 일정한 정규분포를 따른다고 가정하자. 이러한 회귀모형을 그림으로 살펴보면 [그림 14-4]처럼 독립변수인 훈련시간 각각에 대하여 종속변수인 생산성은 하나의 값이 아닌 여러 값을 가지는 분포의 형태로 나타나는데 그 모양은 정규분포의 형태를 가진다. 일례로 훈련시간을 10시간으로 했을 때 생산성은 30, 40, 50 등 어떠한 값이라도 될 수 있는데, 그 값들은 정규분포를 따른다는 것이다. 만약 생산성의 평균값이 40이라면, 훈련시간이 10시간일 경우 생산성은 평균 40을 중심으로 하는 정규분포를 따르게 되고, 이때 평균값은 훈련시간이 10이라는 조건하에서의 평균이므로 $\mu_{y \cdot 10}$과 같이 표시한다.

회귀모형에서 α와 β가 결정되면 회귀식의 구체적인 형태를 알 수 있는데, α와 β를 회귀계수(regression coefficient)라고 한다. [그림 14-5]에서 회귀식을 보면 절편이 α이고 기울기가 β인 직선이 됨을 알 수 있다. 이에 반해서 회귀모형을 그림에서 보면 독립변수와 종속변수가 점으로 나타나 있으며 오차항에 따라서 그 모양이 다양하게 될 수 있다. 독립변수의 한 값에 대하여 대응하는 종속변수의 값이 오차항에 따라서 확률적으로 다르게 나타날 수 있기 때문이다.

모집단의 절편은 α, 기울기는 β, 오차는 ε_i라 하며 모집단의 단순회귀모형과 단순회귀식은 다음과 같다.

모집단의 경우

단순회귀모형 $Y_i=\alpha+\beta X_i+\varepsilon_i$ (14·7)

단순회귀식 $\mu_{Y \cdot X_i}=\alpha+\beta X_i$ (14·8)

| 그림 14-4 | 모집단의 회귀모형

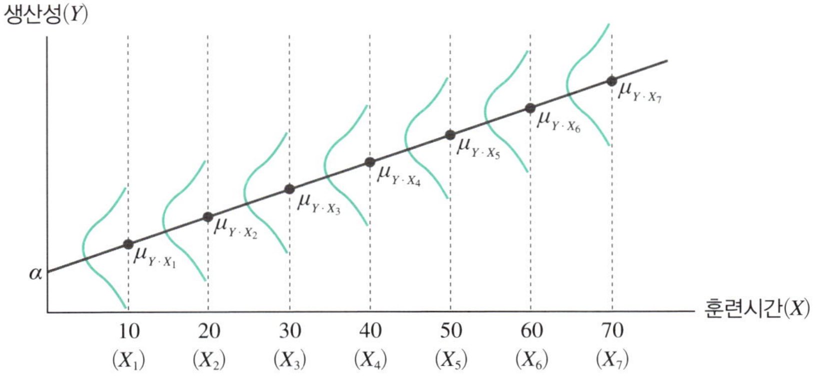

| 그림 14-5 | 모집단의 회귀식

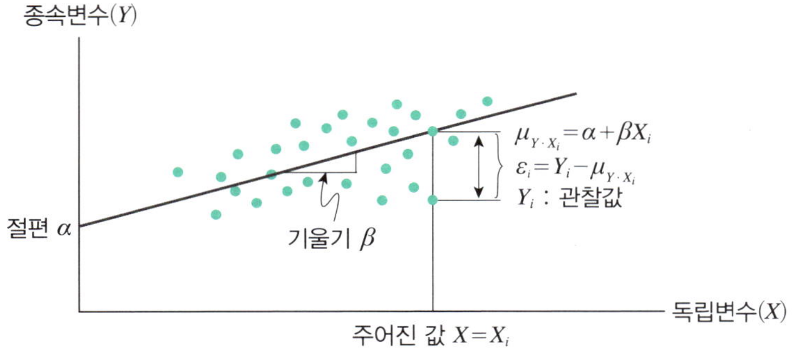

모집단의 회귀식을 구하는 것은 실제로 불가능한 경우가 대부분이다. 우리는 표본으로부터 회귀식을 구하여 모수를 추정하여야 한다.

표본의 절편은 a, 기울기는 b라 하고, 오차는 잔차라고 부르며 e_i로 나타낸다.

표본의 경우

단순회귀모형	$Y_i=a+bX_i+e_i$	(14·9)
단순회귀식	$\hat{Y}_i=a+bX_i$	(14·10)

표본의 회귀식에서 종속변수 $\hat{Y}_i$은 회귀식을 통해 구해지는 수치다. 따라서 실제의 측정값 Y_i와 회귀식에 의해 구해진 값 $\hat{Y}_i$은 다르다. 독립변수 X에 대응하는 측정된 값 Y와 예측된 값 $\hat{Y}_i$의 차를 예측오차 또는 잔차(residual)라 하며 다음 식과 같다.

$$e_i = Y_i - \hat{Y}_i$$

오차항에 대한 가정

표본회귀식의 회귀계수 a와 b가 모회귀계수의 좋은 추정치가 될 수 있을까? 이러한 의문에 답하기 위해서는 먼저 회귀모형의 오차항에 대한 가정을 알아야 한다. 회귀모형의 오차항에 대한 일반적 가정은 다음과 같다.

가정 1 오차항의 평균값은 0이다.
가정 2 두 개의 오차항은 서로 독립적이다.
가정 3 오차항의 분산은 일정하다.
가정 4 독립변수는 확률변수가 아니다.
가정 5 오차항은 정규분포를 따른다.

가정 1부터 4까지는 회귀모형의 기본적 가정이며, 가정 5는 다음에 다루게 될 회귀분석에 대한 검정 및 추론을 위해서 필요한 가정이다. 이러한 가정의 의미를 이해하기 위하여 앞에서 본 [그림 14-4]를 다시 한번 살펴볼 필요가 있다. [그림 14-4]는 훈련시간과 생산성의 관계를 나타내는 모집단 회귀식을 보여주고 있는데, 여기서 각 훈련시간별로 생산성은 하나의 분포를 가지는 것으로 표현되고 있다.

가정 1은 주어진 훈련시간에 대하여 생산성은 확률변수지만 실제의 값과 예측된 값의 차이는 평균 0이라는 것이다. 앞에서 살펴본 것처럼 오차는 회귀모형의 Y_i와 회귀식 $\hat{Y}_i$의 차이이므로 오차항의 평균값이 0이라는 것은 모집단의 개별 관찰값과 추정값의 차이가 평균적으로 0이라는 것이다. 또한 주어진 훈련시간에 대하여 생산성은 하나의 분포를 이루는데, 만약 그 분포의 오차항이 정규분포를 따른다면 정확히 생산성의 조건부 기대치를 중심으로 좌우대칭이 될 것이다.

가정 2를 식으로 표시한다면 $\mathrm{Cov}(\varepsilon_i, \varepsilon_j)=0$이 된다. 이 가정은 서로 다른 X값에서 나타나는 오차들은 서로 관계가 없다는 의미다. 예를 들어 훈련시간이 10시간인 기능공들을 무작위로 선택했을 때 실제 생산성과 평균 생산성의 차이가 −5이고, 이와는 별도로 훈련시간이 20시간인 기능공을 선택하였을 때 실제 생산성과 평균 생산성 사이의 차이가 예컨대 +8이라고 한다면, 이 두 차이는 서로 관계가 없다는 뜻이다.

가정 3은 그림에서 보면 훈련시간이 달라져도 생산성의 분포모양은 동일함을 볼 수 있다. 즉 훈련시간이 바뀌어도 생산성에 대한 오차항의 분산은 일정하다는 것으로, 이를 등분산성(homoscedasticity)의 가정이라고도 한다. 이와 달리 훈련시간이 증가하면 생산성의 평균뿐만 아니라 분산도 증가하는 게 더 현실적이다. 이런 경우를 이분산성(heteroscedasticity)이라고 하는데, 이에 대한 자세한 논의는 이 책의 수준을 넘어가므로 다른 고급통계학으로 미룬다.

가정 4는 X의 값들이 일정한 확률분포를 가진 것이 아니라, 사전에 주어진 것으로 간주한다는 것이다. 상관분석은 X와 Y의 관련성에만 관심이 있으므로 X, Y 모두 확률변수로 간주하지만, 뒤에서 설명할 최소제곱추정량에 의한 회귀계수를 구하고 또한 회귀계수에 관련된 추정과 검정을 하기 위해서는 편의상 X를 주어진 수치로 가정해야 한다.

가정 5는 제8장부터 제12장까지의 논의에서 살펴보았던 것처럼, 추정량이나 검정통계량의 표집분포를 설명할 때 필요한 가정이다.

제3절 최소제곱법

최소제곱법

회귀분석이란 두 변수 간 관련성을 [그림 14-5]와 같은 선형함수로 규정하고 이에 필요한 모수인 α와 β를 표본자료를 통해 규명하려는 것임을 살펴보았다. 그렇다면 두 변수 간 선형관계를 가장 잘 나타내는 회귀선은 어떤 것일까?

앞에서 보여준 생산성과 훈련시간에 관한 예에서 산포도에 적합한 예측선은 [그림 14-6]의 (a), (b), (c)와 같이 다양한 형태로 나타낼 수 있다. 이 세 직선 중에서 어느 것이 독립변수 X와 종속변수 Y의 관계를 가장 잘 설명해 줄 수 있는 회귀선인가?

| 그림 14-6 | 회귀선들

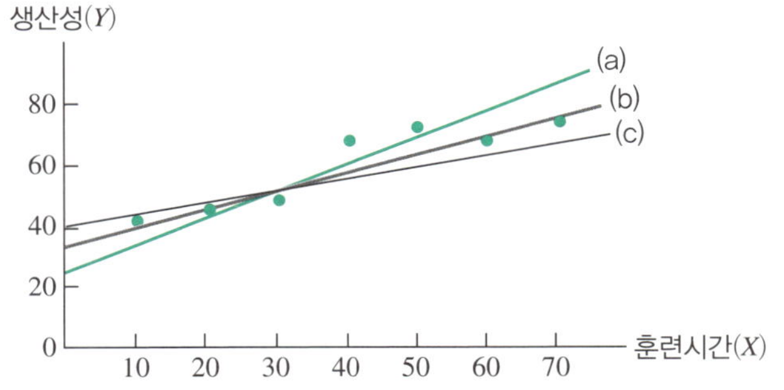

가장 좋은 표본회귀식은 전체적으로 예측오차, 즉 잔차를 가장 작게 해 줄 수 있는 것이다. 그런데 잔차가 하나만 있는 것이 아니라 산포도상에서 관찰점의 수만큼 존재하기 때문에 어떻게 전체적으로 이 잔차들을 가장 작게 할 것인지가 중요한 문제다. 잔차란 실제로 관찰된 값 Y_i와 표본회귀식으로부터 얻은 예측값 $\hat{Y}_i$의 차를 말한다. 각 X_i에 해당되는 예측값 $\hat{Y}_i$이 실제로 관찰된 값 Y_i보다 클 때 잔차는 −가 되며, 예측값 $\hat{Y}_i$이 Y_i보다 작다면 잔차는 +로 나타난다. [그림 14-7]에서는 잔차가 +인 예를 나타낸 것이다.

| 그림 14-7 | 잔차의 의미

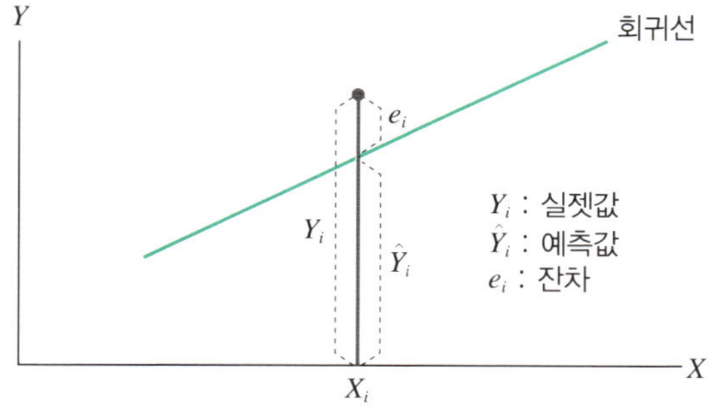

잔차를 작게 해 주는 회귀식을 구하는 방법은 여러 가지가 있을 수 있으나, 회귀분석에서는 잔차의 제곱합이 최소가 되도록 회귀계수를 추정하는 방법을 주로 사용한다. 잔차는 +와 −의 값을 모두 가지므로 제곱하여 합산했을 때의 값이 최소화되는 회귀식은 합리적이기 때문이다.

$$\min\Sigma e_i^2 = \min\Sigma(Y_i - \hat{Y}_i)^2 \tag{14·11}$$

이 방법은 최소제곱법(method of least squares)이라 하며, 회귀식을 결정하는 가장 좋은 방법으로 받아들여지고 있다. 이 방법에 의하면 다른 방법에 의해 구한 회귀식보다 통계학적으로 그 성질이 우수한 α, β의 추정값을 얻을 수 있다. 통계학적으로 우수하다는 것은 표본에서 통곗값을 구할 때 그 통곗값이 모집단의 모수를 가장 잘 설명하는 추정값이라는 것을 의미한다. 또한 이 방법은 수학적으로 전개를 한다든가, 이를 기초로 하여 이론을 전개하기 쉽다는 장점도 가진다.

최소제곱법에 의한 추정량

지금까지 두 변수 사이의 관계를 나타내는 회귀식은 최소제곱법에 의해 결정하는 것이 가장 바람직하다는 것을 보여주었다. 그러면 구체적으로 최소제곱법에 의해 회귀식을 어떻게 산출하는지를 살펴보기로 하자.

최소제곱법이란, 회귀식으로부터 계산된 종속변수의 예측값($\hat{Y}_i$)과 실제 관찰값(Y_i)의 차이를 잔차 e_i라고 할 때, 이 잔차들의 제곱의 합이 최소가 되게 하는 회귀식을 구하는 방법으로서 식 14·11을 충족시키는 것을 말한다. 식 14·11에서 $\hat{Y}_i$은 회귀모형의 종속변수에 대한 추정값으로서 식 14·12와 같다.

$$\hat{Y}_i = a + bX_i \tag{14·12}$$

식 14·11에 식 14·12를 대입하면 식 14·13과 같이 된다.

$$\min\Sigma e_i^2 = \min\Sigma(Y_i - a - bX_i)^2 \tag{14·13}$$

그러므로 최소제곱법에 의한 회귀식의 결정이란 식 14·13을 만족시키는 a와 b를 구하는 것이 된다.

이제 $\Sigma(Y_i - a - bX_i)^2$을 최소로 하는 a와 b를 구하기 위해 a와 b에 대해 각각 편미분하면 다음과 같은 두 식을 얻는다.

$$\Sigma Y_i = na + b\Sigma X_i \tag{14·14}$$

$$\Sigma X_i Y_i = a\Sigma X_i + b\Sigma X_i^2 \tag{14·15}$$

여기서 식 14·14와 식 14·15 두 연립방정식을 회귀분석의 정규방정식(normal equation)이라 부른다. 이 두 식을 충족시키는 표본의 회귀계수 a와 b를 구하기 위하여 연립방정식을 풀면 다음과 같다.

표본의 회귀계수

$$b = \frac{n\Sigma X_i Y_i - \Sigma X_i \Sigma Y_i}{n\Sigma X_i^2 - (\Sigma X_i)^2} = \frac{\Sigma X_i Y_i - n\overline{X}\overline{Y}}{\Sigma X_i^2 - n\overline{X}^2} \tag{14·16}$$

$$a = \overline{Y} - b\overline{X} \tag{14·17}$$

위 두 식과 같이 잔차제곱합을 최소화시키는 a와 b를 회귀모수 α와 β에 대한 통상최소제곱추정량(ordinary least square estimator) 혹은 최소제곱추정량이라 한다.

최소제곱추정량의 특성

최소제곱추정량이 왜 통계적으로 우수한지 살펴보자. 첫째 최소제곱법에 의해 도출된 추정량은 불편성(unbiasedness)을 갖게 된다. 즉, 추정량 a와 b의 평균값(기댓값)은 모수의 회귀계수인 α와 β의 값과 일치하게 된다.

$$E(a)=\alpha$$
$$E(b)=\beta$$

두 번째로 최소제곱추정량 a와 b는 종속변수 Y의 1차함수, 즉 직선의 관계(선형성)를 갖는다.

세 번째로 최소제곱추정량은 모든 가능한 선형불편추정량 중에서 최소의 분산값을 갖는다. 즉, 식 14·16의 최소제곱추정량 b는 β에 대한 선형불편추정량들 중 분산이 가장 작아 가장 효율적인 추정량인 것이다. 따라서 a와 b를 α와 β에 대한 최량선형불편추정량(best linear unbiased estimator)이라고도 한다.

이외에도 최소제곱추정량은 일치성을 가지며, 충분성도 가지고 있으므로 적절한 추정량이라고 하겠다. 따라서 우리는 최소제곱법이 가장 우수한 회귀식의 추정방법임을 알 수 있으며, 표본이 주어지면 언제든지 최소제곱법에 의해 표본의 회귀식을 추정할 수 있다.

【예제 1】 10명의 기능공이 일하는 공장에서 그들에게 생산성을 높이는 훈련을 실시하였다. 훈련시간의 정도에 따른 생산성을 예측하기 위해 회귀식을 구하고자 한다. 생산성은 하루에 만들 수 있는 제품의 수로 측정하였다.

표 14-3 기능공의 훈련시간과 생산성의 관계

기능공	1	2	3	4	5	6	7	8	9	10
훈련시간	2	4	6	8	10	12	14	16	18	20
생산성	10	14	17	19	21	22	24	26	24	23

다음 〈표 14-4〉에서 회귀식을 구하는 데 필요한 계산과정을 보여준다.

표 14-4 회귀식 계산을 위한 과정

대상	X_i	Y_i	X_i^2	Y_i^2	X_iY_i	$\hat{Y}_i$	$Y_i-\hat{Y}_i$	$(Y_i-\hat{Y}_i)^2$
1	2	10	4	100	20	13.25	−3.25	10.5625
2	4	14	16	196	56	14.75	−0.75	0.5625
3	6	17	36	289	102	16.25	0.75	0.5625
4	8	19	64	361	152	17.75	1.25	1.5625
5	10	21	100	441	210	19.25	1.75	3.0625
6	12	22	144	484	264	20.75	1.25	1.5625
7	14	24	196	576	336	22.25	1.75	3.0625
8	16	26	256	676	416	23.75	2.25	5.0625
9	18	24	324	576	432	25.25	−1.25	1.5625
10	20	23	400	529	460	26.75	−3.75	14.0625
합계	110	200	1,540	4,228	2,448			41.0250

$$b=\frac{n\Sigma X_iY_i-\Sigma X_i\Sigma Y_i}{n\Sigma X_i^2-(\Sigma X_i)^2}=\frac{10\times 2,448-110\times 200}{10\times 1,540-110^2}=0.75$$ [02]

$$a=\overline{Y}-b\overline{X}=20-0.75\times 11=11.75$$

위에서 계산된 a와 b를 대입하면 다음과 같은 표본회귀식을 얻을 수 있다.

$$\hat{Y}_i=11.75+0.75X_i$$

02 정확한 계산은 0.7515지만 편의상 반올림하여 0.75라고 하겠다.

이 회귀식에서 기울기가 0.75라는 것은 1시간의 훈련을 받으면 생산성이 하루에 0.75개만큼 늘어난다는 것이다. 만일 어느 기능공이 15시간의 훈련을 받는다면 그 사람의 예상생산량이 23개일 것이라는 것을 아래와 같이 예측할 수 있다.

$$\hat{Y}_i = 11.75 + 0.75 \times 15 = 23$$

즉 15시간 훈련을 받은 사람은 하루에 23개의 제품을 만들 것이라고 예측한다. 그러나 15시간의 훈련을 받은 사람이 반드시 23개를 만든다는 것이 아니라, 대체로 23개를 중심으로 흩어진 분포를 이루고 있다는 것이다.

연습문제

14.1 상관분석과 회귀분석의 차이를 설명하라.

14.2 상관분석의 결과에 영향을 줄 수 있는 요인들을 설명하라.

14.3 공분산은 두 변수가 함께 변화하는 정도를 말해 준다. 그러나 공분산의 어떤 특성 때문에 상관계수로 사용할 수 없는가?

14.4 피어슨의 상관계수는 공분산의 문제를 어떻게 해결하였는가?

14.5 회귀분석의 목적에 대하여 설명하라.

14.6 최소제곱법이란 무엇인가?

14.7 대학생들의 수능시험점수와 대학평점의 분포는 대체로 정규분포를 이룬다고 한다. 대학 A에서 학생 12명을 임의 독립표본으로 선정하여 수능시험점수(X)와 평점(Y)을 구했더니 다음과 같았다. 두 변수 간의 상관계수, 결정계수를 구하라.

대상자	1	2	3	4	5	6	7	8	9	10	11	12
X	320	356	368	341	335	321	348	382	376	340	358	325
Y	2.8	3.1	3.3	3.0	2.9	3.1	3.6	3.8	3.5	2.2	3.9	3.2

14.8 아래의 자료는 일주일 동안 평균적으로 영어공부에 투자한 시간과 그에 따른 TOEIC 점수의 상승폭을 알아보기 위하여 $n=7$인 표본을 뽑아 조사한 것이다. TOEIC 점수의 상승폭은 표본으로 뽑힌 사람이 최근 두 번에 걸쳐 응시한 TOEIC 점수 간의 차를 말한다.

일주일 동안 영어공부에 투자한 시간	상승점수
10	40
15	45
20	50
25	65
30	70
35	70
40	80

① 회귀식 $\hat{Y}_i = a + bX_i$를 구하라.

② 표본상관계수 r을 구하라.

14.9 다음은 어느 고등학교 학생들 중 8명을 뽑아 그들의 공부한 시간과 시험에서의 정답의 수를 나타낸 것이다.

공부한 시간(X_i)	1	3	4	6	8	9	11	14
정답의 수(Y_i)	1	2	4	4	5	7	8	9

① 공부한 시간과 정답의 수와의 관계를 나타내는 회귀식을 최소제곱법에 의하여 구하라.

② 10시간 공부한 학생이 맞힐 문제 수는 얼마나 될까?

14.10 다음은 어느 회사의 지난 10년간의 매출액을 나타낸 표다.

연도	2012	2013	2014	2015	2016	2017	2018	2019	2020	2021
매출액(10억 원)	98.2	92.3	80.0	89.1	83.5	68.9	69.2	67.1	58.3	61.2

① 위 자료를 그래프로 나타내라.

② 최소제곱법에 의해 회귀식을 찾아보자. (2012년을 시작점인 0이라고 놓고 2013년은 1, 2014년은 2라고 생각해 보자.)

③ 2022년의 매출액을 예측하여 보자.

14.11 최근 5개월간 휴대전화 한 달 이용료를 기록해 보았더니 다음과 같았다. 최소제곱법에 의해 회귀식을 구하라.

월	1	2	3	4	5
가격(만 원)	9.6	8.2	6.9	5.1	4.5

14.12 한 자동차 수리공장에서 종업원 10명을 뽑아 경력과 일주일 동안 수리한 자동차의 평균 대수를 조사해 보았더니 다음과 같았다.

경력(X_i)	5	7	6	10	3	9	6	31	7	4
수리 대수(Y_i)	6	13	9	20	7	15	11	25	12	5

① 회귀식 $\hat{Y}_i = a + bX_i$를 구하라.

② $X_i = 8$일 때 Y의 평균값에 대한 추정값은 얼마인가?

③ 표본상관계수 r을 구하라.

14.13 의류를 취급하는 한 기업이 자사 직매점 5군데를 대상으로 지출된 광고비와 판매량을 조사해 보았더니 다음과 같았다.

지역	서울	부산	광주	대구	대전
광고비(X_i, 백만 원)	14	8	3	5	2
판매량(Y_i, 만 벌)	50	39	24	31	20

① 회귀식 $\hat{Y}_i = a + bX_i$를 구하라.

② 광고비를 백만 원 더 지출하면 몇만 벌의 의류를 더 팔 수 있겠는가?

③ 광고비를 전혀 지출하지 않는다면 판매량은 얼마나 될 것인가?

14.14 어느 유튜버가 10개월 동안 새로 업로드한 컨텐츠 수와 추가된 구독자 수를 조사해 보았더니 다음과 같았다.

컨텐츠 수(X)	2	4	11	3	6	3	2	9	12	8
구독자 수(Y, 만 명)	2	1.6	10.1	1.4	3.9	2.2	1.8	7.5	10.5	9

① 회귀식 $\hat{Y}_i = a + bX_i$를 구하라.

② $X=13$일 때 Y값에 대한 추정값은 얼마인가?

14.15 회귀식을 구하는 방법으로 최소제곱법 이외에도 최대우도추정법(method of maximum likelihood estimation)이라는 방법이 있다. 회귀식이 $\hat{Y}_i = a + bX_i$라고 할 때, 최대우도추정법을 사용하여 회귀계수를 구하는 식은 아래와 같다.

$$a = \overline{Y} - b\overline{X}, \qquad b = \frac{\Sigma X_i Y_i - n\overline{X}\,\overline{Y}}{\Sigma X_i^2 - n\overline{X}^2}$$

최소제곱법에 의한 추정량과 최대우도추정법에 의한 추정량을 서로 비교하라.

Chapter 15

회귀분석의 통계적 추정

앞 장에서 우리는 표본회귀식을 구하는 최선의 방법으로 최소제곱법을 설명하고, 이 방법이 가장 합리적이며 바람직한 방법임을 확인하였다. 그렇다면 표본이 주어졌을 때 최소제곱법에 의해 회귀식을 찾아내기만 하면 변수 간의 관계식으로 사용할 수 있을까? 또 독립변수의 값이 주어지면 종속변수를 예측할 수 있는가? 그러나 불행히도 문제는 그렇게 간단하지 않다.

어떠한 자료를 사용하여도 변수 간의 관계식을 구할 수는 있다. 그러나 그 관계식이 변수 간의 관계를 잘 말해 주지 않는다면 그 관계식은 아무 소용이 없다. 그리고 독립변수의 값이 주어지면 종속변수를 예측할 수는 있지만 예측된 값이 실제와 상당히 차이가 나면 오히려 종속변수에 대한 잘못된 정보만 주게 될 뿐 아무런 도움이 되지 못한다.

이 장에서는 변수 간의 관계를 말해 주는 회귀방정식을 구한 다음, 그 방정식이 독립변수와 종속변수 간의 관계를 잘 말해 주는지, 즉 종속변수를 얼마나 잘 설명해 주는지를 알아보는 적합도 검정방법에 대해 알아본다. 또한 이 장에서 독립변수가 2개인 다중회귀분석을 설명하고 두 독립변수에 대한 유의성 검정도 알아보도록 하자. 실제 연구상황에서는 독립변수가 3개 이상인 경우도 많이 있지만 계산만 복잡할 뿐 기본적인 개념은 마찬가지이므로 이 책에서는 생략한다.

제1절 표본회귀식에 대한 적합도 검정

우리에게 어떤 형태의 관찰값을 주든지 최소제곱법에 의하여 표본회귀식을 구하는 것은 가능하다. 그러나 주어진 자료의 형태에 대해 잔차의 제곱합이 최소가 되게끔 구한 표본회귀선이 관찰자료들을 얼마나 잘 나타내는가에 대해서는 여전히 의문이다. 관찰된 자룟값들이 회귀선을 중심으로 밀집되어 있는지 아니면 회귀선으로부터 멀리 떨어져 있는지, 혹은 두 변수 간 관련성이 선형관계인지 아니면 비선형 곡선관계인지를 확인해야 하기 때문이다. 이때 표본회귀선이 두 변수 간의 선형관계를 잘 나타내고 있는지를 알아보는 통계적 검정방법을 적합도(goodness of fit) 검정이라 한다. 적합도란 도출된 표본회귀선이 자료를 얼마나 잘 나타내고 있는가 하는 정도를 말한다. 이러한 적합도를 측정하는 방법은 기본적으로 두 가지가 있는데 추정의 표준오차를 가지고 평가하는 방법과 결정계수를 가지고 평가하는 방법이 있다.

추정의 표준오차에 의한 적합도 검정

X_i를 알고 Y_i를 예측하는 회귀식에서 각 X_i에 대한 예측된 $\hat{Y}_i$은 실제의 Y_i가 아니라, X_i에 대한 Y_i수치들의 분포에서 하나의 대푯값이다. 이것을 각 X_i값에 대한 Y의 조건적 분포라고 하는데, 이 조건적 분포의 범위가 작을수록 예측오차는 작아지며 반대로 X_i에 대한 Y의 조건적 분포의 범위가 커질수록 예측오차는 커지게 된다. 예측의 표준오차는 예측값을 추정하는 데 생기는 오차라 해서 추정의 표준오차(standard error of estimate)라 불리고 S_e로 표시되며, 이는 표본들의 실제 관찰값이 회귀식으로부터 얼마나 흩어져 있는가를 나타낸다.

추정의 표준오차

$$S_e = \sqrt{\frac{\Sigma(Y_i - \hat{Y}_i)^2}{n-2}} = \sqrt{\frac{SSE}{n-2}} \qquad (15 \cdot 1)$$

식 15·1에서 분자인 $\Sigma(Y_i - \hat{Y}_i)^2$을 살펴보면 X에 대한 예측값 $\hat{Y}_i$과 관찰값 Y_i가 일치할 때, 즉 관찰값과 예측값이 같아서 회귀선 위에 모든 관찰값이 놓여 있으면 $\Sigma(Y_i - \hat{Y}_i)^2 = 0$이 되며 S_e도 0이 된다. 그러나 X와 Y가 아무런 관계가 없을 때는 Y값을 예측할 때 예측값으로서 사용할 수 있는 것은 Y의 평균인 $\overline{Y}$밖에 없다. 따라서 분자는 $\Sigma(Y_i - \overline{Y})^2$이 되며 S_e는 Y의 표준편차인 S_Y와 같게 된다. 결국 S_e는 0부터 S_Y의 범위 안에 있게 된다는 것을 알 수 있다. 분모에서 $n-2$를 한 것은 회귀식의 모수 α와 β를 구하는 추정과정에서 자유도가 하나씩 빠졌기 때문이다.

간단히 말하면 S_e는 표본회귀식에서 얻은 예측값과 실제 관찰값 사이에서 나타나는 잔차들의 표준편차이다. 이 값은 어떤 의미를 가질까? 앞에서 설명한 회귀분석의 가정이 모두 충족된다면 회귀식에서 관찰값의 약 68%가 회귀식의 $\pm 1 \cdot S_e$ 안에 있게 되며, 관찰값의 95%가 회귀식의 $\pm 2 \cdot S_e$ 안에 그리고 관찰값의 99.7%가 회귀식의 $\pm 3 \cdot S_e$ 안에 있게 된다. 이 중 $\pm 1 \cdot S_e$의 그림을 그려보면 [그림 15-1]과 같다.

| 그림 15-1 | 추정오차의 의미

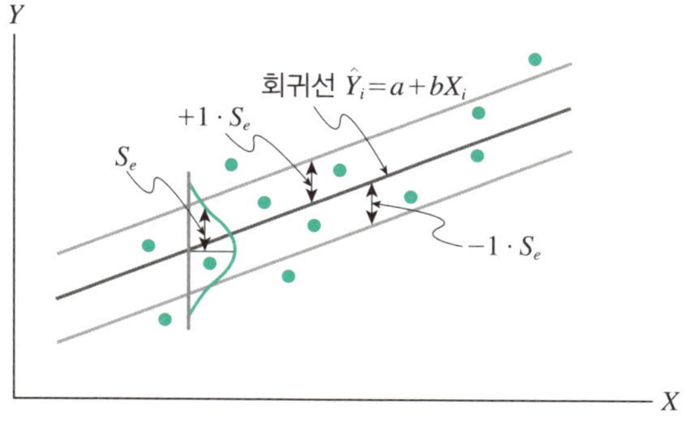

【예제 1】 어느 중고차 거래 플랫폼에서는 판매자의 평점과 그들이 성사시킨 거래횟수 간의 회귀식을 구하기 위해 15명을 추출하여 그들의 거래횟수와 평점을 알아보았다. 이때 평점은 여러 가지 항목을 평가하여 계산한 점수이다.

표 15-1 판매자의 거래횟수에 따른 평점

판매자	1	2	3	4	5	6	7	8	9	10	11	12	13	14	15
거래횟수(X_i)	6	12	10	11	4	13	15	6	9	7	11	16	8	8	14
평점(Y_i)	4.0	3.5	3.0	2.5	4.5	2.5	1.0	5.5	3.5	1.5	3.0	2.0	2.0	3.0	3.5

① 거래횟수와 평점에 대한 회귀식을 구하라.

② 모집단에 대한 회귀식의 추정오차 S_e를 구하라.

〈표 15-2〉는 회귀식과 추정오차를 구하기 위한 표인데, (7)항과 (8)항은 다음에 설명될 결정계수를 구하기 위해 미리 계산된 것이다.

표 15-2 회귀식과 추정오차 도출을 위한 계산과정

대상	X_i	Y_i	(1) X_i^2	(2) Y_i^2	(3) X_iY_i	(4) $\hat{Y}_i$	(5) $(Y_i-\hat{Y}_i)$	(6) $(Y_i-\hat{Y}_i)^2$	(7) $(\hat{Y}_i-\overline{Y})^2$	(8) $(Y_i-\overline{Y})^2$
1	6	4.0	36	16	24	3.72	0.28	0.0784	0.5184	1
2	12	3.5	144	12.25	42	2.64	0.86	0.7396	0.1296	0.25
3	10	3.0	100	9	30	3.0	0	0	0	0
4	11	2.5	121	6.25	27.5	2.82	−0.32	0.1024	0.0324	0.25
5	4	4.5	16	20.25	18.0	4.08	0.42	0.1764	1.1664	2.25
6	13	2.5	169	6.25	32.5	2.46	0.04	0.0016	0.2916	0.25
7	15	1.0	225	1.0	15.0	2.10	−1.1	1.21	0.81	4.0
8	6	5.5	36	30.25	33.0	3.72	1.78	3.1684	0.5184	6.25
9	9	3.5	81	12.25	31.5	3.18	0.32	0.1024	0.0324	0.25
10	7	1.5	49	2.25	10.5	3.54	−2.04	4.1616	0.2916	2.25
11	11	3.0	121	9.0	33.0	2.82	0.18	0.0324	0.0324	0
12	16	2.0	256	4.0	32.0	1.92	0.08	0.0064	1.1664	1
13	8	2.0	64	4.0	16.0	3.36	−1.36	1.8496	0.1296	1
14	8	3.0	64	9.0	24.0	3.36	−0.36	0.1296	0.1296	0
15	14	3.5	196	12.25	49.0	2.28	1.22	1.4884	0.5184	0.25
합계	150 $\overline{X}=10$	45 $\overline{Y}=3$	1,678	154	418	45	0	13.2472	5.7672	19.0

①
$$b=\frac{n\Sigma X_iY_i-\Sigma X_i\Sigma Y_i}{n\Sigma X_i^2-(\Sigma X_i)^2}$$
$$=\frac{15\times 418-150\times 45}{15\times 1,678-(150)^2}=-0.18$$

$$a=\bar{Y}-b\bar{X}=3-(-0.18)\times 10=4.8$$

따라서 회귀식은 다음과 같다.

$$\hat{Y}_i=4.8-0.18X_i$$

② 추정오차를 구하기 위해서는 〈표 15-2〉의 (6)항인 $\Sigma(Y_i-\hat{Y}_i)^2$을 사용한다.

$$S_e=\sqrt{\frac{\Sigma(Y_i-\hat{Y}_i)^2}{n-2}}=\sqrt{\frac{13.247}{15-2}}=1.009$$

결정계수에 의한 적합도 검정

추정의 표준오차에 의한 적합도 검정은 그 값이 변수의 크기, 특히 Y_i값을 측정한 단위에 직접적인 영향을 받는다는 문제가 있다. 예를 들어 Y값의 크기를 천 원 단위로 나타낸 경우와 만 원 단위로 나타낸 경우 다른 조건이 같다면 만 원 단위로 했을 때 S_e가 훨씬 더 커진다. 이러한 문제점을 해결하기 위해 여러 개의 적합도를 비교할 수 있는 결정계수(coefficient of determination)를 적합도 판정기준으로 사용한다. 결정계수는 0부터 1까지의 범위 안에 있으므로 여러 회귀선의 적합도를 비교할 수 있다는 장점이 있지만, 각 회귀선이 구체적으로 어느 정도의 오차를 갖고 있는지를 보여주지 못한다는 한계점도 있다. 반면에 추정오차는 여러 회귀선의 적합도를 비교할 수는 없지만 각 회귀선이 포함하고 있는 오차를 보여준다. 따라서 적합도를 검정할 때 이 두 가지 방법, 즉 추정의 표준오차와 결정계수를 모두 구하는 것이 바람직하다.

결정계수의 개념을 이해하기 위하여 제13장의 분산분석에서 다루었던 편차와 제곱합이라는 용어를 설명하는 것이 도움이 될 것이다.

편차와 제곱합

회귀분석에서 종속변수의 관찰값 Y_i와 이들의 평균 $\bar{Y}$의 차이를 Y의 총편차라 부른다. 이 총편차는 다시 두 가지 편차, 즉 $(Y_i - \hat{Y}_i)$와 $(\hat{Y}_i - \bar{Y})$의 합으로 나타낼 수 있다.

| 그림 15-2 | 세 편차의 관계

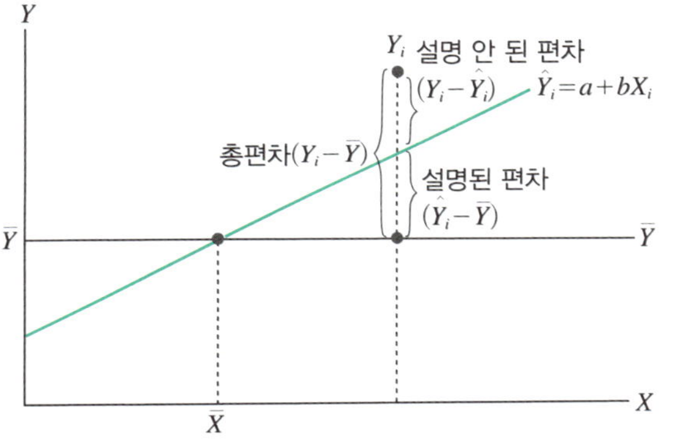

[그림 15-2]에서 보는 바와 같이 총편차 중에서 $(Y_i - \hat{Y}_i)$은 잔차 e_i에 해당하는 것으로서 회귀식으로 설명이 안 되는 부분이므로 이를 '설명 안 된 편차'(unexplained deviation)라고 한다. 반면에 $(\hat{Y}_i - \bar{Y})$는 회귀식에 의하여 설명이 되는 부분이므로 이를 '설명된 편차'(explained deviation)라고 한다. 이와 같은 편차들의 관계는 식 15·2로 나타낼 수 있다. 식 15·2가 성립하면 식 15·3도 성립하는데 이에 대한 증명은 생략하기로 한다.

식 15·3의 좌변은 '총제곱합'(total sum of squares)이라고 하며 SST로 나타낸다. 총제곱합은 독립변수를 고려하지 않았을 경우에 Y_i들의 흩어진 정도를 나타내는 것이다. 우변의 첫 항인 $\sum(Y_i - \hat{Y}_i)^2$은 $\sum e_i^2$과 같은 것으로서 회귀식으로 설명 안 된 제곱합이다. 이를 '오차제곱합'(sum of squares error)이라 하며 SSE로 나타낸다. 마지막 항인 $\Sigma(\hat{Y}_i-\overline{Y})^2$은 회귀식에 의하여 설명된 제곱합으로서 '회귀제곱합'(sum of squares regression)이라 하며 *SSR*로 나타낸다. *SSR*은 독립변수를 고려함으로써 설명된 제곱합을 의미한다. 위의 *SST*, *SSE*, *SSR*은 자주 사용되는 기호이므로 그 뜻과 관계를 정확히 알고 있어야 하겠다.

총편차=설명 안 된 편차+설명된 편차

$$(Y_i-\overline{Y})=(Y_i-\hat{Y}_i)+(\hat{Y}_i-\overline{Y}) \quad (15\cdot2)$$

총제곱합=오차제곱합+회귀제곱합

$$SST=SSE+SSR$$
$$\Sigma(Y_i-\overline{Y})^2=\Sigma(Y_i-\hat{Y}_i)^2+\Sigma(\hat{Y}_i-\overline{Y})^2 \quad (15\cdot3)$$

〈표 15-2〉에서 (6)항의 합계는 *SSE*, (7)항의 합계는 *SSR*, (8)항의 합계는 *SST*를 가리킨다. 즉 (6)항에 (7)항을 합하면 (8)항이 되어야 한다. 〈표 15-2〉에서 계산된 결과를 이용하면 13.2472+5.7672≒19.0이 된다.

총제곱합은 위의 식에서와 같이 두 가지로 구분될 수 있으므로, 이를 통해 표본회귀식의 적합도 개념을 쉽게 나타낼 수 있다. 만일 표본회귀식이 모든 편차를 완전히 설명하고 있다면, 다시 말해 표본의 모든 관찰값들이 회귀선상에 있다면 설명된 제곱합인 *SSR*은 *SST*와 같아지며, 설명 안 된 제곱합 $SSE=0$이 될 것이다. 따라서 회귀식의 적합도는 *SSE*의 크기에 의해 측정되는데, 앞에서 설명한 추정의 표준오차 역시 *SSE*의 크기로 측정된 바 있다. 결정계수에 의한 적합도 평가방법은 총제곱합 *SST*를 1이라고 했을 때 *SSR*이 차지하는 비율로 측정한다. 다음은 결정계수에 대해 자세히 설명하기로 한다.

결정계수

표본회귀식의 적합도를 어느 경우에나 일률적으로 나타내 줄 수 있는 방법으로서 가장 많이 사용되는 것이 결정계수이다. 결정계수는 표본회귀식에 의하여 설명된 제곱합이 총제곱합에서 차지하는 상대적 크기를 나타내는 것으로서, r^2으로 표시된다.

결정계수 r^2

$$\text{결정계수} = \frac{\text{회귀제곱합}}{\text{총제곱합}} = 1 - \frac{\text{오차제곱합}}{\text{총제곱합}}$$

$$r^2 = \frac{SSR}{SST} = 1 - \frac{SSE}{SST} \qquad (15 \cdot 4)$$

만약 모든 관찰자료가 표본회귀식으로 완전히 설명된다면, 모든 잔차는 0이 되어 $SSE = \Sigma e_i^2$은 0이 된다. 그러므로 $SSR/SST = 1$이 된다. $r^2 = 1$이라는 것은 표본회귀식이 잔차가 전혀 없이 관찰자료를 설명한다는 의미다. 반대로 $r^2 = 0$이라는 것은 종속변수가 독립변수의 1차식으로는 전혀 설명되지 못함을 의미한다.

【예제 2】 [예제 1]의 판매자의 거래횟수와 평점에 대한 자료에서 결정계수 r^2을 구하라.

[예제 1]의 〈표 15-2〉에서 (6)항은 $SSE = 13.2472$이고, (8)항은 $SST = 19.0$이다.

$$r^2 = 1 - \frac{SSE}{SST} = 1 - \frac{13.2472}{19.0} = 0.303$$

결정계수가 0.303이라는 것은 거래횟수가 평점의 30.3%를 결정한다는 것을 의미한다.

제2절 단순회귀분석의 검정

두 변수 사이에 선형관계가 성립되지 않는다면 회귀분석을 사용하는 것 자체가 무의미해진다. 회귀모형이 과연 선형관계를 이루는가에 대한 통계적 검증은 두 가지 방법으로 실시할 수 있다. 첫 번째 방법에서는 설명된 제곱합인 회귀제곱합이 설명 안 된 제곱합인 오차제곱합에 비해 상대적으로 크면 그 회귀모형은 통계적으로 유의하다고 보고, 반대로 작으면 유의하지 않다고 본다. 이 방법은 분산의 개념을 적용하기 때문에 F-검정을 한다. 두 번째 방법에서는 회귀선의 기울기인 β가 0으로부터 유의하게 차이가 난다면 단순회귀모형이 성립된다고 본다. 이 경우에는 표본의 기울기인 b가 모수 β를 중심으로 t-분포를 이룬다고 가정하여 t-검정을 한다.

먼저 회귀제곱합과 오차제곱합을 적용하여 F-검정을 하는 첫 번째 방법에 대해 설명하기로 한다.

단순회귀모형에 대한 F-검정

회귀식이 표본자료를 잘 설명하고 있다면 설명된 제곱합 SSR은 설명 안 된 제곱합 SSE에 비해 상대적으로 클 것이고, 회귀식이 표본자료에 적합하지 않다면 SSR은 SSE에 비해 상대적으로 작을 것이다.

이러한 개념을 이용하여 SSR을 자유도로 나눈 설명된 평균제곱(mean square regression: MSR)과 SSE를 자유도로 나눈 설명 안 된 평균제곱(mean square error: MSE) 간의 비율로 F-검정을 한다. SSR과 SSE 그리고 SST의 자유도는 다음과 같다.

$$\text{제곱합} \quad SST = SSE + SSR$$
$$\text{자유도} \quad n-1 = (n-2) + (1)$$

*SSR*의 자유도는 독립변수의 수와 같으므로 1이며, *SSR*과 *SSE*의 자유도의 합은 *SST*의 자유도와 같다. 제곱합을 자유도로 나누는 이유는 독립변수의 수나 관찰값의 수에 따라서 *SSR*과 *SSE*가 달라지기 때문에 그 크기를 표준화시키기 위한 것이다.

설명된 평균제곱(*MSR*)

$$MSR = \frac{SSR}{1} = \sum(\hat{Y}_i - \overline{Y})^2 \tag{15·5}$$

설명 안 된 평균제곱(*MSE*)

$$MSE = \frac{SSE}{n-2} = \frac{\sum(Y_i - \hat{Y}_i)^2}{n-2} = S_e^2 \tag{15·6}$$

*MSR*과 *MSE*는 결국 분산의 개념과 같다. 제12장에서 두 분산의 비율에 관한 가설검정을 할 때 *F*－검정을 한 것과 같이, 두 평균제곱의 비율 *MSR*/*MSE*은 자유도 1과 $n-2$를 가진 *F*－분포를 이룬다.

단순회귀분석에서 *F*－검정식

$$F_{1,\,n-2} = \frac{SSR/1}{SSE/(n-2)} = \frac{MSR}{MSE} \tag{15·7}$$

【예제 3】 [예제 1]의 판매자의 거래횟수 평점에 대한 자료에서 두 변수 간에 회귀모형이 성립되는지를 $\alpha=0.05$ 수준에서 *F*－검정하라.

① $H_0 : \beta=0$

$H_a : \beta \neq 0$

② $\alpha=0.05$

③ 임곗값은 $F_{1,13}=4.67$
채택영역 : $F \le 4.67$, 기각영역 : $F > 4.67$

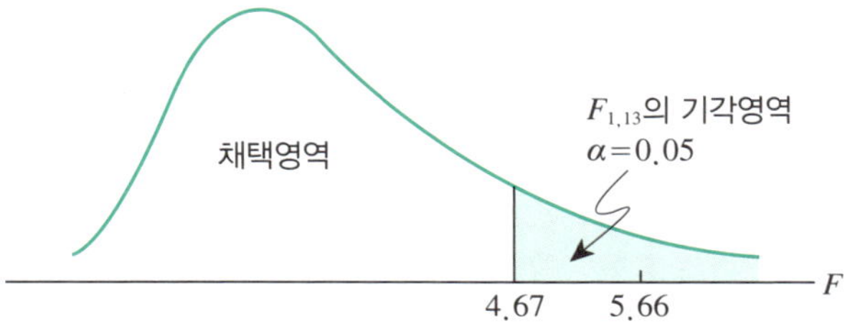

④ 〈표 15-2〉의 (6)항의 합계는 SSE, (7)항의 합계는 SSR을 나타낸다.

$$F=\frac{SSR/1}{SSE/(n-2)}=\frac{5.7672}{13.2472/13}=\frac{5.7672}{1.019}=5.66$$

⑤ 계산된 F값이 $\alpha=0.05$에서 임곗값 밖에 있으므로 귀무가설을 기각한다. 즉 거래횟수와 평점 간의 회귀모형이 성립된다.

지금까지 설명한 회귀식에 대한 가설검정의 과정을 표로 정리하면 전체적인 문제상황을 쉽게 이해할 수 있다.

표 15-3 회귀분석표

분산원	제곱합	자유도	평균제곱	F값
회귀변수	$SSR=\Sigma(\hat{Y}_i-\overline{Y})^2$	1	$MSR=\frac{SSR}{1}$	$\frac{MSR}{MSE}$
오차	$SSE=\Sigma(Y_i-\hat{Y}_i)^2$	$n-2$	$MSE=\frac{SSE}{n-2}$	
합계	$SST=\Sigma(Y_i-\overline{Y})^2$	$n-1$		

[예제 3]에 대한 가설검정의 결과를 회귀분석표로 정리하면 다음과 같다.

표 15-4 예제 3의 회귀분석표

분산원	제곱합	자유도	평균제곱	F값
회귀변수	5.7672	1	5.7672	5.66
오차	13.2472	13	1.019	
합계	19.0	14		

β에 대한 t-검정

회귀선의 기울기를 나타내는 β가 0이라든지 또는 통계적으로 유의하지 않다는 것은 회귀모형이 성립되지 않는다는 것을 의미한다. 절편인 α는 상수이므로 X의 변화에 따라 Y가 어떻게 변화하는지에 대하여 알려주는 것이 없다. 따라서 회귀선에서는 β가 중요하므로 여기서는 β의 가설검정에 대해서만 살펴본다.

모수 β에 대한 가설검정은 표본회귀식에서 구한 기울기 b를 이용해서 모집단 회귀식의 β에 대한 가설을 검정하려는 것이다. 일반적으로 β에 대한 귀무가설과 대립가설은 다음과 같이 설정한다.

$$H_0 : \beta = 0$$
$$H_a : \beta \neq 0$$

모수 β에 대한 가설검정을 하기 위해서는 t-검정을 적용해야 한다. t-검정을 하려면 먼저 표본의 회귀계수인 b의 분포를 알아야 하는데 b의 분포는 정규분포를 이루고 그 평균이 β며 표준오차가 S_b다. S_b는 다음과 같이 구하며, S_e는 추정의 표준오차로서 앞에서 보여준 식 15·1을 말한다.

회귀계수 b의 표준오차

$$S_b = \frac{S_e}{\sqrt{\Sigma(X_i - \overline{X})^2}} \tag{15·8}$$

$\beta=0$에 대한 가설검정을 하기 위한 검정통계량 t값은 다음과 같이 구한다.

$\beta=0$을 검정하는 t-통계량

$$t=\frac{b-0}{S_b}=\frac{b}{S_b} \tag{15·9}$$

식 15 · 9의 t-통계량은 a와 b를 추정하는 데 각각 자유도를 하나씩 잃으므로 $(n-2)$의 자유도를 갖는다.

【예제 4】 앞에서 보여준 판매자의 거래횟수와 평점에 대한 예에서 거래횟수가 과연 평점을 예측할 수 있는 회귀변수인지를 $\alpha=0.05$에서 검정하라.

① $H_0 : \beta=0$
$H_a : \beta\neq0$

② $\alpha=0.05$

③ 표본크기 $n=15$이므로 t의 자유도는 $15-2=13$이 되며, 양측검정을 할 때 채택영역과 기각영역은 다음과 같다.

채택영역 : $-2.160\leq t\leq2.160$

기각영역 : $t>2.160$ 또는 $t<-2.160$

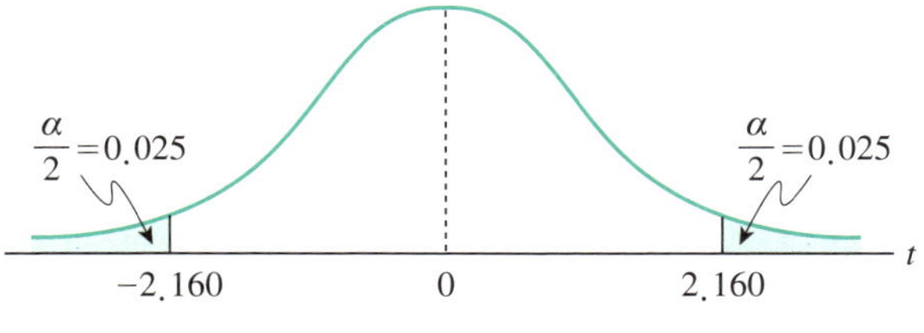

④ [예제 1]에서 $S_e=1.009$, $b=-0.18$이라는 것을 알았다.

$$\Sigma(X_i - \bar{X})^2 = 178$$

$$S_b = \frac{S_e}{\sqrt{\Sigma(X_i - \bar{X})^2}} = \frac{1.009}{\sqrt{178}} = 0.076$$

$$t = \frac{b}{S_b} = \frac{-0.18}{0.076} = -2.368$$

⑤ 계산된 통계량 t값은 -2.368이므로 $\alpha = 0.05$에서 채택영역에 포함되지 않아서 귀무가설을 기각한다. 즉 거래횟수는 평점과 관련이 있으며, 이 자료에서는 거래횟수가 높을수록 평점이 낮았다.

제3절 다중회귀분석

앞에서는 독립변수가 하나인 단순회귀분석에 대해 알아보았다. 그러나 하나의 독립변수만으로 종속변수를 설명할 수 있는 경우는 극히 드물다. 대부분의 경우 종속변수는 여러 개의 독립변수와 관계를 갖고 있다. 예를 들어 어느 학생의 학업성적은 그 학생이 공부하는 시간, 집안의 경제력, 지능지수 등 여러 변수의 영향을 받을 수 있다. 이와 같이 하나의 종속변수와 여러 개의 독립변수들 사이의 관계를 규명하고자 할 때 자주 사용되는 기법 중의 하나가 다중회귀분석이다. 그러나 다중회귀분석은 독립변수의 수만 많아진 것이며, 그 이론적 배경은 단순회귀분석의 경우와 같다. 이 책에서는 다중회귀분석 중에서도 독립변수가 두 개인 경우에 대해서만 설명한다.

표본다중회귀식의 산출

다중회귀식에 있어서도 단순회귀분석처럼 모수의 추정값인 회귀계수 b_k들은 최소제곱법에 의해 구한다. 문제를 간단하게 하기 위하여 종속변수 Y에 영향을 미치는 독립변수가 2개인 다중회귀모형을 예로 들어보자.

독립변수를 X_1과 X_2라 하여 모집단의 회귀식을 나타내면 다음과 같다.

$$Y_i = \alpha + \beta_1 X_{1i} + \beta_2 X_{2i} + \varepsilon_i \tag{15·10}$$

표본회귀식은 다음과 같으며 a, b_1, b_2는 각각 모수인 α, β_1, β_2의 추정값이다.

$$\hat{Y}_i = a + b_1 X_{1i} + b_2 X_{2i} \tag{15·11}$$

다중회귀분석에서도 최소제곱법을 충족시키기 위해서는 단순회귀분석에서와 마찬가지로 잔차의 제곱의 합을 최소로 하는 a, b_1, b_2의 값을 구해야 한다.

잔차제곱의 합

$$\sum e_i^2 = \sum (Y_i - \hat{Y}_i)^2 = \sum (Y_i - a - b_1 X_{1i} - b_2 X_{2i})^2 \tag{15·12}$$

이를 위해서는 식 15 · 12를 a, b_1, b_2에 대해 편미분하고 이 미분한 값들을 0으로 놓으면, 다음과 같은 다중회귀분석의 정규방정식을 구할 수 있다.

$$\sum Y_i = a + b_1 \sum X_{1i} + b_2 \sum X_{2i} \tag{15·13}$$

$$\sum X_{1i} Y_i = a \sum X_{1i} + b_1 \sum X_{1i}^2 + b_2 \sum X_{1i} X_{2i} \tag{15·14}$$

$$\sum X_{2i} Y_i = a \sum X_{2i} + b_1 \sum X_{1i} X_{2i} + b_2 \sum X_{2i}^2 \tag{15·15}$$

이 세 식을 충족시키는 b_1, b_2, a를 구하면 식 15 · 16, 식 15 · 17 그리고 식

15 · 18과 같다. 이들 식에서는 편의상 $X_{1i}-\overline{X}_1=x_{1i}$, $X_{2i}-\overline{X}_2=x_{2i}$, $Y_i-\overline{Y}=y_i$라 하여 식을 간단히 표시하였다.

다중회귀식의 기울기(독립변수가 2개인 경우)

$$b_1=\frac{\sum x_{1i}y_i\sum x_{2i}^2-\sum x_{2i}y_i\sum x_{1i}x_{2i}}{\sum x_{1i}^2\sum x_{2i}^2-(\sum x_{1i}x_{2i})^2} \qquad (15\cdot16)$$

$$b_2=\frac{\sum x_{2i}y_i\sum x_{1i}^2-\sum x_{1i}y_i\sum x_{1i}x_{2i}}{\sum x_{1i}^2\sum x_{2i}^2-(\sum x_{1i}x_{2i})^2} \qquad (15\cdot17)$$

다중회귀식의 절편

$$a=\overline{Y}-b_1\overline{X}_1-b_2\overline{X}_2 \qquad (15\cdot18)$$

다중회귀식의 추가가정

다중회귀분석에서의 가정은 단순회귀분석에서 소개한 다섯 가지의 가정이 그대로 적용된다. 그리고 이와는 별도로 다중회귀분석에 추가되는 가정으로서 다음의 두 가지를 반드시 고려하여야 한다.

추가가정 1 관찰값들의 수(n)는 독립변수의 수(k)보다 최소한 2개 이상 많아야 한다.

추가가정 2 각 독립변수들 사이의 상관계수가 1이어서는 안 된다.

$$\rho(X_i,\ X_j)\neq1, \qquad i\neq j$$

$\rho(X_i,\ X_j)=1$이라는 것은 두 독립변수 X_i와 X_j가 완전한 선형관계에 있음을 뜻하는데, 이러한 경우에는 최소제곱법에 의한 추정값을 계산할 수 없다. 이처럼 독립변수들 간의 선형관계로부터 비롯되는 문제를 다중공선성(多重共線性, multi-collinearity)이라고 부른다. 만일 $\rho(X_i,\ X_j)=1$이 되면 아예 추정값 계산이 불가능해지며, ρ가 1이 아니라 하더라도 1에 가까울수록 다음에 설명할 추정의 표준

오차값이 매우 큰 값으로 나타나서 다중회귀분석에 대한 추정이나 가설검정이 무의미하게 된다.

다중회귀식의 적합도 측정방법

다중회귀식에 있어서 추정의 표준오차는 다음과 같이 정의된다.

추정의 표준오차

$$S_e=\sqrt{\frac{\Sigma(Y_i-\hat{Y})^2}{n-k-1}}=\sqrt{\frac{\Sigma e_i^2}{n-k-1}} \qquad (15\cdot19)$$

모든 회귀분석에서는 자유도가 $(n-k-1)$인데, 여기서 k는 독립변수의 수를 말한다. 단순회귀분석의 경우는 독립변수가 1이므로 자유도가 $(n-2)$가 되고, 다중회귀분석에서는 독립변수가 2개인 경우 자유도가 $(n-3)$이 된다.

단순회귀분석에서 언급한 바와 같이, 결정계수는 독립변수들이 종속변수를 어느 정도 설명해 주는지를 나타내는 지수이다. 다중회귀분석의 결정계수는 각각의 독립변수의 영향력을 나타내는 것이 아니라 모든 독립변수들이 함께 종속변수를 설명하는 정도를 말한다.

다중회귀식의 결정계수

$$\begin{aligned} R^2&=\frac{SSR}{SST}=1-\frac{SSE}{SST} \\ &=1-\frac{\Sigma(Y_i-\hat{Y}_i)^2}{\Sigma(Y_i-\overline{Y})^2} \end{aligned} \qquad (15\cdot20)$$

다중회귀식에서 설명된 제곱합(또는 회귀제곱합, *SSR*)은 여러 회귀변수들이 합하여 종속변수를 설명한 정도를 제곱합으로 계산한 것이다. 다중회귀식에서 결정계수는 r^2이 아니라 R^2이라고 표시한다.

【예제 5】 가정의 사회경제적 환경(X_1)과 부모의 교육정도(X_2)가 어린이의 학습준비도(Y)에 영향을 주는지 알아보기 위해, 열 명의 취학 전 어린이에게 초등학교 교육을 받을 수 있는지에 대한 준비도 검사를 실시하였다. 검사는 20점 만점이며 실시결과는 다음의 표와 같다. 사회경제적 환경은 1에서 10등급까지, 교육정도는 1에서 5등급까지로 나누었다. 단, 사회경제적 환경과 교육정도는 등간척도로 가정한다.

① 회귀식 $\hat{Y}_i = a + b_1X_{1i} + b_2X_{2i}$를 구하라.

② 회귀식의 추정오차 S_e와 결정계수 R^2을 구하라.

표 15-5 학습준비도 예측을 위한 자료

변수 \ 대상자	1	2	3	4	5	6	7	8	9	10
X_{1i}	2	5	10	6	3	4	1	7	4	8
X_{2i}	1	2	3	3	1	5	2	4	4	5
Y_i	7	8	15	6	3	10	5	12	14	20

표 15-6 회귀식을 구하기 위한 계산과정

대상자	X_{1i}	X_{2i}	Y_i	x_{1i}	x_{2i}	y_i	x_{1i}^2	x_{2i}^2	$x_{1i}x_{2i}$	$x_{1i}y_i$	$x_{2i}y_i$
1	2	1	7	−3	−2	−3	9	4	6	9	6
2	5	2	8	0	−1	−2	0	1	0	0	2
3	10	3	15	5	0	5	25	0	0	25	0
4	6	3	6	1	0	−4	1	0	0	−4	0
5	3	1	3	−2	−2	−7	4	4	4	14	14
6	4	5	10	−1	2	0	1	4	−2	0	0
7	1	2	5	−4	−1	−5	16	1	4	20	5
8	7	4	12	2	1	2	4	1	2	4	2
9	4	4	14	−1	1	4	1	1	−1	−4	4
10	8	5	20	3	2	10	9	4	6	32	20
합계	50	30	100				70	20	19	94	53

① 회귀식을 구하기 위한 계산에서 $\bar{X}_1=5$, $\bar{X}_2=3$, $\bar{Y}=10$이며, $x_{1i}=(X_{1i}-\bar{X}_1)$, $x_{2i}=(X_{2i}-\bar{X}_2)$, $y_i=(Y_i-\bar{Y})$를 나타낸다.

$$b_1=\frac{\Sigma x_{1i}y_i\Sigma x_{2i}^2-\Sigma x_{2i}y_i\Sigma x_{1i}x_{2i}}{\Sigma x_{1i}^2\Sigma x_{2i}^2-(\Sigma x_{1i}x_{2i})^2}$$

$$=\frac{94\times 20-53\times 19}{70\times 20-(19)^2}=0.84$$

$$b_2=\frac{\Sigma x_{2i}y_i\Sigma x_{1i}^2-\Sigma x_{1i}y_i\Sigma x_{1i}x_{2i}}{\Sigma x_{1i}^2\Sigma x_{2i}^2-(\Sigma x_{1i}x_{2i})^2}$$

$$=\frac{53\times 70-94\times 19}{70\times 20-(19)^2}=1.852$$

$$a=\bar{Y}-b_1\bar{X}_1-b_2\bar{X}_2$$

$$=10-0.84\times 5-1.852\times 3$$

$$=10-4.2-5.556=0.244$$

위의 자료에서 계산된 다중회귀식은 다음과 같다.

$$\hat{Y}_i=0.244+0.84X_{1i}+1.852X_{2i}$$

표 15-7 회귀식의 추정오차 계산과정

대상자	X_{1i}	X_{2i}	Y_i	$\hat{Y}_i$	$(Y_i-\bar{Y})^2$	$(Y_i-\hat{Y}_i)^2$
1	2	1	7	3.776	9	10.394
2	5	2	8	8.148	4	0.020
3	10	3	15	14.2	25	0.640
4	6	3	6	10.84	16	23.426
5	3	1	3	4.616	49	2.611
6	4	5	10	12.864	0	8.202
7	1	2	5	4.788	25	0.045
8	7	4	12	13.532	4	2.347
9	4	4	14	11.012	16	8.928
10	8	5	20	16.224	100	14.258
합계	50	30	100	100	248	70.874

② 회귀식의 추정오차 : 〈표 15-7〉에서 $\Sigma(Y_i-\hat{Y}_i)^2=70.874$

$$S_e=\sqrt{\frac{\Sigma(Y_i-\hat{Y}_i)^2}{n-k-1}}=\sqrt{\frac{70.874}{10-2-1}}=3.182$$

결정계수 R^2 : 〈표 15-7〉에서 $\Sigma(Y_i-\overline{Y})^2=248$, $\Sigma(Y_i-\hat{Y}_i)^2=70.874$로부터

$$R^2=1-\frac{\Sigma(Y_i-\hat{Y}_i)^2}{\Sigma(Y_i-\overline{Y})^2}=1-\frac{70.874}{248}=0.714$$

결정계수가 0.714라 함은 취학 전 아동의 학습준비도는 가정의 경제 사회적 배경과 부모의 교육정도에 의해 71.4% 설명된다는 것을 의미한다.

다중회귀분석의 F-검정

단순회귀분석에 있어서는 X와 Y 사이에는 아무런 선형관계가 없다는 것을 검정하기 위하여 귀무가설 $\beta=0$ 하나만 검정하였다. 그러나 다중회귀분석에서는 유의성을 검정하려면 모든 독립변수가 종속변수와 선형관계가 없다는 것을 검정해야 한다.

독립변수가 2개인 다중회귀분석에서 가설검정을 할 때 귀무가설과 대립가설은 다음과 같다.

H_0 : $\beta_1=\beta_2=0$
H_a : 2개의 모수 중 적어도 하나는 0이 아니다.

위의 귀무가설은 종속변수를 의미 있게 설명하는 독립변수는 하나도 없다는 의미로서, 이 귀무가설을 채택한다는 것은 다중회귀모형이 성립하지 않는다는 것을 나타낸다. 반면 대립가설은 다중회귀방정식을 구성하는 여러 개의 독립변

수 중에서 종속변수를 설명하는 변수가 적어도 1개 이상이므로 다중회귀모형이 성립한다는 것을 나타낸다.

다중회귀식에서도 회귀식이 표본자료를 잘 설명하고 있다면 설명된 제곱합(SSR)은 설명 안 된 제곱합(SSE)에 비해 상대적으로 클 것이고, 만약 회귀식이 표본자료에 적합치 않다면 SSR은 SSE에 비하여 상대적으로 작을 것이다. 이를 이용하여 β계수 전체(β_1, β_2)에 대해 종합적으로 가설검정을 하게 된다. 즉, 회귀식에 의해 설명된 제곱합과 설명 안 된 제곱합을 살펴봄으로써 다중회귀식의 타당성을 살펴보는 것이다.

단순회귀분석에서 언급한 바와 같이 설명된 평균제곱(mean square regression: MSR)과 설명 안 된 평균제곱(mean square error: MSE)의 비율은 F-분포를 따른다.

설명된 평균제곱(MSR)

$$MSR = \frac{SSR}{2}$$

설명 안 된 평균제곱(MSE)

$$MSE = \frac{SSE}{n-3}$$

제곱합 $SST = SSE + SSR$

자유도 $n-1 = (n-3) + 2$

이때 MSR/MSE은 자유도 $(2, n-3)$을 가진 F-분포를 따른다.

다중회귀분석에서 F-검정식

$$F_{2,\, n-3} = \frac{SSR/2}{SSE/(n-3)} = \frac{MSR}{MSE} \tag{15-21}$$

【예제 6】 [예제 5]의 어린이의 학습준비도에 관한 자료를 가지고 회귀모형의 유의성을 검정하라.

① $H_0 : \beta_1 = \beta_2 = 0$

H_a : 두 회귀계수 중 적어도 하나는 0이 아니다.

② $\alpha = 0.01$

③ $F_{2,7}$의 임겟값은 9.55

채택영역 : $F \le 9.55$, 기각영역 : $F > 9.55$

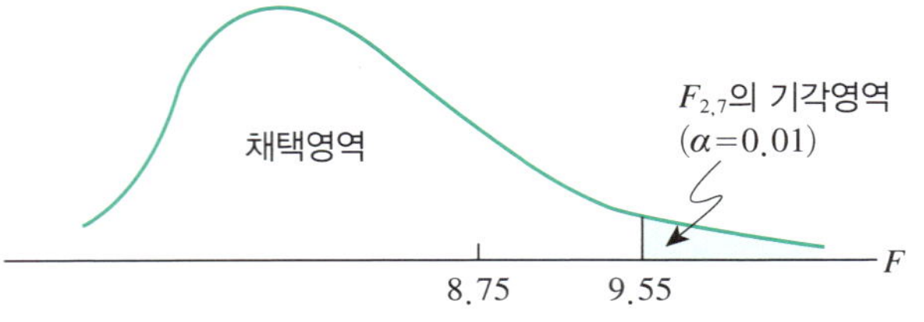

④ $SST = (Y_i - \overline{Y})^2 = 248$

$SSE = (Y_i - \hat{Y}_i)^2 = 70.874$

$SSR = SST - SSE = 248 - 70.874 = 177.126$

위에서 계산된 자료에 의해 회귀계수의 유의도를 검증하면 다음과 같다.

$$F = \frac{SSR/2}{SSE/(n-3)} = \frac{MSR}{MSE} = \frac{177.126/2}{70.874/7} = 8.747$$

⑤ $\alpha = 0.01$에서 계산된 F값은 8.747이므로 임겟값인 9.55 안에 있으므로 H_0를 받아들인다. 즉, 두 독립변수가 학습준비도에 유의한 영향을 준다고 볼 수 없다.

다중회귀분석에서의 회귀분석표는 다음과 같다.

표 15-8 회귀분석표

분산원	제곱합	자유도	평균제곱	F값
회귀변수	$SSR=\Sigma(\hat{Y}_i-\overline{Y})^2$	2	$MSR=\frac{SSR}{2}$	$\frac{MSR}{MSE}$
오차	$SSE=\Sigma(Y_i-\hat{Y}_i)^2$	$n-3$	$MSE=\frac{SSE}{n-3}$	
합계	$SST=\Sigma(Y_i-\overline{Y})^2$	$n-1$		

[예제 5]의 회귀분석 결과를 표로 정리하면 다음과 같다.

표 15-9 예제 5의 회귀분석표

분산원	제곱합	자유도	평균제곱	F값
회귀변수	177.126	2	88.563	8.747
오차	70.874	7	10.125	
합계	248.0	9		

β_1과 β_2에 대한 t–검정

표본회귀식에서 구한 기울기 b_1과 b_2를 이용하여, 단순회귀분석과 마찬가지로 회귀선의 기울기를 나타내는 β_1과 β_2에 대해서 각각 0이라고 볼 수 있는지 가설검정을 할 수 있다. 이때의 귀무가설과 대립가설은 다음과 같이 설정한다.

$$\text{가설 1} : H_0 : \beta_1=0 \qquad \text{가설 2} : H_0 : \beta_2=0$$
$$H_a : \beta_1 \neq 0 \qquad H_a : \beta_2 \neq 0$$

이 두 개의 가설에 대해서는 단순회귀분석처럼 t–분포를 이용한 t–검정을 개별적으로 수행하면 된다. t–검정을 하려면 먼저 표본의 회귀계수인 b_1과 b_2의 분포를 알아야 하는데 b_1과 b_2의 분포는 각각 정규분포를 이룬다고 알려져 있다. b_1분포는 평균이 β_1이며 표준오차가 S_{b_1}이고, b_2분포는 평균이 β_2이며 표준오차가 S_{b_2}이다. S_{b_1}과 S_{b_2}는 다음과 같이 구하며, S_e는 추정의 표준오차로서 앞에서 보여준 식 15·19를 말한다.

회귀계수 b_1과 b_2의 표준오차

$$S_{b_1}=\frac{S_e}{\sqrt{\Sigma(X_{1i}-\overline{X}_1)^2\times(1-r_{1,2}^2)}}$$

$$S_{b_2}=\frac{S_e}{\sqrt{\Sigma(X_{2i}-\overline{X}_2)^2\times(1-r_{1,2}^2)}} \qquad (15\cdot22)$$

여기서 $r_{1,2}=\frac{\Sigma(X_{1i}-\overline{X}_1)(X_{2i}-\overline{X}_2)}{\sqrt{\Sigma(X_{1i}-\overline{X}_1)^2}\sqrt{\Sigma(X_{2i}-\overline{X}_2)^2}}$ (X_1과 X_2의 상관계수)

$\beta_1=0$ 혹은 $\beta_2=0$에 대한 가설검정을 하기 위한 검정통계량 t값은 다음과 같이 구한다.

$\beta_1=0$을 검정하는 t–통계량

$$t=\frac{b_1}{S_{b_1}} \qquad (15\cdot23)$$

$\beta_2=0$을 검정하는 t–통계량

$$t=\frac{b_2}{S_{b_2}} \qquad (15\cdot24)$$

식 15·23과 15·24의 t–통계량은 $(n-3)$의 자유도를 갖는다.

【예제 7】 [예제 5]의 어린이의 학습준비도에 관한 자료를 가지고 각 독립변수의 유의성을 $\alpha=0.05$에서 검정하라.

사회경제적 환경(X_1)에 대한 유의성 검정

① $H_0 : \beta_1 = 0$

$H_a : \beta_1 \neq 0$

② $\alpha = 0.05$

③ 표본크기 n=10이므로 t의 자유도는 10−3=7이다. 양측검정을 할 때 채택영역과 기각영역은 다음과 같다.

채택영역: $-2.365 \leq t \leq 2.365$

기각영역: $t > 2.365$ 또는 $t < -2.365$

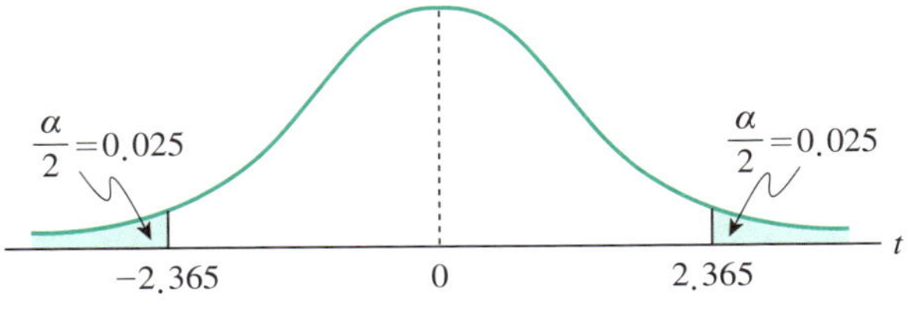

④ [예제 5]에서 $S_e = 3.182$, $b_1 = 0.84$라는 것을 알았다.

$$\Sigma(X_{1i}-\overline{X}_1)^2 = 70,\ \Sigma(X_{2i}-\overline{X}_2)^2 = 20,$$

$$\Sigma(X_{1i}-\overline{X}_1)(X_{2i}-\overline{X}_2) = 19$$

$$r_{1,2} = \frac{19}{\sqrt{70}\sqrt{20}} = 0.508$$

$$S_{b_1} = \frac{S_e}{\sqrt{\Sigma(X_{1i}-\overline{X}_1)^2 \times (1-r_{1,2}^2)}}$$

$$= \frac{3.182}{\sqrt{70 \times (1-0.508^2)}} = 0.4415$$

$$t = \frac{0.84}{0.4415} = 1.903$$

⑤ 계산된 통계량 t값은 1.903이므로 $\alpha=0.05$에서 채택영역에 포함되어 귀무가설을 기각하지 않는다. 즉 사회경제적 환경은 학습준비도에 영향을 미치지 않는다.

부모의 교육정도(X_2)에 대한 유의성 검정

① $H_0 : \beta_2=0$

$H_a : \beta_2 \neq 0$

② $\alpha=0.05$

③ 표본크기 n=10이므로 t의 자유도는 10−3=7이다. 양측검정을 할 때 채택영역과 기각영역은 다음과 같다.

채택영역: $-2.365 \leq t \leq 2.365$

기각영역: $t>2.365$ 또는 $t<-2.365$

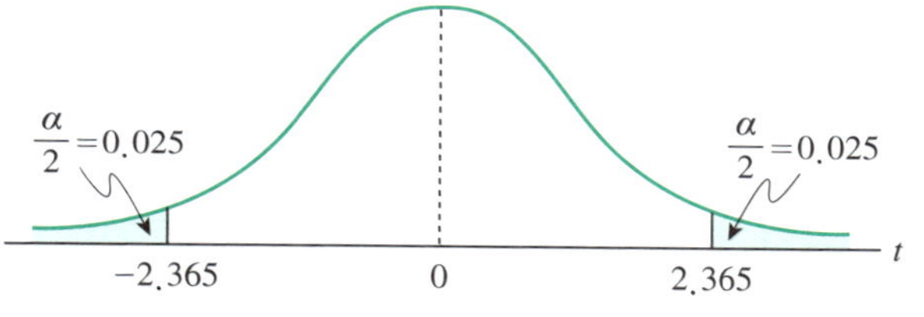

④ [예제 5]에서 $S_e=3.182$, $b_2=1.852$라는 것을 알았다.

$$\Sigma(X_{1i}-\bar{X}_1)^2=70,\ \Sigma(X_{2i}-\bar{X}_2)^2=20,$$

$$\Sigma(X_{1i}-\bar{X}_1)(X_{2i}-\bar{X}_2)=19$$

$$r_{1,2}=\frac{19}{\sqrt{70}\sqrt{20}}=0.508$$

$$S_{b_1}=\frac{S_e}{\sqrt{\Sigma(X_{2i}-\bar{X}_1)^2\times(1-r_{1,2}^2)}}$$

$$=\frac{3.182}{\sqrt{20\times(1-0.508^2)}}=0.826$$

$$t=\frac{1.852}{0.826}=2.242$$

⑤ 계산된 통계량 t값은 2.242이므로 $\alpha=0.05$에서 채택영역에 포함되어 귀무가설을 기각하지 않는다. 즉 부모의 교육정도는 학습준비도에 영향을 미치지 않는다.

연습문제

15.1 어느 고등학교 학생 12명을 선택하여 그들의 어휘점수와 사회점수를 다음과 같이 조사하였다. 어휘점수가 사회점수에 영향을 주는 것일까?

① 이 자료를 이용하여 회귀식을 구하라.

② S_e와 r을 구하라.

어휘점수(X_i)	사회점수(Y_i)	X_i^2	X_iY_i	Y_i^2
65	68	4,225	4,420	4,624
63	66	3,969	4,158	4,356
67	68	4,489	4,556	4,624
64	65	4,096	4,160	4,225
68	69	4,624	4,692	4,761
62	66	3,844	4,092	4,356
70	68	4,900	4,760	4,624
66	65	4,356	4,290	4,225
68	71	4,624	4,828	5,041
67	67	4,489	4,489	4,489
69	68	4,761	4,692	4,624
71	70	5,041	4,970	4,900
합계 800 $\overline{X}=66.667$	811 $\overline{Y}=67.583$	53,418	54,107	54,849

15.2 다음 자료로부터 회귀식 $\hat{Y}_i = 4.019 + 0.00897X_i$를 얻었다.

X_i	210	290	350	480	490	730	780	850	920	1,010
Y_i	5	7	6	11	8	11	12	8	15	12

① S_e를 구하라.

② 결정계수와 상관계수를 구하라.

15.3 아래의 자료를 이용하여 다음 물음에 답하라.

X_i	10	6	15	3	6	12	21	28	19	20
Y_i	9	4	13	5	10	7	16	20	11	18

① 회귀식 $\hat{Y}_i = a + bX_i$를 구하라.

② SSE는 얼마인가?

③ 결정계수 r^2을 구하라.

15.4 10개월 동안 A주식의 주가와 종합주가지수를 조사하였더니 다음과 같았다.

월	1	2	3	4	5	6	7	8	9	10
A주식(백 원)	180	182	184	189	183	186	180	188	182	184
종합주가지수	3,760	3,762	3,765	3,770	3,760	3,763	3,765	3,762	3,765	3,768

① A주식의 주가와 종합주가지수 간의 표본상관계수 r을 구하라.

② A주식을 독립변수로 하는 회귀식을 구하라.

③ SSE를 구하고 $r^2 = SSR/SST$로 결정계수 r^2을 구하여 ①에서 구한 상관계수와 비교하라.

15.5 CCTV 설치가 범죄예방에 효과가 있는지를 알아보기 위해 무작위로 10개 마을을 뽑아 CCTV 설치대수와 주당 범죄발생건수를 알아보았더니 다음과 같았다.

마을	1	2	3	4	5	6	7	8	9	10
CCTV 설치 대수(X_i)	7	9	12	10	15	8	16	5	8	10
주당 범죄발생 건수(Y_i)	5	4	3	4	3	2	1	5	2	1

① 회귀식 $\hat{Y}_i = a + bX_i$를 구하라.

② CCTV 설치대수와 주당 범죄발생건수 사이에 회귀모형이 성립되는지를 $\alpha = 0.05$ 수준에서 F-검정하라.

③ F-검정한 결과를 회귀분석표로 정리하라.

④ CCTV 설치대수가 주당 범죄발생건수를 예측할 수 있는 변수인지를 $\alpha = 0.05$ 수준에서 t-검정하라.

15.6 어느 회사의 대리점들의 매출액을 결정하는 요인은 광고비와 대리점의 크기라고 생각하여 매출액, 광고비, 대리점크기를 조사하였다.

대리점	광고비(X_{1i}) (단위 : 천만 원)	대리점크기(X_{2i}) (단위 : 평)	매출액(Y_i) (단위 : 천만 원)
1	4	4	9
2	8	10	20
3	9	8	22
4	8	5	15
5	8	10	17
6	12	15	30
7	6	8	18
8	10	13	25
9	6	5	10
10	9	12	20

① 독립변수는 어떤 것이 되며, 종속변수는 어떤 것인가?

② 회귀계수 a, b_1, b_2를 계산하라.

③ SST, SSR, SSE를 구하라.

④ 모수 β_1과 β_2가 모두 0이라는 귀무가설을 $\alpha = 0.01$ 수준에서 검정하라.

15.7 다음은 종속변수 Y와 독립변수 X_1, X_2를 조사한 표다.

Y_i	X_{1i}	X_{2i}
18	8	5
16	6	3
12	4	2
14	4	4
13	5	5
17	7	7
14	8	6
17	9	4

① 회귀계수 a, b_1, b_2를 계산하라.

② S_e를 계산하라.

③ 회귀분석표를 작성하라.

④ R^2을 계산하라.

15.8 새로 입사한 10명의 사원들에게 서로 다른 두 교육훈련을 모두 마치게 한 후 업무성과를 측정한 결과가 다음과 같았다.

① 회귀식 $\hat{Y}_i = a + b_1X_{1_i} + b_2X_{2_i}$를 구하라.

② $H_0 : \beta_1 = \beta_2 = 0$이라는 가설을 $\alpha = 0.01$ 수준에서 검정하라.

교육훈련 I (X_{1i})	교육훈련 II (X_{2i})	업무성과(Y_i)
69	40	82
76	43	90
70	37	79
71	37	80
74	40	91
59	41	72
69	36	75
61	34	74
88	47	98
83	45	95

③ $H_0 : \beta_1 = 0$이라는 가설을 $\alpha = 0.01$ 수준에서 검정하라.

15.9 회귀제곱합과 오차제곱합의 차이를 설명하라.

15.10 다중공선성이란 무엇인가?

15.11 다중회귀분석에서 적합도 검정이란 무엇인가?

15.12 다음의 자료로부터 다중회귀식을 구하려고 할 때, 다중공선성 문제를 발생시키는 독립변수 두 가지는 무엇인가?

X_1	X_2	X_3	Y
1	0	2	15
4	−3	8	32
2	1	4	24
4	2	8	17
3	6	6	26

15.13 어떤 도시에서 방의 개수(X_1)와 연식(X_2)이 집값(Y)에 미치는 영향을 분석하기 위하여 다중회귀분석을 실시한 결과가 다음과 같았다.

$$\hat{Y}_i = -10 + 17.5X_{1i} - 21.3X_{2i}$$

① 방의 개수(X_1)의 회귀계수 17.5가 갖는 의미를 해석하라.

② 방의 연식(X_2)의 회귀계수 −21.3이 갖는 의미를 해석하라.

Chapter 16

비모수통계학

지금까지 다루어 온 통계적 추론은 표본 통계량(statistic)을 이용하여 모수(parameter)를 추정하거나, 모수에 대한 가설검정을 하는 것이었다. 그러나 추정 또는 가설검정을 할 때는 표본이 뽑힌 모집단에 대한 엄격한 가정이 있어야 한다. 예를 들면, 표본크기가 작을 때에는 모집단의 분포가 정규분포라는 가정하에서만 t-분포 또는 F-분포를 이용하여 가설검정이나 모수에 대한 추론이 가능하다.

모집단의 분포가 우리가 가정한 것처럼 정규분포를 이루고 있지 않다면, t-분포나 F-분포 등을 이용한 가설검정이나 신뢰구간설정에는 많은 착오가 생기게 된다. 그러나 현실적으로는 모집단 분포의 양상과 특성을 모르는 때가 많으며, 표본을 선택하여 통계처리를 하더라도 모집단 분포가 정규분포일 것이라고 막연하게 가정해 버림으로써 오류를 범하는 경우가 많다. 이러한 문제를 해결해 주는 통계적 방법이 비모수통계학(非母數統計學, nonparametric statistics)이다.

모집단의 특성에 대하여 어떤 가정을 하고 분석하는 통계학을 모수통계학(母數統計學, parametric statistics)이라고 하는 데 비하여, 비모수통계학은 모집단 분포에 대한 특정한 가정을 필요로 하지 않는다. 비모수통계학 영역에는 많은 기법이 발달되어 있으나, 이 책에서는 잘 알려지고 자주 사용되는 방법만을 선별하여 소개하기로 한다.

제1절 비모수통계학의 특성

비모수통계학도 모수통계학과 마찬가지로 검정대상이 모집단에 관한 것이며 표본에서 계산된 통계량을 사용하지만, 모집단 분포가 정규분포라든지 등의 모집단에 대한 특별한 가정을 필요로 하지 않는다. 비모수검정통계량은 관측값을 이용하기도 하지만 관측값의 부호나 순위 등을 사용하는 경우도 많다. 이들 부호나 순위 등의 자룟값을 이용한 통계적 검정방법은 정보의 손실 때문에 비효율적일 거라 생각되는 경우도 있지만, 실제로는 오히려 안전한 검정방법인 경우도 많다.

일반적으로 모집단의 분포에 대한 정보가 있을 때는 모수적 방법이 더 우수하다고 한다. 그러나 모집단이 특정 분포를 따른다고 가정할 수 없을 경우나 막연히 연속적이고 대칭적인 분포를 따른다는 제약만 있을 경우, 또는 순위나 부호 등 질적 자룟값의 형태일 때, 비모수적 방법이 더 안전할 수 있다. 예를 들어 직업을 조사하는 설문지에서 '회사원, 교사, 공무원, 자유업, 기타'로 분류된 항목은 질적 자료이며 수입의 '상, 중, 하' 항목은 순서만을 가리키는 자료다. 이러한 자료를 분석하려면 비모수통계학에 의존하여야 한다.

비모수통계학을 사용하여 가설검정을 할 때는 모수통계학에 비해 다음과 같은 장점이 있다.

비모수통계학의 장점

① 모수통계학을 적용할 때에는 모집단 분포에 대한 특정한 가정이 필요하지만, 비모수통계학에서는 이러한 가정이 필요 없다.
② 비모수검정법은 대부분 계산이 간단하므로 쉽고 신속하게 검정을 할 수 있다.
③ 비모수통계학에서는 연구 대상이 꼭 양적 변수일 필요가 없다.

제2절 χ^2–분포를 이용한 검정

χ^2의 적합도 검정

추론통계에서 가장 중요한 문제는 표본이 추출된 모집단 확률분포에 대한 정보를 얻는 것이다. 모집단 분포의 모양을 가설로 설정한 경우, 표집분포를 분석하여 모집단에 대한 가설이 과연 타당한지를 검정하기 원할 때가 있다. 이러한 경우에 적합도(goodness of fit) 검정을 한다.

적합도 검정을 하기 위해서는 χ^2–분포를 적용하는데, χ^2–분포는 제11장 모집단 분산에 관한 가설검정에서 다루었다. 그러나 χ^2–분포는 명목변수에 의한 자료에 더 자주 사용되며 이 경우 관찰빈도와 기대빈도를 비교하는 방법을 취한다.

χ^2–분포를 이용한 χ^2–검정 통계량은 다음 공식에 의해 계산된다.

χ^2–검정 통계량

$$\chi^2 = \Sigma \frac{(O_i - E_i)^2}{E_i} \qquad (16 \cdot 1)$$

O_i : i번째 관찰빈도
E_i : i번째 기대빈도

기대빈도의 계산

χ^2–검정에서는 먼저 관찰빈도와 비교하기 위해 기대빈도를 계산한다. 어느 대학 동아리의 구성원들 분포를 학년별로 분류한 결과 1학년은 15명, 2학년은 11명, 3학년은 14명, 4학년은 8명으로 모두 48명이라고 한다. 그런데 각 학년의 학생 수는 1학년이 400명, 2학년이 300명, 3학년이 300명, 4학년이 200명이다. 그러면 동아리의 구성원들이 학년별로 골고루 포함되어 있다고 할 수 있는가? 만일 학년별로 골고루 포함되어 있다면 기대빈도는 어떠할까? 이런 경우

귀무가설과 대립가설은 다음과 같다.

H_0 : 동아리 구성원에서 각 학년의 비율은 같다.
H_a : 동아리 구성원에서 각 학년의 비율은 같지 않다.

동아리에 각 학년이 골고루 포함된다면 각 학년 학생들의 수에 대한 기대빈도는 다음과 같다.

1학년의 기대빈도 $48 \times \frac{400}{1,200} = 16$

2학년의 기대빈도 $48 \times \frac{300}{1,200} = 12$

3학년의 기대빈도 $48 \times \frac{300}{1,200} = 12$

4학년의 기대빈도 $48 \times \frac{200}{1,200} = 8$

표 16-1 동아리 구성원의 관찰 및 기대 빈도

	1학년	2학년	3학년	4학년
관찰빈도	15	11	14	8
기대빈도	16	12	12	8

χ^2–검정에서 자유도와 임곗값

χ^2–검정에서 자유도는 범주의 수 k에서 1을 뺀다. 앞의 예에서 범주가 4이므로 $df = k-1 = 3$이 된다. 다음 절에서 다루게 될 독립성 검정을 위한 χ^2–분포에서는 자유도를 구하는 방식이 조금 다르다. 그것은 다음 절에서 설명될 것이다.

임곗값은 미리 정해진 α 수준과 자유도에 따라 [부록 4]를 이용하여 구한다. $\alpha = 0.05$에서 $df = 3$일 때 양측검정이면 왼쪽 임곗값은 $\chi^2_{0.025} = 0.22$, 오른쪽 임곗값은 $\chi^2_{0.975} = 9.35$가 된다. 식 16·1의 χ^2–통계량을 보면 관찰빈도와 기대빈도 간 차이가 작으면 χ^2값은 작아지고 양자 간 차이가 크면 χ^2값 역시 커진다.

| 그림 16-1 | χ^2-분포에서의 임곗값

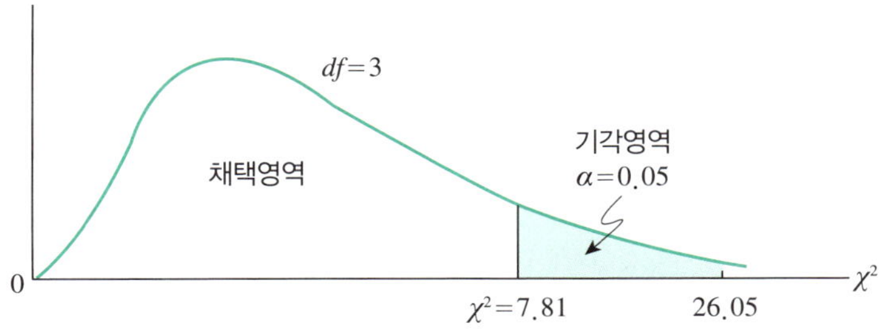

만일 χ^2값이 임곗값보다 크면 우연의 오차라고 볼 수 없으므로 귀무가설을 기각하게 된다.

차이가 작다는 것은 귀무가설이 받아들여지는 경우다. 그러므로 적합도 검정을 위하여 식 16·1을 이용하려면 양측검정은 의미가 없고 오른쪽 임곗값에 대한 단측검정을 하여야 한다. 계산된 χ^2값이 매우 작다는 것은 관찰빈도와 기대빈도의 차이가 매우 작다는 것을 의미하므로 귀무가설을 받아들이게 된다. 관찰빈도와 기대빈도의 차이가 커서 χ^2값이 커지면 귀무가설이 기각되므로 기각영역이 χ^2의 오른쪽 끝에만 있게 된다. 그러므로 적합도 검정을 위한 χ^2-검정은 오른쪽 임곗값에 대한 단측검정만이 의미를 갖게 된다.

【예제 1】 어느 주사위를 60회 던져서 다음과 같은 결과를 얻었다. 이 주사위가 공정한지를 유의수준 5%에서 검정하라.

표 16-2 주사위를 60회 던졌을 때의 결과

눈금	1	2	3	4	5	6	합계
관찰빈도	12	8	10	16	7	7	60
기대빈도	10	10	10	10	10	10	60

$$\chi^2=\Sigma\frac{(O_i-E_i)^2}{E_i}$$

$$=\frac{(12-10)^2}{10}+\frac{(8-10)^2}{10}+\frac{(10-10)^2}{10}+\frac{(16-10)^2}{10}+\frac{(7-10)^2}{10}+\frac{(7-10)^2}{10}$$

$$=6.2$$

① H_0 : 주사위는 공정하다.
H_a : 주사위는 공정하지 않다.

② $\alpha=0.05$

③ $df=5$에서 χ^2-분포의 오른쪽 임곗값은 11.07
기각영역 : $\chi^2\geq 11.07$

④ 〈표 16-2〉에서 계산된 χ^2값은 6.2다.

⑤ χ^2값이 $\alpha=0.05$에서 임곗값 안에 있으므로 귀무가설을 받아들이게 된다. 즉, 주사위는 공정하다고 할 수 있다.

χ^2의 독립성 검정

두 개 이상의 질적 변수들이 서로 독립적인지를 알기 원할 때도 χ^2-검정을 하는데, 이런 경우를 χ^2의 독립성 검정이라 한다. 독립성을 검정할 때는 두 개 이상의 질적 변수가 관련을 맺고 있기 때문에 분할표를 사용한다. 분할표(contingency table)는 어느 집단을 두 개 이상의 분류기준으로 나눌 때 사용한다.

【예제 2】 질적 변수인 지역과 직업의 분포가 서로 독립적인가를 알기 위해 서울에서 255명, 부산에서 145명의 성인 남자를 임의로 선발하였다. 그리고 이들의 직업을 조사한 결과 〈표 16-3〉과 같은 직업별 분할표를 얻을 수 있었다. 이 자료를 기초로 두 도시와 성인 남자의 직업별 비율이 서로 독립적인지 혹은 종속적인지 알아보려고 한다. 만약 서로 독립적이라면 도시에

상관없이 직업별 비율은 일정할 것이다.

표 16-3 서울과 부산의 각 직종에 속하는 성인 남자의 관찰된 수

직업 \ 지역	부산	서울	합계	비율
회사원	60	60	120	$p_{r_1}=0.300$
사업	40	110	150	$p_{r_2}=0.375$
공무원	30	50	80	$p_{r_3}=0.200$
자유업	15	35	50	$p_{r_4}=0.125$
합계	145	255	400	
비율	$p_{c_1}=0.3625$	$p_{c_2}=0.6375$		합계 1.000

적합도 검정과는 달리 독립성 검정에서는 독립변수를 몇 개의 범주로 나누는데 여기서는 직종은 네 개, 도시는 두 개로 나누었다. 이런 경우 자유도는 다음과 같이 구한다.

$$df=(r-1)(c-1)$$

r : 행(row)의 수
c : 열(column)의 수

이 예에서 자유도 df는 $(4-1)(2-1)=3$이다.

두 변수가 서로 독립적이라면 두 표본을 합했을 때 얻은 직종별 비율(〈표 16-3〉의 마지막 열)이 모집단의 직종별 비율을 추정하는 데 가장 적합할 것이다. 이와 같은 가정하에서 다음과 같이 기대빈도를 구해 보자.

부산에서 회사원 수의 기대빈도 :

$$P(\text{부산} \cap \text{회사원}) = P(\text{부산}) \cdot P(\text{회사원})$$
$$= 0.3625 \times 0.3 = 0.10875$$

$0.10875 \times 400(\text{명}) = 43.5$명

서울에서 공무원 수의 기대빈도 :

$$P(\text{서울} \cap \text{공무원}) = P(\text{서울}) \cdot P(\text{공무원})$$
$$= 0.6375 \times 0.2 = 0.1275$$
$$0.1275 \times 400(\text{명}) = 51.0\text{명}$$

〈표 16-4〉는 모집단에서 두 변수가 서로 독립이라고 가정했을 때 각 도시의 직종별 기대빈도를 나타내고 있다. 〈표 16-3〉에서 실제 관찰된 각 항목의 관찰빈도와 〈표 16-4〉의 기대빈도를 비교하여 χ^2값을 계산한 결과, 〈표 16-5〉에서와 같이 $\chi^2 = 16.685$가 나왔다. 이와 같은 계산 절차는 비교되는 관찰집단이 두 개 이상일 때도 마찬가지로 적용될 수 있다. 예를 들어 부산, 서울, 목포 등의 업종별 성인 남자의 분포도 같은 방법으로 검정할 수 있다.

표 16-4 서울과 부산의 각 직종 성인 남자의 기대빈도

직업 \ 지역	부산	서울	합계
회사원	43.5	76.5	120
사업	54.4	95.6	150
공무원	29.0	51.0	80
자유업	18.1	31.9	50
합계	145.0	255.0	400

표 16-5 서울과 부산의 각 직종별 비율에 대한 χ^2-검정 과정

관찰빈도(O_i)	기대빈도(E_i)	$O_i - E_i$	$(O_i - E_i)^2$	$(O_i - E_i)^2/E_i$
60	43.5	16.5	272.25	6.259
40	54.4	−14.4	207.36	3.812
30	29.0	1.0	1.00	0.034
15	18.1	−3.1	9.61	0.531
60	76.5	−16.5	272.25	3.559
110	95.6	14.4	207.36	2.169
50	51.0	−1.0	1.00	0.02
35	31.9	3.1	9.61	0.301
합계 400				$\chi^2 = 16.685$

위에서 설명한 내용을 바탕으로 $\alpha=0.05$에서 [예제 2]에 대한 χ^2−검정을 하면 다음과 같다.

① H_0 : 두 도시의 성인 남자의 직종별 비율은 같다.
H_a : 두 도시의 성인 남자의 직종별 비율은 같지 않다.
② $\alpha=0.05$
③ $df=(4-1)(2-1)=3$, $\alpha=0.05$에서 χ^2−분포의 오른쪽 임곗값은 7.81
기각영역 : $\chi^2 \geq 7.81$
④ 〈표 16−5〉에서 계산된 바와 같이 χ^2값은 16.685이다.
⑤ χ^2값이 $\alpha=0.05$에서 임곗값보다 크므로 귀무가설을 기각한다. 즉, 두 지역과 직종별 비율은 서로 종속적이다. 다시 말해서, 서울과 부산의 직종별 비율은 같다고 말할 수 없다.

독립성 검정에서 유의해야 할 사항은 이 검정이 질적 변수 전체에 대한 독립성 검정일 뿐 질적 변수의 각 비율을 개별적으로 검정하는 것은 아니라는 점이다. 전체적으로는 귀무가설을 기각하였다 하더라도 어느 항목의 비율은 동일할 수 있다. 예를 들면 서울과 부산의 직종별 비율이 전체적으로 보아 다르다고 하여도 두 도시에서 자유업이 차지하는 비율은 같을 수도 있다.

χ^2의 McNemar 검정

χ^2의 독립성 검정은 여러 개의 범주로 나누어진 두 개 이상의 질적 변수에 관한 검정이었다. 그러나 McNemar 검정은 χ^2−검정방식을 적용하되 한 개의 질적 변수에 대해서 두 개의 종속된 표본 간의 변화에 대한 유의성 검정이다. 예를 들어 학생들에게 수업 전에 사전검사를 실시하고 수업 후에 사후검사를 실시하는 경우가 이에 해당한다. 여기서 질적 변수는 검사결과이며 관찰값으로 '합격' 혹은 '불합격'이라는 두 가지 값을 가진다. 또한 한 표본집단의 학생들에게 사전검사와 사후검사를 실시하였으므로 두 측정값은 서로 종속되었다고 볼 수

있다.

사전검사

사후검사		합격	불합격
	불합격	A	B
	합격	C	D

위와 같은 분할표가 주어졌을 때, McNemar가 제시한 χ^2–검정식은 다음과 같다.

McNemar의 χ^2–검정식[01]

$$\chi^2 = \Sigma \frac{(O_i - E_i)^2}{E_i} = \frac{(A-D)^2}{A+D} \quad (16\cdot2)$$

McNemar의 χ^2–검정식에서는 분할표의 A와 D 항만을 포함하였다는 것에 유의해야 한다. A와 D는 사전검사와 사후검사에서 변화된 대상자 수를 말한다. A는 사전검사에서는 합격이었는데도 불구하고 사후검사에서는 불합격이 된 경우다. 이러한 대상자 수가 많으면 훈련의 효과가 오히려 부정적이라는 것을 의미한다. D는 사전검사에서는 불합격이었는데 사후검사에서는 합격이 되는 대상자 수를 나타낸다.

01 $\chi^2 = \Sigma \frac{(O_i - E_i)^2}{E_i} = \frac{\left(A - \frac{A+D}{2}\right)^2}{\frac{A+D}{2}} + \frac{\left(D - \frac{A+D}{2}\right)^2}{\frac{A+D}{2}} = \frac{(A-D)^2}{A+D}$

【예제 3】 2036년 올림픽 남북공동 개최를 희망하는 한국은 IOC 위원들을 대상으로 한국 홍보 동영상을 상영하였다. 홍보 동영상의 효과를 알아보기 위해 홍보 동영상을 시청하기 전후의 한국의 2036년 올림픽 유치 가능성을 '성공', '실패'로 알아본 결과가 아래의 분할표와 같다.

		시청 전 성공	시청 전 실패
시청 후	실패	2(A)	6(B)
시청 후	성공	16(C)	14(D)

유의수준 5%에서 위의 자료에 대한 χ^2−검정을 하면 다음과 같다.

① H_0 : 홍보 동영상 시청 전후의 차이가 없다.
   H_a : 홍보 동영상 시청 전후의 차이가 있다.

② $\alpha=0.05$

③ $df=(r-1)(c-1)=(2-1)(2-1)=1$에서 χ^2의 임곗값은 3.84다.
   채택영역 : $\chi^2\leq 3.84$
   기각영역 : $\chi^2\geq 3.84$

④ $\chi^2=\dfrac{(2-14)^2}{2+14}=9$

⑤ 계산된 χ^2값 9는 $\alpha=0.05$에서 기각영역 안에 있으므로 귀무가설은 기각된다. 즉, 홍보 동영상에 대한 시청 전후의 차이가 있다.

계산된 χ^2값은 변화의 방향을 알려주지 못한다. 만일 A와 D의 값이 뒤바뀐다 하여도 χ^2값은 똑같기 때문이다. 따라서 사전검사에서 합격자가 많았는지 사후검사에서 합격자로 바뀐 대상자들이 많았는지는 실제로 자료를 살펴보아야 한다.

χ^2의 Median Test

Median Test는 두 개의 독립된 모집단의 중앙값이 서로 같은지를 검정한다. 먼저 표본자료에서 중앙값을 구해야 하는데, 중앙값은 "수치로 된 자료를 크기 순서대로 나열할 때, 가운데에 위치하는 관찰값"이다. 즉, 중앙값은 n개의 관찰값이 있을 때, $(n+1)/2$번째 값이 된다.

Median Test를 하기 위해서는 먼저 두 표본자료의 공통 중앙값을 구한다. 그 다음 두 집단으로 나누어진 자료에서 각각 중앙값보다 높은 관찰값과 낮은 관찰값을 가진 대상자의 수를 세어서 2×2 분할표에 적어 넣고 다음 식에 대입하여 χ^2-검정값을 구한다.

	집단 1	집단 2
중앙값보다 높음	A	B
중앙값보다 낮음	C	D

Median Test를 위한 χ^2-검정식

$$\chi^2 = \frac{n(AD-BC)^2}{(A+B)(C+D)(A+C)(B+D)} \qquad [16\cdot3]$$

【예제 4】 여성의 가사노동과 관련하여 직장을 가진 여성과 그렇지 않은 여성이 서로 다른 태도를 보였는지 알아보려고 한다. 두 집단의 여성들에게 태도검사를 실시한 결과 다음과 같았다.

표 16-6 여성의 가사노동에 대한 태도점수

대상자	1	2	3	4	5	6	7	8	9	10
직장이 있는 여성	9	12	18	22	24	27	30	32	33	29
그렇지 않은 여성	6	8	11	16	17	19	21	23	28	36

총 20개의 관찰값이 있는 자료에서 중앙값은 $(n+1)/2=10.5$번째에 있는 관찰값이므로 10번째와 11번째 관찰값의 산술평균이 된다. 이를 위해 관찰값을 가장 낮은 수치부터 가장 높은 수치로 나열하여 보자.

6, 8, 9, 11, 12, 16, 17, 18, 19, 21, 22, 23, 24, 27, 28, 29, 30, 32, 33, 36

10번째와 11번째의 관찰값을 보면 각각 21과 22다. 따라서 중앙값은 이 두 측정치의 산술평균인 $(21+22)/2=21.5$다. 〈표 16-7〉은 직장이 있는 여성은 집단 1로, 그렇지 않은 여성은 집단 2로 분류하여 여성의 가사노동에 대한 두 집단의 태도점수를 기초로 중앙값보다 높은 점수를 가진 사람과 낮은 점수를 가진 사람을 각각 세어 작성한 분할표다.

표 16-7 Median Test를 위한 분할표

	집단 1	집단 2	합계
중앙값보다 높음	7(A)	3(B)	10
중앙값보다 낮음	3(C)	7(D)	10
합계	10	10	20

위의 자료에 대한 $\alpha=0.05$의 Median Test는 다음과 같다.

① H_0 : 집단 1의 태도점수의 중앙값과 집단 2의 태도점수의 중앙값은 같다.

H_a : 집단 1의 태도점수의 중앙값과 집단 2의 태도점수의 중앙값은 다르다.

② $\alpha=0.05$

③ $df=(r-1)(c-1)=1$, $\alpha=0.05$에서 χ^2의 임곗값은 3.84다.

④ $\chi^2=\dfrac{n(AD-BC)^2}{(A+B)(C+D)(A+C)(B+D)}=\dfrac{20\times(49-9)^2}{10\times10\times10\times10}=3.2$

⑤ 계산된 χ^2값은 $\alpha=0.05$에서 임곗값을 넘지 못하므로 귀무가설을 기각하지 못한다. 즉, 두 집단의 여성들은 여성의 가사노동에 대한 태도점수의 중앙값이 서로 다르지 않다.

제3절 순위검정

χ^2-검정에서는 명목변수를 사용하였지만, 순위검정(rank test)은 서열변수를 이용하여 자료를 분석한다. 즉, 주어진 수치나 계산과정에서 도출된 수치를 직접 사용하지 않고, 그 수치가 전체에서 차지하는 순위를 평가하여 그 순위를 가설검정의 자료로 삼는 방법이다. 이와 같은 가설검정 방법에는 여러 가지가 있으나, 여기서는 Mann-Whitney의 U검정과 Wilcoxon의 T검정, 그리고 Spearman의 ρ를 이용한 검정만을 설명한다.

Mann-Whitney의 U검정

Median Test에서 귀무가설은 두 독립인 모집단의 중앙값 간에는 차이가 없다는 것이었다. 그 경우에는 단지 중앙값의 차이에만 관심이 있을 뿐 두 집단의 전체 점수 분포는 고려하지 않았다. 이와는 달리 Mann-Whitney의 U검정에서는 점수의 집중화경향값에 관심을 둔다. U검정에서의 귀무가설 역시 중앙값 검정과 마찬가지로 "두 집단의 태도점수의 중앙값은 같다"라고 한다.

Mann-Whitney의 U검정을 하기 위해서는 먼저 U통곗값을 구한다. U통곗값의 표집분포표는 [부록 9]에 있다. $n_1=10$과 $n_2=10$, $\alpha=0.05$에서 양측검정인 경우 U통곗값의 표집분포에서 귀무가설을 기각하기 위해서는 계산된 U값이 임곗값 23보다 작아야 한다. U검정을 하기 위해 먼저 U_1과 U_2를 계산하는데, 두 집단 중 등위의 합이 작은 수치를 U_1이라 하고 큰 수치를 U_2라 하면 각각은 다음과 같이 계산한다.

Mann-Whitney의 U검정에서 U_1과 U_2의 계산식

$$U_1 = n_1 n_2 + \frac{n_1(n_1+1)}{2} - R_1 \qquad (16\text{-}4)$$

$$U_2 = n_1 n_2 + \frac{n_2(n_2+1)}{2} - R_2$$

n_1 : 집단 1의 대상자 수
n_2 : 집단 2의 대상자 수
R_1 : 집단 1에 부여된 등위의 합계
R_2 : 집단 2에 부여된 등위의 합계
$U = \min(U_1,\ U_2)$

【예제 5】 [예제 4]의 Median Test에서 사용한 자료를 가지고 Mann-Whitney의 U검정을 해 보자. 각 대상자의 점수를 전체 집단에서의 순위로 표시하는데, 큰 수부터 1, 2, 3의 순위로 표시하거나 작은 수부터 1, 2, 3의 순위로 표시하여도 그 결과는 마찬가지다.

표 16-8 Mann-Whitney의 U검정을 위한 자료

대상자		1	2	3	4	5	6	7	8	9	10	합계
직장이 있는 여성	점수	9	12	18	22	24	27	30	32	33	29	$R_1=124$
	순위	3	5	8	11	13	14	17	18	19	16	
그렇지 않은 여성	점수	6	8	11	16	17	19	21	23	28	36	$R_2=86$
	순위	1	2	4	6	7	9	10	12	15	20	

〈표 16-8〉을 사용하여 유의수준 5%에서 두 집단의 순위가 같은지에 대한 가설검정을 하면 다음과 같다.

① H_0 : 집단 1의 태도점수의 중앙값과 집단 2의 태도점수의 중앙값은 같다.
H_a : 집단 1의 태도점수의 중앙값과 집단 2의 태도점수의 중앙값은 다르다.

② $\alpha=0.05$

③ U의 임곗값은 23이다. 즉, 귀무가설을 기각하기 위해서는 U_1과 U_2 중에서 작은 수치가 23보다 작아야 한다.

④ 등위 R_1은 124고 R_2는 86이다.

$$U_1=10\times10+\frac{10\times(10+1)}{2}-124=31$$

$$U_2=10\times10+\frac{10\times(10+1)}{2}-86=69$$

U_1과 U_2 중에서 U_1이 더 작은 숫자로서 31이다.

⑤ 계산된 U_1값이 23보다 크므로 귀무가설을 기각할 수 없다. 즉, 두 집단의 태도점수의 중앙값은 서로 다르다고 말할 수 없다.

Median Test와 Mann–Whitney의 U검정의 결과가 같긴 하지만, Mann–Whitney의 U검정은 두 평균에 대한 t–검정에 좀 더 근접한 대안이며 통계적으로 좀 더 강력하다. 비록 모수통계에서 필요한 모집단의 정규성과 분산의 동질성(homogeneity)에 대한 가정을 충족시키지 않을 때도 통계적 검정력이 Median Test보다 Mann–Whitney의 U검정 방법이 더 강하므로 많은 문헌에서 이 방법을 추천한다.

Wilcoxon의 T검정

두 독립표본의 관찰값의 순위만을 고려하는 Mann–Whitney 검정과는 달리 두 짝지어진 표본의 순위를 고려하여 그 차이는 얼마나 되는지를 모두 고려한 방법이 Wilcoxon의 T검정이다. 이 검정방법은 두 표본의 관찰값의 순위를 더 크고 작음에 따라 ±의 부호를 붙인다고 하여 '부호화된 순위검정'이라 불린다. 부호화된 순위검정을 하기 위해서는 〈표 16-9〉와 같이 먼저 짝지어진 두 수치의 차이 d_i를 구해야 한다. 이때 d_i는 연속형이며, 중앙값에 대해 대칭분포를 이룬다는 가정을 한다. 다음은 d_i의 절댓값의 크기에 따라 순위를 부여한다.

부산과 광주 두 도시의 물가가 서로 차이가 있는지를 알기 위해 10개 품목에 대한 가격을 조사하였더니 다음과 같았다. 이 자료를 사용하여 Wilcoxon의 T검정 과정을 살펴보자.

표 16-9 Wilcoxon의 T검정의 계산

(단위 : 천 원)

품목	A(부산)	B(광주)	$d_i=A-B$	$\|d_i\|$	R_i	positive R_i	negative R_i
1	12.36	11.32	+1.04	1.04	8	8	
2	15.65	10.21	+5.44	5.44	10	10	
3	9.83	9.79	+0.04	0.04	1	1	
4	18.37	19.21	−0.84	0.84	7		7
5	11.72	11.43	+0.29	0.29	3	3	
6	13.04	12.96	+0.08	0.08	2	2	
7	10.15	9.81	+0.34	0.34	4	4	
8	15.41	14.65	+0.76	0.76	6	6	
9	11.07	11.79	−0.72	0.72	5		5
10	11.05	12.31	−1.26	1.26	9		9
						$W^+=34$	$W^-=21$

이 표에서 제6열에 보면 3번 품목의 절댓값이 가장 낮아 1위, 6번 품목이 2위인 것을 알 수 있다. 짝이 된 두 수의 차이가 없을 때, 즉 $d_i=0$이면 분석 대상에서 제외하고 d_i의 절댓값이 같은 것이 여러 개 발생하면 모두에 대하여 평균 순위를 부여한다. 예를 들어 3번째, 4번째, 5번째가 같은 d_i의 절댓값을 갖고 있다면, 3, 4, 5의 평균인 4를 세 개의 R_i에 동시에 주어야 한다. −부호를 가진 모든 d_i의 순위의 합은 $W^-=21$이다. 검정통계량 T는 W^+와 W^- 중 더 작은 값이다. +부호를 가진 모든 d_i의 순위(rank), 즉 positive R_i를 더한 값은 $W^+=34$이다.

$$T=\min(W^+,\ W^-) \tag{16·5}$$

여기서 W^{+}값이 크다는 것은 부산의 물가가 광주보다 비싸다는 뜻이며, W^{-}값이 크다는 것은 부산의 물가가 광주보다 싸다는 의미다. 구체적인 T값의 임곗값은 α값에 따라 달라진다. 표본의 크기와 α에 따른 임계값이 [부록 8]에 제시되었으며, 그중 일부가 〈표 16-10〉에 나타나 있다.

표 16-10 Wilcoxon의 T검정의 임곗값(양측검정)

n	$\alpha=0.05$	$\alpha=0.01$
	T	T
5	–	–
6	0	–
7	2	–
8	3	0
9	5	1
10	8	3
12	14	7
14	21	12
16	29	19
18	40	27
20	52	37

【예제 6】 부산과 광주의 물가가 서로 차이가 있는지를 알기 위해 〈표 16-9〉를 사용하여 유의수준 5%에서 Wilcoxon의 T검정을 해 보자.

① H_0 : 두 도시의 물가는 같다.
　H_a : 두 도시의 물가는 다르다.

② $\alpha=0.05$

③ $n=10$, $\alpha=0.05$에서 T값의 임곗값은 8이다.
　기각영역 : $T<8$

④ 〈표 16-9〉에서 구한 바와 같이 $T=\min(34, 21)=21$

⑤ 계산된 T값은 $\alpha=0.05$에서 임곗값보다 크므로 귀무가설을 채택한다.
　즉, 두 도시의 물가가 다르지 않다.

Spearman의 ρ

두 변수 간의 관계를 알아보는 방법으로 Spearman의 순위 상관계수인 ρ(rho)를 들 수 있다. Spearman의 ρ는 영국의 심리학자 스피어맨(Spearman)에 의하여 개발된 것이며, 순위의 상관관계(rank correlation)를 알아봄으로써 두 변수 간의 관련성을 검정하는 방법이다. 순위의 상관관계란 앞서 상관분석에서 공부한 것과는 달리 관찰값을 그대로 사용하지 않고 각 관찰값에 순위(rank)를 매겨 사용하므로 순위검정의 한 종류라고 할 수 있다. 이 방법은 두 변수 간의 관련성뿐만 아니라 관계의 방향까지도 판단할 수 있다는 장점이 있다.

Spearman의 ρ를 구하는 검정통계량은 다음과 같다.

Spearman의 ρ

$$\rho = 1 - \frac{6\sum D_i^2}{n(n^2-1)} \qquad [16\text{-}6]$$

n : 관찰대상의 수
D_i : 두 순위의 차

Spearman의 ρ에 대한 검정을 할 때의 귀무가설은 "두 표본 간의 관찰값들은 서로 관련성이 없다"이며, 대립가설은 "두 표본 간의 관찰값들은 서로 관련성이 있다"이다. 여기서 ρ에 대한 해석은 상관계수 r에 대한 해석과 같다.

ρ의 임곗값은 표본의 크기 n과 유의수준 α에 따라 달라지는데, 이를 나타낸 것이 다음의 〈표 16-11〉이다. 표본으로부터 얻은 ρ가 임곗값보다 크면 두 변수 간에 상관관계가 있으며, 임곗값보다 작으면 두 변수 간에 상관관계가 없다고 판정한다.

표 16-11 Spearman의 ρ의 임곗값(단측검정)

n	$\alpha=0.01$	n	$\alpha=0.01$
8	0.833	20	0.520
10	0.745	22	0.496
12	0.678	24	0.476
14	0.626	26	0.457
16	0.582	28	0.440
18	0.550	30	0.425

【예제 7】 어느 회사에서 실시하는 입사시험이 과연 우수한 사람을 선발하는 데 효과적인가를 알아보기 위하여 신입사원 10명의 성적 순위와 입사 후 인사고과에 나타난 이들의 능력별 순위를 비교하여 〈표 16-12〉에 나타내었다. 이 자료로 보아 과연 입사시험 성적과 사원들의 능력은 서로 관계가 있는 것일까?

표 16-12 신입사원의 성적 순위와 능력 순위

학생	X_i(성적 순위)	Y_i(능력 순위)	$D_i=X_i-Y_i$	D_i^2
김	4	1	3	9
심	5	6	−1	1
최	2	2	0	0
이	10	8	2	4
윤	7	9	−2	4
박	1	3	−2	4
조	8	4	4	16
신	3	5	−2	4
전	9	10	−1	1
손	6	7	−1	1
				$\Sigma D_i^2=44$

지금까지 계산된 자료를 기초로 Spearman의 ρ에 대한 가설검정을 유의수준 1%에서 하면 다음과 같다.

① H_0 : 성적 순위와 능력 순위는 무관하다.

H_a : 성적 순위와 능력 순위는 상관관계가 있다.

② $\alpha=0.01$ 단측검정

③ $n=10$, $\alpha=0.01$에서 ρ의 임곗값은 0.745

④ $\rho=1-\frac{6\times44}{10\times(10^2-1)}=0.733$

⑤ 계산된 ρ는 0.733으로 $\alpha=0.01$에서 임곗값 안에 있으므로 귀무가설을 채택한다. 즉, 시험 성적과 능력 순위는 관계가 있다고 말할 수 없다.

제4절 분산분석을 위한 검정

Kruskal-Wallis의 일원분산분석

Mann-Whitney 검정은 두 독립표본에 대한 검정방법이며 Kruskal-Wallis 검정방식은 3개 이상의 독립표본에 대한 검정방법이다. 이는 제12장과 제13장에서 설명한 사례와 비슷하며, 그래서 Mann-Whitney 검정을 t-검정에 비유한다면 Kruskal-Wallis 검정은 비모수통계의 일원분산분석이라 할 수 있다. 여기서 다루는 Kruskal-Wallis 검정에서의 통곗값 H는 Mann-Whitney의 계산 방법과 유사하다.

예를 들어 초 · 중 · 고등학교 교사들 간에 학생체벌에 대한 설문조사에서 검사 결과에 차이가 있는가에 관심을 갖는다고 하자. Kruskal-Wallis 검정에서 귀무가설은 일원분산분석에서와 같이, "k집단 간에 점수의 중앙값 차이가 없다"라고 한다. 마찬가지로 대립가설은 "k집단 중 최소한 한 집단은 중앙값 차이가 있다"라고 한다.

Kruskal-Wallis 검정에서 검정통계량은 H며, H통곗값을 계산하는 식은 다음과 같다.

Kruskal–Wallis 검정통계량 H

$$H=\frac{12}{N(N+1)}\Sigma\frac{R_k^2}{N_k-1}-3(N+1) \qquad (16\cdot7)$$

$N=\sum n_k$: 전체 대상자 수
n_k : k번째 표본의 대상자 수
R_k : k번째 표본에서 등위의 합

H의 표집분포는 $K-1$의 자유도를 가진 χ^2-분포를 이루며, 여기서 K는 표본의 수다.

【예제 8】 다음은 초 · 중 · 고등학교 세 집단에서 표본을 선정한 다음 학생체벌 전면 금지에 대한 설문조사의 검사결과를 정리한 표다. Kruskal–Wallis 검정을 하면 다음과 같다.

표 16-13 각 학교별 교사들의 설문지검사 결과

초등학교 교사		중학교 교사		고등학교 교사	
점수	등위	점수	등위	점수	등위
22	4	36	13	33	10
16	1	19	3	35	12
32	9	34	11	28	8
18	2	23	5	40	15
27	7	38	14	41	16
24	6	45	19	43	17
44	18			46	20
$R_1=47$		$R_2=65$		$R_3=98$	

〈표 16–13〉을 이용하여 세 집단의 교사들이 학생체벌 전면 금지에 대해 서로 다른 태도를 갖고 있는가에 대해 유의수준 5%에서 검정하면 다음과 같다.

① H_0 : $Md_1 = Md_2 = Md_3$

H_a : 세 집단 중 최소한 한 집단의 중앙값은 차이가 난다.

② $\alpha = 0.05$

③ $df = (K-1) = 2$, $\alpha = 0.05$에서 H의 임곗값은 χ^2–분포를 보면 5.99다.

④ $H = \dfrac{12}{20 \times (20+1)}\left[\dfrac{(47)^2}{6} + \dfrac{(65)^2}{6} + \dfrac{(98)^2}{6}\right] - 3 \times (20+1) = 17.395$

⑤ 계산된 H값이 $\alpha = 0.05$에서 임곗값보다 크므로 귀무가설을 기각한다. 즉, 세 집단의 학생체벌 전면 금지에 대한 설문지의 점수의 중앙값은 모두 같다고 볼 수 없다.

Friedman의 반복측정검정

Wilcoxon T검정은 두 종속표본에 대한 방법이고, Friedman 검정은 3개 이상의 종속표본에 대한 검정방법이다. Friedman 방법은 K번의 반복측정값 사이에 차이가 있는지 또는 없는지를 검정한다.

Friedman 검정을 하기 위해서는 먼저 대상자 n에 대하여 K번의 측정값을 1부터 K까지 작은 크기부터 등위를 결정한다. 그다음 K개의 측정값에 대하여 등위합 R_k를 산출하여 다음 식으로 χ^2–검정을 한다.

Friedman의 반복측정검정식

$$\chi^2 = \frac{12}{nK(K+1)}\Sigma R_k^2 - 3n(K+1) \quad (16\cdot 8)$$

n : 대상자 수

n_k : 측정횟수

R_k : k 측정순위의 합

【예제 9】 세계 비보이 대회에서 10명의 비보이들이 배틀을 펼치는 과정에서 네 번에 걸쳐 심사를 받았으며, 매 심사점수는 20점 만점이었다. 비보이들에 대한 네 번에 걸친 심사점수에 차이가 있다고 볼 수 있는지를 $\alpha=0.05$ 수준에서 검정하라.

표 16-14 Friedman 검정을 위한 자료

대상자	심사 Ⅰ	심사 Ⅱ	심사 Ⅲ	심사 Ⅳ
1	12(2)	8(1)	13(3)	15(4)
2	8(1)	11(3)	10(2)	14(4)
3	16(3)	15(2)	18(4)	14(1)
4	19(4)	16(2)	10(1)	18(3)
5	17(3)	15(1)	19(4)	16(2)
6	7(1)	12(3)	14(4)	11(2)
7	9(3)	10(4)	8(2)	7(1)
8	6(2)	5(1)	8(3)	11(4)
9	11(3)	10(2)	9(1)	13(4)
10	12(3)	11(2)	13(4)	10(1)
R_k	25	21	28	26

〈표 16-14〉에서 대상자 1을 보면 네 번의 심사에서 각각 12점, 8점, 13점, 15점을 받았다. 괄호 안의 수치는 네 심사점수의 순위를 적은 것이다. 점수 중에서 가장 낮은 점수에 1을 부여하고 가장 높은 점수에 4를 부여하는 방식으로(반대로 하여도 마찬가지다.) 모든 대상자의 심사점수를 등위로 다시 매겼다. 만일 심사할 때마다 점점 대상자들의 점수들이 좋아진다거나 또는 나빠진다면 R_k는 서로 달라질 것이고 그렇지 않으면 R_k는 비슷할 것이다. R_k의 값이 서로 다르면 ΣR_k^2은 커질 것이고, 따라서 χ^2값 역시 커질 것이다. χ^2값이 커지면 매 측정에서 대상자들의 점수는 다르다고 할 수 있다.

① H_0 : 네 번의 심사점수 간에 차이가 없다.

H_a : 네 번의 심사점수 중에서 최소 한 개 이상의 심사점수 간에는 차이가 있다.

② $\alpha=0.05$

③ $df=K-1=3$, $\alpha=0.05$에서 χ^2의 임곗값은 7.815다.

기각영역 : $\chi^2 \geq 7.815$

④ $$\chi^2=\frac{12}{nK(K+1)}\Sigma R_k^2-3n(K+1)$$

$$=\frac{12}{10\times4\times5}\times[(25)^2+(21)^2+(28)^2+(26)^2]-3\times10\times5=1.56$$

⑤ 계산된 χ^2값이 $\alpha=0.05$에서 임곗값보다 작으므로 귀무가설은 기각하지 못한다. 즉, 네 번에 걸친 반복심사에서 심사결과는 차이가 있다고 볼 수 없다.

연습문제

16.1 모수통계학과 비모수통계학을 설명하고 비모수통계학이 유용한 이유를 설명하라.

16.2 다음은 어느 회사의 50명의 직원들을 대상으로 월급 수준을 연령에 따라 구분하여 정리한 분할표다. 연령과 월급 수준은 독립적이라 할 수 있는가? $\alpha=0.05$의 수준에서 χ^2-검정하라.

연령 \ 월급	300만 원 미만	300만 원 이상
40세 미만	14	6
40세 이상	11	19

16.3 어느 과학자는 아열대성 기후에서는 흐린 날, 비 오는 날, 맑은 날이 2:2:6이라고 주장하고 있다. 어느 아열대성 기후에 속하는 나라의 기후를 100일 동안 조사하여 본 결과 다음과 같았다. 그 과학자의 주장을 받아들일 수 있는가?

기후	일수
흐린 날	20
비오는 날	35
맑은 날	45

χ^2을 이용하여 $\alpha=0.01$의 수준에서 검정하라.

16.4 80명의 학생들에게 교통안전에 관한 학습을 실시하기 전에 교통안전 의식을 검사하고 학습 후에 다시 검사하여 학습에 의한 변화가 유의한지를 알아보려고 한다. 다음은 평정자에 의해 교통안전 의식 검사에서 '합격'과 '실패'를 받은 학생들의 수를 표시한 것이다. McNemar 방법으로 $\alpha=0.05$의 수준에서 검정하라.

		학습 전	
		합격	실패
학습 후	실패	8(A)	12(B)
	합격	26(C)	34(D)

16.5 우리나라 기업의 남성 임원들이 여성의 출산휴가와 관련하여 어떤 태도를 가졌는지를 알아보려고 한다. 딸을 가진 남성과 그렇지 않은 남성 간에 서로 다른 태도를 가졌는지 Median test를 $\alpha=0.05$수준에서 검정하라. 다음은 두 집단의 남성들의 태도검사 점수다.

대상자	1	2	3	4	5	6	7	8	9	10	11	12
딸 있는 남성(Ⅰ)	27	19	35	32	39	41	23	42	30	24	21	36
딸 없는 남성(Ⅱ)	29	17	23	21	34	25	41	21	32	22	18	20

16.6 문제 16.5의 자료를 사용하여 Mann−Whitney의 U검정을 하라.

16.7 다음은 서울과 부산의 물가를 조사한 표다. 12개 품목을 조사한 결과 부산과 서울의 품목별 가격은 다음과 같다.

품목	1	2	3	4	5	6	7	8	9	10	11	12
서울	600	740	620	700	40	240	1,500	90	70	65	230	500
부산	620	710	630	900	80	215	1,420	95	105	73	290	450

Wilcoxon T검정으로 가격차이가 있는가를 검정하라($\alpha=0.01$).

16.8 다음은 10명의 학생들의 IQ와 수학점수를 조사한 표다. IQ가 높은 사람은 수학점수가 높다고 하는데 사실일까? 두 변수가 독립적이라는 가설을 가지고 Spearman의 ρ로 $\alpha=0.01$에서 단측검정하라.

학생	1	2	3	4	5	6	7	8	9	10
IQ	95	80	100	125	105	96	120	140	85	130
수학점수	85	72	82	92	75	83	90	70	40	95

16.9 다음은 고등학교 교사, 학부모, 고등학교 학생, 대학교수의 네 집단에서 표본을 선정한 다음 대학수학능력시험에 대한 설문조사의 검사 결과를 정리한 표다. 집단에 따라 설문조사의 결과에 차이가 있는지를 Kruskal-Wallis 방법으로 $\alpha=0.01$에서 검정하라.

고등학교 교사	대학교수	고등학교 학생	학부모
21	38	29	18
19	34	16	23
17	20	22	35
24	26	32	36
31	30	27	33
28	25		39
	7		40

16.10 어떤 기업에서 중국 시장을 개척하기 위해 사원 12명에게 중국어를 가르쳤다. 6개월간의 교육 후 그들에게 작문, 회화, 독해력에 관한 중국어 시험을 실시한 결과 다음과 같았다. 시험은 모두 100점 만점이다. 사원들이 시험 종류에 따라 검사 결과가 다른지 Friedman 방법에 의해 $\alpha=0.05$ 수준에서 검정하라.

대상자	1	2	3	4	5	6	7	8	9	10	11	12
작문	56	74	86	75	71	72	92	95	66	69	70	58
회화	63	76	84	77	68	70	86	90	56	60	75	65
독해	83	92	78	90	76	65	88	94	72	67	91	85

16.11 다음 문장이 옳으면 ○, 틀리면 ×를 답하라.

① 모집단의 분포를 알지 못하는 경우, 모집단의 분포에 대한 가정에 의존하지 않는 통계량에 기초한 추론을 해야 한다. 그런데 표본들의 부호 또는 순위 등은 모집단의 분포에 의존하므로 비모수통계에 이용하기 어렵다.

② 자료에서 두 값의 순위가 같으면 순위의 평균값을 사용한다.

16.12 다음 중 비모수통계학방법 중에서 종속표본에 대한 검정방법으로 옳지 않은 것은?

① McNemar 검정

② Wilcoxon T 검정

③ Friedman의 검정

④ Kruskal–Wallis 검정

16.13 다음 빈 칸을 채워라.

Mann–Whitney 검정은 (   )개의 독립표본에 대한 검정방법이며, 이를 3개 이상의 독립표본으로 확장한 것이 (   )검정이다.

16.14 한 임상실험에서 10명의 환자가 각각 A, B, C, D 네 가지의 약을 하루에 한 가지씩 먹고 그날의 혈압을 측정했다. 약의 효과에 차이가 있는지를 알아보고 싶다면 어떤 검정방법을 사용하는 것이 적절한가?

16.15 다음 예시에서 Kruskal–Wallis 검정의 순서를 바르게 나열하라.

① 각 집단의 순위합을 계산한다.

② Kruskal–Wallis 검정통계량값을 계산한다.

③ 검정통계량값이 너무 크면 집단 간의 분포가 다르다고 판단한다.

④ 모든 집단의 표본을 합쳐 크기순으로 나열한 후 순위를 매긴다.

부 록

[부록 1] 이항분포표

[부록 2] 표준정규분포표

[부록 3] t–분포표

[부록 4] χ^2–분포표

[부록 5] F–분포표

[부록 6] Tukey의 q값

[부록 7] Random Number표

[부록 8] Wilcoxon T검정의 임곗값

[부록 9] Mann–Whitney U검정의 임곗값

[부록 1] 이항분포표

$_nC_x p^x (1-p)^{n-x}$

		p									
n	x	0.05	0.10	0.15	0.20	0.25	0.30	0.35	0.40	0.45	0.50
1	0	0.9500	0.9000	0.8500	0.8000	0.7500	0.7000	0.6500	0.6000	0.5500	0.5000
	1	0.0500	0.1000	0.1500	0.2000	0.2500	0.3000	0.3500	0.4000	0.4500	0.5000
2	0	0.9025	0.8100	0.7225	0.6400	0.5625	0.4900	0.4225	0.3600	0.3025	0.2500
	1	0.0950	0.1800	0.2550	0.3200	0.3750	0.4200	0.4550	0.4800	0.4950	0.5000
	2	0.0025	0.0100	0.0225	0.0400	0.0625	0.0900	0.1225	0.1600	0.2025	0.2500
3	0	0.8574	0.7290	0.6141	0.5120	0.4219	0.3430	0.2746	0.2160	0.1664	0.1250
	1	0.1354	0.2430	0.3251	0.3840	0.4219	0.4410	0.4436	0.4320	0.4084	0.3750
	2	0.0071	0.0270	0.0574	0.0960	0.1406	0.1890	0.2389	0.2880	0.3341	0.3750
	3	0.0001	0.0010	0.0034	0.0080	0.0156	0.0270	0.0429	0.0640	0.0911	0.1250
4	0	0.8145	0.6561	0.5220	0.4096	0.3164	0.2401	0.1785	0.1296	0.0915	0.0625
	1	0.1715	0.2916	0.3685	0.4096	0.4219	0.4116	0.3845	0.3456	0.2995	0.2500
	2	0.0135	0.0486	0.0975	0.1536	0.2109	0.2646	0.3105	0.3456	0.3675	0.3750
	3	0.0005	0.0036	0.0115	0.0256	0.0469	0.0756	0.1115	0.1536	0.2005	0.2500
	4	0.0000	0.0001	0.0005	0.0016	0.0039	0.0081	0.0150	0.0256	0.0410	0.0625
5	0	0.7738	0.5905	0.4437	0.3277	0.2373	0.1681	0.1160	0.0778	0.0503	0.0312
	1	0.2036	0.3280	0.3915	0.4096	0.3955	0.3602	0.3124	0.2592	0.2059	0.1562
	2	0.0214	0.0729	0.1382	0.2048	0.2637	0.3087	0.3364	0.3456	0.3369	0.3125
	3	0.0011	0.0081	0.0244	0.0512	0.0879	0.1323	0.1811	0.2304	0.2757	0.3125
	4	0.0000	0.0004	0.0022	0.0064	0.0146	0.0284	0.0488	0.0768	0.1128	0.1562
	5	0.0000	0.0000	0.0001	0.0003	0.0010	0.0024	0.0053	0.0102	0.0185	0.0132
6	0	0.7351	0.5314	0.3771	0.2621	0.1780	0.1176	0.0754	0.0467	0.0277	0.0156
	1	0.2321	0.3543	0.3993	0.3932	0.3560	0.3025	0.2437	0.1866	0.1359	0.0938
	2	0.0305	0.0984	0.1762	0.2458	0.2966	0.3241	0.3280	0.3110	0.2780	0.2344
	3	0.0021	0.0146	0.0415	0.0819	0.1318	0.1852	0.2355	0.2765	0.3032	0.3125
	4	0.0001	0.0012	0.0055	0.0154	0.0330	0.0595	0.0951	0.1382	0.1861	0.2344
	5	0.0000	0.0001	0.0004	0.0015	0.0044	0.0102	0.0205	0.0369	0.0609	0.0938
	6	0.0000	0.0000	0.0000	0.0001	0.0002	0.0007	0.0018	0.0041	0.0083	0.0156
7	0	0.6983	0.4783	0.3206	0.2097	0.1335	0.0824	0.0490	0.0280	0.0152	0.0078
	1	0.2573	0.3720	0.3960	0.3670	0.3115	0.2471	0.1848	0.1306	0.0872	0.0547
	2	0.0406	0.1240	0.2097	0.2753	0.3115	0.3177	0.2985	0.2613	0.2140	0.1641
	3	0.0036	0.0230	0.0617	0.1147	0.1730	0.2269	0.2679	0.2903	0.2918	0.2734
	4	0.0002	0.0026	0.0109	0.0287	0.0577	0.0972	0.1442	0.1935	0.2388	0.2734
	5	0.0000	0.0002	0.0012	0.0043	0.0115	0.0250	0.0466	0.0774	0.1172	0.1641
	6	0.0000	0.0000	0.0001	0.0004	0.0013	0.0036	0.0084	0.0172	0.0320	0.0547
	7	0.0000	0.0000	0.0000	0.0000	0.0001	0.0002	0.0006	0.0016	0.0037	0.0078
8	0	0.6634	0.4305	0.2725	0.1678	0.1001	0.0576	0.0319	0.0168	0.0084	0.0039
	1	0.2793	0.3826	0.3847	0.3355	0.2670	0.1977	0.1373	0.0896	0.0548	0.0312
	2	0.0515	0.1488	0.2376	0.2936	0.3115	0.2965	0.2587	0.2090	0.1569	0.1094
	3	0.0054	0.0331	0.0839	0.1468	0.2076	0.2541	0.2786	0.2787	0.2568	0.2188
	4	0.0004	0.0046	0.0185	0.0459	0.0865	0.1361	0.1875	0.2322	0.2627	0.2734
	5	0.0000	0.0004	0.0026	0.0092	0.0231	0.0467	0.0808	0.1239	0.1719	0.2188
	6	0.0000	0.0000	0.0002	0.0011	0.0038	0.0100	0.0217	0.0413	0.0703	0.1094
	7	0.0000	0.0000	0.0000	0.0001	0.0004	0.0012	0.0033	0.0079	0.0164	0.0312
	8	0.0000	0.0000	0.0000	0.0000	0.0000	0.0001	0.0002	0.0007	0.0017	0.0039

n	x	0.05	0.10	0.15	0.20	0.25	0.30	0.35	0.40	0.45	0.50
9	0	0.6302	0.3874	0.2316	0.1342	0.0751	0.0404	0.0207	0.0101	0.0046	0.0020
	1	0.2985	0.3874	0.3679	0.3020	0.2253	0.1556	0.1004	0.0605	0.0339	0.0176
	2	0.0629	0.1722	0.2597	0.3020	0.3003	0.2668	0.2162	0.1612	0.1110	0.0703
	3	0.0077	0.0446	0.1069	0.1762	0.2336	0.2668	0.2716	0.2508	0.2119	0.1641
	4	0.0006	0.0074	0.0283	0.0661	0.1168	0.1715	0.2194	0.2508	0.2600	0.2461
	5	0.0000	0.0008	0.0050	0.0165	0.0389	0.0735	0.1181	0.1672	0.2128	0.2461
	6	0.0000	0.0001	0.0006	0.0028	0.0087	0.0210	0.0424	0.0743	0.1160	0.1641
	7	0.0000	0.0000	0.0000	0.0003	0.0012	0.0039	0.0098	0.0212	0.0407	0.0703
	8	0.0000	0.0000	0.0000	0.0000	0.0001	0.0004	0.0013	0.0035	0.0083	0.0176
	9	0.0000	0.0000	0.0000	0.0000	0.0000	0.0000	0.0001	0.0003	0.0008	0.0020
10	0	0.5987	0.3487	0.1969	0.1074	0.0563	0.0280	0.0135	0.0060	0.0025	0.0010
	1	0.3151	0.3874	0.3474	0.2684	0.1877	0.1211	0.0725	0.0403	0.0207	0.0098
	2	0.0746	0.1937	0.2759	0.3020	0.2816	0.2335	0.1757	0.1209	0.0763	0.0439
	3	0.0105	0.0574	0.1298	0.2013	0.2503	0.2668	0.2522	0.2150	0.1665	0.1172
	4	0.0010	0.0112	0.0401	0.0881	0.1460	0.2001	0.2377	0.2508	0.2384	0.2051
	5	0.0001	0.0015	0.0085	0.0264	0.0584	0.1029	0.1536	0.2007	0.2340	0.2461
	6	0.0000	0.0001	0.0012	0.0055	0.0162	0.0368	0.0689	0.1115	0.1596	0.2051
	7	0.0000	0.0000	0.0001	0.0008	0.0031	0.0090	0.0212	0.0425	0.0746	0.1172
	8	0.0000	0.0000	0.0000	0.0001	0.0004	0.0014	0.0043	0.0106	0.0229	0.0439
	9	0.0000	0.0000	0.0000	0.0000	0.0000	0.0001	0.0005	0.0016	0.0042	0.0098
	10	0.0000	0.0000	0.0000	0.0000	0.0000	0.0000	0.0000	0.0001	0.0003	0.0010
11	0	0.5688	0.3138	0.1673	0.0859	0.0422	0.0198	0.0088	0.0036	0.0014	0.0005
	1	0.3293	0.3835	0.3248	0.2362	0.1549	0.0932	0.0518	0.0266	0.0125	0.0054
	2	0.0867	0.2131	0.2866	0.2953	0.2581	0.1998	0.1395	0.0887	0.0513	0.0269
	3	0.0137	0.0710	0.1517	0.2215	0.2581	0.2568	0.2254	0.1774	0.1259	0.0806
	4	0.0014	0.0158	0.0536	0.1107	0.1721	0.2201	0.2428	0.2365	0.2060	0.1611
	5	0.0001	0.0025	0.0132	0.0388	0.0803	0.1321	0.1830	0.2207	0.2360	0.2256
	6	0.0000	0.0003	0.0023	0.0097	0.0268	0.0566	0.0985	0.1471	0.1931	0.2256
	7	0.0000	0.0000	0.0003	0.0017	0.0064	0.0173	0.0379	0.0701	0.1128	0.1611
	8	0.0000	0.0000	0.0000	0.0002	0.0011	0.0037	0.0102	0.0234	0.0462	0.0806
	9	0.0000	0.0000	0.0000	0.0000	0.0001	0.0005	0.0018	0.0052	0.0126	0.0269
	10	0.0000	0.0000	0.0000	0.0000	0.0000	0.0000	0.0002	0.0007	0.0021	0.0054
	11	0.0000	0.0000	0.0000	0.0000	0.0000	0.0000	0.0000	0.0000	0.0002	0.0005
12	0	0.5404	0.2824	0.1422	0.0687	0.0317	0.0138	0.0057	0.0022	0.0008	0.0002
	1	0.3413	0.3766	0.3012	0.2062	0.1267	0.0712	0.0368	0.0174	0.0075	0.0029
	2	0.0988	0.2301	0.2924	0.2835	0.2323	0.1678	0.1088	0.0639	0.0339	0.0161
	3	0.0173	0.0852	0.1720	0.2362	0.2581	0.2397	0.1954	0.1419	0.0923	0.0537
	4	0.0021	0.0213	0.0683	0.1329	0.1936	0.2311	0.2367	0.2128	0.1700	0.1208
	5	0.0002	0.0038	0.0193	0.0532	0.1032	0.1585	0.2039	0.2270	0.2225	0.1934
	6	0.0000	0.0005	0.0040	0.0155	0.0401	0.0792	0.1281	0.1766	0.2124	0.2256
	7	0.0000	0.0000	0.0006	0.0033	0.0115	0.0291	0.0591	0.1009	0.1489	0.1934
	8	0.0000	0.0000	0.0001	0.0005	0.0024	0.0078	0.0199	0.0420	0.0762	0.1208
	9	0.0000	0.0000	0.0000	0.0001	0.0004	0.0015	0.0048	0.0125	0.0277	0.0537
	10	0.0000	0.0000	0.0000	0.0000	0.0000	0.0002	0.0008	0.0025	0.0068	0.0161
	11	0.0000	0.0000	0.0000	0.0000	0.0000	0.0000	0.0001	0.0003	0.0010	0.0029
	12	0.0000	0.0000	0.0000	0.0000	0.0000	0.0000	0.0000	0.0000	0.0001	0.0002
13	0	0.5133	0.2542	0.1209	0.0550	0.0238	0.0097	0.0037	0.0013	0.0004	0.0001

n	x	p 0.05	0.10	0.15	0.20	0.25	0.30	0.35	0.40	0.45	0.50
	1	0.3512	0.3672	0.2774	0.1787	0.1029	0.0540	0.0259	0.0113	0.0045	0.0016
	2	0.1109	0.2448	0.2937	0.2680	0.2059	0.1388	0.0836	0.0453	0.0220	0.0095
	3	0.0214	0.0997	0.1900	0.2457	0.2517	0.2181	0.1651	0.1107	0.0660	0.0349
	4	0.0028	0.0277	0.0838	0.1535	0.2097	0.2337	0.2222	0.1845	0.1350	0.0873
	5	0.0003	0.0055	0.0266	0.0691	0.1258	0.1803	0.2154	0.2214	0.1989	0.1571
	6	0.0000	0.0008	0.0063	0.0230	0.0559	0.1030	0.1546	0.1968	0.2169	0.2095
	7	0.0000	0.0001	0.0011	0.0058	0.0186	0.0442	0.0833	0.1312	0.1775	0.2095
	8	0.0000	0.0000	0.0001	0.0011	0.0047	0.0142	0.0336	0.0656	0.1089	0.1571
	9	0.0000	0.0000	0.0000	0.0001	0.0009	0.0034	0.0101	0.0243	0.0495	0.0873
	10	0.0000	0.0000	0.0000	0.0000	0.0001	0.0006	0.0022	0.0065	0.0162	0.0349
	11	0.0000	0.0000	0.0000	0.0000	0.0000	0.0001	0.0003	0.0012	0.0036	0.0095
	12	0.0000	0.0000	0.0000	0.0000	0.0000	0.0000	0.0000	0.0001	0.0005	0.0016
	13	0.0000	0.0000	0.0000	0.0000	0.0000	0.0000	0.0000	0.0000	0.0000	0.0001
14	0	0.4877	0.2288	0.1028	0.0440	0.0178	0.0068	0.0024	0.0008	0.0002	0.0001
	1	0.3593	0.3559	0.2539	0.1539	0.0832	0.0407	0.0181	0.0073	0.0027	0.0009
	2	0.1229	0.2570	0.2912	0.2501	0.1802	0.1134	0.0634	0.0317	0.0141	0.0056
	3	0.0259	0.1142	0.2056	0.2501	0.2402	0.1943	0.1366	0.0845	0.0462	0.0222
	4	0.0037	0.0349	0.0998	0.1720	0.2202	0.2290	0.2022	0.1549	0.1040	0.0611
	5	0.0004	0.0078	0.0352	0.0860	0.1468	0.1963	0.2178	0.2066	0.1701	0.1222
	6	0.0000	0.0013	0.0093	0.0322	0.0734	0.1262	0.1759	0.2066	0.2088	0.1833
	7	0.0000	0.0002	0.0019	0.0092	0.0280	0.0618	0.1082	0.1574	0.1952	0.2095
	8	0.0000	0.0000	0.0003	0.0020	0.0082	0.0232	0.0510	0.0918	0.1398	0.1833
	9	0.0000	0.0000	0.0000	0.0003	0.0018	0.0066	0.0183	0.0408	0.0762	0.1222
	10	0.0000	0.0000	0.0000	0.0000	0.0003	0.0014	0.0049	0.0136	0.0312	0.0611
	11	0.0000	0.0000	0.0000	0.0000	0.0000	0.0002	0.0010	0.0033	0.0093	0.0222
	12	0.0000	0.0000	0.0000	0.0000	0.0000	0.0000	0.0001	0.0005	0.0019	0.0056
	13	0.0000	0.0000	0.0000	0.0000	0.0000	0.0000	0.0000	0.0001	0.0002	0.0009
	14	0.0000	0.0000	0.0000	0.0000	0.0000	0.0000	0.0000	0.0000	0.0000	0.0001
15	0	0.4633	0.2059	0.0874	0.0352	0.0134	0.0047	0.0016	0.0000	0.0000	0.0000
	1	0.3658	0.3432	0.2312	0.1319	0.0668	0.0305	0.0126	0.0047	0.0016	0.0005
	2	0.1348	0.2669	0.2856	0.2309	0.1559	0.0916	0.0476	0.0219	0.0090	0.0032
	3	0.0307	0.1285	0.2184	0.2501	0.2252	0.1700	0.1110	0.0634	0.0318	0.0139
	4	0.0049	0.0428	0.1156	0.1876	0.2252	0.2186	0.1792	0.1268	0.0780	0.0417
	5	0.0006	0.0105	0.0449	0.1032	0.1651	0.2061	0.2123	0.1859	0.1404	0.0916
	6	0.0000	0.0019	0.0132	0.0430	0.0917	0.1472	0.1906	0.2066	0.1914	0.1527
	7	0.0000	0.0003	0.0030	0.0138	0.0393	0.0811	0.1319	0.1771	0.2013	0.1964
	8	0.0000	0.0000	0.0005	0.0035	0.0131	0.0348	0.0710	0.1181	0.1647	0.1964
	9	0.0000	0.0000	0.0001	0.0007	0.0034	0.0116	0.0298	0.0612	0.1048	0.1527
	10	0.0000	0.0000	0.0000	0.0001	0.0007	0.0030	0.0096	0.0245	0.0515	0.0916
	11	0.0000	0.0000	0.0000	0.0000	0.0001	0.0006	0.0024	0.0074	0.0191	0.0417
	12	0.0000	0.0000	0.0000	0.0000	0.0000	0.0001	0.0004	0.0016	0.0052	0.0139
	13	0.0000	0.0000	0.0000	0.0000	0.0000	0.0000	0.0001	0.0003	0.0010	0.0032
	14	0.0000	0.0000	0.0000	0.0000	0.0000	0.0000	0.0000	0.0000	0.0001	0.0005
	15	0.0000	0.0000	0.0000	0.0000	0.0000	0.0000	0.0000	0.0000	0.0000	0.0000
16	0	0.4401	0.1853	0.0743	0.0281	0.0100	0.0033	0.0010	0.0003	0.0001	0.0000
	1	0.3706	0.3294	0.2097	0.1126	0.0535	0.0228	0.0087	0.0030	0.0009	0.0002
	2	0.1463	0.2745	0.2775	0.2111	0.1336	0.0732	0.0353	0.0150	0.0056	0.0018

n	x	0.05	0.10	0.15	0.20	0.25	0.30	0.35	0.40	0.45	0.50
	3	0.0359	0.1423	0.2285	0.2463	0.2079	0.1465	0.0888	0.0468	0.0215	0.0085
	4	0.0061	0.0514	0.1311	0.2001	0.2252	0.2040	0.1553	0.1014	0.0572	0.0278
	5	0.0008	0.0137	0.0555	0.1201	0.1802	0.2099	0.2008	0.1623	0.1123	0.0667
	6	0.0001	0.0028	0.0180	0.0550	0.1101	0.1649	0.1982	0.1983	0.1684	0.1222
	7	0.0000	0.0004	0.0045	0.0197	0.0524	0.1010	0.1524	0.1889	0.1969	0.1746
	8	0.0000	0.0001	0.0009	0.0055	0.0197	0.0487	0.0923	0.1417	0.1812	0.1964
	9	0.0000	0.0000	0.0001	0.0012	0.0058	0.0185	0.0442	0.0840	0.1318	0.1746
	10	0.0000	0.0000	0.0000	0.0002	0.0014	0.0056	0.0167	0.0392	0.0755	0.1222
	11	0.0000	0.0000	0.0000	0.0000	0.0002	0.0013	0.0049	0.0142	0.0337	0.0667
	12	0.0000	0.0000	0.0000	0.0000	0.0000	0.0002	0.0011	0.0040	0.0115	0.0278
	13	0.0000	0.0000	0.0000	0.0000	0.0000	0.0000	0.0002	0.0008	0.0029	0.0085
	14	0.0000	0.0000	0.0000	0.0000	0.0000	0.0000	0.0000	0.0001	0.0005	0.0018
	15	0.0000	0.0000	0.0000	0.0000	0.0000	0.0000	0.0000	0.0000	0.0001	0.0002
	16	0.0000	0.0000	0.0000	0.0000	0.0000	0.0000	0.0000	0.0000	0.0000	0.0000
17	0	0.4181	0.1668	0.0631	0.0225	0.0075	0.0023	0.0007	0.0002	0.0000	0.0000
	1	0.3741	0.3150	0.1893	0.0957	0.0426	0.0169	0.0060	0.0019	0.0005	0.0001
	2	0.1575	0.2800	0.2673	0.1914	0.1136	0.0581	0.0260	0.0102	0.0035	0.0010
	3	0.0415	0.1556	0.2359	0.2393	0.1893	0.1245	0.0701	0.0341	0.0144	0.0052
	4	0.0076	0.0605	0.1457	0.2093	0.2209	0.1868	0.1320	0.0796	0.0411	0.0182
	5	0.0010	0.0175	0.0668	0.1361	0.1914	0.2081	0.1849	0.1379	0.0875	0.0472
	6	0.0001	0.0039	0.0236	0.0680	0.1276	0.1784	0.1991	0.1839	0.1432	0.0944
	7	0.0000	0.0007	0.0065	0.0267	0.0668	0.1201	0.1685	0.1927	0.1841	0.1484
	8	0.0000	0.0001	0.0014	0.0084	0.0279	0.0644	0.1134	0.1606	0.1883	0.1855
	9	0.0000	0.0000	0.0003	0.0021	0.0093	0.0276	0.0611	0.1070	0.1540	0.1855
	10	0.0000	0.0000	0.0000	0.0004	0.0025	0.0095	0.0263	0.0571	0.1008	0.1484
	11	0.0000	0.0000	0.0000	0.0001	0.0005	0.0026	0.0090	0.0242	0.0525	0.0944
	12	0.0000	0.0000	0.0000	0.0000	0.0001	0.0006	0.0024	0.0081	0.0215	0.0472
	13	0.0000	0.0000	0.0000	0.0000	0.0000	0.0001	0.0005	0.0021	0.0068	0.0182
	14	0.0000	0.0000	0.0000	0.0000	0.0000	0.0000	0.0001	0.0004	0.0016	0.0052
	15	0.0000	0.0000	0.0000	0.0000	0.0000	0.0000	0.0000	0.0001	0.0003	0.0010
	16	0.0000	0.0000	0.0000	0.0000	0.0000	0.0000	0.0000	0.0000	0.0000	0.0001
	17	0.0000	0.0000	0.0000	0.0000	0.0000	0.0000	0.0000	0.0000	0.0000	0.0000
18	0	0.3972	0.1501	0.0536	0.0180	0.0056	0.0016	0.0004	0.0001	0.0000	0.0000
	1	0.3763	0.3002	0.1704	0.0811	0.0338	0.0126	0.0042	0.0012	0.0003	0.0001
	2	0.1683	0.2835	0.2556	0.1723	0.0958	0.0458	0.0190	0.0069	0.0022	0.0006
	3	0.0473	0.1680	0.2406	0.2297	0.1704	0.1046	0.0547	0.0246	0.0095	0.0031
	4	0.0093	0.0700	0.1592	0.2153	0.2130	0.1681	0.1104	0.0614	0.0291	0.0117
	5	0.0014	0.0218	0.0787	0.1507	0.1988	0.2017	0.1664	0.1146	0.0666	0.0327
	6	0.0002	0.0052	0.0301	0.0816	0.1436	0.1873	0.1941	0.1655	0.1181	0.0708
	7	0.0000	0.0010	0.0091	0.0350	0.0820	0.1376	0.1792	0.1892	0.1657	0.1214
	8	0.0000	0.0002	0.0022	0.0120	0.0376	0.0811	0.1327	0.1734	0.1864	0.1669
	9	0.0000	0.0000	0.0004	0.0033	0.0139	0.0386	0.0794	0.1284	0.1694	0.1855
	10	0.0000	0.0000	0.0001	0.0008	0.0042	0.0149	0.0385	0.0771	0.1248	0.1669
	11	0.0000	0.0000	0.0000	0.0001	0.0010	0.0046	0.0151	0.0374	0.0742	0.1214
	12	0.0000	0.0000	0.0000	0.0000	0.0002	0.0012	0.0047	0.0145	0.0354	0.0708
	13	0.0000	0.0000	0.0000	0.0000	0.0000	0.0002	0.0012	0.0045	0.0134	0.0327
	14	0.0000	0.0000	0.0000	0.0000	0.0000	0.0000	0.0002	0.0011	0.0039	0.0117

n	x	0.05	0.10	0.15	0.20	0.25	0.30	0.35	0.40	0.45	0.50
	15	0.0000	0.0000	0.0000	0.0000	0.0000	0.0000	0.0000	0.0002	0.0009	0.0031
	16	0.0000	0.0000	0.0000	0.0000	0.0000	0.0000	0.0000	0.0000	0.0001	0.0006
	17	0.0000	0.0000	0.0000	0.0000	0.0000	0.0000	0.0000	0.0000	0.0000	0.0001
	18	0.0000	0.0000	0.0000	0.0000	0.0000	0.0000	0.0000	0.0000	0.0000	0.0000
19	0	0.3774	0.1351	0.0456	0.0144	0.0042	0.0011	0.0003	0.0001	0.0000	0.0000
	1	0.3774	0.2852	0.1529	0.0685	0.0268	0.0093	0.0029	0.0008	0.0002	0.0000
	2	0.1787	0.2852	0.2428	0.1540	0.0803	0.0358	0.0138	0.0046	0.0013	0.0003
	3	0.0533	0.1796	0.2428	0.2182	0.1517	0.0869	0.0422	0.0175	0.0062	0.0018
	4	0.0112	0.0798	0.1714	0.2182	0.2023	0.1491	0.0909	0.0467	0.0203	0.0074
	5	0.0018	0.0266	0.0907	0.1636	0.2023	0.1916	0.1468	0.0933	0.0497	0.0222
	6	0.0002	0.0069	0.0374	0.0955	0.1574	0.1916	0.1844	0.1451	0.0949	0.0518
	7	0.0000	0.0014	0.0122	0.0443	0.0974	0.1525	0.1844	0.1797	0.1443	0.0961
	8	0.0000	0.0002	0.0032	0.0166	0.0487	0.0981	0.1489	0.1797	0.1771	0.1442
	9	0.0000	0.0000	0.0007	0.0051	0.0198	0.0514	0.0980	0.1464	0.1771	0.1762
	10	0.0000	0.0000	0.0001	0.0013	0.0066	0.0220	0.0528	0.0976	0.1449	0.1762
	11	0.0000	0.0000	0.0000	0.0003	0.0018	0.0077	0.0233	0.0532	0.0970	0.1442
	12	0.0000	0.0000	0.0000	0.0000	0.0004	0.0022	0.0083	0.0237	0.0529	0.0961
	13	0.0000	0.0000	0.0000	0.0000	0.0001	0.0005	0.0024	0.0085	0.0233	0.0518
	14	0.0000	0.0000	0.0000	0.0000	0.0000	0.0001	0.0006	0.0024	0.0082	0.0222
	15	0.0000	0.0000	0.0000	0.0000	0.0000	0.0000	0.0001	0.0005	0.0022	0.0074
	16	0.0000	0.0000	0.0000	0.0000	0.0000	0.0000	0.0000	0.0001	0.0005	0.0018
	17	0.0000	0.0000	0.0000	0.0000	0.0000	0.0000	0.0000	0.0000	0.0001	0.0003
	18	0.0000	0.0000	0.0000	0.0000	0.0000	0.0000	0.0000	0.0000	0.0000	0.0000
	19	0.0000	0.0000	0.0000	0.0000	0.0000	0.0000	0.0000	0.0000	0.0000	0.0000
20	0	0.3585	0.1216	0.0388	0.0115	0.0032	0.0008	0.0002	0.0000	0.0000	0.0000
	1	0.3774	0.2702	0.1368	0.0576	0.0211	0.0068	0.0020	0.0005	0.0001	0.0000
	2	0.1887	0.2852	0.2293	0.1369	0.0669	0.0278	0.0100	0.0031	0.0008	0.0002
	3	0.0596	0.1901	0.2428	0.2054	0.1339	0.0716	0.0323	0.0123	0.0040	0.0011
	4	0.0133	0.0898	0.1821	0.2182	0.1897	0.1304	0.0738	0.0350	0.0139	0.0046
	5	0.0022	0.0319	0.1028	0.1746	0.2023	0.1789	0.1272	0.0746	0.0365	0.0148
	6	0.0003	0.0089	0.0454	0.1091	0.1686	0.1916	0.1712	0.1244	0.0746	0.0370
	7	0.0000	0.0020	0.0160	0.0545	0.1124	0.1643	0.1844	0.1659	0.1221	0.0739
	8	0.0000	0.0004	0.0046	0.0222	0.0609	0.1144	0.1614	0.1797	0.1623	0.1201
	9	0.0000	0.0001	0.0011	0.0074	0.0271	0.0654	0.1158	0.1597	0.1771	0.1602
	10	0.0000	0.0000	0.0002	0.0020	0.0099	0.0308	0.0686	0.1171	0.1593	0.1762
	11	0.0000	0.0000	0.0000	0.0005	0.0030	0.0120	0.0336	0.0710	0.1185	0.1602
	12	0.0000	0.0000	0.0000	0.0001	0.0008	0.0039	0.0136	0.0355	0.0727	0.1201
	13	0.0000	0.0000	0.0000	0.0000	0.0002	0.0010	0.0045	0.0146	0.0366	0.0739
	14	0.0000	0.0000	0.0000	0.0000	0.0000	0.0002	0.0012	0.0049	0.0150	0.0370
	15	0.0000	0.0000	0.0000	0.0000	0.0000	0.0000	0.0003	0.0013	0.0049	0.0148
	16	0.0000	0.0000	0.0000	0.0000	0.0000	0.0000	0.0000	0.0003	0.0013	0.0046
	17	0.0000	0.0000	0.0000	0.0000	0.0000	0.0000	0.0000	0.0000	0.0002	0.0011
	18	0.0000	0.0000	0.0000	0.0000	0.0000	0.0000	0.0000	0.0000	0.0000	0.0002
	19	0.0000	0.0000	0.0000	0.0000	0.0000	0.0000	0.0000	0.0000	0.0000	0.0000
	20	0.0000	0.0000	0.0000	0.0000	0.0000	0.0000	0.0000	0.0000	0.0000	0.0000

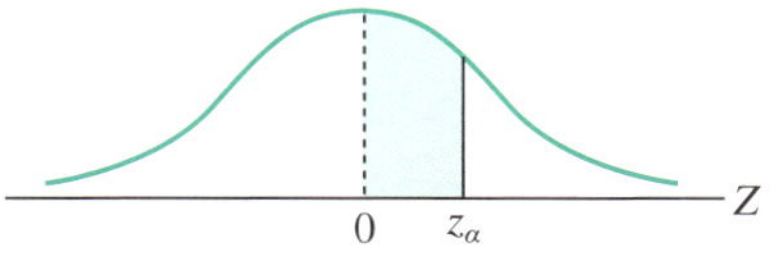

[부록 2] 표준정규분포표

이 표는 $Z=0$에서 z_α점까지의 넓이를 나타내 준다.

z	.00	.01	.02	.03	.04	.05	.06	.07	.08	.09
0.0	.0000	.0040	.0080	.0120	.0160	.0199	.0239	.0279	.0319	.0359
0.1	.0398	.0438	.0478	.0517	.0557	.0596	.0636	.0675	.0714	.0753
0.2	.0793	.0832	.0871	.0910	.0948	.0987	.1026	.1064	.1103	.1141
0.3	.1179	.1217	.1255	.1293	.1331	.1368	.1406	.1443	.1480	.1517
0.4	.1554	.1591	.1628	.1664	.1700	.1736	.1772	.1808	.1844	.1879
0.5	.1915	.1950	.1985	.2019	.2054	.2088	.2123	.2157	.2190	.2224
0.6	.2257	.2291	.2324	.2357	.2389	.2422	.2454	.2486	.2518	.2549
0.7	.2580	.2612	.2642	.2673	.2704	.2734	.2764	.2794	.2823	.2852
0.8	.2881	.2910	.2939	.2967	.2995	.3023	.3051	.3078	.3106	.3133
0.9	.3159	.3186	.3212	.3238	.3264	.3289	.3315	.3340	.3365	.3389
1.0	.3413	.3438	.3461	.3485	.3508	.3531	.3554	.3577	.3599	.3621
1.1	.3643	.3665	.3686	.3708	.3729	.3749	.3770	.3790	.3810	.3830
1.2	.3849	.3869	.3888	.3907	.3925	.3944	.3962	.3980	.3997	.4015
1.3	.4032	.4049	.4066	.4082	.4099	.4115	.4131	.4147	.4162	.4177
1.4	.4192	.4207	.4222	.4236	.4251	.4265	.4279	.4292	.4306	.4319
1.5	.4332	.4345	.4357	.4370	.4382	.4394	.4406	.4418	.4429	.4441
1.6	.4452	.4463	.4474	.4484	.4495	.4505	.4515	.4525	.4535	.4545
1.7	.4554	.4564	.4573	.4582	.4591	.4599	.4608	.4616	.4625	.4633
1.8	.4641	.4649	.4656	.4664	.4671	.4678	.4686	.4693	.4699	.4706
1.9	.4713	.4719	.4726	.4732	.4738	.4744	.4750	.4756	.4761	.4767
2.0	.4772	.4778	.4783	.4788	.4793	.4798	.4803	.4808	.4812	.4817
2.1	.4821	.4826	.4830	.4834	.4838	.4842	.4846	.4850	.4854	.4857
2.2	.4861	.4864	.4868	.4871	.4875	.4878	.4881	.4884	.4887	.4890
2.3	.4893	.4896	.4898	.4901	.4904	.4906	.4909	.4911	.4913	.4916
2.4	.4918	.4920	.4922	.4925	.4927	.4929	.4931	.4932	.4934	.4936
2.5	.4938	.4940	.4941	.4943	.4945	.4946	.4948	.4949	.4951	.4952
2.6	.4953	.4955	.4956	.4957	.4959	.4960	.4961	.4962	.4963	.4964
2.7	.4965	.4966	.4967	.4968	.4969	.4970	.4971	.4972	.4973	.4974
2.8	.4974	.4975	.4976	.4977	.4977	.4978	.4979	.4979	.4980	.4981
2.9	.4981	.4982	.4982	.4983	.4984	.4984	.4985	.4985	.4986	.4986
3.0	.49865	.4987	.4987	.4988	.4988	.4989	.4989	.4989	.4990	.4990
4.0	.49997									

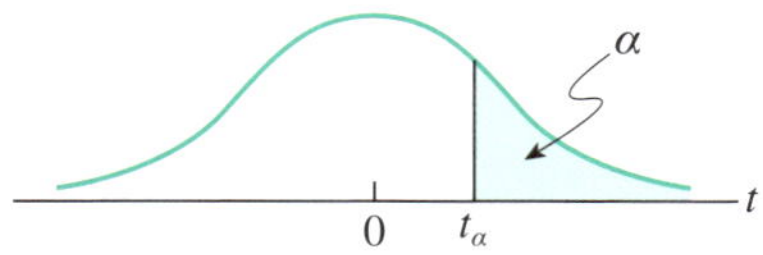

[부록 3] t-분포표

자유도	오른쪽 넓이 α									
	.4	.25	.1	.05	.025	.01	.005	.0025	.001	.0005
1	0.325	1.000	3.078	6.314	12.706	31.821	63.657	127.32	318.31	636.62
2	.289	0.816	1.886	2.920	4.303	6.965	9.925	14.089	22.327	31.598
3	.277	.765	1.638	2.353	3.182	4.541	5.841	7.453	10.214	12.924
4	.271	.741	1.533	2.132	2.776	3.747	4.604	5.598	7.173	8.610
5	0.267	0.727	1.476	2.015	2.571	3.365	4.032	4.773	5.893	6.869
6	.265	.718	1.440	1.943	2.447	3.143	3.707	4.317	5.208	5.959
7	.263	.711	1.415	1.895	2.365	2.998	3.499	4.029	4.785	5.408
8	.262	.706	1.397	1.860	2.306	2.896	3.355	3.833	4.501	5.041
9	.261	.703	1.383	1.833	2.262	2.821	3.250	3.690	4.297	4.781
10	0.260	0.700	1.372	1.812	2.228	2.764	3.169	3.581	4.144	4.587
11	.260	.697	1.363	1.796	2.201	2.718	3.106	3.497	4.025	4.437
12	.259	.695	1.356	1.782	2.179	2.681	3.055	3.428	3.930	4.318
13	.259	.694	1.350	1.771	2.160	2.650	3.012	3.372	3.852	4.221
14	.258	.692	1.345	1.761	2.145	2.624	2.977	3.326	3.787	4.140
15	0.258	0.691	1.341	1.753	2.131	2.602	2.947	3.286	3.733	4.073
16	.258	.690	1.337	1.746	2.120	2.583	2.921	3.252	3.686	4.015
17	.257	.689	1.333	1.740	2.110	2.567	2.898	3.222	3.646	3.965
18	.257	.688	1.330	1.734	2.101	2.552	2.878	3.197	3.610	3.922
19	.257	.688	1.328	1.729	2.093	2.539	2.861	3.174	3.579	3.883
20	0.257	0.687	1.325	1.725	2.086	2.528	2.845	3.153	3.552	3.850
21	.257	.686	1.323	1.721	2.080	2.518	2.831	3.135	3.527	3.819
22	.256	.686	1.321	1.717	2.074	2.508	2.819	3.119	3.505	3.792
23	.256	.685	1.319	1.714	2.069	2.500	2.807	3.104	3.485	3.767
24	.256	.685	1.318	1.711	2.064	2.492	2.797	3.091	3.467	3.745
25	0.256	0.684	1.316	1.708	2.060	2.485	2.787	3.078	3.450	3.725
26	.256	.684	1.315	1.706	2.056	2.479	2.779	3.067	3.435	3.707
27	.256	.684	1.314	1.703	2.052	2.473	2.771	3.057	3.421	3.690
28	.256	.683	1.313	1.701	2.048	2.467	2.763	3.047	3.408	3.674
29	.256	.683	1.311	1.699	2.045	2.462	2.756	3.038	3.396	3.659
30	0.256	0.683	1.310	1.697	2.042	2.457	2.750	3.030	3.385	3.646
40	.255	.681	1.303	1.684	2.021	2.423	2.704	2.971	3.307	3.551
60	.254	.679	1.296	1.671	2.000	2.390	2.660	2.915	3.232	3.460
120	.254	.677	1.289	1.658	1.980	2.358	2.617	2.860	3.160	3.373
∞	.253	.674	1.282	1.645	1.960	2.326	2.576	2.807	3.090	3.291

왼쪽 단측검정

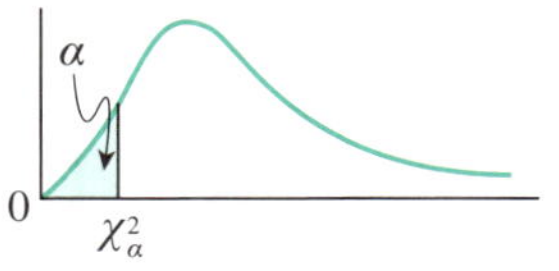

오른쪽 단측검정

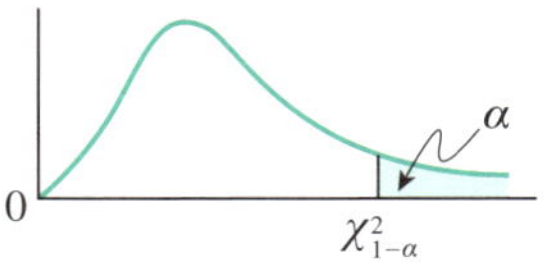

[부록 4] χ^2–분포표

df \ α	왼쪽 임곗값				오른쪽 임곗값			
	.01	.025	.05	.10	0.10	0.05	0.025	0.01
1	.00016	.00098	.004	.016	2.71	3.84	5.02	6.63
2	.02	.05	.10	.21	4.60	5.99	7.38	9.21
3	.11	.22	.35	.58	6.25	7.81	9.35	11.34
4	.30	.48	.71	1.06	7.78	9.49	11.14	13.28
5	.55	.83	1.15	1.61	9.24	11.07	12.83	15.09
6	.87	1.24	1.64	2.20	10.64	12.59	14.45	16.81
7	1.24	1.69	2.17	2.83	12.02	14.07	16.01	18.48
8	1.65	2.18	2.73	3.49	13.36	15.51	17.53	20.09
9	2.09	2.70	3.33	4.17	14.68	16.92	19.02	21.67
10	2.56	3.25	3.94	4.86	15.99	18.31	20.48	23.21
11	3.05	3.82	4.57	5.58	17.28	19.68	21.92	24.72
12	3.57	4.40	5.23	6.30	18.55	21.03	23.34	26.22
13	4.11	5.01	5.89	7.04	19.81	22.36	24.74	27.69
14	4.66	5.63	6.57	7.79	21.06	23.68	26.12	29.14
15	5.23	6.26	7.26	8.55	22.31	25.00	27.49	30.58
16	5.81	6.91	7.96	9.31	23.54	26.30	28.85	32.00
17	6.41	7.56	8.67	10.08	24.77	27.59	30.19	33.41
18	7.01	8.23	9.39	10.86	25.99	28.87	31.53	34.81
19	7.63	8.91	10.12	11.65	27.20	30.14	32.85	36.19
20	8.26	9.59	10.85	12.44	28.41	31.41	34.17	37.57
21	8.90	10.28	11.59	13.24	29.62	32.67	35.48	38.93
22	9.54	10.98	12.34	14.04	30.81	33.92	36.78	40.29
23	10.20	11.69	13.09	14.85	32.01	35.17	38.08	41.64
24	10.86	12.40	13.85	15.66	33.20	36.42	39.36	42.98
25	11.52	13.12	14.61	16.47	34.38	37.65	40.65	44.31
26	12.20	13.84	15.38	17.29	35.56	38.89	41.92	45.64
27	12.88	14.57	16.15	18.11	36.74	40.11	43.19	46.96
28	13.56	15.31	16.93	18.94	37.92	41.34	44.46	48.28
29	14.26	16.05	17.71	19.77	39.09	42.56	45.72	49.59
30	14.95	16.79	18.49	20.60	40.26	43.77	46.98	50.89
40	22.16	24.43	26.50	29.05	51.80	55.75	59.34	63.69
50	29.70	32.35	34.76	37.68	63.16	67.50	71.42	76.15
60	37.48	40.48	43.18	46.45	74.39	79.08	83.29	88.37

[부록 5] F-분포표($\alpha=0.01$)

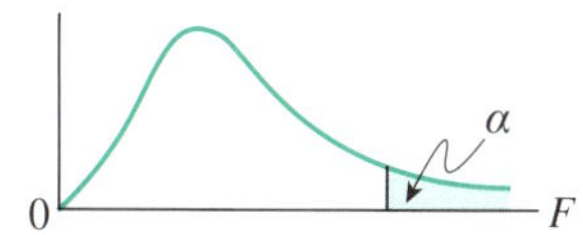

df_2	df_1 1	2	3	4	5	6	7	8	9	10	15	20	24	30	40	60	120	∞
1	4052.	4999.	5403.	5625.	5764.	5859.	5928.	5982.	6022.	6056.	6157.	6209.	6235.	6261.	6287.	6313.	6339.	6366.
2	98.50	99.00	99.17	99.25	99.30	99.33	99.36	99.37	99.39	99.40	99.43	99.45	99.46	99.47	99.47	99.48	99.49	99.50
3	34.12	30.82	29.46	28.71	28.24	27.91	27.67	27.49	27.34	27.23	26.87	26.69	26.60	26.50	26.41	26.32	26.22	26.12
4	21.20	18.00	16.69	15.98	15.52	15.21	14.98	14.80	14.66	14.55	14.20	14.02	13.93	13.84	13.74	13.65	13.56	13.46
5	16.26	13.27	12.06	11.39	10.97	10.67	10.46	10.29	10.16	10.05	9.72	9.55	9.47	9.38	9.29	9.20	9.11	9.02
6	13.74	10.92	9.78	9.15	8.75	8.47	8.26	8.10	7.98	7.87	7.56	7.40	7.31	7.23	7.14	7.06	6.97	6.88
7	12.25	9.55	8.45	7.85	7.46	7.19	6.99	6.84	6.72	6.62	6.31	6.16	6.07	5.99	5.91	5.82	5.74	5.65
8	11.26	8.65	7.59	7.01	6.63	6.37	6.18	6.03	5.91	5.81	5.52	5.36	5.28	5.20	5.12	5.03	4.95	4.86
9	10.56	8.02	6.99	6.42	6.06	5.80	5.61	5.47	5.35	5.26	4.96	4.81	4.73	4.65	4.57	4.48	4.40	4.31
10	10.04	7.56	6.55	5.99	5.64	5.39	5.20	5.06	4.94	4.85	4.56	4.41	4.33	4.25	4.17	4.08	4.00	3.91
11	9.65	7.21	6.22	5.67	5.32	5.07	4.89	4.74	4.63	4.54	4.25	4.10	4.02	3.94	3.86	3.78	3.69	3.60
12	9.33	6.93	5.95	5.41	5.06	4.82	4.64	4.50	4.39	4.30	4.01	3.86	3.78	3.70	3.62	3.54	3.45	3.36
13	9.07	6.70	5.74	5.21	4.86	4.62	4.44	4.30	4.19	4.10	3.82	3.66	3.59	3.51	3.43	3.34	3.25	3.17
14	8.86	6.51	5.56	5.04	4.69	4.46	4.28	4.14	4.03	3.94	3.66	3.51	3.43	3.35	3.27	3.18	3.09	3.00
15	3.68	6.36	5.42	4.89	4.56	4.32	4.14	4.00	3.89	3.80	3.52	3.37	3.29	3.21	3.13	3.05	2.96	2.87
16	8.53	6.23	5.29	4.77	4.44	4.20	4.03	3.89	3.78	3.69	3.41	3.26	3.18	3.10	3.02	2.93	2.84	2.75
17	8.40	6.11	5.18	4.67	4.34	4.10	3.93	3.79	3.68	3.59	3.31	3.16	3.08	3.00	2.92	2.83	2.75	2.65
18	8.29	6.01	5.09	4.58	4.25	4.01	3.84	3.71	3.60	3.51	3.23	3.08	3.00	2.92	2.84	2.75	2.66	2.57
19	8.18	5.93	5.01	4.50	4.17	3.94	3.77	3.63	3.52	3.43	3.15	3.00	2.92	2.84	2.76	2.67	2.58	2.49
20	8.10	5.85	4.94	4.43	4.10	3.87	3.70	3.56	3.46	3.37	3.09	2.94	2.86	2.78	2.69	2.61	2.52	2.42
21	8.02	5.78	4.87	4.37	4.04	3.81	3.64	3.51	3.40	3.31	3.03	2.88	2.80	2.72	2.64	2.55	2.46	2.36
22	7.95	5.72	4.82	4.31	3.99	3.76	3.59	3.45	3.35	3.26	2.98	2.83	2.75	2.67	2.58	2.50	2.40	2.31
23	7.88	5.66	4.76	4.26	3.94	3.71	3.54	3.41	3.30	3.21	2.93	2.78	2.70	2.62	2.54	2.45	2.35	2.26
24	7.82	5.61	4.72	4.22	3.90	3.67	3.50	3.36	3.26	3.17	2.89	2.74	2.66	2.58	2.49	2.40	2.31	2.21
25	7.77	5.57	4.68	4.18	3.85	3.63	3.46	3.32	3.22	3.13	2.85	2.70	2.62	2.54	2.45	2.36	2.27	2.17
26	7.72	5.53	4.64	4.14	3.82	3.59	3.42	3.29	3.18	3.09	2.81	2.66	2.58	2.50	2.42	2.33	2.23	2.13
27	7.68	5.49	4.60	4.11	3.78	3.56	3.39	3.26	3.15	3.06	2.78	2.63	2.55	2.47	2.38	2.29	2.20	2.10
28	7.64	5.45	4.57	4.07	3.75	3.53	3.36	3.23	3.12	3.03	2.75	2.60	2.52	2.44	2.35	2.26	2.17	2.06
29	7.60	5.42	4.54	4.04	3.73	3.50	3.33	3.20	3.09	3.00	2.73	2.57	2.49	2.41	2.33	2.23	2.14	2.03
30	7.56	5.39	4.51	4.02	3.70	3.47	3.30	3.17	3.07	2.98	2.70	2.55	2.47	2.39	2.30	2.21	2.11	2.01
40	7.31	5.18	4.31	3.83	3.51	3.29	3.12	2.99	2.89	2.80	2.52	2.37	2.29	2.20	2.11	2.02	1.92	1.80
60	7.08	4.98	4.13	3.65	3.34	3.12	2.95	2.82	2.72	2.63	2.35	2.20	2.12	2.03	1.94	1.84	1.73	1.60
120	6.85	4.79	3.95	3.48	3.17	2.96	2.79	2.66	2.56	2.47	2.19	2.03	1.95	1.86	1.76	1.66	1.53	1.38
∞	6.63	4.61	3.78	3.32	3.02	2.80	2.64	2.51	2.41	2.32	2.04	1.88	1.79	1.70	1.59	1.47	1.32	1.00

df_1=분자의 자유도, df_2=분모의 자유도

F-분포표($\alpha=0.05$)

df_2 \ df_1	1	2	3	4	5	6	7	8	9	10	15	20	24	30	40	60	120	∞
1	161.45	199.50	215.71	224.58	230.16	233.99	236.77	238.88	240.54	241.88	245.95	248.01	249.05	250.09	251.14	252.20	253.25	254.32
2	18.51	19.00	19.16	19.25	19.30	19.33	19.35	19.37	19.38	19.40	19.43	19.45	19.45	19.46	19.47	19.48	19.49	19.50
3	10.13	9.55	9.28	9.12	9.01	8.94	8.89	8.85	8.81	8.76	8.70	8.66	8.64	8.62	8.59	8.57	8.55	8.53
4	7.71	6.94	6.59	6.39	6.26	6.16	6.09	6.04	6.00	5.96	5.86	5.80	5.77	5.75	5.72	5.69	5.66	5.63
5	6.61	5.79	5.41	5.19	5.05	4.95	4.88	4.82	4.77	4.74	4.62	4.56	4.53	4.50	4.46	4.43	4.40	4.36
6	5.99	5.14	4.76	4.53	4.39	4.28	4.21	4.15	4.10	4.06	3.94	3.87	3.84	3.81	3.77	3.74	3.70	3.67
7	5.59	4.74	4.35	4.12	3.97	3.87	3.79	3.73	3.68	3.64	3.51	3.44	3.41	3.38	3.34	3.30	3.27	3.23
8	5.32	4.46	4.07	3.84	3.69	3.58	3.50	3.44	3.39	3.35	3.22	3.15	3.12	3.08	3.04	3.01	2.97	2.93
9	5.12	4.26	3.86	3.63	3.48	3.37	3.29	3.23	3.18	3.14	3.01	2.94	2.90	2.86	2.83	2.79	2.75	2.71
10	4.96	4.10	3.71	3.48	3.33	3.22	3.14	3.07	3.02	2.98	2.84	2.77	2.74	2.70	2.66	2.62	2.58	2.54
11	4.84	3.98	3.59	3.36	3.20	3.09	3.01	2.95	2.90	2.85	2.72	2.65	2.61	2.57	2.53	2.49	2.45	2.40
12	4.75	3.89	3.49	3.26	3.11	3.00	2.91	2.85	2.80	2.75	2.62	2.54	2.51	2.47	2.43	2.38	2.34	2.30
13	4.67	3.81	3.41	3.18	3.03	2.92	2.83	2.77	2.71	2.67	2.53	2.46	2.42	2.38	2.34	2.30	2.25	2.21
14	4.60	3.74	3.34	3.11	2.96	2.85	2.76	2.70	2.65	2.60	2.46	2.39	2.35	2.31	2.27	2.22	2.18	2.13
15	4.54	3.68	3.29	3.06	2.90	2.79	2.71	2.64	2.59	2.54	2.40	2.33	2.29	2.25	2.20	2.16	2.11	2.07
16	4.49	3.63	3.24	3.01	2.85	2.74	2.66	2.59	2.54	2.49	2.35	2.28	2.24	2.19	2.15	2.11	2.06	2.01
17	4.45	3.59	3.20	2.96	2.81	2.70	2.61	2.55	2.49	2.45	2.31	2.23	2.19	2.15	2.10	2.06	2.01	1.96
18	4.41	3.55	3.16	2.93	2.77	2.66	2.58	2.51	2.46	2.41	2.27	2.19	2.15	2.11	2.06	2.02	1.97	1.92
19	4.38	3.52	3.13	2.90	2.74	2.63	2.54	2.48	2.42	2.38	2.23	2.16	2.11	2.07	2.03	1.98	1.93	1.88
20	4.35	3.49	3.10	2.87	2.71	2.60	2.51	2.45	2.39	2.35	2.20	2.12	2.08	2.04	1.99	1.95	1.90	1.84
21	4.32	3.47	3.07	2.84	2.68	2.57	2.49	2.42	2.37	2.32	2.18	2.10	2.05	2.01	1.96	1.92	1.87	1.81
22	4.30	3.44	3.05	2.82	2.66	2.55	2.46	2.40	2.34	2.30	2.15	2.07	2.03	1.98	1.94	1.89	1.84	1.78
23	4.28	3.42	3.03	2.80	2.64	2.53	2.44	2.37	2.32	2.27	2.13	2.05	2.00	1.96	1.91	1.86	1.81	1.76
24	4.26	3.40	3.01	2.78	2.62	2.51	2.42	2.36	2.30	2.25	2.11	2.03	1.98	1.94	1.89	1.84	1.79	1.73
25	4.24	3.39	2.99	2.76	2.60	2.49	2.40	2.34	2.28	2.24	2.09	2.01	1.96	1.92	1.87	1.82	1.77	1.71
26	4.23	3.37	2.98	2.74	2.59	2.47	2.39	2.32	2.27	2.22	2.07	1.99	1.95	1.90	1.85	1.80	1.75	1.69
27	4.21	3.35	2.96	2.73	2.57	2.46	2.37	2.31	2.25	2.20	2.06	1.97	1.93	1.88	1.84	1.79	1.73	1.67
28	4.20	3.34	2.95	2.71	2.56	2.45	2.36	2.29	2.24	2.19	2.04	1.96	1.91	1.87	1.82	1.77	1.71	1.65
29	4.18	3.33	2.93	2.70	2.55	2.43	2.35	2.28	2.22	2.18	2.03	1.94	1.90	1.85	1.81	1.75	1.70	1.64
30	4.17	3.32	2.92	2.69	2.53	2.42	2.33	2.27	2.21	2.16	2.01	1.93	1.89	1.84	1.79	1.74	1.68	1.62
40	4.08	3.23	2.84	2.61	2.45	2.34	2.25	2.18	2.12	2.08	1.92	1.84	1.79	1.74	1.69	1.64	1.58	1.51
60	4.00	3.15	2.76	2.53	2.37	2.25	2.17	2.10	2.04	1.99	1.84	1.75	1.70	1.65	1.59	1.53	1.47	1.39
120	3.92	3.07	2.68	2.45	2.29	2.17	2.09	2.02	1.96	1.91	1.75	1.66	1.61	1.55	1.50	1.43	1.35	1.25
∞	3.84	3.00	2.60	2.37	2.21	2.10	2.01	1.94	1.88	1.83	1.67	1.57	1.52	1.46	1.39	1.31	1.22	1.00

df_1=분자의 자유도, df_2=분모의 자유도

[부록 5] F-분포표($\alpha=0.10$)

df_2	df_1 1	2	3	4	5	6	7	8	9	10	12	15	20	24	30	40	60	120	∞
1	39.86	49.50	53.59	55.83	57.24	58.20	58.91	59.44	59.86	60.20	60.71	61.22	61.74	62.00	62.26	62.53	62.79	63.06	63.83
2	8.53	9.00	9.16	9.24	9.29	9.33	9.35	9.37	9.38	9.39	9.41	9.42	9.44	9.45	9.46	9.47	9.47	9.48	9.49
3	5.54	5.46	5.39	5.34	5.31	5.28	5.27	5.25	5.24	5.23	5.22	5.20	5.18	5.18	5.17	5.16	5.15	5.14	5.13
4	4.54	4.32	4.19	4.11	4.05	4.01	3.98	3.95	3.94	3.92	3.90	3.87	3.84	3.83	3.82	3.80	3.79	3.78	3.76
5	4.06	3.78	3.62	3.52	3.45	3.40	3.37	3.34	3.32	3.30	3.27	3.24	3.21	3.19	3.17	3.16	3.14	3.12	3.10
6	3.78	3.46	3.29	3.18	3.11	3.05	3.01	2.98	2.96	2.94	2.90	2.87	2.84	2.82	2.80	2.78	2.76	2.74	2.72
7	3.59	3.26	3.07	2.96	2.88	2.83	2.78	2.75	2.72	2.70	2.67	2.63	2.59	2.58	2.56	2.54	2.51	2.49	2.47
8	3.46	3.11	2.92	2.81	2.73	2.67	2.62	2.59	2.56	2.54	2.50	2.46	2.42	2.40	2.38	2.36	2.34	2.32	2.29
9	3.36	3.01	2.81	2.69	2.61	2.55	2.51	2.47	2.44	2.42	2.38	2.34	2.30	2.28	2.25	2.23	2.21	2.18	2.16
10	3.29	2.92	2.73	2.61	2.52	2.46	2.41	2.38	2.35	2.32	2.28	2.24	2.20	2.18	2.16	2.13	2.11	2.08	2.06
11	3.23	2.86	2.66	2.54	2.45	2.39	2.34	2.30	2.27	2.25	2.21	2.17	2.12	2.10	2.08	2.05	2.03	2.00	1.97
12	3.18	2.81	2.61	2.48	2.39	2.33	2.28	2.24	2.21	2.19	2.15	2.10	2.06	2.04	2.01	1.99	1.96	1.93	1.90
13	3.14	2.76	2.56	2.43	2.35	2.28	2.23	2.20	2.16	2.14	2.10	2.05	2.01	1.98	1.96	1.93	1.90	1.88	1.85
14	3.10	2.73	2.52	2.39	2.31	2.24	2.19	2.15	2.12	2.10	2.05	2.01	1.96	1.94	1.91	1.89	1.86	1.83	1.80
15	3.07	2.70	2.49	2.36	2.27	2.21	2.16	2.12	2.09	2.06	2.02	1.97	1.92	1.90	1.87	1.85	1.82	1.79	1.76
16	3.05	2.67	2.46	2.33	2.24	2.18	2.13	2.09	2.06	2.03	1.99	1.94	1.89	1.87	1.84	1.81	1.78	1.75	1.72
17	3.03	2.64	2.44	2.31	2.22	2.15	2.10	2.06	2.03	2.00	1.96	1.91	1.86	1.84	1.81	1.78	1.75	1.72	1.69
18	3.01	2.62	2.42	2.29	2.20	2.13	2.08	2.04	2.00	1.98	1.93	1.89	1.84	1.81	1.78	1.75	1.72	1.69	1.66
19	2.99	2.61	2.40	2.27	2.18	2.11	2.06	2.02	1.98	1.96	1.91	1.86	1.81	1.79	1.76	1.73	1.70	1.67	1.63
20	2.97	2.59	2.38	2.25	2.16	2.09	2.04	2.00	1.96	1.94	1.89	1.84	1.79	1.77	1.74	1.71	1.68	1.64	1.61
21	2.96	2.57	2.36	2.23	2.14	2.08	2.02	1.98	1.95	1.92	1.88	1.83	1.78	1.75	1.72	1.69	1.66	1.62	1.59
22	2.95	2.56	2.35	2.22	2.13	2.06	2.01	1.97	1.93	1.90	1.86	1.81	1.76	1.73	1.70	1.67	1.64	1.60	1.57
23	2.94	2.55	2.34	2.21	2.11	2.05	1.99	1.95	1.92	1.89	1.84	1.80	1.74	1.72	1.69	1.66	1.62	1.59	1.55
24	2.93	2.54	2.33	2.19	2.10	2.04	1.98	1.94	1.91	1.88	1.83	1.78	1.73	1.70	1.67	1.64	1.61	1.57	1.53
25	2.92	2.53	2.32	2.18	2.09	2.02	1.97	1.93	1.89	1.87	1.82	1.77	1.72	1.69	1.66	1.63	1.59	1.56	1.52
26	2.91	2.52	2.31	2.17	2.08	2.01	1.96	1.92	1.88	1.86	1.81	1.76	1.71	1.68	1.65	1.61	1.58	1.54	1.50
27	2.90	2.51	2.30	2.17	2.07	2.00	1.95	1.91	1.87	1.85	1.80	1.75	1.70	1.67	1.64	1.60	1.57	1.53	1.49
28	2.89	2.50	2.29	2.16	2.06	2.00	1.94	1.90	1.87	1.84	1.79	1.74	1.69	1.66	1.63	1.59	1.56	1.52	1.48
29	2.89	2.50	2.28	2.15	2.06	1.99	1.93	1.89	1.86	1.83	1.78	1.73	1.68	1.65	1.62	1.58	1.55	1.51	1.47
30	2.88	2.49	2.28	2.14	2.05	1.98	1.93	1.88	1.85	1.82	1.77	1.72	1.67	1.64	1.61	1.57	1.54	1.50	1.46
40	2.84	2.44	2.23	2.09	2.00	1.93	1.87	1.83	1.79	1.76	1.71	1.66	1.61	1.57	1.54	1.51	1.47	1.42	1.38
60	2.79	2.39	2.18	2.04	1.95	1.87	1.82	1.77	1.74	1.71	1.66	1.60	1.54	1.51	1.48	1.44	1.40	1.35	1.29
120	2.75	2.35	2.13	1.99	1.90	1.82	1.77	1.72	1.68	1.65	1.60	1.54	1.48	1.45	1.41	1.37	1.32	1.26	1.19
∞	2.71	2.30	2.08	1.94	1.85	1.77	1.72	1.67	1.63	1.60	1.55	1.49	1.42	1.33	1.34	1.30	1.24	1.17	1.00

df_1=분자의 자유도, df_2=분모의 자유도

[부록 6] Tukey의 q값

		집단의 수(k)									
df	α	2	3	4	5	6	7	8	9	10	11
5	.05	3.64	4.60	5.22	5.67	6.03	6.33	6.58	6.80	6.99	7.17
	.01	5.70	6.98	7.80	8.42	8.91	9.32	9.67	9.97	10.24	10.48
6	.05	3.46	4.34	4.90	5.30	5.63	5.90	6.12	6.32	6.49	6.65
	.01	5.24	6.33	7.03	7.56	7.97	8.32	8.61	8.87	9.10	9.30
7	.05	3.34	4.16	4.68	5.06	5.36	5.61	5.82	6.00	6.16	6.30
	.01	4.95	5.92	6.54	7.01	7.37	7.68	7.94	8.17	8.37	8.55
8	.05	3.26	4.04	4.53	4.89	5.17	5.40	5.60	5.77	5.92	6.05
	.01	4.75	5.64	6.20	6.62	6.96	7.24	7.47	7.68	7.86	8.03
9	.05	3.20	3.95	4.41	4.76	5.02	5.24	5.43	5.59	5.74	5.87
	.01	4.60	5.43	5.96	6.35	6.66	6.91	7.13	7.33	7.49	7.65
10	.05	3.15	3.88	4.33	4.65	4.91	5.12	5.30	5.46	5.60	5.72
	.01	4.48	5.27	5.77	6.14	6.43	6.67	6.87	7.05	7.21	7.36
11	.05	3.11	3.82	4.26	4.57	4.82	5.03	5.20	5.35	5.49	5.61
	.01	4.39	5.15	5.62	5.97	6.25	6.48	6.67	6.84	6.99	7.13
12	.05	3.08	3.77	4.20	4.51	4.75	4.95	5.12	5.27	5.39	5.51
	.01	4.32	5.05	5.50	5.84	6.10	6.32	6.51	6.67	6.81	6.94
13	.05	3.06	3.73	4.15	4.45	4.69	4.88	5.05	5.19	5.32	5.43
	.01	4.26	4.96	5.40	5.73	5.98	6.19	6.37	6.53	6.67	6.79
14	.05	3.03	3.70	4.11	4.41	4.64	4.83	4.99	5.13	5.25	5.36
	.01	4.26	4.89	5.32	5.63	5.88	6.08	6.26	6.41	6.54	6.66
15	.05	3.01	3.67	4.08	4.37	4.59	4.78	4.94	5.08	5.20	5.31
	.01	4.17	4.84	5.25	5.56	5.80	5.99	6.16	6.31	6.44	6.35
16	.05	3.00	3.65	4.05	4.33	4.56	4.74	4.90	5.03	5.15	5.26
	.01	4.13	4.79	5.19	5.49	5.72	5.92	6.08	6.22	6.35	6.46
17	.05	2.98	3.63	4.02	4.30	4.52	4.70	4.86	4.99	5.11	5.21
	.01	4.10	4.74	5.14	5.43	5.66	5.85	6.01	6.15	6.27	6.38
18	.05	2.97	3.61	4.00	4.28	4.49	4.67	4.82	4.96	5.07	5.17
	.01	4.07	4.70	5.09	5.38	5.60	5.79	5.94	6.08	6.20	6.31
19	.05	2.96	3.59	3.98	4.25	4.47	4.65	4.79	4.92	5.04	5.14
	.01	4.05	4.67	5.05	5.33	5.55	5.73	5.89	6.02	6.14	6.25
20	.05	2.95	3.58	3.96	4.23	4.45	4.62	4.77	4.90	5.01	5.11
	.01	4.02	4.64	5.02	5.29	5.51	5.69	5.84	5.97	6.09	6.19
24	.05	2.92	3.53	3.90	4.17	4.37	4.54	4.68	4.81	4.92	5.01
	.01	3.96	4.55	4.91	5.17	5.37	5.54	5.69	5.81	5.92	6.02
30	.05	2.89	3.49	3.85	4.10	4.30	4.46	4.60	4.72	4.82	4.92
	.01	3.89	4.45	4.80	5.05	5.24	5.40	5.54	5.65	5.76	5.85
40	.05	2.86	3.44	3.79	4.04	4.23	4.39	4.52	4.63	4.73	4.82
	.01	3.82	4.37	4.70	4.93	5.11	5.26	5.39	5.50	5.60	5.69
60	.05	2.83	3.40	3.74	3.98	4.16	4.31	4.44	4.55	4.65	4.73
	.01	3.76	4.28	4.59	4.82	4.99	5.13	5.25	5.36	5.45	5.53
120	.05	2.80	3.36	3.68	3.92	4.10	4.24	4.36	4.47	4.56	4.64
	.01	3.70	4.20	4.50	4.71	4.87	5.01	5.12	5.21	5.30	5.37
∞	.05	2.77	3.31	3.63	3.86	4.03	4.17	4.29	4.39	4.47	4.55
	.01	3.64	4.12	4.40	4.60	4.76	4.88	4.99	5.08	5.16	5.23

[부록 7] Random Number 표

10480	15011	01536	02011	81647	91646	69179	14194	62590
22368	46573	25595	85393	30995	89198	27982	53402	93965
24130	48360	22527	97265	76393	64809	15179	24830	49340
42167	93093	06243	61680	07856	16376	39440	53537	71341
37570	39975	81837	16656	06121	91782	60468	81305	49684
77921	06907	11008	42751	27756	53498	18602	70659	90655
99562	72905	56420	69994	98872	31016	71194	18738	44013
96301	91977	05463	07972	18876	20922	94595	56869	69014
89579	14342	63661	10281	17453	18103	57740	84378	25331
85475	36857	53342	53988	53060	59533	38867	62300	08158
28918	69578	88231	33276	70997	79936	56865	05859	90106
63553	40961	48235	03427	49626	69445	18663	72695	52180
09429	93969	52636	92737	88974	33488	36320	17617	30015
10365	61129	87529	85689	48237	52267	67689	93394	01511
07119	97336	71048	08178	77233	13916	47564	81056	97735
51085	12765	51821	51259	77452	16308	60756	92144	49442
02368	21382	52404	60268	89368	19885	55322	44819	01188
01011	54092	33362	94904	31273	04146	18594	29852	71585
52162	53916	46369	58586	23216	14513	83149	98736	23495
07056	97628	33787	09998	42698	06691	76988	13602	51851
48663	91245	85828	14346	09172	30168	90229	04734	59193
54164	58492	22421	74103	47070	25306	76468	26384	58151
32639	32363	05597	24200	13363	38005	94342	28728	35806
29334	27001	87637	87308	58731	00256	45834	15398	46557
02488	33062	28834	07351	19731	92420	60952	61280	50001
81525	72295	04839	96423	24878	82651	66566	14778	76797
29676	20591	68086	26432	46901	20849	89768	81536	86645
00742	57392	39064	66432	84673	40027	32832	61362	98947
05366	04213	25669	26422	44407	44048	37937	63904	45766
91921	26418	64117	94305	26766	25940	39972	22209	71500
00582	04711	87917	77341	42206	35126	74087	99547	81817
00725	69884	62797	56170	86324	88072	76222	36086	84637
69011	65795	95876	55293	18988	27354	26575	08625	40801
25976	57948	29888	88604	67917	48708	18912	82271	65424
09763	83473	73577	12908	30883	18317	28290	35797	05998
91567	42595	27958	30134	04024	86385	29880	99730	55536
17955	56349	90999	49127	20044	59931	06115	20542	18059
46503	18584	18845	49618	02304	51038	20655	58727	28168
92157	89634	94824	78171	84610	82834	09922	25417	44137
14577	62765	35605	81263	39667	47358	56873	56307	61607
98427	07523	33362	64270	01638	92477	66969	98420	04880
34914	63976	88720	82765	34476	17032	87589	40836	32427
70060	28277	39475	46473	23219	53416	94970	25832	69975
53976	54914	06990	67245	68350	82948	11398	42878	80287
76072	29515	40980	07391	58745	25774	22987	80059	39911
90725	52210	83974	29992	65831	38857	50490	83765	55657
64364	67412	33339	31926	14883	24413	59744	92351	97473
08962	00358	31662	25388	61642	34072	81249	35648	56891
95012	68379	93526	70765	10592	04542	76463	54328	02349
15664	10493	20492	38391	91132	21999	59516	81652	27195

[부록 8] Wilcoxon T검정의 임곗값

	단측검정에서의 유의수준					단측검정에서의 유의수준			
	.05	.025	.01	.005		.05	.025	.01	.005
	양측검정에서의 유의수준					양측검정에서의 유의수준			
n	.10	.05	.02	.01	n	.10	.05	.02	.01
5	0	–	–	–	28	130	116	101	91
6	2	0	–	–	29	141	126	111	101
7	3	2	0	–	30	152	136	119	106
8	5	3	1	0	31	163	147	129	118
9	8	5	3	1	32	175	159	140	127
10	10	8	5	3	33	187	170	151	137
11	13	10	7	5	34	200	183	163	149
12	17	14	10	7	35	213	195	175	159
13	21	17	12	9	36	227	208	185	171
14	25	21	15	12	37	241	221	198	182
15	30	25	19	15	38	256	234	211	194
16	35	29	23	19	39	271	249	224	209
17	41	35	28	23	40	286	264	238	219
18	47	40	32	27	41	302	279	252	233
19	53	46	37	32	42	319	294	266	247
20	60	52	43	37	43	336	310	281	261
21	67	58	50	44	44	353	327	296	276
22	75	65	55	47	45	371	343	312	291
23	83	73	62	54	46	389	361	328	307
24	91	81	69	61	47	407	378	345	322
25	101	89	76	68	48	426	396	362	339
26	110	98	84	75	49	446	415	379	355
27	119	107	93	83	50	466	434	397	373

"–"는 해당 n과 α에서 의사결정을 할 수 없다는 것을 의미한다.

[부록 9] Mann-Whitney U검정의 임곗값($\alpha=0.05$)

* 검은 글씨는 단측검정에서의 임곗값이며, 녹색 글씨는 양측검정에서의 임곗값이다.

n_2 \ n_1	1	2	3	4	5	6	7	8	9	10	11	12	13	14	15	16	17	18	19	20
1	–	–	–	–	–	–	–	–	–	–	–	–	–	–	–	–	–	–	0	0
																			–	–
2	–	–	–	–	0	0	0	1	1	1	1	2	2	2	3	3	3	4	4	4
					–	–	–	0	0	0	0	1	1	1	1	1	2	2	2	2
3	–	–	0	0	1	2	2	3	3	4	5	5	6	7	7	8	9	9	10	11
	–	–	–	–	0	1	1	2	2	3	3	4	4	5	5	6	6	7	7	8
4	–	–	0	1	2	3	4	5	6	7	8	9	10	11	12	14	15	16	17	18
	–	–	–	0	1	2	3	4	4	5	6	7	8	9	10	11	11	12	13	13
5	–	0	1	2	4	5	6	8	9	11	12	13	15	16	18	19	20	22	23	25
	–	–	0	1	2	3	5	6	7	8	9	11	12	13	14	15	17	18	19	20
6	–	0	2	3	5	7	8	10	12	14	16	17	19	21	23	25	26	28	30	32
	–	–	1	2	3	5	6	8	10	11	13	14	16	17	19	21	22	24	25	27
7	–	0	2	4	6	8	11	13	15	17	19	21	24	26	28	30	33	35	37	39
	–	–	1	3	5	6	8	10	12	14	16	18	20	22	24	26	28	30	32	34
8	–	1	3	5	8	10	13	15	18	20	23	26	28	31	33	36	39	41	44	47
	–	0	2	4	6	8	10	13	15	17	19	22	24	26	29	31	34	36	38	41
9	–	1	3	6	9	12	15	18	21	24	27	30	33	36	39	42	45	48	51	54
	–	0	2	4	7	10	12	15	17	20	23	26	28	31	34	37	39	42	45	48
10	–	1	4	7	11	14	17	20	24	27	31	34	37	41	44	48	51	55	58	62
	–	0	3	5	8	11	14	17	20	23	26	29	33	36	39	42	45	48	52	55
11	–	1	5	8	12	16	19	23	27	31	34	38	42	46	50	54	57	61	65	69
	–	0	3	6	9	13	16	19	23	26	30	33	37	40	44	47	51	55	58	62
12	–	2	5	9	13	17	21	26	30	34	38	42	47	51	55	60	64	68	72	77
	–	1	4	7	11	14	18	22	26	29	33	37	41	45	49	53	57	61	65	69
13	–	2	6	10	15	19	24	28	33	37	42	47	51	56	61	65	70	75	80	84
	–	1	4	8	12	16	20	24	28	33	37	41	45	50	54	59	63	67	72	76
14	–	2	7	11	16	21	26	31	36	41	46	51	56	61	66	71	77	82	87	92
	–	1	5	9	13	17	22	26	31	36	40	45	50	55	59	64	67	74	78	83
15	–	3	7	12	18	23	28	33	39	44	50	55	61	66	72	77	83	88	94	100
	–	1	5	10	14	19	24	29	34	39	44	49	54	59	64	70	75	80	85	90
16	–	3	8	14	19	25	30	36	42	48	54	60	65	71	77	83	89	95	101	107
	–	1	6	11	15	21	26	31	37	42	47	53	59	64	70	75	81	86	92	98
17	–	3	9	15	20	26	33	39	45	51	57	64	70	77	83	89	96	102	109	115
	–	2	6	11	17	22	28	34	39	45	51	57	63	67	75	81	87	93	99	105
18	–	4	9	16	22	28	35	41	48	55	61	68	75	82	88	95	102	109	116	123
	–	2	7	12	18	24	30	36	45	48	55	61	67	74	80	86	93	99	106	112
19	0	4	10	17	23	30	37	44	51	58	65	72	80	87	94	101	109	116	123	130
	–	2	7	13	19	25	32	38	45	52	58	65	72	78	85	92	99	106	113	119
20	0	4	11	18	25	32	39	47	54	62	69	77	84	92	100	107	115	123	130	138
	–	2	8	13	20	27	34	41	48	55	62	69	76	83	90	98	105	112	119	127

" – "는 해당 n_1, n_2, 그리고 α에서 의사결정을 할 수 없다는 것을 의미한다.

($\alpha=0.01$)

* 검은 글씨는 단측검정에서의 임곗값이며, 녹색 글씨는 양측검정에서의 임곗값이다.

n_2 \ n_1	1	2	3	4	5	6	7	8	9	10	11	12	13	14	15	16	17	18	19	20
1	–	–	–	–	–	–	–	–	–	–	–	–	–	–	–	–	–	–	–	–
2	–	–	–	–	–	–	–	–	–	–	–	–	0	0	0	0	0	0	1	1
													–	–	–	–	–	–	0	0
3	–	–	–	–	–	–	0	0	1	1	1	2	2	2	3	3	4	4	4	5
							–	–	0	0	0	1	1	1	2	2	2	2	3	3
4	–	–	–	–	0	1	1	2	3	3	4	5	5	6	7	7	8	9	9	10
					–	0	0	1	1	2	2	3	3	4	5	5	6	6	7	8
5	–	–	–	0	1	2	3	4	5	6	7	8	9	10	11	12	13	14	15	16
				–	0	1	1	2	3	4	5	6	7	7	8	9	10	11	12	13
6	–	–	–	1	2	3	4	6	7	8	9	11	12	13	15	16	18	19	20	22
				0	1	2	3	4	5	6	7	9	10	11	12	13	15	16	17	18
7	–	–	0	1	3	4	6	7	9	11	12	14	16	17	19	21	23	24	26	28
			–	0	1	3	4	6	7	9	10	12	13	15	16	18	19	21	22	24
8	–	–	0	2	4	6	7	9	11	13	15	17	20	22	24	26	28	30	32	34
			–	1	2	4	6	7	9	11	13	15	17	18	20	22	24	26	28	30
9	–	–	1	3	5	7	9	11	14	16	18	21	23	26	28	31	33	36	38	40
			0	1	3	5	7	9	11	13	16	18	20	22	24	27	29	31	33	36
10	–	–	1	3	6	8	11	13	16	19	22	24	27	30	33	36	38	41	44	47
			0	2	4	6	9	11	13	16	18	21	24	26	29	31	34	37	39	42
11	–	–	1	4	7	9	12	15	18	22	25	28	31	34	37	41	44	47	50	53
			0	2	5	7	10	13	16	18	21	24	27	30	33	36	39	42	45	48
12	–	–	2	5	8	11	14	17	21	24	28	31	35	38	42	46	49	53	56	60
			1	3	6	9	12	15	18	21	24	27	31	34	37	41	44	47	51	54
13	–	0	2	5	9	12	16	20	23	27	31	35	39	43	47	51	55	59	63	67
		–	1	3	7	10	13	17	20	24	27	31	34	38	42	45	49	53	56	60
14	–	0	2	6	10	13	17	22	26	30	34	38	43	47	51	56	60	65	69	73
		–	1	4	7	11	15	18	22	26	30	34	38	42	46	50	54	58	53	67
15	–	0	3	7	11	15	19	24	28	33	37	42	47	51	56	61	66	70	75	80
		–	2	5	8	12	16	20	24	29	33	37	42	46	51	55	60	64	69	73
16	–	0	3	7	12	16	21	26	31	36	41	46	51	56	61	66	71	76	82	87
		–	2	5	9	13	18	22	27	31	36	41	45	50	55	60	65	70	74	79
17	–	0	4	8	13	18	23	28	33	38	44	49	55	60	66	71	77	82	88	93
		–	2	6	10	15	19	24	29	34	39	44	49	54	60	65	70	75	81	86
18	–	0	4	9	14	19	24	30	36	41	47	53	59	65	70	76	82	88	94	100
		–	2	6	11	16	21	26	31	37	42	47	53	58	64	70	75	71	87	92
19	–	1	4	9	15	20	26	32	38	44	50	56	63	69	75	82	88	94	101	107
		0	3	7	12	17	22	28	33	39	45	51	56	63	69	74	81	87	93	99
20	–	1	5	10	16	22	28	34	40	47	53	60	67	73	80	87	93	100	107	114
		0	3	8	13	18	24	30	36	42	48	54	60	67	73	79	86	92	99	105

"–"는 해당 n_1, n_2, 그리고 α에서 의사결정을 할 수 없다는 것을 의미한다.

찾아보기

국문 찾아보기

ㄱ

ㄴ

ㄷ

ㅇ

ㅈ

ㅊ

ㅋ

ㅌ

ㅍ

ㅎ

영문 찾아보기

[저자약력]

김 현 중

연세대학교 응용통계학과 졸업
연세대학교 응용통계학과 석사
미국 위스콘신대학교 통계학박사(데이터마이닝)
미국 테네시대학교 조교수
한국데이터마이닝학회 회장
현, 연세대학교 응용통계학과 교수

박 래 수

서울대학교 경영대학 졸업
서울대학교 경영학석사(국제재무)
서울대학교 경영학박사(재무관리)
국립경상대학교 부교수
현, 숙명여자대학교 경영학부 교수

박 정 식

서울대학교 문리과대학 졸업
미국 플로리다 주립대학교 석사
미국 플로리다 주립대학교 경영학박사(재무관리)
중앙대학교 조교수
미국 MIT대학 초빙교수
한국재무학회 회장
서울대학교 경영연구소 소장
전, 서울대학교 경영대학 교수

윤 영 선

서울대학교 문리과대학 졸업
미국 플로리다 주립대학교 석사
미국 플로리다 주립대학교 교육학박사(교육평가)
미국 Harvard대학 초빙연구원
성신여대 사범대학 학장
전, 성신여대 교육학과 교수

제6판 **현대통계학**

1985년 9월 1일 제1판 1쇄 발행
1992년 3월 10일 제2판 1쇄 발행
1997년 2월 20일 제3판 1쇄 발행
2002년 2월 10일 제4판 1쇄 발행
2010년 8월 30일 제5판 1쇄 발행
2022년 7월 20일 제6판 1쇄 발행
2025년 7월 30일 제6판 4쇄 발행

저 자 김현중 · 박래수 · 박정식 · 윤영선
발행인 강 희 일 · 박 은 자

저자와의 협의에 의해 인지첨부를 생략합니다.

발행처 **다 산 출 판 사**
서울특별시 마포구 대흥로 6길 8
등 록 1979. 6. 5. 제 3-86 호(윤)
전 화 717-3661~2
F A X 716-9945

정가 30,000원 파본은 바꾸어 드립니다.

http://www.dasanbooks.co.kr
ISBN 978-89-7110-624-2 93310